근대 한국의 언어 문제

이 저서는 2016년 정부(교육부)의 재원으로 한국연구재단의 지원을 받아 수행된 연구임
(NRF-2016S1A6A4A01018499)
This work was supported by the Ministry of Education of the Republic of Korea
and the National Research Foundation of Korea (NRF-2016S1A6A4A01018499)

근대 한국의 언어 문제

안예리

역락

머리말

이 책의 제목에 쓰인 '언어 문제'는 근대화 과정에서 발생한 문체와 언어의 표준화 문제를 뜻하는 이탈리아어 'la questione della lingua'의 번역어이다. 이탈리아에서는 14세기 초 단테로부터 시작되어 19세기 말까지 600여 년간 언어 문제에 관한 논쟁이 이어졌는데 이 오랜 논쟁의 쟁점은 크게 두 가지였다. 중세 유럽의 보편문어, 즉 라틴어로 작품을 쓸 것인가, 아니면 당대의 속어로 작품을 쓸 것인가 문제, 그리고 속어로 작품을 쓴다면 문화적 중심지인 토스카나 지방어를 표준으로 삼을 것인가, 아니면 이탈리아 전역의 방언을 골고루 취해 새로운 표준어를 만들어 낼 것인가의 문제였다. 이탈리아에서 일찍이 제기된 언어 문제는 이후 근대화를 경험한 대부분의 국가들이 봉착했던 과제였고 한국 역시 개항 이후 일련의 언어 문제에 직면하게 되었다.

근대 한국의 언어 문제를 바라보는 이 책의 주된 문제의식은 '연속성'에 대한 두 가지 비판적 입장으로 요약된다. 기존 국어학적 연구들에서는 1910년을 기준으로 그 전후 시기를 별도로 다루는 것이 일반적이었다. 명칭 자체가 1894~1910년은 '개화기' 또는 '근대계몽기'로, 1910~1945년은 '일제강점기'로 구별되다 보니 문체, 표기, 문법, 어휘 등 언어의 어떤 측면을 다룰 때 시기에 대한 명명이 연구 대상을 한정하는 경향이 강했다. 이러한 시기 구분에 갇힌 연구는 한계를 가질 수밖에 없다. 일제 강점이 언어 현실에 큰 변화를 초래한 것은 사실이지만 그에 대한 당대인들의 인식과 대응책의 뿌리는 일제 강점 이전으로 거슬러 올라가지 않을 수 없다. 그리고 언어에 대한 근대적 의식이 태동하여 발전되어 간 일련의 과정을 살펴보기 위해서는 정치적 단절성보다는 사상적 연속성에 무게를 둘 필요가 있다. 따라서 이 책에서는 19세기 말에서 광복에 이르기는 시기를 '근대'로 통칭하고 연속선상에서 언어 문제의 전개 양상을 살펴보고자 한다.

하지만 이때의 연속성은 근대 한국의 언어 문제가 단선적인 흐름 속에서 계승되고 발전되었다는 의미가 아님에 주의할 필요가 있다. 이 부분이 '연속성'과 관련한 이 책의 두 번째 문제의식이다. 그동안 갑오개혁 이후의 언어와 문자에 관한 일련의 사건들은 '자국어 의식의 발전적 계승'이라는 당위적 서사의 틀 안에서만 논의되어 온 경향이 다분했다. 하지만 각각의 사건들을 좀 더 자세히 들여다보면 자국어 의식이라는 것이 과연 시간의 흐름과 함께 점점 확대되며 누적되어 온 것일까 하는 의문을 품게 된다. 이 책에서는 언어 문제를 둘러싼 역사적 정황들을 폭넓게 검토하고 갈등이나 단절의 지점들을 드러냄으로써 기존의 서술들에서 간과되었던 부분을 보완하기 위해 노력했다.

이 책의 본문에서는 근대 한국의 언어 문제를 '우리의 언어', '이상적 언어', '과학적 언어'라는 세 가지 키워드를 통해 정리해 보았다. 제1부 '우리의 언어'에서는 언어 공동체로서 '우리'에 대한 자각이 싹트기 시작한 19세기 말의 언어적 상황에 대해 논의하였다. 제1장에서는 '우리의 언어'를 구축해 가는 과정과 관련된 정치사적 측면을, 제2장에서는 지식사적 측면을, 제3장에서는 문체사적 측면을 집중적으로 다루었다. 제2부 '이상적 언어'에서는 제1부에서 살펴본 '우리의 언어'에 대한 자각이 언어를 일정한 방향으로 계도해 가야 한다는 규범적 의식으로 이어지며 실제의 언어를 변화시켜 간 과정에 대해 논의하였다. 제1장에서는 언어의 개량을 통해 민족을 개조할 수 있다는 논리의 전개 과정을 살펴보았고, 제2장에서는 근대의 언어 담론을 추동해 간 언어적 이상향에 대해 알아보았다. 제3부 '과학적 언어'에서는 제2부에서 살펴본 '이상적 언어'를 구축하기 위한 방법론으로서의 '과학'을 둘러싼 논쟁들을 살펴보았다. 제1장에서는 모든 학문에 과학적 방법론이 강조되던 근대의 지적 풍토에서 언어와 문자에 '과학적'이라는 수사가 결부되었던 지점들을 탐색하였다. 제2장에서는 '과학적 철자법'을 둘러싼 논쟁들을 검토하고, 철자법의 층위를 넘어서는 '과학적 국어학'의 모색 과정에서 문법의 외연과 내포가 변화되어 가는 양상을 살펴보았다.

이 연구는 2016년부터 2019년까지 진행된 한국연구재단 저술출판지원사업의 결과물이다. 엉성한 계획서가 한 권의 책이 되기까지 직간접적으로 많은 연구자들의 도움을 받았다. 특히 날카로운 심사평과 함께 격려의 말씀을 주신 익명의 심사위원분들께 진심으로 감사드린다. 출판을 맡아 주신 도서출판 역락에도 감사의 인사를 전한다.

2020년 가을,
안예리 씀

차례

제 2 부 이상적 언어

제 3 부 과학적 언어

▶ 표 차례

▶ 그림 차례

제 1 부
우리의 언어

제 1 장

국문의 여명

1. 갑오개혁과 국문

1)「공문식」의 반포

개항 이후 정치, 사회, 문화적 변화가 가속화되는 가운데 언어와 문자에 대한 인식에도 큰 변화가 생겼다. 종래의 한문 중심의 언어 질서에서 '이언俚語', '속어俗語', '방언方言', '언諺', '언어諺語' 등으로 불리던 조선의 언어가 '국어國語'로 지칭되기 시작했고, '언문諺文', '반절反切', '암클' 등으로 불리던 조선의 문자가 '국문國文'의 자격을 갖게 된 것이다.[1]

『조선왕조실록朝鮮王朝實錄』의 1894년 6월 28일 기록을 보면 편집국이

---

1) 『조선왕조실록』에 '國語'나 '國文'이라는 표현이 등장하지 않는 것은 아니지만 국가의 공식 언어를 가리키는 하나의 단어로 쓰였다고 볼 수는 없다. 『실록』에 쓰인 '其國語', '貴國語', '中國語', '琉球國語', '我國語', '本國語' 등의 용례에서 '國語'는 하나의 단어로 쓰인 것이 아니라 '[[수식어+國]+語'의 구성에 나타난 것이었다(김병문 2013:57). '琉球國文', '朝鮮國文', '他國文' 등에 나타난 '國文' 역시 '[[수식어+國]+文'으로 봐야 한다.

'국문' 철자와 외국문 번역, 교과서 편집 등의 일을 맡아 본다고 하였는
데 이것이 '국문'이 하나의 독립된 단어로 사용된 최초의 기록이다(김주
필 2013:38). 또한 같은 해 7월 12일 기록에서도 전고국 조례 중 '국문'이
등장한다. 관리 선발 시험을 관장하는 전고국이 새롭게 정비한 관리 선
발 시험 과목으로 '국문, 한문, 글자 쓰기, 산술, 국내 정사, 외국 사정,
국내 사정, 외무 관계'를 든 것이다.[2] 전고국 조례에 언급된 이후로도
'국문'은 실록에 몇 차례 더 등장한다. 그중 1894년 11월 21일의 '「공문
식公文式」'은 제14조 조항을 통해 공문서에서의 국문 사용을 공식화하였
다는 점에서 그 중요성이 강조되어 왔다.[3]

> 1894(高宗 31)년 6월 25일에 설치된 軍國機務處에서는 6월 28일에 官
> 制를 개혁하고, 7월 1일에는 開國紀年을 사용하였다. <u>그 官制에서 종래
> 의 諺文을 國文이라 고치고, 또한 淸年號 光諸 20년을 버리는 대신에 開
> 國 503년을 사용하게 되었다. 이것은 최초로 공식적 실시를 본 近代化
> 의 상징이므로, 역사적 의의가 매우 컸다.</u> 近代思想은 벌써 싹텄으나,
> 이처럼 정식으로 실현된 예는 아직 없었기 때문이다. 그 近代思想이란
> 자아를 자각한 <u>自主意識</u>을 가리킨다. (⋯) 그 의미는 문명과 독립에 제
> 일 요긴한 것이 國文이라고 보는 진실하고 올바른 國語觀의 확립에 있

---

2) 관리 선발 시 국문 시험을 치른 것은 이때가 처음은 아니다. 최경봉 외(2008:67)에
기술된 관련 내용을 요약하면 다음과 같다. 훈민정음 반포 이후 하급 관리 선발 시
에는 '훈민정음' 과목을 두어 글을 능숙히 쓸 줄 모르더라도 합자合字 정도는 할 수
있는 사람, 즉 초성, 중성, 종성을 모아 음절을 구성할 수 있는 사람을 뽑도록 하였
다(세종 28년 12월 26일, 『세종실록』 114권, 세종 29년 4월 20일, 『세종실록』 116
권). 하급 관리들은 한문에 대한 지식이 깊지 않아 이두로 문서를 작성하곤 했는데
세종은 하급 관리들이 배우기 쉽고 쓰기 쉬운 훈민정음을 사용하도록 해 행정의 효
율성을 높이고자 한 것이다. '훈민정음' 과목은 세종 사후에는 폐지되었다가 세조 6
년에 부활하였는데 이때에는 하급 관리 시험이 아니라 문과 시험의 선발 과목이었
다. 연산군 때에도 언문을 아는 여자를 각 원에서 두 명씩 뽑아 올리라는 기록이
있지만 그 후에는 훈민정음이 국정에 어떻게 활용되었는지를 보여주는 기록이 없다.
3) 그에 앞서 군국기무처는 1894년 7월 8일 「의안議案」에서 외국의 국명, 지명, 인명
에 한해 공문서에서 이를 국문으로 번역해 쓸 것을 규정했다(김건우 2008:38).

었다. (김민수 1981:202)

김민수(1981)에서 「공문식」 제14조 조항의 내용을 근대화의 상징이자 자주의식의 징표라고 평가한 것은 지금도 국어학사 서술에서 일반적으로 받아들여지고 있는 내용이다. 법률과 칙령 등 공문서를 작성할 때 국문을 기본으로 하고 한문으로 번역을 붙이거나 혹 국한문을 혼용한다고 규정한 「공문식」 제14조는 분명 국가의 공식 문자로서 국문을 선포한 것이었다. 해당 조항의 반포로 인해 '언문'이 '국문'으로 격상된 것을 중요한 기점으로 보아 이를 현대국어의 시작 시점으로 보는 견해도 적지 않다는 점에서 「공문식」은 역사적 중요성이 매우 크다고 할 수 있다.

하지만 이러한 중요성에도 불구하고 갑오개혁 당시의 「공문식」 제정에 관한 논의는 제14조 문안이 갖는 선언적 의미를 강조하는 데에 그쳤을 뿐 제정 전후의 상황에 대한 깊이 있는 고찰이 있었다고 보기는 어렵다. 「공문식」 제14조가 갖는 의미를 정당하게 평가하기 위해서는 제정의 시대적 배경을 종합적으로 고려할 필요가 있다.

일단 「공문식」은 그 역사적 성격이 갑오개혁과 무관할 수 없다. 갑오개혁은 국내 개화 세력에 의해 추진되었다는 점에서 주체적 개혁으로서의 성격을 갖기도 하지만 그 추진 과정에서 일본 관리들의 간섭과 통제가 적지 않았다는 점에서는 타율적 개혁으로서의 성격도 갖는다. 자율성과 타율성이 혼재되어 있던 갑오개혁의 이중적 성격을 고려할 때 그동안 국어학사 논의에서 「공문식」의 '국문' 선언을 주체적이고 자주적인 의식의 발로로만 평가해 온 것은 지나치게 피상적인 접근이 아니었나 하는 생각이 든다.

갑오개혁 당시에 마련된 여러 제도들은 일본의 것을 상당 부분 모방한 것이었다. 그런 점에서 「공문식」의 작성 과정에서 일본의 공문식제가 미친 영향을 살펴볼 필요가 있다. 또한 만약 「공문식」의 국문 관련 규정이 일본과 무관하게 성립된 것이라면 갑오개혁 추진 세력들이 어떠한 배경 속에서 문자와 국가의 관계를 새롭게 인식하게 되었는지를 살펴볼 필요도 있다.

「공문식」은 1894년 11월 21일 고종高宗(1852~1919)이 관리들에게 내린 칙령 뒤에 부기되어 있다. 칙령은 총 8개의 조항들로 구성되어 있는데 관리의 임명, 관제의 개편 등에 대한 내용을 담고 있다. 그중 칙령 제1호에서 고종은 자신이 재가한 공문식제를 반포할 것, 그리고 종전의 공문 반포 예규를 그날부터 폐지할 것을 명하였는데4) 여기서 말한 새로운 공문식제가 칙령 뒤에 14개 조항으로 실려 있는 「공문식」이다.

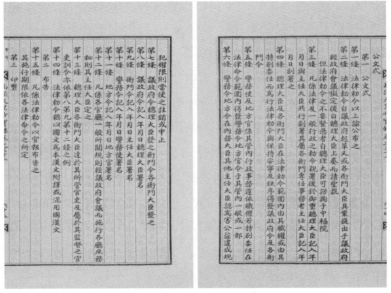

〈그림 1〉『고종실록』 32권(고종 31년 11월 21일)에 실린 「공문식」(국사편찬위원회 제공 이미지)

---

4) 勅令第一號: 朕裁可公文式制, 使之頒布, 從前公文頒布例規, 自本日廢止.

<그림 1>에서 볼 수 있듯이 「공문식」 자체는 한문으로 작성되었는데 여기서는 국사편찬위원회의 번역을 통해 그 내용을 살펴보겠다.

공문식
제1 공문식
제1조 법률·칙령은 임금의 칙유로 공포한다.
제2조 법률·칙령은 의정부에서 초안을 만들거나 또는 각 아문의 대신이 안을 만들어 의정부에 제출하면 의정부 회의를 거쳐 의정한 후에 총리대신이 상주하여 임금의 결재를 청한다. 그러나 긴급하지 않은 법률이나 칙령은 총리대신이 중추원에 자순할 수 있다.
제3조 일체 법률이나 일반 행정에 관한 칙령은 직접 서명하고 옥새를 찍은 후에 총리대신이 연월일을 기입하고 주임대신과 함께 아래에 서명하며 각 아문의 전임 사무에 속하는 것은 주임대신이 연월일을 기입하고 아래에 서명한다.
제4조 총리대신 및 각 아문의 대신은 법률이나 칙령의 범위 안에서 자기의 직권이나 혹은 특별 위임에 의하여 법률과 칙령을 집행하며 안녕과 질서를 보지하기 위하여 의정부령 및 각 아문령을 내릴 수 있다.
제5조 경무사 및 지방관은 자기 관하 행정 사무에 관계되는 문제에 대하여 직권이나 특별 위임에 의하여 법률과 명령의 범위 안에서 경무령 및 지방령을 자기 관하의 전체나 일부에 내릴 수 있다.
제6조 경무령과 지방령에 대하여 내무 대신이나 기타 주임대신이 공공 이익을 해치고 제정된 규정에 위반되며 권한에서 벗어났다고 인정할 때에는 응당 취소 혹은 중지시켜야 한다.
제7조 의정부령은 총리대신이 내리고 아문령은 각 아문의 대신이 내린다.
제8조 의정부령에는 연월일을 기입하고 총리대신이 서명한다.
제9조 아문령에는 연월일을 기입하고 주임대신이 서명한다.
제10조 경무령에는 연월일을 기입하고 경무사가 서명한다.
제11조 지방령에는 연월일을 기입하고 지방관이 서명한다.
제12조 일체 각 관청 일반에 관한 규칙은 의정부 회의를 거쳐서 시행하고, 각 관청의 서무 세칙은 그 주임대신이 정한다.

제13조 총리대신과 각 아문의 대신이 관할하는 관리나 자기 감독에 속하는 관리들에게 내리는 훈령도 제8조·제9조·제12조 규례대로 한다.

제14조 법률·칙령은 모두 국문을 기본으로 하고 한문으로 번역을 붙이거나 혹은 국한문을 혼용한다.

위와 같이 총 14개 조항으로 이루어진 「공문식」은 법률, 칙령, 훈령, 규칙 등 공적 문서의 작성, 제출, 결재, 서명, 집행 방법에 관한 세부 내용을 규정한 것이다. 그중 문체에 관한 내용이 마지막 제14조에 규정되어 있다. 「공문식」 제14조의 원문은 "法律勅令總以國文爲本 漢文附譯或混用國漢文"으로 모든 법률과 칙령은 국문으로 쓰는 것을 기본으로 하되, 한문으로 번역을 붙이거나 국한문을 혼용한다는 단서를 달았다.[5]

근대 공문서 제도의 수립 과정과 그 종류 및 서식 등을 분석한 김건우(2008)은 갑오개혁기에 일본인 고문관들이 정부의 공문서 제도에 깊이 관여했음을 밝히며 군국기무처에서 제정한 「공문식」의 조항들이 일본의 공문서 작성 조항들을 전적으로 모방한 것이었다고 하였다. 그런데 제1조~제13조와 달리 제14조는 일본의 공문식에는 없는 독자적인 조항이라고 하였다(김건우 2008:38). 일본의 공문식에는 문자나 문체에 관해 별도로 언급한 부분이 없었지만 군국기무처가 자체적으로 제14조를 추가했던 것이다. 이런 점을 고려하면 「공문식」 자체는 갑오개혁의 타율성을 보여주는 측면이 크지만 '국문'을 언급한 제14조만큼은 주체적이고 자율적인 성격을 띤 것이었다고 평가할 수 있겠다.

---

5) 공문식이 반포된 지 약 한 달 뒤인 1894년 12월 26일, 총리대신 명의의 '의정부령 議政府令 제2호'에서 '각 아문 간에 왕래하는 공문은 국문을 쓰되 혹 편리를 위해 국한문을 혼용함도 가하다.'라고 하여 공문서에서의 국문 사용 원칙을 다시 밝혔다 (김주필 2013:40-41).

2) 공문서의 국문체

「공문식」이 부기되어 있는 칙령의 제3호에서는 고종이 동짓날 백관들을 거느리고 태묘에 가 선왕들에게 우리나라가 독립한 것과 모든 제도를 고친 사유를 고하고 다음 날은 태사에 나아가겠다고 하였다. 이때 태묘에 가서 고한 내용이 「서고문」에 담겨 있는데 「서고문」은 국문, 한문, 국한문의 세 가지 문체로 작성되었다. <그림 2>는 1894년 12월 12일자 『관보』에 실린 문체별 「서고문」의 첫 면을 보인 것이다.

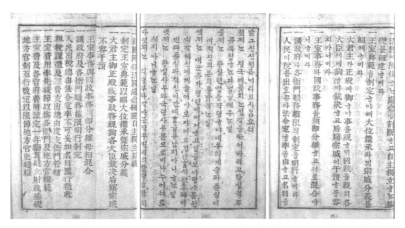

〈그림 2〉 『관보』에 세 가지 문체로 실린 「서고문」 첫 면(국립중앙도서관 제공 이미지)

「서고문」의 주된 내용은 갑오개혁의 기본 강령을 담은 「홍범 14조」의 조항들로 구성되어 있다. 일종의 헌법이라[6] 할 수 있는 「홍범 14조가」 국문과 국한문과 한문의 세 가지 문체로 작성되었다는 사실은 한문

---

[6] 학자에 따라 현행 헌법의 기원을 1895년 조선 국왕 고종이 반포한 「홍범 14조」로 보기도 하고, 1899년 대한제국의 황제 고종이 반포한 「대한국국제大韓國國制」로 보기도 한다. 즉, 「홍범 14조」의 헌법적 성격을 인정하는가의 여부에서 이견이 존재하는 것인데, 이와 관련해서는 민경식(2007)을 참고할 수 있다.

중심의 문어 질서가 해체되었음을 대내외에 천명한 것이자 국문의 사용을 공식화한 것이라는 점에서 상징적 의미가 크다.[7] 또한 실질적으로도 앞으로 전개될 근대의 문체적 변화와 변이를 예고한 것이기도 했다.[8]

「서고문」이 실린 다음 날인 12월 13일자 『관보』에는 고종이 내린 「서고윤음」이 실려 있는데 이 윤음 역시 한문, 국한문, 국문으로 게재되었다. 하지만 그 후로 공적 문서에서 국문을 사용한 경우는 없었고 주로 국한문이 사용되거나 일부 한문이 사용되었다. 결국 「공문식」 제14조의 국문 사용 원칙은 선언에 그쳤고 결과적으로 근대 공문서의 문체는 국한문체로 정착되어 갔다고 볼 수 있다.

하지만 국한문체의 도입 역시 순조롭기만 했던 것은 아니었던 것으로 생각된다. 『매천야록梅泉野錄』에서 황현黃玹(1855-1910)이 공문서 관련 세태를 기술하며 "국문과 한문을 섞어 사용하였는데, 서리와 일반 백성들이 몹시 괴롭게 여겼다.(雜以國漢文吏民厭苦之)"라고 한 것처럼 한문과 이두문에 익숙했던 관리들에게는 국문뿐 아니라 국한문 역시 낯선 것이었다(김건우 2008:23). 공문서에서의 국한문 사용이 늘어가던 1896년 총호사總護史 조병세가 국한문 혼용에 반대하며 자신이 맡은 모든 보고를 한문으로 하겠다고 고종에게 건의하였는데 고종은 이를 그대로 수락하였다(김주필 2013:41). 실제로 지방 관청에서는 「공문식」의 반포 이후로도 관리들이 이두나 한문으로 공문서를 작성하는 관행이 계속 이어졌다(김건우 2008:46). 이러한 사례들을 볼 때 당시로서 공문서에서 국문을 전용하

---

7) 조선시대에도 윤음이나 교서 등에 언문이 쓰이기도 했지만 이는 공적 문서에서 언문이 쓰인 매우 예외적 사례였을 뿐 이를 토대로 언문을 공식적인 문자로 인정했다고 보기는 어렵다(김주필 2013:37).

8) 특히 조선시대까지는 법전에서 언문으로 작성된 사문서를 접수하지 않는다는 명시적 규정까지 두고 있었다는 점(김건우 2008:37-38)을 고려하면 국문으로 작성된 「홍범 14조」가 갖는 의미가 적지 않다고 볼 수 있겠다.

는 것은 시기상조일 수밖에 없었을 것으로 생각된다.

국문 사용에 대한 사회적 합의도 이루어지지 않은 상태였지만 갑오개혁 당시까지 국문은 공적 영역에서의 의사소통을 매개할 만큼 충분한 언어적 기반을 가지고 있지 못했다. 국가의 공적 문서에서 국문이 전면적으로 쓰이기 위해서는 우선 국문의 사용에 관한 일련의 규범들이 마련되어 있어야 하지만 당시에는 이러한 제반 여건이 전혀 갖추어지지 않은 상황이었던 것이다.

그런 점에서 <그림 2>에 제시한 국문 「서고문」의 문장을 문체사적 관점에서 분석해 볼 필요가 있다. 국문이 근대의 세계를 담아낼 만큼의 어휘적, 문법적, 문체적 기반을 확립하지 못한 상황 속에서 그 어떤 문서보다도 의미적 명확성과 기술적 정확성이 요구되는 공문서에 국문을 시험적으로 전용한 사례이기 때문이다. 아래의 인용문은 「서고문」의 국문본을 원문 그대로 옮겨 적은 것이다. 단, 논의의 편의를 위해 원문에서 구두점이 찍힌 부분에 띄어쓰기를 하였다.

> 대군쥬게셔 종묘에전알ᄒ시고밍셔ᄒ야고ᄒ신글월
> 유긔국오ᄇᆨ삼년십이월십이일에
> 밝히
> 황됴렬셩의신령에. 고ᄒ노니. 짐소ᄌ가
> 됴종의큰긔업을. 니어. 직흰지. 셜흔한히에. 오작. 하늘을. 공경ᄒ고
> 두려ᄒ며. ᄯᅩ한. 오쟉. 우리
> 됴종을. 이. 법바드며. 이. 의지ᄒ야. 쟈죠. 큰어려움을. 당하나. 그긔
> 업은. 거칠게바리지아니ᄒ니. 짐소ᄌ가그긔감히ᄀᆞᆯ아딕. 능히. 하늘마음에.
> 누림이라ᄒ리오 진실로 우리
> 됴종이. 도라보시고. 도으심을. 말미음이니. 오쟉. 크오신우리
> 태됴게셔. 비로쇼우리왕가를. 지으ᄉ. 뼈우리후셰를. 도으ᄉ. 오ᄇᆨ삼
> 년을. 지너엿더니. 짐의딕에. 밋쳐. 셔운슈가. 크게변ᄒ고 사름의글월
> 이. 더옥통챵ᄒᆞᆫ지라. 이웃나라가. 위ᄒ야. 쇠ᄒ며. 됴명의론이. 화ᄒ야.

한갈갓트니. 오쟉. 주쥬ᄒ고 독립ᄒ미. 이예. 국가를. 굿게홈일식. 짐소
주가. 엇지. 감히. 하ᄂᆞᆯ셰를밧들어. 슌히ᄒᆞ야. 뼈. 우리

됴죵의끼치신긔업을. 보젼치아니ᄒᆞ며. 엇지. 감히. 썸나이며. 가다듬
어. 뼈. 우리

됴죵의공렬에. 빗슬더. ᄒ지아니리오 이를. 니어이졔로. 붓터. 다른나
라를. 이밋지말고 나라운슈를. 융슝ᄒ고. 챵셩ᄒ게. 회복ᄒ며. 싱민의복
을. 지어. 뼈. 주쥬독립ᄒᄂᆞᆫ긔업을. 굿게홀지라. 그도리를. 싱각건듸. 혹
도. 녜에. ᄲᅡ지디말며. 희타ᄒᆞᆫ듸. 익키지말고 슌히. 우리

됴죵의너부신쇠를. 좃치며. 텬하의형셰도. 보아. 살피여. 나라명슈를.
이명ᄒᆞ야. 젹폐를. 바로잡을진니. 짐소주가. 이러므로. 열네가지큰법을.
가져. 우리

됴죵. 하ᄂᆞᆯ에겨오신

신령에닝셔ᄒᆞ야. 고ᄒ고. 우흐로

됴죵의끼치신공렬을. 쟈뢰ᄒᆞ야. 능히. 공을. 니루게ᄒ고. 혹도. 감히.
어긔미. 업게ᄒ노니

밝그신. 신령은. ᄂᆞ려보시ᄋᆞᆸ쇼셔

첫지ᄂᆞᆫ 쳥국에. 붓치ᄂᆞᆫ싱각을. ᄭᅳᆫ어바리고확실히주쥬독립ᄒᄂᆞᆫ긔업을.
셰우ᄂᆞᆫ일

둘지ᄂᆞᆫ 왕실뎐범을. 쟉뎡ᄒᆞ야. 대통의계승과죵실이며. 쳑신의분의를
밝히ᄂᆞᆫ일

셋지ᄂᆞᆫ 대군쥬가. 명뎐에. 어거ᄒ고일을보아명슈를친히각대신에게물
어. 마로자이고결단홀식. 왕후와비빈과. 죵실과. 쳑신이. 간예홈을용납
지아니ᄒᄂᆞᆫ일

넷지ᄂᆞᆫ 왕실사무와. 국명사무를모로미나누어셔로셕지아니ᄒᄂᆞᆫ일

다섯지ᄂᆞᆫ 의명부와. 각아문직무권리의한뎡을밝히쟉뎡ᄒᄂᆞᆫ일

여섯지ᄂᆞᆫ 인민이부셰를나임은다법령으로쟉뎡ᄒ고 망녕되히명목을더
ᄒᆞ야범남히거두지아니ᄒᄂᆞᆫ일

일곱지ᄂᆞᆫ 부셰를쟉뎡홈과거두기며쏘경비를봉하홈은다탁디아문을말미
옴아힝ᄒᄂᆞᆫ일

여닯지ᄂᆞᆫ 왕실의ᄡᅳᄂᆞᆫ지물을몬져죤졀ᄒᆞ야뼈각아문과디방관의법이되게
ᄒᄂᆞᆫ일

> 아홉ᄌᆡᄂᆞᆫ 왕실의ᄡᅳᄂᆞᆫᄌᆡ물과각관부의ᄡᅳᄂᆞᆫᄌᆡ물을미리. 일년회계를쟉뎡ᄒᆞ야ᄌᆡ물뎡ᄉᆞ근본을돈뎡ᄒᆞᄂᆞᆫ일
>
> 열ᄌᆡᄂᆞᆫ 디방관제도를. 쇽히곳쳐. 뎡ᄒᆞ야. 디방관리의직권을. 한뎡ᄒᆞᄂᆞᆫ일
>
> 열한ᄌᆡᄂᆞᆫ 국즁의춍명ᄒᆞᆫᄌᆞ제를넓히외국에파견ᄒᆞ야. 학슐과. 기예를. 젼습ᄒᆞᄂᆞᆫ일
>
> 열둘ᄌᆡᄂᆞᆫ 쟝관을가라치고. 군사ᄲᅢᆸᄂᆞᆫ법을뎡ᄒᆞ야군제의근본을. 확뎡ᄒᆞᄂᆞᆫ일
>
> 열셋ᄌᆡᄂᆞᆫ 민법과. 형법을엄명ᄒᆞ게쟉뎡ᄒᆞ고범남히. 사ᄅᆞᆷ을. 가도거나. 벌ᄒᆞ지말아셔ᄡᅧ인민의목심과. ᄌᆡ산을. 보젼ᄒᆞᄂᆞᆫ일
>
> 열넷ᄌᆡᄂᆞᆫ 사ᄅᆞᆷ을. ᄡᅳ기에문벌을거리ᄭᅵ지말고션ᄇᆡ를. 구ᄒᆞᄆᆡ두로. 됴야에밋쳐. ᄡᅧ. 인ᄌᆡ등용ᄒᆞᄂᆞᆫ길을넓히ᄂᆞᆫ일

일단 표기의 측면에서 「서고문」의 국문 사용 양상을 분석해 보면, 당대의 일반적 표기 관습을 따르되 문서 내에서의 내적 통일성을 상당 부분 갖추고 있음을 알 수 있다. 연철, 분철, 중철의 방식 중 대체로 분철 방식을 취하였고,[9] 당대의 문헌에서 무질서하게 혼용되던 아래아와 'ㅏ'를 구별해 사용하였다. 된소리 표기에는 각자병서가 아닌 합용병서를 사용하여 'ᄭ, ᄯ, ᄲ, ᄶ'과 'ᄡ'의 일관된 쓰임을 볼 수 있다. 이후 『독립신문』을 비롯한 대부분의 국문 자료들이 'ᄒᆞ다'와 '하다', 'ᄂᆞᆫ'과 '는', 'ᄅᆞᆯ'과 '를'을 섞어 썼고, 된소리 표기에 'ㅅ'계 합용병서와 각자병서를 혼용하거나 'ᄡ'과 'ㅆ'을 번갈아 쓰는 등의 표기 혼란을 보인 것과 달리

9) 예외적으로 '바드며', '독립ᄒᆞ미', '어긔미'에서만 연철이 이루어졌는데 그중 '바드며'는 종성에 'ㄱ, ㄴ, ㄹ, ㅁ, ㅂ, ㅅ, ㅇ' 7개의 자음만 사용하던 표기 관습을 고려할 때 분철해서 쓸 수 없는 어절에 해당한다. 한편 '독립ᄒᆞ미'나 '어긔미'는 '-음' 명사절에 조사 '이'가 결합된 어절이라는 공통점이 있는데, '-음'에 다른 조사가 결합된 경우는 분철을 하였음에도 '-음'과 '이'의 결합을 보이는 이 두 어절에 대해서만 연철을 한 것은 해당 결합형에 대한 분철 의식이 뚜렷하지 않았기 때문인지 표기상의 혼란인지 알 수 없다. 한편 '빗슬', '잡을진니', '밝그신'에서는 중철 표기도 확인된다. 이처럼 일부 예외는 있지만 전반적으로 분철 의식이 뚜렷하게 드러나 있다.

「서고문」에서 해당 요소들은 통일된 쓰임을 보였다.

또한 당대의 일반적 표기 경향에 따라 'ㅅ, ㅈ, ㅊ' 뒤의 이중모음 표기가 나타난다. 구개음화 반영 여부에 있어서는 '쌔지디 말며', '밋지 말며'에서처럼 '-디'와 '-지'가 혼용되는 양상이 보인다. 띄어쓰기가 본격화되기 이전에 구두점을 사용하여 가독성을 높인 점도 주목되는데 구두점이 나타내는 경계는 어절, 구, 절 등이 뒤섞여 있고 통사론적으로 구분할 수 없는 단위도 있어 구두점의 사용에 일정한 원칙이 있었다고 보기는 어렵다.

이처럼 표기의 차원에서 분석해 볼 때 「서고문」의 국문은 엄격하지는 않지만 나름의 원칙하에 작성된 것으로 보인다. 하지만 문장 차원에서 볼 때에는 한문의 간섭이 남아 있고 의미가 분명하지 않은 대목들도 여럿이어서 문체적 완성도가 높다고 보기는 어렵다. 일단 한국어의 문법 요소로 보기 어려운 '뼈'가 5회, '뻐'가 2회 등장하는데 이는 한문의 '以'에 해당하는 전이어적 요소이다.

「서고문」의 국문 문장은 한문 또는 국한문의 문장을 직역한 것이며 특히 한자 하나하나의 의미를 그대로 풀어 적은 양상을 보인다. 한 예로, 위 인용문의 앞부분에 해당하는 '오작 하늘을 공경ᄒᆞ고 두려ᄒᆞ며 ᄯᅩ한 오쟉 우리 됴종을 이 법바드며 이 의지ᄒᆞ야'에서 '이'는 의미하는 바가 명확하지 않다. 국한문 대응 부분은 '惟天을 敬畏ᄒᆞ며 亦 惟 我 祖宗을 時式ᄒᆞ며 時依ᄒᆞ야'로 되어 있는데, 이때 '이'는 '時'에 대한 직역이다. 이렇게 보아도 여전히 '이'의 의미는 명확히 드러나지 않지만 '이때까지' 정도의 뜻을 나타낸 것으로 생각된다.

「서고문」에 바로 이어 실린 12월 13일자 칙령은 고종이 내린 윤음을 한문, 국한문, 국문의 세 가지 문체로 게재한 것인데, 해당 윤음의 국문본에도 의미 해석이 불분명한 '이'가 곳곳에 등장한다. '오쟉 짐이 무궁

흔 딕통을 니어 녯법을 이 좃치며 또한 오쟉 큰 쇠를 이 니어'는 국한문 본의 '惟 朕이 无疆흔 大歷服을 嗣ᄒ야 舊章을 時率ᄒ며 亦 惟 謨를 時承 ᄒ야'에 대응되는데 이때에도 '이'는 '時'에 대한 번역이다.

한편 윤음의 다른 부분에서 '이'가 '是'에 대응되는 경우도 있었다. '오 쟉 너의 무리 빅셩은 너의 마음을 한갈갓치 ᄒ야 오쟉 나라를 이 사랑 ᄒ며 너의 긔운을 한가지로 ᄒ야 오쟉 인군에게 이 츙셩ᄒ라'는 국한문 본의 '惟 爾 庶民은 乃心을 一ᄒ야 惟 國을 是愛ᄒ며 爾 氣를 同ᄒ야 惟 君을 是忠하라'에 해당하는데, '이 사랑ᄒ며', '이 츙셩ᄒ라'는 각각 '是愛 ᄒ며'와 '是忠하라'를 직역한 결과이다.

「서고 윤음」 이후 국문으로 쓴 글은 더 이상 관보에 실리지 않았다. 결국 형식적으로나마 「공문식」을 충실히 따른 문서는 「홍범 14조」를 포함한 「서고문」과 「서고 윤음」뿐인데 이때 사용된 국문은 한문 원문 에 대한 축자적 번역문으로 한문 없이는 의미 전달이 어려운 상태였다. 이러한 부분을 고려할 때 「서고문」과 「서고 윤음」은 한문으로 먼저 작 성되고 그 후 국문과 국한문으로 번역된 것으로 생각된다. 그렇다면 국 문을 기본으로 하고 한문으로 번역을 붙인다는 「공문식」 제14조를 충 실히 따른 것이라고 보기도 어렵다. 이렇게 볼 때 갑오개혁기의 「공문 식」 반포나 「홍범 14조」의 국문 사용에도 불구하고 아직 국문은 명실상 부한 국가의 공식 문자가 되었다고 보기 어렵다. 법률 조항을 통해 '명 名'으로서의 공식적 지위가 인정되었지만 공식 문자로서의 실체는 갖지 못했던 것이다.

국문이 그 '실實'을 갖추어 나가는 동안 실질적으로 공적 상황에서의 문어의 질서를 재편해 간 것은 국한문이었다.[10] 관보에 실린 공문서의

---

10) 「서고문」은 한문, 국문, 국한문으로 게재되었지만, 그 하루 전인 1894년 12월 11 일자 관보에 '巡檢의 懲罰ᄒᄂ 例'에 대한 칙령이 국한문체로만 실린 사례가 있다. 이는 공문서의 문체로서 국한문체를 단독적으로 사용한 시험적 사례이다.

국한문체는 '하다'의 활용형이나 일부 고유어 동사, 그리고 조사 정도만 한글로 쓰고 나머지는 모두 한자로 썼기 때문에[11] 공문서의 국한문체는 아직 초기적 단계에 있었다고 생각된다. 하지만 「공문식」 반포 이후 국한문이 한문 대신 문어 의사소통을 매개하는 주된 문체로 자리 잡아가는 과정에서 한문의 통사구조를 해체하는 문체적 실험들이 이루어졌고, 국한문체의 다양한 변주 속에서 점차적으로 국문 사용의 기틀이 마련되어 갔다.[12] 이렇게 볼 때, 「공문식」 제14조의 "國文爲本, 漢文附譯"은 국문에 상징적 가치를 부여하였다는 점에서, 그리고 그에 이어진 "或混用國漢文"은 국문이 한문 번역을 위한 '본本'이 될 수 없는 현실적 여건에서 한문 중심의 문어 생활을 재편할 동력을 제공했다는 점에서 의미를 가졌다고 평가할 수 있을 것이다.

3) 공문서의 국한문체

갑오개혁은 군국기무처가 설립된 때부터 고종의 아관파천까지 진행된 일련의 개혁들을 의미한다.[13] 약 1년 7개월간 진행된 갑오개혁은 일본의 내정 개입과 국내 개화 세력 간의 정치적 갈등 속에서 전개되었다. 갑오개혁을 이끌어간 인물들은 김홍집金弘集(1842-1896) 등 원로 실무

---

11) 1896년 6월 1일자 관보에서 영국의 내각 총리대신 임명 소식을 전할 때 등장한 '에셜스배리'와 같이 외국 인명 표기에 한글이 쓰인 경우도 있었는데, 이처럼 한자로 표기할 수 없는 고유명사에 한글이 쓰인 것을 제외하면 어휘적 의미를 갖는 낱말에 한글이 쓰인 예는 거의 없었다.

12) 근대 국한문체의 변화 과정에 대해서는 임상석(2008, 2018), 한영균(2008, 2009, 2011, 2013, 2018, 2019)를 참고할 수 있다.

13) 학자에 따라 군국기무처가 폐지될 때까지만을 갑오개혁이라 하고 그 이후는 을미개혁이라 칭하기도 하지만, 이 시기에 이루어진 크고 작은 개혁들이 연속성을 갖는 측면이 크기 때문에 본고에서는 군국기무처 설립부터 아관파천에 이르는 약 1년 7개월간의 개혁을 갑오개혁으로 보는 견해를 따른다.

관료, 박영효朴泳孝(1861-1939) 등 갑신정변 주도 세력, 박정양朴定陽(1841-1904) 등의 정동구락부 세력, 그리고 유길준兪吉濬(1856-1914) 등의 신진 관료 등으로 그 정치적 지향점과 배경이 다양했다.[14] 일부는 급진적 개화파, 일부는 온건적 개화파로 불리는 등 차이는 있지만 이들은 모두 대외 개방과 내적 개혁의 필요성에 대한 공감대를 가지고 있었다. 그런 면에서 갑오개혁은 국내의 개화 세력들이 동학농민운동을 통해 표출되었던 내적인 개혁 요구를 수렴하여 추진해 간 개혁이라는 점에서 일정 정도의 주체성을 가졌다고 볼 수 있다.

　하지만 내적 개혁 의지는 정치 세력화의 과정에서 발생한 주도권 경쟁, 그리고 이러한 국내 정황을 자국의 이해관계에 부합하게 이용하려는 일제의 계략으로 인해 결과적으로 일본의 보호국화를 초래한 측면이 컸다. 국내 개화 세력들은 청국의 속방이 아닌 독립적인 주권 국가임을 공식화하는 것이 열강과 대등한 근대국가를 이루기 위한 필수불가결한 조건임을 인식하고 있었지만, 이는 조선의 내정에 대한 청국의 간섭을 종식시키고 조선을 일본의 보호국으로 만들고자 했던 일본의 필요에도 부합하는 것이었다. 일본은 개화 성향의 관료들을 앞세워 조선이 독립국임을 선언하고 개혁을 추진하도록 했다. 이처럼 내적 필요에 의해 추진된 개혁이었다 해도 일본의 간섭하에 진행되었고 일본의 이익에 부합하는 방향으로 전개되었다는 점에서 타율적인 개혁의 성격

---

14) 주진오(1994:28-40)에 따르면 갑오개혁에 참여한 관료들은 다음과 같이 구분할 수 있다.
　① 신진관료: 유길준, 김가진, 안경수 등
　② 원로 실무관료: 김홍집, 김윤식, 어윤중 등
　③ 갑신정변 주도파: 박영효, 서광범 등
　④ 정동구락부 세력: 박정양, 이완용, 윤치호 등
　⑤ 근왕파 관료: 심상훈, 이범진 등
　⑥ 무소속 실무 관료: 고영희, 권재형, 이응익 등

을 갖기도 한다.

갑오개혁은 보통 제1차~제3차로 구분되며 그중 주된 변화는 제1차와 제2차 개혁을 통해 이루어졌다. 본고의 관심사인 「공문식」은 제1차 갑오개혁기에 반포되었는데, 「공문식」의 반포가 내적으로 태동한 자국어 의식을 반영한 것인지의 여부를 판단하기 위해서는 당시의 정황과 개혁 주도 세력들에 대해 좀 더 자세히 살펴볼 필요가 있다.

군국기무처를 중심으로 진행된 제1차 갑오개혁의 주도 세력은 김홍집 등의 중견 관료층과 유길준 등의 소장 관료층이었는데, 이들은 1880년대 이후 열강을 대상으로 한 외교 통상 업무의 실무 경험을 가지고 있었다(김현철 2015:103). 군국기무처의 정치 개혁 방향은 내각 중심의 입헌군주제를 통해 왕권을 제한하고 민권을 증대시키는 것이었고, 한편으로는 궁내부와 내각을 분리하여 명성황후의 정치적 영향력을 약화시키는 것이었다. 불과 몇 개월밖에 안 되는 짧은 기간 동안 군국기무처는 정치·행정 관련 개혁안을 비롯해 190건에 달하는 개혁 사안을 발의하고 의결하였는데(김현철 2015:103) 신식 공문식제의 도입도 그중 하나였던 것이다.

제1차 갑오개혁은 오토리 게이스케 일본 공사의 재임 기간에 이루어진 군국기무처의 설립을 그 기점으로 삼는다. 군국기무처는 동학농민운동 이후 일본이 통고한 단독내정개혁안을 고종이 거부하고 교정청을 설치해 자체적이고 점진적인 개혁을 추진해 가던 중에 일본군이 경복궁을 침입해 교정청을 폐지하고 나흘 만에 설시한 비상 입법 정책 발의 기구였다(민경식 2007:48). 일본은 "조선을 명목상 하나의 독립국으로 유지시키면서 일본이 관여하는 보호국 형태"로 만들고자 했으며(김현철 2015:01), 갑오개혁은 일본군의 주둔하에 주한 일본 공사관의 간섭을 받으며 진행되었다. 하지만 제1차 김홍집 내각의 일선에는 흥선대원군興宣大院君

(1820-1898)이 있었고 군국기무처의 관료들은 일본 공사측이 마음대로 조종할 수 있는 인물들이 아니었다(민경식 2007:59). 제한된 여건에서나마 군국기무처 관료들은 주체적인 개혁을 시도하고자 했고 군국기무처가 자신들의 통제 범위를 벗어나 있다고 판단한 일본 정부는 결국 오토리 공사를 본국으로 소환하고 군국기무처를 폐지시켰다(왕현종 2003).[15]

이렇게 볼 때 군국기무처에서 발의하여 추진했던 제1차 갑오개혁은 그 이후 진행된 개혁에 비해 나름대로의 주체성과 자주적 역량을 반영한 것이었다고 할 수 있는데 바로 그 시기에 「공문식」이 반포되었다는 점, 그리고 「공문식」의 조항 대부분이 일본의 공문식을 모방한 것이긴 했지만 군국기무처에서 독자적으로 공적 언어에 대한 규정을 마련했다는 점에서 「공문식」 제14조는 내적으로 태동한 자국어 의식과 문체 개혁 의지를 반영하는 것이었다고 평가할 수 있다.[16]

그렇다면 국가의 공식 언어로서의 국문의 지위를 명확히 규정하면서도 실제적으로는 국한문을 섞어 쓸 수 있도록 「공문식」의 조항 작성을 주도한 것은 누구였을까? 이에 대한 명시적인 기록은 찾아볼 수 없지만 제1차 갑오개혁을 주도한 관료들 중 유길준이 일찍부터 국문 사용과 문체 개혁을 주장해 왔다는 점에 대해 주목할 필요가 있다. 유길준은 일

---

15) 오토리 공사의 후임으로 파견된 이노우에 가오루는 개혁의 주도권을 잡기 위해 보다 강력한 조치를 취했고 내각은 김홍집·박영효 연립 내각으로 개편되었다. 일본의 영향력이 한층 강화된 제2차 연립 내각에서는 흥선대원군의 정치 참여 제한, 외국인 고문관의 채용, 왕실과 내각의 분리 등이 추진되었는데 이는 제1차 갑오개혁의 주도 세력을 약화시키고 조선의 행정에 대한 일본의 영향력을 한층 강화하기 위한 것이었다(김현철 2015:102).

16) 물론 일본 고문관이 군국기무처의 국문 본위 선언에 반대하지 않은 데에도 이유가 있었을 것으로 보인다. 일본의 입장에서는 무엇보다도 조선에 대한 중국의 영향력을 차단해야 했기 때문에 조선이 국가의 공식 문서에 한문을 쓰지 않고 국문을 쓰는 데에 반대할 이유가 없었을 것이다. 또한 「공문식」에서는 국한문의 사용을 명시적으로 허용하였는데 실제로 공문서의 문체로 정착하게 된 국한문체는 일본에서 널리 쓰이던 화한和漢 혼용문과 유사했다.

찍이 한문 중심의 문어 생활을 타파하되 과도기적 문체로서 국한문을
혼용하고 궁극적으로는 국문 전용으로 나아가야 한다고 강조해 왔다.
또한 유길준은 당시 갑오개혁의 가장 중심부에서 활동하던 개혁 주도
세력이기도 했다. 김홍집의 신임을 받았던 유길준은 군국기무처 기초위
원으로서 다수의 개혁안을 발의하며 제1차 갑오개혁을 주도해 갔다(이
광린 1993:74).

유길준은 개화사상가 박규수朴珪壽(1807-1877)나 강위姜瑋(1820-1884)에게
지도를 받으며 서양의 사상과 문물에 대한 책들을 접했고, 26세가 되던
1881년 신사유람단에 어윤중의 수행원으로 참가하였다가 후쿠자와 유
키치福澤諭吉(1835-1901)의 게이오의숙慶應義塾에 입학해 개화사상을 심화하
게 된다. 임오군란으로 학업을 접고 귀국했던 유길준은 1883년 보빙사
의 수행원으로 미국에 갔다가 메사추세츠Massachusetts에서 유학 생활을
했다. 유길준은 유학 경험을 통해 자신이 보고 듣고 생각한 바를 종합
하여 서양 문물에 대한 일종의 입문서를 집필하였다. 1889년 탈고하여
1895년에 출판한 『서유견문西遊見聞』은 그 내용뿐 아니라 문체에도 독보
적인 측면이 있었다. 그 이전까지 발행된 서적들과 달리 한문이 아닌
국한문을 혼용했던 것이다.

『서유견문』의 서문에서 유길준은 자신의 문체 선택의 배경을 구체적
으로 밝혔는데 이를 통해 그가 국문 전용을 지향하면서도 당시의 세태
를 고려해 과도기적으로 국한문을 섞어 썼음을 알 수 있다(김영민 2009).

> 우리 글자[我文]와 한자(漢字)를 섞어 쓰고, 문장의 체제는 꾸미지 않
> 았다. 속어를 쓰기에 힘써, 그 뜻을 전달하기를 위주로 하였다. (…) 책
> 이 완성되고 며칠 뒤에 친구에게 보이고 그에게 비평해 달라고 하자,
> 그 친구가 이렇게 말하였다.
> "그대가 참으로 고생하기는 했지만, 우리글과 한자를 섞어 쓴 것이

문장가의 궤도를 벗어났으니, 안목이 있는 사람들에게 비방과 웃음을 면치 못할 것이다."

그래서 내가 이렇게 대답했다.

"이는 그럴 만한 까닭이 있다. 첫째, 말하고자 하는 뜻을 평이하게 전하는 것을 위주로 하였으니, 글자를 조금만 아는 자라도 (이 책의 내용을) 쉽게 알 수 있도록 하기 위해서이다. 둘째, 내가 책을 읽은 것이 적어서 글 짓는 법이 미숙하기 때문에 기록하기 쉽게 하기 위해서이다. 셋째, 우리나라 칠서언해(七書諺解)의 기사법을 대략 본받아서 상세하고도 분명한 기록이 되도록 하기 위해서이다.

또 세계 여러 나라를 둘러보면 각 나라의 말이 다르기 때문에 글자도 따라서 같지 않으니, 무릇 말은 사람의 생각이 소리로 나타난 것이요, 글자는 사람의 생각이 형상으로 나타난 것이다. 그러므로 말과 글자를 나누어 보면 둘이지만 합하면 하나가 되는 것이다.

우리나라의 글자는 우리 선왕(세종)께서 창조하신 글자요, 한자는 중국과 함께 쓰는 글자이니, 나는 오히려 우리 글자만을 순수하게 쓰지 못한 것을 불만스럽게 생각한다. 외국 사람들과 국교를 이미 맺었으니, 온 나라 사람들—상하·귀천·부인·어린이를 가릴 것 없이 저들의 형편을 알지 못해서는 안 될 것이다. 그러니 서투르고도 껄끄러운 한자로 얼크러진 글을 지어서 실정을 전하는 데 어긋남이 있기보다는, 유창한 글과 친근한 말을 통하여 사실 그대로의 상황을 힘써 나타내는 것이 올바르다고 생각한다. (유길준 저·허경진 역 1995:19-20)

서문에서 유길준은 원고를 집필할 때 국문과 한자를 섞어 썼고 속어를 가급적 많이 반영하려 했다고 밝혔다. 그리고 그 과정에서 재래의 한문처럼 문장의 체제를 꾸미는 것보다 의미 전달력을 높이는 데에 중점을 두었다고 하였다. 하지만 근대적 지식을 담아내기에 적합한 문체를 구상하여 실제 문장에 적용해 본 유길준의 시도에 대한 주변의 반응은 그리 좋지 않았던 듯하다. 문장가의 궤도를 벗어난 것이라 조롱거리가 될 것 같다는 평을 받은 것이다. 하지만 유길준은 그러한 비판에 굴

하지 않고 오히려 한자의 도움을 받지 않고 우리 글자만을 쓰지 못한 것이 불만스럽다고 하였다. 우리 글자는 선왕이 창조한 글자이지만 한자는 중국과 함께 쓰는 글자라는 지적, 그리고 쉬운 우리글을 써야 남녀노소 국민들 모두에게 세상 돌아가는 형편을 전할 수 있다는 지적은 유길준이 국문이 갖는 상징성과 실용성을 분명히 인식하고 있었음을 보여준다.

유길준의 이러한 생각은 유학 생활을 통해 얻게 된 외국의 언어 상황에 대한 인식으로부터 비롯된 것으로 보인다. 『서유견문』에서 유길준은 세계 여러 나라를 둘러보면 각 나라의 말이 달라서 글자도 서로 다르지만, 그 말과 글은 서로 별개가 아니라 하나라고 하였다. 말은 사람의 생각을 소리로 나타낸 것이고 글자는 사람의 생각을 형상으로 나타낸 것이므로 둘은 결국 하나라는 것이다. 유길준이 체류했던 19세기 말의 일본에서는 언문일치 운동이 활발히 전개되고 있었고, 미국은 원래부터 표음문자인 알파벳을 사용했으므로 이미 언문일치의 언어생활을 하고 있었다. 이러한 외국의 상황을 목도한 유길준이 새 시대에 걸맞는 새로운 문체를 구상하게 된 것은 자연스러운 일이었다고 하겠다.

『서유견문』이 발행된 것은 1895년이지만 원고를 탈고한 시점은 1889년이었다. 이는 1894년 「공문식」의 반포보다 수년 앞선 시점으로, 갑오개혁에 착수하기 수년 전부터 유길준은 이미 당장은 국한문을 혼용할 수밖에 없지만 장차 국문 전용으로 나아가야 한다는 인식을 가지고 있었던 것이다. 한편, 『서유견문』 이전에도 유길준은 1883년 박영효를 도와 『한성순보漢城旬報』 간행을 준비할 당시 창간사를 비롯해 '국채 종류國債種類', '경쟁론競爭論' 등 신문에 실을 글들을 국한문으로 작성해 두었는데(이광린 1993:111)[17] 이러한 사실들을 토대로 볼 때 유길준은 『서유견

---

17) 박영효가 한성부 판윤에서 물러나 광주유수로 좌천당하면서 유길준도 신문 간행

문』의 간행 이전부터도 국한문체에 대한 구상을 가지고 있었다고 할 수 있다. 유길준의 행적을 보면 갑오개혁 당시 일본의 공문식을 모방하면서도 「공문식」 제14조를 삽입한 것은 이미 10여 년 전부터 구상해 온 이상을 실현하는 길이었던 셈이다.

이기문(1970:17-19)은 일찍이 19세기 말 20세기 초에 국한문체가 주된 문체로 사용되기까지 유길준의 역할이 가장 컸다고 평가한 바 있다. 유길준이 『한성순보』 간행 준비 중 창간사와 해설문을 국한문으로 썼던 것은 개화기에 의도적으로 국한문을 쓴 최초의 시도였으며, 그 후 『한성주보』에서 국한문이 쓰인 데에도 유길준이 간접적으로 영향을 미쳤을 것이고, 그의 저작 『서유견문』은 국한문의 일반화에 큰 공헌을 하였다고 본 것이다.[18]

이처럼 국문이 문어 생활의 중심이 되어야 한다는 생각, 그렇지만 현실적 여건상 국한문을 혼용한다는 유길준의 어문관은 '국문을 기본으로 하되 한문 번역을 붙일 수 있고, 혹은 국한문으로 쓸 수 있다'라는 「공문식」 제14조에 표명된 관점과 정확히 일치된다. 게다가 유길준은 군국기무처의 일선에서 갑오개혁을 주도해 갔다. 이러한 정황들로 볼 때 유길준이 「공문식」 제14조의 작성을 주도했다고 보아도 무리가 없을 것으로 생각된다. 또한 이렇게 보면 「공문식」 제14조의 내용은 일본의 공문식에 대한 모방이 아닌 내적인 개혁 의지를 반영한 것이라고 다시금 평가할 수 있겠다.[19]

준비에서 손을 떼었고 『한성순보』는 결국 순 한문으로 발행되었다.

18) 하지만 이기문(1970)에서는 유길준의 이러한 활동들을 갑오개혁의 「공문식」 제14조와 연관시키지는 않았고 유길준에 의해 확산된 국한문체가 갑오개혁기부터 공사문서에서도 점차 일반화되었다고만 언급하였다.

19) 하지만 「공문식」 제14조에 반영된 자국어 의식과 문체 개혁 의지는 유길준만의 독자적인 것이 아니라 19세기 말 국내의 개화사상가들 사이에서 공유되던 생각이라고 보아야 할 것이다. 이와 관련해 주목해야 할 또 한 명의 인물은 유길준과 함

2. 대한제국과 국문

1) 국문연구소의 설립 배경

국문연구소는 1907년 7월 8일 학부대신 이재곤의 청의에 대한 고종의 재가로 대한제국의 학부 안에 설립되었다. 2년이 넘는 기간 동안 총 23회의 회의가 열렸고 1909년 12월 28일에 최종 보고서를 제출함으로써 사실상의 활동을 종료하였다(이기문 1970:39, 58). 즉 국문연구소는 광무光武 연간에 설립되어 융희隆熙 연간에 실질적인 활동을 전개하였다.[20]

국문연구소의 보고서에는 서론에 해당하는 내용이 5쪽에 걸쳐 기술되어 있고 그 뒤에 이어지는 「국문연구의정안國文硏究議定案」에 열 가지 논제에 대한 위원들의 의견 및 최종 결정안이 담겨 있다. 「의정안」에서 다루어진 열 가지 문제는 어문의 통일을 위해 반드시 해결해야 할 시급한 과제들이라 할 수 있는데 그 내용은 다음과 같다.[21]

　　一 國文의 淵源과 國文 字体 及 發音의 沿革
　　二 初聲 中 ㆁㆆㅿㆍㅁㅸㆄㅃ 八字의 復用當否
　　三 初聲의 ㄲㄸㅃㅆㅉㆅ 六字 並書의 書法 一定

께 강위의 문하에서 수학했던 지석영이다. 지석영의 국문 의식에 대해서는 본고의 제1부 제3장에서 자세히 논의할 것이다.

20) 오구라 신페이 등의 저술에서 국문연구소가 언급되긴 했었으나 상세한 활동 내역을 보여주는 자료가 전하지 않아 본격적인 연구가 이루어지지 못한 상황이었다. 그러다 도쿄대학 중앙도서관에 남아 있는 오구라 신페이 소장 자료 속에서 국문연구소의 최종 보고서를 발견하고 해당 자료를 학계에 소개한 이기문(1970)의 연구에 힘입어 국문연구소의 연구 내용이 소상히 드러나게 되었다.

21) 「의정안」은 각각의 항목에 대한 결정 사항을 기술하며 해당 결정이 위원들의 만장일치로 이루어졌는지, 반대한 사람이 있다면 누가 어떠한 이유로 반대를 했는지도 밝히고 있다. 뿐만 아니라 최종 의결 사항 뒤에 각 위원들의 주장이 자세히 기록되어 있다.

四 中聲 中 ·字 廢止, =字 刱製의 當否
五 終聲의 ㄷㅅ 二字 用法 及 ㅈㅊㅋㅌㅍㅎ 六字도 終聲에 通用 當否
六 字母의 七音과 淸濁의 區別 如何
七 四聲票의 用否 及 國語音의 高低法
八 字母의 音讀 一定
九 字順 行順의 一定
十 綴字法

국문연구소는 1905년 「신정국문新訂國文」의 공포된 후 그에 대한 학자들의 반발이 설립의 주된 계기가 된 것으로 알려져 있다. 비록 그 규모가 매우 작았다 해도 국가 차원에서 국문의 연구를 위한 공식 기구를 설립했다는 점은 한국어의 역사에서 갑오개혁기의 국문 본위 선언에 비견할 만한 중요한 사건이었다. 그동안 국어학사 연구에서는 이러한 중요성을 충분히 강조해 왔고 이기문(1970)의 다음과 같은 평가는 그 이후의 연구들에도 그대로 수용되어 왔다고 볼 수 있다.

> 그 多事多難하던 때에 이처럼 國文硏究所가 學部 안에 設置되었다는 자체가 하나의 奇蹟이라고도 생각되지만, 이것은 당시에 民間과 政府에서 國文의 整理가 지극히 절실한 課題로 인식되었음을 보여주는 것이라고 하겠다. (이기문 1970:41)

위의 기술은 대한제국 정부가 국문의 혼란에 대한 문제의식을 가지고 있었고 어문 정책을 통해 국문 사용의 문제점을 해결해 가고자 하는 의지를 가지고 있었다는 의미로 해석된다. 이어지는 연구들에서도 대체로 대한제국 정부가 국문의 개혁 문제로 고심하고 있었다고 보아 왔다. 아래의 인용문은 신창순(2001:13)에서 지석영池錫永(1855~1935)의 「신정국문」을 정부가 그대로 법령으로 공포한 배경을 서술한 부분이다.

　본래 한 나라의 正書法 決定이라는 重要한 일을 한 個人의 意見을 곧
바로 正書法으로 公布한다는 것은 비록 聖旨로 政事가 決定되던 때이라
고는 하나 學部로서 拙劣한 處理였다고 할 것이다. 그러나 우리는 學部
에서 그런 措置로 나아가게 된 背景은 充分히 理解할 수 있다. <u>近代社會</u>
<u>로의 길목에 접어듦과 더불어 漢文을 버리고 國文을 文章語로 삼기로 決</u>
<u>定하였으면서 그 뒤로의 措置를 못 取하고 있는 데 대해서 政府로서도</u>
<u>苦憫하고 있었을 것이다.</u> 이런 터에 池錫永의 新訂國文의 上疏는 그 苦悶
을 풀어 주는 解答이었으며 또 그 上疏文은 國文問題에 대한 當時 政府
의 意趣를 시원스럽게 代辯해 주고 있었던 것이다. (신창순 2001:13)

　위의 인용문에서는 갑오개혁기에 국문을 본위로 할 것을 결정하였지
만 그 이후 별다른 조치를 취하지 못하던 상황에서 정부로서도 고민이
깊었고 그런 와중에 지석영이 개인적인 연구 성과를 담은 「신정국문」
을 상소하자 정부에서도 이를 흔쾌히 받아들였다고 하였다.

　그런데 대한제국 정부가 위의 기술들처럼 국문 개혁의 문제를 중요
한 당면 과제로 여기고 있었는지의 여부는 좀 더 신중히 살펴볼 필요가
있다. 위와 같은 평가는 자국어 의식의 발달을 연속적이고 누적적인 것
으로만 바라보는 서술 태도에 따른 것일 가능성이 높다. 거의 대부분의
논의에서 갑오개혁기에서 대한제국기로 국문 본위 의식이 계승되는 과
정은 실증적이기보다는 모호한 서술로 일관되어 있는데 그러한 가정을
뒷받침할 유일한 근거가 바로 국문연구소의 존재였다. 그런데 국문연구
소의 설립 시점과 대한제국의 여타 정책 및 활동에 반영된 어문관을 하
나하나 분석해 보면 기존 연구들에서 당연시해 온 국문 의식의 발전적
계승이 다분히 후대의 관점에서 재구성된 것이 아닐까 하는 의구심을
품게 된다.

　갑오개혁기 「공문식」의 반포, 독립협회의 『독립신문』 발간, 대한제국
기 국문연구소 설립, 유길준, 주시경周時經(1876-1914) 등의 국어 문법 연

구 등은 근대의 자국어 의식의 발전을 보여주는 대표적인 사례로 많은
연구들에서 언급되어 왔다. 그리고 모든 법률과 칙령에서 국문을 사용
하라는 갑오개혁기의 국가적 결정, 그리고 그에 이어 국문 사용을 확대
할 구체적인 방안을 마련하기 위한 국가 차원의 국문연구소 설립은 각
사건 자체만을 놓고 볼 때 자국어 의식의 점진적 발전을 실증해 주는
사례로 여겨질 가능성이 있다. 하지만 국문연구소의 설립이 과연 갑오
개혁을 통해 표출된 자국어 의식을 대한제국 정부가 계승하고 발전시
킨 결과인지에 대한 판단은 정치사적 배경을 좀 더 폭넓게 살펴본 연후
에 이루어져야 할 것이다.

　그동안 국문연구소 관련 연구들은 「의정안」의 내용 자체를 검토하는
데에 치중되어 있었지만 자국어 의식의 태동 및 발전과 관련해 살펴보
아야 할 측면은 대한제국 정부가 언어와 문자가 갖는 이데올로기적 성
격을 간파하고 있었는가, 그리고 국문을 근대국가의 상징으로 여기며
이를 정책적으로 활용하고자 했는가와 같은 광무정권의 국문 인식에
관한 문제이다.[22] 국문연구소가 대한제국 시기 정부 산하 기구로 설립
된 것은 분명한 사실이지만 그 자체만 가지고 광무정권이 국문 개혁 의
지를 가지고 있었다고 보기 전에 몇 가지 고려할 사항들이 있다.[23]

22) 대한제국의 정치사적 성격에 대한 이해도 결코 간단한 문제가 아니다. 대한제국은
　과연 근대국가인가, 근대국가라면 이는 국민국가인가 절대왕정인가, 전제왕권 체
　제인 대한제국이 그 이전까지의 조선 왕조와 구별되는 지점은 어디인가, 소위 '광
　무개혁'이라 불리는 개혁의 실체를 인정할 수 있는가, 그렇다면 이를 추진한 중심
　세력은 누구였는가, 대한제국기 정부 주도 개혁의 목표는 갑오개혁의 성과들을 청
　산하고자 한 것인가 아니면 근본적으로는 계승하면서도 문제점들을 시정하려 한
　것인가, 대한제국은 독립협회의 의견을 어느 정도까지 수렴하고자 했는가 등의 문
　제를 둘러싸고 역사학계에서도 논란이 분분한 상황이기 때문이다. 한 마디로 대한
　제국의 역사적 성격이 아직 충분히 규명되지 않은 상태라고 볼 수 있다. 본고에서
　는 이러한 한계 속에서 갑오개혁기의 국문 본위 의식이 대한제국으로 계승되었는
　지의 여부에만 초점을 두고 논의를 진행한다.
23) 고종은 1905년 7월 8일 지석영이 올린 「신정국문」을 7월 19일자로 바로 재가해

19세기 말 20세기 초의 정치적 상황은 일본과 러시아 등 열강의 세력 변동, 그리고 다양한 국내 정치 세력의 이합과 집산에 따라 매우 복잡한 전개 양상을 보였다. 국문을 둘러싼 변화도 이러한 정치적 상황 속에서 이루어진 것이기 때문에 제1차 갑오개혁기에 선포된 국문의 지위가 그 후 정권의 주도 세력이 변화되는 과정에서 어떻게 계승되었는지를 살펴볼 필요가 있다.

제1차 갑오개혁기 김홍집 내각하에서 군국기무처의 주도로 발의된 공문식 제14조는 군국기무처 폐지 이후 김홍집 · 박영효 연립 내각하의 제2차 갑오개혁에도 그대로 이어졌다. 각 내각의 국문 의식은 공식적 반포 기록을 통해 살펴볼 수 있다.

제1차 갑오개혁 / 제1차 김홍집 내각
「공문식」 (1894. 11. 21.) 제14조
제2차 갑오개혁 / 제2차 김홍집 · 박영효 연립 내각
-「의정부령」 (1894. 12. 26.) 제2호
-「공문식」 수정안 (1895. 3. 28.)
-「공문식」 (1895. 5. 8.) 제9조

주며 「신정국문」을 실시하도록 지시했는데, 재가를 결정한 것만으로 고종 또는 근왕 세력들이 국문 개혁에 관심을 가지고 있었다고 보기는 어렵다. 당시 지석영이 아무리 대한제국의 의료계를 대표하는 명망 있는 인사였다 해도 한 개인이 마련한 개혁안을 약 열흘 만에 그대로 법령으로 반포했다는 것은 오히려 고종이 국문 개혁에 대해 큰 관심을 두지 않았음을 방증해 주는 것일 수 있다. 게다가 지석영의 제안은 새로운 문자를 만들어 사용하자는 무리한 주장까지 담고 있어 그 파장이 적지 않을 것임을 충분히 예상할 수 있었음에도 아무 검토 없이 「신정국문실시건」을 공표했던 것이다. 동도서기의 관점에서 전제군주제 근대국가를 건설하려던 고종과 근왕 세력들은 어문관에 있어서도 구습을 중시하는 태도를 보였다. 종래의 관습대로 한문과 한자의 권위를 포기하지 않은 채 공적 문서에서의 한글의 사용은 토를 다는 선에서만 허용한 것을 볼 때 적어도 어문관에 있어서 대한제국은 갑오개혁 이전으로 회귀하였다고도 볼 수 있다. 이에 대해서는 뒤에서 자세히 논의할 것이다.

제3차 갑오개혁 / 제3차 김홍집 내각

김홍집·박영효 연립 내각은 총리대신 명의의 「의정부령」 제2호를 통해 '각 아문 간에 왕래하는 공문은 국문을 쓰되 혹 편리를 위해 국한문을 혼용함도 가하다'라고 하여 공문서에서의 국문 사용 원칙을 밝혔는데 이는 제1차 김홍집 내각에서 반포한 「공문식」 제14조를 계승한 것이었다. 제2차 갑오개혁기에 반포된 「공문식」의 수정안이나 재차 반포된 「공문식」의 국문 관련 조항도 제1차 갑오개혁기 그것과 차이가 없었다. 박영효 사임 이후의 제3차 김홍집 내각 집권기에는 공문식과 관련된 별다른 발표는 없지만 집권 세력의 성격으로 볼 때 제1차 갑오개혁의 기조가 이어진 것으로 보아도 무방할 것이다.

그렇다면 아관파천 이후에는 어떠했을까? 갑오개혁기에도 정치 세력의 교체가 있었지만 기본적으로는 친일 내각의 성격이 이어졌던 데 반해 아관파천 이후로는 친미·친러적 인사들로 내각이 재편성되었다. 갑오개혁의 주도 세력들은 아관파천 이후 역적으로 규정되어[24] 김홍집과 정병하는 아관파천 당일 목숨을 잃었다. 유길준이 일본으로 망명하는 등 갑오개혁 주도 세력들은 숙청을 피해 도일했고 이후 대한제국 정부는 국왕의 친위 세력과 정동구락부 세력을 중심으로 완전히 개편되었다.

이러한 정치 세력의 변화는 개혁의 방향에도 큰 영향을 미쳤다. 아관파천 이후 고종은 갑오개혁 때 내각으로 개편되었던 의정부를 복설하였고 교전소校典所를 설치하여 갑오개혁기에 마련된 법률을 신법新法과 구법舊法이 조화를 이루도록 개정하라고 지시하였다. 그밖에도 향사享祀 제도가 구식과 음력으로 복구되었고 지방관제도 갑오개혁에서 종래의 8도를 23부로 확대한 것을 다시 13도로 축소시켰으며 일시적이지만 단

---

24)『고종실록』 34권, 고종 33년 2월 11일.

발령도 취소하였다(송병기 1976:88).

대한제국 선포 이후에는 근왕 세력과 독립협회 세력 간의 갈등이 이어졌는데 독립협회 해산 이후 1899년부터는 보수적인 근왕 세력이 정권을 완전히 장악하였고 「대한국국제大韓國國制」의 반포를 통해 황제의 절대적 권력을 근대적 법규로 보장하며 전제 군주적 정치 구조를 수립하였다. 그 후 정부는 더욱 보수화되어 1899년 4월 수립된 신기선申箕善 (1851-1909) 내각은 유교를 근본으로 하고 갑오개혁 때 마련된 새로운 법안들은 모두 폐기해야 한다고 주장하였다(서영희 1997:21).[25]

이러한 정황을 고려하면 그동안 국어학사 논의에서 자국어 의식이 점진적으로 계승·발전되어 왔다고 가정하고 공문식의 국문 본위 의식과 국문연구소의 설립을 단순한 연장선상에서 파악해 온 데에는 적지 않은 문제가 있음을 알 수 있다. 김홍집 내각 하에서 유길준의 주도로 수립된 국문에 관한 개혁안이 광무정권으로 계승·발전되었는지의 여부는 여러 정황을 종합적으로 살펴보기 전에는 쉽게 단정할 수 없는 문제인 것이다.

2) 대한제국의 국문 인식

고종 31년 6월 28일 『실록』에 따르면 공문식 반포에 앞서 군국기무처는 '이제부터는 국내외의 공문서 및 사문서에 개국기년開國紀年을 쓴다.'로 시작되는 의안을 올렸다. 바로 이어지는 내용이 '청국과의 조약

---

25) 물론 대한제국의 모든 법규와 제도가 갑오개혁 이전으로 복구된 것은 아니었다. 독립협회 해산 이전까지는 정부 내에 개화 지향적인 움직임도 있었고 「대한국국제」 반포 이후에도 고종과 근왕 세력들은 부국강병을 위한 근대화를 추진하였다. 정국을 주도하는 세력은 바뀌었지만 외압에 저항하기 위해 봉건적 지배 체제를 극복해야 하는 것은 피할 수 없는 과제였던 것이다.

을 개정하고 각국에 특명전권공사를 다시 파견한다.'인 것에서 볼 수
있듯이 개국기년의 사용은 조선은 더 이상 청의 연호를 사용하지 않는
독립된 국가임을 선포하는 행위였다. 또한 고종 32년 11월 25일『실록』
을 보면 내각 총리대신 김홍집이 연호를 '건양建陽'으로 의정하고 내각
의 논의를 거쳤음을 보고하자 고종이 이를 재가하였다는 기록이 있고
이에 따라 고종 33년 즉 1896년부터는 '건양'이라는 연호를 사용하였다.
갑오개혁 당시의 독자적인 연호의 제정은「공문식」제14조의 반포와
마찬가지로 중국에 대한 사대관계를 끊고 독립국임을 선포하는 상징적
행위이자 근대적 체제하의 새로운 국가 건설에 대한 의지를 보여주는
행위였다.

그런데 '건양'이라는 연호는 그 수명이 매우 짧았다. 칭제稱帝의 움직
임이 활발하던 이듬해 여름 고종은 '건양'이라는 연호 사용을 취소하고
'광무光武'라는 새로운 연호를 채택하였다.26) 이틀 뒤인 1897년 8월 16
일『실록』을 보면 고종이 새로운 연호에 대한 진하陳賀 의식을 행하고
조서詔書를 반포하였는데 이 조서에서 근래 어려운 시기가 거듭 닥쳐왔
고 극도의 화변禍變을 겪었음을 회상하며 '그때 역신逆臣들이 제 마음대
로 권력을 휘둘러 법도 절문節文은 대부분 무너지고 향사享祀를 폐지하
는 지경에 이르렀다."라고 하였다.

이 조서가 '건양'을 폐하고 이제부터 '광무'를 사용할 것임을 알리는
조서라는 점에서 '역신들이 제 마음대로 권력을 휘두르던' 때는 '건양'
이라는 연호를 세울 당시의 상황을 말하는 것으로 이해된다. 이처럼 갑
오개혁기 김홍집 내각에서 도입한 '건양'은 비록 고종의 재가를 얻었던
연호이지만 실제로는 일본의 간섭과 친일 내각 관리들의 강행 속에서

---

26) 고종 34년 8월 14일자 실록에는, 의정부 의정議政府議政 심순택沈舜澤이 고종의 명
   을 받들어 연호를 의논한 결과 '광무光武'와 '경덕慶德'의 두 가지를 고종에게 올렸
   고, 고종이 그중 '광무'를 선택했다는 기록이 있다.

결정된 것이었음을 짐작할 수 있다. 중국의 그림자를 벗어나고자 독자적 연호를 사용한다는 의식은 이어졌지만 고종은 '건양' 대신 '광무'를 택함으로써 갑오개혁의 흔적을 지우고 자신의 방식대로 근대화를 추진하고자 한 것이다.

이러한 사실들을 함께 고려하면서 광무정권의 주도 세력이 가지고 있던 국문에 대한 의식을 살펴보고자 한다. 결론부터 말하자면, '건양' 연간에 태동한 자국어 의식이 '광무' 연간의 정권 주도세력들로 이어졌다고 보기는 어렵다. 국문의 정리와 통일은 광무정권의 주된 관심사에 들지 못했다고 판단되는데 이렇게 보는 근거는 크게 세 가지로 정리할 수 있다. 첫째, 광무정권은 열강으로부터 문명화된 독립국임을 인정받기 위한 다방면의 국가 상징화 작업을 진행했는데 이때 국문은 논의의 대상에조차 포함되지 않았다. 둘째, 고종은 대한제국의 법률을 한문으로 작성할 것을 명하였는데 이는 자국어 의식의 측면에서 볼 때에 국한문 혼용보다도 후퇴한 것이었다. 셋째, 국문연구소의 설립이 결정된 시기는 대한제국 정부가 실질적인 주권을 거의 상실한 시기로 그 설립에 정부의 적극적인 개혁 의지가 반영되었다고 보기 어렵다. 이어서 이상의 세 가지 사항들에 대해 좀 더 자세히 살펴보고자 한다.

첫 번째로 살펴볼 문제는 대한제국의 국가 상징물 제정이다. 고종은 대한제국이 서구 열강의 기준에 합당한 근대국가의 면모를 갖추고 있음을 만방에 알리기 위해 국기, 국가國歌, 국경일, 훈장 등 각종 상징을 제정하도록 하였다. 이에 대해서는 이윤상(2003)에서 상세한 논의가 이루어졌는데, 해당 논의에 따르면 공식 행사나 국경일에 국기를 게양하도록 하여 일반 민중들이 국기에 대한 인식을 뚜렷이 갖도록 하였고, 충군애국의 정신을 담은 애국가를 작곡하여 이를 소책자로 배포하였다. 또한 주로 황실과 관련된 기념일들을 국경일로 지정하여 기념행사를 거행하였고, 각종 훈장을 제정해 국가 공훈자를 격려하거나 외국의 원수 및 외교관들에게 훈장을 수여해 외교 관계를 강화하였다.

이러한 상징화 작업은 화이론적 국제질서를 벗어나 만국공법적 국제질서로 순조롭게 편입하기 위한 조치들이었는데, 그러한 목적이라면 국어와 국문 역시 근대국가 대한제국의 상징으로서 충분한 자격을 갖추고 있었다고 볼 수 있다. 서구의 근대국가 수립 과정에서 공용어이자 표준어로서의 국어를 확정하고 국문의 표기를 규범화하는 과정은 매우 보편적으로 확인되는 것인데, 서구의 기준에 맞추어 근대국가의 면모를 갖추고자 했던 광무 연간의 개혁 성과들에는 국어와 국문을 이데올로기적 장치로서 활용한 사례가 보이지 않는다.

두 번째로 살펴볼 법률의 언어에 대한 고종의 명령은 대한제국의 상징화 작업에 국문이 포함되지 않았던 이유를 짐작케 해 준다. 고종은 독립협회 세력을 축출한 뒤 1899년 법전교정소法典校正所 설치하고 법률의 대대적 개편을 지시하였는데 이때 새로운 법률을 '순 한문'으로 작성하라고 명했다. 다음은 광무 3년 의정부에서 법부로 보낸 공문의 내용으로 도면회(1996)의 번역문을 재인용한 것이다.

> 경장 이후에 외국법률을 채용하였으나 과조(科條)가 미상(未詳)하여 현란무통(眩亂無統)하고 고열미편(考閱未便)하니 상호 참고하여 수정해야 할 것이라. 구법이라도 시의에 맞지 아니하여 폐지한 건은 재론할 필요가 없고 신식이라도 혹 실시에 장애가 있거든 구법에 의하여 고치는 것이 옳은지라. 지난해 이미 본부(의정부-필자) 참정(參政)의 의견서를 상주하여 재가받았는데 아직 실시하지 않고 있으니 지금 황제의 재하가 있음에랴. 귀부(法部-필자) 법률을 참작 의정하여 순한문으로 간명히 찬술하되 (…) (議政府 編, ≪法部來文≫(奎17762) <照覆> 제142호, 광무 년 5월 15일), 도면회(1996:36)에서 재인용)

인용문의 마지막 부분을 보면 고종은 교정소에서 새롭게 제정할 법률을 순 한문으로 찬술하라고 명하였다. 법부에서 이를 그대로 수용하였다면 그 후 반포된 「대한국국제」를 비롯한 대한제국의 법률은 모두 한문으로 작성되었을 것이다. 하지만 법부에서는 이에 대한 반대 의견을 제출하며 순한문이 아닌 국한문으로 법률을 제정해야 함을 역설하였다. 법률을 한문으로만 작성하면 비식자층은 읽을 수 없고 식자층이라 해도 법령의 의미를 해석할 때 헷갈리는 부분이 있을 수 있다고 한 뒤 국한문을 혼용하면 의미 전달이 용이하고 정확할 것이라고 하였다(도면회 1996:37). 법부의 이러한 의견이 받아들여져 대한제국기에도 법률과 공문서에서는 국한문체가 사용되었다.[27]

이처럼 광무정권 당시 공문서의 언어가 한문으로 회귀하지 않을 수 있었던 것은 갑오개혁 이후 법률 및 공문서에서의 국한문체 사용이 어느 정도 정착되어 있었고, 관리들 사이에 한문이 자주 독립과 근대화에 방해가 된다는 인식이 널리 퍼져 있었던 덕분이라 생각된다. 갑오개혁기 개혁 주도 세력이 국문 사용을 지향했지만 현실적 한계로 인해 국한

---

27) 융희 연간에는 공문서에서의 국문 사용을 법적으로 금지하기도 했다. 공문서의 작성에 쓰이는 문체가 너무 여러 가지이므로 국한문체 한 가지로 통일하자는 것이고 특히 외국인 관리들이 자국의 문자를 공문서에 사용하는 것을 막고자 한 것이다. 이에 대한 내각의 결정사항을 보면 공문서에 국문의 사용을 금지한다는 문구가 있다. 다음은 이기문(1970:19-20)에서 소개한 1908년 2월 6일자 『관보』의 내용이다. "從來 公文書類에 使用ᄒᆞ는 文字를 國漢文을 交用치 아니ᄒᆞ고 或 純漢文으로 調製ᄒᆞ며 吏讀를 混用홈이 己遠規例이옵고 且 外國人으로 本國官吏된 者가 或 其國文을 專用ᄒᆞ며 一般 解釋上에 疑誤를 慮가 有ᄒᆞᆯᄲᅮᆫ더러 規式에 違反되겟습기 左開 條件을 設定 施行ᄒᆞᆯ 事로 閣議에 決定ᄒᆞ야 內閣 總理大臣이 各部에 照會를 發홈.
   一 各官廳의 公文書類는 一切히 國漢文을 交用ᄒᆞ고 純國文이나 吏讀나 外國文字의 混用홈을 不得홈.
   一 外國 官廳으로 接受ᄒᆞᆫ 公文에 關ᄒᆞ야만 原本으로 正式 處辨을 經ᄒᆞ되 譯本을 添附ᄒᆞ야 存檔케 홈. ("官廳 事項", 『관보』, 1908.2.6. 이기문(1970:19-20) 각주 8)을 재인용 함.)"

문 혼용을 채택했다면 대한제국기의 고종과 근왕 세력들은 한문 사용을 지향했지만 관리들의 반발로 인해 국한문 혼용을 채택했던 것이다. 이처럼 표면적으로 볼 때에는 갑오개혁 이후 대한제국 시기까지 법률과 공문서에 줄곧 국한문체가 사용됐지만 그것이 갖는 함의는 결코 같다고 볼 수 없다.

한문과 국문, 그리고 국한문의 세 가지 문체로 반포된 「홍범 14조」와 달리 대한제국의 헌법적 성격을 갖는 「대한국국제」는 <그림 3>에서 볼 수 있듯이 국한 혼용문으로만 작성되었다.

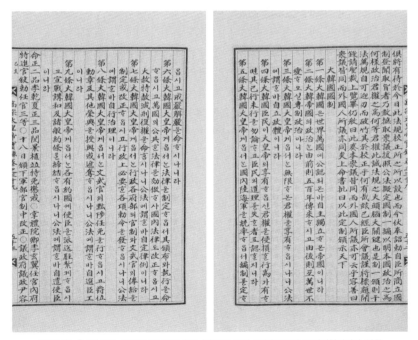

〈그림 3〉 『고종실록』 39권(고종 36년 8월 17일)에 실린 「대한국국제」(국사편찬위원회 제공)

법률뿐 아니라 대한제국의 상징화 작업의 일환으로 만들어진 애국가

역시 국한문으로 작사되었다. 당시에는 독립협회 등의 주도로 민간에 확산된 애국 창가가 여럿 있었고 그 가사는 아래와 같이 국문으로 작성된 것이 일반적이었다.

대죠션국 인민들아 이스위한 이국ᄒ세 경스롭다 경스롭다 샹하업시 우리동포 흠의모도 군스되야 경련위디 ᄒ여보세 황하슈가 여침토록 히 륙군를 봉츅ᄒ세 츙셩으로 님군셤겨 평안시졀 향복ᄒ세 강하가 몱다히 도 원원흔 우리ᄆ음 견신이 쇄분히도 나라위히 영광되리 평싱 집심여일 ᄒ기 안팟업시 밍셔ᄒ세 ("묘동 리용우 이국가", 『독립신문』, 1896. .7.)

대죠션국 인민들은 독립신문 자셰 보오 우리 명부 훼언 말고 ᄆ음이 나 곳쳐 보셰 아셰아 즁 반도국이 ᄌ쥬 독립 분명ᄒ니 독립문과 독립 원을 일신ᄒ게 지여 노코 건곤감니 태극긔을 반공즁에 놉히 달면 독립 국도 만컨마ᄂ 우리 독립 뎨일이지 국외 신민 일심흠을 이샤위한 본을 밧아 만셰만셰 만만셰 독립긔쵸 억만셰 방ᄌ흠을 닉브리고 숨들이나 어셔 ᄭ오 반쳔년 믹친 슈치 일죠에 푸러 노코 샹쾌ᄒ고 즐거온 말 만 권 셔에 다홀손가 삼각산 샹샹봉에 졍결이 단을 모와 만국샹에 빗치 나고 ("남동 박기렴 이국가", 『독립신문』, 1896.8.1.)

하지만 대한제국 정부가 공식적으로 발표한 「대한제국국가大韓帝國國歌」의 가사는 민간에서 불리던 국문 가사와 달리 국한문으로 되어 있었다 (이명화 1999:644). 1904년 5월 13일자 『황성신문』 제3면 '잡보'란에 실린 "국가조음國歌調音"이라는 기사를 보면 학부에서 제정한 국가를 학교에서 학생들에게 교육하라고 하며 다음과 같은 국한문 가사를 실었다.[28]

---

28) 작사가가 누구인지는 밝혀져 있지 않지만 민영환이라는 설과 윤치호라는 설이 대립해 왔는데 이명화(1999:645-646)는 윤치호가 먼저 작사를 했고, 민영환이 그 가사를 일본 국가를 작곡했던 독일인 프란츠 에케르트에게 넘겨 작곡을 의뢰했을 것으로 보았다.

學部에셔 各 學校 愛國歌를 整理ᄒ기 爲ᄒ야 各 學校에 申飭ᄒ되 軍樂
隊에셔 調音한 國歌를 効倣ᄒ야 學徒를 敎授ᄒ라 ᄒ난디 其 國歌난 如左
ᄒ니
　上帝난 우리 皇帝를 도으소셔 聖壽無疆ᄒ샤 海屋籌를 山갓치 ᄊᆞ으소셔
威權이 寰瀛에 썰치샤 於千萬歲에 福祿이 無窮케 ᄒ소셔 上帝난 우리 皇
帝를 도으소셔 ("國歌調音", 『황성신문』, 1904.5.13.)

대한제국의 공식 국가는 한문 투 가사 때문에 널리 불리지 못했던 것
으로 보인다(이명화 1999:649). 1908년 7월 11일자 『대한매일신보』에 게재
된 논설은 애국가 가사가 국한문체로 되어 있어 애국가 본연의 기능
을 하지 못함을 비판하였다.

　ᄆᆡ양 봄과 가을 각 학교 대운동 홀 ᄲᅢ에 국긔를 들고 되오롤 정졔히
ᄒ고 도라가ᄂᆞ 길에 일졔히 부르ᄂᆞ 노래ㅅ소리가 나면 일반 시졍과 겨
항의 인민들도 귀를 기우리고 ᄌᆞ셰히 듯지마ᄂᆞ 한문으로 지은 (광무일
월부강한태라홈) 노래ᄂᆞ 도뎌히 희셕ᄒ기 어려우니 소경이 단쳥 구경
ᄒᄂᆞ 것과 다름이 업고 ᄯᅩ 듯ᄂᆞ 쟈ᄲᆞᆫ 아니라 곳 이 노래롤 부르ᄂᆞ 허다
홈 쇼학교 학동들도 반ᄃᆞ시 그 말이 무슴 말인지 알지 못ᄒ고 다만 아
모 맛 업시 압뒤에셔 주고밧을 ᄲᅳᆯ이니 슯흐다. 그 속에ᄂᆞ 비록 나라
를 ᄉᆞ랑ᄒᄂᆞ 뜻이 잇슬지라도 뜻이 어려운 경셔를 졋늬 나ᄂᆞ 입으로
닉힘과 ᄀᆞᆺ고 리치가 오묘홈 쳘학을 어린 ᄋᆞ희의 귀에 들님과 ᄀᆞᆺᄒ며
그 힘은 비록 부즈런ᄒ나 그 셩공은 긔필키 어려우리니 이거시 무슴
리익이 잇스리오.
　대뎌 노래라 ᄒᄂᆞ 거ᄉᆞᆫ 사름의 감졍을 건드려셔 의긔를 고동ᄒ야 흥
긔ᄒ고 분발케 ᄒᄂᆞ 거신즉 그 말은 간단ᄒ야 알기 쉽게 ᄒ기로 쥬장
을 ᄒ며 그 뜻은 ᄀᆞᆫ결ᄒ고 쾌활케 ᄒ기로 힘을 써셔 노래롤 ᄭᅡ라셔 그
긔운이 감발케 홀 거시어늘 이제 흔이 한문으로 지어 국문으로 토만
달어셔 풍쇽의 말은 지워 ᄇᆞ리고 문ᄌᆞ만 즁히 녁이ᄆᆡ 필경은 그 뜻이
아조 어두운 되ᄉᆞᆯ지 니르니 이ᄂᆞ 슯히지 못홈이 심ᄒ도다. ("학교에 ᄡᅳ
ᄂᆞ 노래롤 의론홈.", 『대한매일신보』, 1908.7.11.)

『대한매일신보』는 대한제국 정부에서 제정한 애국가는 한문으로 짓고 국문으로 토만 단 것으로 풍속의 말은 지워 버리고 문자만 중히 여긴 꼴이라 비판하였다. '소경이 단청 구경하는 것'처럼 달달 외워 부르기는 하지만 부르는 사람이나 듣는 사람이나 무슨 뜻인지 모르는 애국가에 대한 비판은 정부와 민간의 국문에 대한 인식 차를 여실히 드러내 준다.

세 번째로 살펴볼 내용은 국문연구소의 설립 시기 문제이다. 국문연구소는 지석영의「신정국문」상소를 고종이 그대로 재가하여「신정국문실시건新訂國文實施件」을 반포하자 그 내용에 대한 학자들의 반발이 심해 설립된 것으로 알려져 있다.[29] 지석영이 상소를 올린 시점은 1905년 7월 8일이고 고종이 이를 재가한 것은 1905년 7월 19일이었다.[30] 그런

---

29) 이기문(1970:36)에 따르면 이는 오구라 신페이의 기술에 근거한 것인데, 실제로「의정안」의 10제가 지석영의「신정국문」에서 제기한 문제들을 중심으로 구성되어 있다는 점에서 이기문(1970:37) 역시 이러한 주장이 타당성을 갖는다고 보았다.

30) 아래의 인용문은『고종실록』46권에 실린 1905년 7월 8일자 기사 원문에 대한 국사편찬위원회의 번역으로 지석영의 상소 내용과 고종의 비답에 해당한다. "의학교장 지석영이 올린 상소의 대략에, "우리나라의 글로 말하면 아! 우리 세종대왕이 나라의 말에 문자가 없는 것을 걱정하여 신기한 상형 절음(象形切音)을 개발하여 백성들에게 준 것입니다. 그 원칙이 간결하고 활용이 무궁하여 무릇 언어로 형용하기 어려운 것과 속뜻이 통하지 않는 것도 이 말에 다 담을 수 있으며 배우기가 매우 쉬워서 설사 아녀자나 지극히 어리석은 사람이라 할지라도 며칠만 공을 들이면 다 성취할 수 있습니다. 실로 나라의 보배로운 문자이며 가르치는 기본 수단입니다. 삼가 보건대 임금이 지은 정음(正音) 28자는 초, 중, 종 3성을 병합하여 글자를 만들고 또 높낮이의 정식(正式)이 있어서 추호도 변경시킬 수 없는 것입니다. 그러나 오랜 세월이 흘러가면서 교육이 해이되어 참된 이치를 잃은 것이 있고 또 학문을 하는 사람들이 연구할 생각은 하지 않고 전적으로 거친 민간에 내맡겨 두었는가 하면 어린이를 가르치는 데는 다만 글을 만든 후의 음만을 가지고 혼탁 시켜 놓았기 때문에 읽어가는 과정에 점점 잘못 전해지게 하였습니다. 이로 말미암아 현재 쓰는 언문(諺文) 14행 154자 중에 중첩음이 36자이고 잃은 음이 또한 36자입니다. 또 정해진 높낮이법을 전혀 잘못 전하였기 때문에 하늘에서 내리는 눈과 사람의 눈이 서로 뜻이 뒤섞이고 동쪽이라는 동(東)자와 움직인다는 동(動)자가 서로 음이 같아져 대체로 말이나 사물 현상을 기록하는 데 막히는 점이 많으므로

데 국문연구소가 설립된 것은 1907년 7월 8일로 무려 2년이 지난 뒤의 일이었다. 1905년 7월부터 1907년 7월 사이 「신정국문」의 내용이 대한제국의 언어 정책으로 시행되었다고 볼 근거는 찾을 수 없다.[31] 1905~ 907년은 대한제국이 을사늑약과 한일신협약의 강제 체결로 국권을 상실해 가던 시기였고, 그러한 정세에 대응하기 위한 민족주의의 발흥으로 언어 연구에서도 어문민족주의 색채가 강하게 드러나기 시작한 시기였다. 고유의 언어와 문자를 지키는 것이 국가의 독립과 민족의 생존을 위한 길이라는 주장이 각종 신문과 잡지의 논설을 통해 발표되던 당시의 정황을 생각해 보면 국문연구소의 설립 배경에는 「신정국문」의 내용 자체에 대한 재검토 요구뿐만이 아니라 말과 글을 지켜야 한다는 민족적 사명감이 배경이 되었을 것으로 생각된다.

한편, 기존의 논의들은 국문연구소의 설립이 대한제국 또는 고종의

신이 늘 한스럽게 여겼습니다. 지금 세계의 각국은 모두 자기의 문자를 가지고 자기 나라에 통용하는데 대체로 자기가 주인이라는 뜻이 그 사이에 존재하기 때문에 다른 나라의 각종 문학들을 모두 자기의 문자로 번역 출판하여 본국의 백성들을 가르치고 있습니다. 그러므로 오주(五洲)의 모든 백성들이 누구나 글을 알고 시국을 통달하며 날이 갈수록 문명에로 전진하고 있습니다. 유독 우리나라만이 통상 후 몇 십 년이 지났으나 어물어물 전진하지 못하고 있습니다. 그것은 해득하기도 어려운 한문에 인이 박혀 쉽게 이해되는 국문을 숭상하지 않기 때문입니다. 바라건대, 폐하는 교육을 담당한 신하에게 명하여 우선 서로 마음을 정하여 국문을 정리하는 동시에 편리한 방도를 취하여 백성들로 하여금 이해하도록 하고 경전 안에서 몇 편의 성인들의 가르침을 번역해서 어리석은 백성들에게 줌으로써 먼저 마음과 뜻을 인정하게 하고, 그 다음 최근 실무상 새로운 학문 가운데서 가장 중요한 것을 번역하여 민간에 널리 반포한다면 몇 년이 안 되어 사람마다 모두 충성하고 나라를 운영하는 데서 지켜야 할 것들을 알게 되어 점차 부강하게 되는 것은 기약하고 기다릴 만할 것입니다." 하니, 비답하기를, "진술한 말은 참으로 백성을 교육하는 요점이다. 상소 내용을 학부에 명하여 자세히 의논하여 시행하게 하겠다." 하였다."

31) 당시 신문 기사 중 「신정국문」이 언급된 기사의 목록은 다음과 같다. "趙氏張學", 『대한매일신보』, 1906.2.22.; "請正國文", 『대한매일신보』, 1906.12.21.; "新書發售廣告", 『황성신문』, 1910.5.5.

국문 개혁 의지에 따른 것이라고 해석해 왔지만 이 무렵 대한제국은 주권을 거의 상실한 상태였기 때문에 국문연구소 설립 건에 대한 고종의 재가가 대한제국 정부의 개혁 추진 의지를 반영한 것이라고 보기는 어렵다. 대한제국에 대한 역사학계의 연구 성과들을 살펴보면 아관파천 이후부터 1898년까지를 정권 내에서 정치 투쟁이 일어나던 시기로 잡고, 1899년 이후부터 1905년까지를 황제 중심의 정치 구조가 수립된 시기로 설정하고 두 시기의 개혁 주체 및 개혁 방향의 차이를 분석하는 것이 일반적이다. 1905년 11월 5일 을사늑약 이후로는 국내 정치 세력들의 실질적인 주권 행사가 불가했다고 보고 광무정권의 개혁 성격을 이해하기 위한 대상 시기로 삼지 않는 것이다.

국문연구소가 설립된 1907년 여름 당시 고종은 헤이그 만국평화회의에 밀사를 파견한 것에 대해 일본으로부터 책임을 추궁당하고 있었고 강제 폐위까지 거론되던 상황이었다. 며칠 뒤인 7월 16일에 열린 내각 회의에서 고종의 폐위가 결정되었고 결국 7월 20일 양위가 이루어지며 고종의 치세는 막을 내렸다. 7월 8일 국문연구소의 설립은 고종이 재위 기간 중 거의 마지막 순간에 이루어진 결정인 셈이다.

아이러니하게도 대한제국의 운명이 급격히 추락하던 1907~1910년 사이, 국문 개혁을 위한 연구 활동은 그 어느 때보다 풍성한 결실을 맺었다. 을사늑약 이후 일본에 의한 국권 침탈이 가속화되었고 고종의 강제 폐위에까지 이르게 된 상황에서 고종 친위 세력들은 더 이상 정치적인 힘을 갖지 못했다. 독립협회 세력까지 축출하고 정권을 완전히 장악한 상태에서도 별다른 국문 개혁 의지를 보이지 않았던 점을 고려할 때, 주권을 거의 상실한 1907년 여름 국문연구소 설립이 진행된 것을 대한제국 정부의 국문 개혁 의지의 발현이라고 평가하기는 어려워 보인다.

설립 시점뿐 아니라 설립 이후의 정황에서도 여러 가지 의문이 생긴다. 국문연구소의 연구 성과를 담은 「의정안」이 제출되기 약 두 달 전인 1909년 10월 21일자로 학부대신이 이재곤에서 이용직으로 바뀌었는데, 국문연구소의 설립을 직접 청의했던 이재곤과 이후 임용된 이용직이 국문 정리에 대해 가지고 있던 입장은 사뭇 달랐다(이기문 1970:59). 1910년 4월 30일자 『대한매일신보』에 실린 "학부대신 수업힛군."이라는 기사는 이용직이 학부에 국문이 필요치 않으므로 국문연구회를 폐지하자고 한 제안에 극진히 찬성하였다고 보도했다.

> 학부대신 수업힛군
> 학부에셔는 국문이 필요치 아니ㅎ다 ㅎ여 국문연구회를 폐지ㅎ고 한문과 일문을 섯거셔 일본 교과셔와 ᄀᆞ치 편찬ㅎ다는되 학부대신 리용직 씨가 극진히 찬성ㅎ다더라 ("학부대신 수업힛군.", 『대한매일신보』, 1910.4.30.)

『대한매일신보』는 이러한 자사의 비판에 대한 학부의 반응을 1910년 5월 3일자 "학부 변명"이라는 기사에 게재하였는데, 이에 따르면 학부는 신문 기사의 내용이 모두 사실이 아니므로 신문지법 제20조에 의해 기사의 정오를 요구한다고 하였다. 이것이 사실인지 여부는 알 수 없지만 「국문연구의정안」이 실질적인 언어 정책으로 이어지기를 기대할 수 없는 상황임은 확실해 보인다.

국문의 사용을 공식화하고 법률의 언어로 국문을 채택한다는 것은 종래의 양층언어 구조를 역전시킨다는 것을 의미한다. 그리고 양층언어 상황의 해체는 기존에 상층언어를 전유하던 상류층과 하층언어밖에 사용할 수 없던 하류층의 신분적 격차를 해소시키는 결정적인 변화이다. 그래서 국문 본위의 어문관은 만민평등사상과도 상통하며 정치적으로 볼 때 이는 민권의 신장으로 연결된다. 대한제국기에 국문 개혁이 본격화되기는커녕 도리어 국문의 사용 자체가 축소되었던 데에는 고종과 근왕 세력들이 만들고자 했던 국가가 전제 군주적 근대국가였다는 점이 큰 영향을 미쳤다고 생각된다. 이들이 국문 개혁에 관심을 두지 않았던 보다 근본적인 이유는 그들이 구상하던 국가가 한문이나 한자를 모르는 백성들이 주권을 갖는 국민국가가 아니었기 때문일 가능성이 높다.

　근대국가는 베스트팔렌조약 이후 성립된 상호 간 배타적 영토와 주권을 인정하는 정치체로 그 주권이 누구에게 귀속되어 있는가에 따라 근대국가를 다시 두 유형으로 나눌 수 있다(김신재 2007:77). 첫 번째는 주권이 국민에게 있는 국민국가이며 두 번째는 주권이 군주에게 있는 절대주의 국가이다. 고종과 근왕 세력들은 절대주의 국가를, 독립협회 내 정동파 세력은 국민국가를 지향하였기에 대한제국 초기 정권 내부의 정치적 갈등이 치열했는데 결국 근왕 세력이 주도권을 잡으며 대한제국은 황제 중심의 절대주의 국가로 나아가게 되었다. 그리고 이러한 국가관의 차이는 어문관 차이와도 결코 무관하지 않았다. 근왕 세력과 대립하며 국민국가를 만들어 가려던 독립협회 내의 일부 세력은 국문의 사용을 적극 주장하였고, 근왕 세력들로 구성된 1899년 이후 대한제국 정부는 공문서에서의 국문 사용을 금지한 채 국한 혼용문을 공식적인 문체로 삼았다는 점에서 뚜렷한 대비를 보였다.[32]

---

32) 대한제국기 정동파와 근왕파의 국가관의 차이와 어문관의 차이에 대해서는 본고의 제1부 제3장 『독립신문』 관련 부분에서 다시 논의할 것이다.

제 2 장

'문명文明'과 '문文'

1. '문'의 개념 변화

1) '고문古文'의 주변부

동서양을 막론하고 전근대의 글쓰기는 기본적으로 고전의 문장에 기초를 두고 있었다. 이러한 점에서 키케로Marcus Tullius Cicero(BC 106-53)로 대표되는 서양의 수사학적 전통과 한자권의 '문文'의 전통은 상통하는 부분이 있다(린사오양 외 2012:226-228). 동아시아에서 전통적인 '문'의 준거는 한문 고전의 문장이었으며, 고전의 문장을 암송하고 그 수사법을 익히는 것은 곧 도덕성을 기르는 학문적 수양의 핵심으로 여겨졌다.

중국의 역사에서 '문'의 개념은 주周 문왕文王(BC 1152-1056)에 의해 정립된 것으로 알려져 있다. 주 문왕은 '도덕적 능력'이라는 차원에서 '문'의 개념을 수립하였고 후대에 공자公子(BC 551-479)는 '문'을 도덕적 능력을 함양하기 위한 실천적인 방법으로서의 학문, 즉 배움의 대상으로 정의하였다(염정삼 2009:187). 중화中華의 세계에서는 사서삼경四書三經을 비롯해 훌륭한 인격과 도덕성을 갖춘 성인들에 대한 고전의 기록, 즉 '한문'이 '문'으로 여겨졌다.

주대周代에 확립된 고문古文의 지위는 유교의 영향력만큼 공고한 것이었지만 중국의 왕조가 교체되며 행정 중심지가 이동되었고 그에 따라 지배층이 사용하는 말이 달라져 고문과는 다른 형태의 '문'이 등장하였다. 사서삼경을 비롯한 초기 유교 경전의 문장은 동주東周의 수도 낙읍洛邑의 말을 한자로 적은 것으로 주대의 공통어인 낙읍의 말은 이후 '아언雅言'으로 불렸다(정광 2005:110). 아언과 고문은 언문일치를 이루고 있었지만 동주의 분열 이후 왕조가 교체되며 말과 글의 거리는 멀어지게 되었다. 지배 세력이 바뀌며 그들이 사용하는 일상의 말은 아언과 달라졌지만, 고문의 '문'은 경서를 통해 줄곧 이어진 것이다.

춘추전국시대를 지나 진秦이 중국을 통일하며 행정의 중심지는 서북부의 함양咸陽으로 옮겨갔다. 이후 주대의 아언 대신 '통어通語' 혹은 '범통어凡通語'로 불리던 서북부의 말이 공통어로 기능하게 되었다(정광 2005:110). 지배층의 말이 바뀌었어도 유교의 가르침이 불변의 진리로 여겨지는 한 고문의 지위에는 흔들림이 없었다. 진을 멸망시킨 한漢은 함양을 파괴했지만 그 인근인 장안長安에 도읍을 정했고 장안은 후대에 서안西安으로 불리며 수隋와 당唐의 수도로 이어졌다. 결과적으로 통어는 천 년이 넘게 중국의 공통어로 기능하게 되었는데, 오랜 세월을 거치는 동안 통어의 영향력이 '문'에도 스며들게 되었다. 경서의 문장은 여전히 고문이었지만, 문학의 영역에서 통어를 반영한 새로운 문체들이 나타난 것이다. 구어의 반영 정도는 다양한 층위를 보였는데 노래와 이야기가 뒤섞인 당대의 통속적 설법을 반영한 '변문變文'과 구어의 영향을 더욱 강하게 받은 '백화문白話文'이 대표적이다(정광 2005:110~112).

'성'으로 인한 '문'의 변화는 원元의 건국으로 행정 중심지가 중국 북부의 북경北京으로 옮겨가며 또 하나의 변곡점을 지나게 된다. 당시 북경 지역의 언어는 '한아언어漢兒言語'로 불렸는데 이는 중국 북방민족어에 몽고어, 여진어 등이 뒤섞인 혼효적 성격을 띤 것으로 통어와는 소통이 불가할 정도로 다른 언어였고, 원은 이 한아언어를 한자로 적은 '한이문漢吏文'을 사법과 행정의 문어로 사용했다(정광 2005:114-115).

중국어를 한자로 적었다는 점에서는 모두 한문이라 할 수 있지만, 경서의 고문과 행정 및 사법의 한이문, 문학의 변문과 백화문 등은 그 성격이 결코 동질적이지 않았다. 한문의 성격은 강남 출신의 주원장朱元璋(1328-1398)이 원을 멸망시키고 명明을 건국하며 또 한 번의 변화를 겪게 되었다. 주원장은 한족에 의한 중화의 회복을 주창하였고 이를 위해 호복과 변발을 금지하는 등 북방민족의 문화와 관습을 철저히 지우고자 했다. 이 과정에서 원대의 언어적 흔적 역시 소거의 대상이 되었다. 통치와 지배의 도구로서 언어와 문자가 갖는 힘을 명확히 인식하고 있었던 주원장은 북방의 발음이 아닌 남방의 발음에 따라 한자음을 재정비하기 위해 『홍무정운洪武正韻』의 편찬을 지시했다(정광 2002:270). 그 서문에서 밝혔듯이 『홍무정운』은 국가 차원에서 한자의 음을 중원中原의[1] 아음雅音으로 통일시켜 정리한 표준 운서였다(심소희 2011:57).[2]

주원장은 흠정 운서인 『홍무정운』의 반포를 통해 '성'의 기준을 정하는 한편 표전表箋의 규범을 정함으로써 '문'의 표준을 제시하였다. 주원장은 신하들이 올리는 표전을 검열해 표전에 쓰인 특정 한자가 동음이의어로 읽었을 때 황제를 비방하려는 의도를 담은 것이라며 자의적 해

---

1) '중원'은 명의 수도인 남경南京을 가리키는 말로, 주원장이 남경이야말로 동서남북의 거리가 동일한 진정한 중심지라는 의미에서 사용한 명칭이다(안성호 외 2016:8).
2) 하지만 이러한 편찬 의도와 달리 『홍무정운』은 실제 중원의 아음을 충실히 반영한 결과물이라고 보기 어려웠다. 이에 대해서는 김기석(2014)을 참고할 수 있다.

석을 근거로 신하들을 처벌했다. 주원장의 문자옥文字獄은 정치적 숙청의 방법이기도 했지만 '문'에 대한 통제력을 강화함으로써 황제권을 공고히 하는 방법이기도 했다(박원호 2002:5-32).

당초 구어인 아언을 반영했던 경서의 고문은 왕조의 교체가 거듭되고 지배층의 말이 달라짐에 따라 구어와 괴리된 문어가 되었다. 그 사이 고문의 주변부에서 변문, 백화문, 한이문 등이 생겨나면서 고문이 독점하고 있던 '문'의 개념에 균열이 발생했는데 이러한 균열은 근본적으로 '성'으로부터 비롯된 것이었다. '문'을 뒷받침하던 유교의 질서가 무너지며 '성'과 '문'의 관계가 전복되기까지는 수백 년이 더 흘러야 했지만, 경서의 고문이 흔들림 없는 지위를 누리고 있던 중세에도 '성'은 주변부의 '문'을 만들어내고 있었다.

2) 훈민정음을 둘러싼 논란

명대에 새롭게 정립된 언어적 표준이 책봉질서를 토대로 중화의 주변부로 확산되어 가던 조선 초기, 조선이 고유의 문자인 훈민정음을 만든 것은 중화로부터의 이탈에 대한 우려를 낳았다. 훈민정음을 둘러싼 15세기 중엽의 논쟁은 화이론적 세계관의 틀 안에서 벌어진 '성'과 '문'에 대한 인식의 차이를 보여준다. 실록에 훈민정음의 창제에 대한 사실이 기록된 것은[3] 세종世宗(1397-1450) 25년 12월 30일로, 이달에 임금이 친히 언문 28자를 지었다고 하였으므로 훈민정음은 1443년 12월에 만들어진 것으로 볼 수 있다. 그리고 최만리崔萬理(?-1445) 등이 언문의 부당

---

3) "是月, 上親制諺文二十八字, 其字倣古篆, 分爲初中終聲, 合之然後乃成字, 凡于文字及本國俚語, 皆可得而書, 字雖簡要, 轉換無窮, 是謂訓民正音." (『세종실록』 102, 1443. 12.30.)

함을 상소한 것은 1444년 2월 20일이었다.[4] 창제 직후가 아닌 두세 달
만에 상소를 올린 것이다. 이러한 시차는 상소의 목적과 무관하지 않았
던 것으로 보인다.

최만리 등이 상소를 올린 시점은 1444년 2월 16일 세종이 최항, 박팽
년, 신숙주, 이선로, 이개, 강희안 등에게 '운회韻會'의 언문 번역을 명하
고 동궁東宮, 진양대군晉陽大君, 안평대군安平大君에게 그 일을 관장하라고
명한 지[5] 나흘이 지난 뒤였다. 상소문의 내용 중 "급하게 이배(吏輩) 10
여 인으로 하여금 가르쳐 익히게 하고, 또 경솔하게 옛사람이 이미 이
룩한 운서(韻書)를 고치어 무계(無稽)한 언문에 부회(附會)하여 공장(工匠) 수
십 인을 시켜 각본(刻本)하여서 곧 천하에 널리 반포하려 하시니, 후세(後
世)의 공의(公議)가 과연 어떠하겠습니까(김주필 2017:110-111)."라고 한 것처
럼 운서의 번역본을 간행하라는 세종의 지시가 상소의 직접적 배경이
되었을 가능성이 높다.

당시 최만리는 집현전 부제학으로서 실질적으로 집현전의 수장 역할
을 하고 있었는데 상소를 올린 뒤 친국을 받고 다음 날 석방되었으나
스스로 관직을 내려놓고 귀향하였다(김주필 2017:101). 최만리 외에도 여러
신하들이 상소 건으로 인해 의금부에 갇혔다가 다음 날 석방되었고 파
직을 당하거나 국문을 당한 경우도 있었다. 최만리 등이 자신의 공직
인생을 걸고 임금에게 정면으로 맞서며 상소를 올린 이유와 그에 대한
세종의 반응을 <표 1>을 통해 살펴보겠다. 상소문은 총 6가지 항목으
로 이루어져 있는데 <표 1>에서 ①~⑥으로 각각을 요약하여 제시하고
이에 대한 세종의 답변, 그리고 신하들의 재반론 내용을 덧붙였다.[6]

---

4) 『세종실록』 103, 1444.2.20.
5) "命集賢殿校理崔恒、副校理朴彭年、副修撰申叔舟・李善老・李塏、敦寧府注簿姜希顔等,
   詣議事廳, 以諺文譯≪韻會≫, 東宮與晉陽大君 瑢・安平大君 瑢監掌其事. 皆稟睿斷,
   賞賜稠重, 供億優厚矣." (『세종실록』 103, 1444.2.16.)

<표 1>의 내용은 김주필(2017)의 번역문을 참고하여 정리한 것이다.

〈표 1〉 집현전 학사들의 상소문과 이에 대한 세종의 답변

자료	내용
상소문	① 조선은 건국 이래 지성으로 사대에 힘써 중화의 제도를 준행해 왔고 이제 중국과 같은 수준에 이르게 되었다. 그런데 옛글에 상반되게 음을 사용하고 글자를 합하는 언문을 만든 것이 혹시라도 중국에 알려지면 사대 모화에 부끄러움을 면할 수 없을 것이다.
세종 답변	⇒ 이두도 이음(異音)을 적는 글자로 백성을 편안하게 하기 위해 만든 것이며 언문 역시 백성을 편안하게 하려 한 것이다.
신하들 답변	⇒ 이두가 이음이긴 하지만 음에 의하고 석에 의하여 어조와 문자가 서로 떨어져 있지 않다. 하지만 언문은 여러 글자를 합하여 병서하고 그 음과 석을 변하게 하니 글자의 형상이 아니다.
상소문	② 고유의 글자를 지어 쓴 것은 몽고, 서하, 여진, 일본, 서번 등과 같은 이적이었는데, 오늘날 문물과 예악이 중화에 버금가는 조선이 언문을 지어 쓴다는 것은 중국을 버리고 스스로 이적이 되는 일이다.
세종 답변	⇒ 이두는 옳다고 하면서 언문만 문제 삼는 것은 부당하다. ⇒ 전일 김문이 언문을 제작함에 불가함이 없다고 하였는데 지금은 도리어 불가하다고 한다. (김문이 말을 바꾼 이유를 국문하도록 지시함)
상소문	③ 조선에서는 관리들 사이에 이미 이두가 널리 쓰이고 있는데 이두가 비록 비루한 글자이기는 하지만 한자에 의거한 글자이기 때문에 이두를 익히는 과정에서 자연히 한자를 어느 정도 익히게 되고 그 결과 학문으로도 나아갈 수 있다. 만약 이두 대신 언문을 사용한다면 그 편리성에만 치우쳐 성현의 문자를 돌아보지 않게 될 것이고 결국 옳고 그름을 배우지 못하게 될 것이다.
세종 답변	⇒ 내가 늘 서적을 벗 삼아 지내는 만큼 옛것을 싫어하고 새것을 좋아하여 언문을 만든 것이 아니다.
상소문	④ 무지한 백성들이 언문을 쓰게 되면 옥에 간히거나 형을 받을 때 억울한 자가 없을 것이라 하지만 옥사의 공평성은 옥사를 맡은 관리의 행실에 달린 것이지 문자에 달린 것이 아니다.

---

6) 세종의 답변은 상소문의 각 항목에 대응되는 방식으로 제시되어 있지 않지만 논의의 편의상 상소문의 ①~⑥과 관련된 답변들을 해당 위치에 배치하였다.

세종 답변	⇒ 내가 전일 삼강행실을 언문으로 번역하여 민간에 반포하면 충신, 효자, 열녀가 무리로 나올 것이라고 하였는데, 이에 대해 정창손이 이는 사람의 자질 여하에 달린 것이지 언문으로 번역한 후에야 본받을 수 있는 것이 아니라고 하였다. 이런 말은 선비로서 이치를 알고서 하는 말이라 할 수 없다. (정창손을 파직시킴)
상소문	⑤ 국사는 모름지기 여러 사람의 의논을 거쳐 신중에 신중을 거듭하여 진행해야 하는데 근래의 조치가 모두 졸속하게 이루어지고 있다. 운서에 언문을 달아 반포하는 일도 10여 인을 통해 경솔하게 진행되고 있다. 언문의 시행이 급한 일도 아닌데 이렇게 서두르는 것은 잘못된 것이다.
세종 답변	⇒ 운서를 바로잡아야 하는데 누가 운서의 사성, 칠음, 자모를 제대로 알고 있다고 할 수 있는가? 내가 바로잡지 않으면 장차 누가 이것을 바로잡겠는가?
상소문	⑥ 왕세자는 유학의 가르침을 익히기에 전력을 다해야 하는데 치도(治道)에 아무 이득이 없는 언문에 매달려 시일을 허비하고 있어 학업에 손실이 있다.
세종 답변	⇒ 내가 나이가 들어 국가의 세미한 일들을 세자에게 전담케 하고 있고 언문과 관련된 일도 그 일부분이다.
신하들 답변	⇒ 왕세자가 공사라면 세미한 일이라도 참결해야 하지만 그리 급하지 않은 일에 해가 다하도록 시간을 허비하며 심려하고 있다.

　세종과 신하들의 논쟁에 드러나 있는 '문'에 대한 인식의 차이는 한자와 이질적인 글자를 사용한다는 것에 대한 견해의 차이, 그리고 백성들을 위한 글자가 필요한가에 대한 견해의 차이이다.

　집현전 학사들은 훈민정음이 갖는 이질성의 핵심을 표음성으로 보았으며 고유의 말소리를 적는 글자를 사용한다는 것은 스스로 중화를 포기하고 이적이 되는 일이라고 하였다. 이에 대해 세종은 중화와 이적의 문제를 직접적으로 언급하지는 않았지만 이두 역시 고유의 말소리를 적는 글자라고 소극적으로 반론하며 훈민정음이 중화의 질서를 거스르는 것이 아님을 설득하고자 했다. 세종이 이두와 언문의 유사성을 피력하고자 한 것과 달리 최만리 등은 이두의 경우 한자의 음과 뜻을 모태로 한 것이므로 '문'으로부터 괴리되어 있지 않지만 언문은 제자 원리가 한자와는 완전히 다르다고 하여 그 차이점을 강조했다. 그리고 이두는 한자에서 기원한 것이기 때문에 이두에 대한 문해력은 한문에 대한 해독력으로 나아갈 가능성이 있지만 언문은 그렇지 못하다는 점도 강조했다.

상소를 올린 신하들은 언문의 편리성으로 인해 언문을 쓰는 사람들이 한자를 전혀 배우지 않게 될 것이며 종국에는 한문으로 축적되어 온 지식의 전수에 문제가 생길 것이라는 우려를 표했다. 고유의 문자를 만드는 것이 스스로 오랑캐가 되고자 하는 것이며 '문명의 큰 폐文明之大累'가 될 수밖에 없다는 인식은 이러한 위기의식에서 비롯된 것이었다. 최만리를 비롯한 조선 사대부들의 머릿속에서 문명이란 곧 한문과 한문을 통해 전수되는 지식의 총체를 의미했기에 독자적으로 문자를 만드는 것은 문명에 폐를 끼치는 일이었던 것이다(노마 히데키 저·김진아 외 역 2011:235-236). 최만리의 상소문에서 사용된 '문명'은 한문으로 축적되어 온 지식을 의미했고 '문'에 대한 인식 역시 그러한 '문명'의 범위를 넘어서지 못했다.[7)]

그렇다면 신하들에게 이러한 비판을 받았던 세종은 또 다른 문명을 구상하고 있던 것일까? 만약 세종의 의도가 한문으로 전수되어 온 지식 체계를 뒤집고 중국이 아닌 자국 중심의 통치 질서를 마련하기 위한 방편이었다면 탈중화의 선각적 인식을 반영한 것이라 할 수 있겠지만 훈민정음의 창제는 오히려 조선을 중화의 세계에 더욱 공고히 안착시키기 위한 결단이었다(정다함 2009, 2013, 정윤재 2016, 최경봉 2019). <표 1>에 제시된 세종의 답변에는 이와 관련된 두 가지 근거가 제시되어 있다. 삼강행실을 언문으로 번역하여 백성들에게 널리 퍼뜨리면 충신과 효자

---

7) 19세기 말 이후 근대의 지식인들이 '문명'의 달성을 위해 한문을 버리고 국문을 전용해야 한다고 주장했는데 이때의 '문명'은 서구의 'civilization'에 대응되는 새로운 개념이었다.

와 열녀가 무리로 나올 것이라는 주장과 운서의 잘못된 점을 바로잡아
야 한다는 발언이다. 상소문에 대한 답변에서 세종이 중화와 이적의 문
제를 직접 거론하지는 않았지만 이 두 가지 언급을 통해 세종이 대외적
으로는 중화 문명의 질서 체계를 유지하면서 대내적으로는 유교적 가
치관을 확산시켜 통치력을 강화하고자 했음을 확인할 수 있다.[8]

삼강행실의 언문 번역에 관한 세종의 주장은 백성들이 쉽게 배워 읽
을 수 있는 새로운 글자를 통해 유교의 도덕에서 기본이 되는 세 가지
강령, 즉 임금과 신하 간의 '충忠', 부모와 자식 간의 '효孝', 남편과 아내
간의 '정貞'이라는 '삼강三綱'의 이념을 전파하겠다는 의지와 기대를 보여
준다. 실제로 세종은 중국과 한국의 전고에서 모범이 될 만한 충신, 효
자, 열녀의 사례들을 뽑아 그 행적을 그림과 글로 정리하도록 지시하였
고 세종 14년(1432)에 한문본 『삼강행실도三綱行實圖』가 간행되었다. 이후
성종 12년(1481)에 이르러 『삼강행실도』를 언문으로 번역한 언해본이 간
행되어 백성들의 교화에 널리 활용되었다.

교화의 글자로서의 훈민정음에 대한 세종의 기대와 관련해 또 한 가
지 언급할 점은 상소 건으로 처벌을 받은 신하들 중 삼강행실의 언문
번역과 관련해 반대 의견을 표한 정창손에게만 파직이라는 강력한 처
벌이 내려졌다는 점이다.[9] 처벌의 수위로 볼 때 세종은 훈민정음이 중
화의 예에 어긋난다는 지적, 스스로 오랑캐가 되는 것이라는 비판, 이두
보다 못한 글자라는 평가, 시급한 일도 아닌데 운서 번역이 졸속으로
진행된다는 우려, 왕세자가 학문에 전념하지 않고 언문으로 시간을 낭
비하고 있다는 비판 등 상소문에 나타난 강도 높은 여러 비판보다 새로

---

8) 최경봉(2019)는 세종이 훈민정음을 국가의 이념인 유교적 가치관을 확산시키는 도
   구로 활용했음을 주장하며, 조선왕조 내내 훈민정음이 백성의 교화를 위한 사회적
   기반으로 작용했음을 여러 사료들을 통해 소상히 밝혔다.
9) 상소 건으로 파직당한 뒤 투옥된 정창손은 이듬해 풀려나 복직하였다.

만든 글자가 백성의 교화에 무익할 것이라는 정창손의 비판에 선비로서의 이치를 모른다며 가장 강도 높은 징계를 내렸다. 바꾸어 말하면 세종이 자신이 만든 새로운 글자에 대해 걸고 있던 가장 큰 기대가 이를 통한 백성의 교화였다고 할 수 있을 것이다.

상소문에 대한 답변의 내용 중 삼강행실의 번역 외에 중화 문명의 달성에 대한 세종의 강한 의지를 보여주는 또 다른 부분은 운서를 바로잡는다는 대목이다. 세종은 훈민정음 창제 두 달 뒤 창제 과정에 참여했던 집현전 학사들에게 운서의 언문 번역을 지시하였다. 최만리 등이 이 작업이 급한 일도 아닌데 졸속으로 진행된다고 비판하자 세종은 성운학을 잘 이해하고 있는 자신의 집권하에 운서를 바로잡지 않으면 안 된다고 반론하였다. 집현전 학자들의 번역 작업을 왕세자를 포함한 자신의 세 아들에게 직접 감독하도록 지시한 것도 세종이 운서 번역을 매우 중요시했음을 보여주는 부분이다.

일찍이 고려 말 문신 이색李穡(1328-1396)이 고려 왕의 친조親朝를 청하기 위해 명에 갔을 때 주원장이 이색의 원나라식 발음을 문제시했던 일이나 조선이 건국 초기 명에 올린 표전문의 글귀가 명이 정한 표준에 맞지 않자 사대의 예에 어긋난다며 시비가 걸린 일은[10] 명대에 새롭게 정립된 언어적 표준이 책봉질서를 토대로 중화의 주변부로 확산되어 갈 것임을 예견케 해 주는 사건이었다(정다함 2009:13-14).

명으로부터 책봉을 받아 통치의 정당성을 확보해야 했던 조선 왕실은 명이 제시한 언어적 표준을 따라야 했다. 하지만 주원장이 고려 말부터 고려의 유학생 파견을 금지해 왔고 세종대에 이르러 재차 요청을 했음에도 명에서 이를 승인해 주지 않았기 때문에 조선은 외교적 난관에 봉착해 있던 상황이었다(안성호 외 2016:70). 원대의 한자음을 명의 새

---

10) 조선 초기 대명 외교에서의 표전 문제에 대해서는 박원호(2002)를 참고할 수 있다.

로운 표준에 맞추어 교정하는 일은 중화의 질서에서 이탈하지 않기 위해 시급히 해결해야 할 문제였다.[11]

세종대에 시작된 운서의 번역 작업이 첫 번째 결실을 맺은 것은 단종 3년(1455)에 간행된 『홍무정운역훈』이었는데[12] 이는 『홍무정운』의 반절을 단순히 언문으로 표기한 것이 아니었다. 『홍무정운』에 제시된 운은 조선 학자들에게 익숙한 것이 아니었고 무엇보다도 그 준거의 실체가 불분명했기 때문이다. 『홍무정운』은 기본적으로 송대에 편찬된 낡은 운서를 교정하는 방식으로 편찬이 이루어졌기 때문에 보수성을 띠어 당시 이미 소실된 탁음 계통과 입성이 그대로 반영되었고, 명조 초기 아직 중원 아음이 공용어로 정착되지 않은 상황에서 편찬자들의 방언과 남방의 독서음이 혼합되며 '고금과 남북의 음이 뒤섞인 운서'라 할 만큼 혼란이 컸다(김기석 2014:10-11). 세종의 명을 받은 편찬자들은 이러한 상황을 파악하고 중국을 왕래하며 실제의 발음을 직접 조사하여 정음과 속음의 차이를 규명하였다. 하지만 『홍무정운』의 표준음에 문제가 있다 하더라도 조선으로서는 조공 책봉 관계를 유지하기 위해 흠정 운서를 따르지 않을 수 없었다. 결국 『홍무정운역훈』은 명 황제가 천하만국이 받들어야 할 기준으로 제시한 『홍무정운』의 정음을 따르되 필요에 따

---

11) 『훈민정음 언해본』에서도 명의 표준을 따른다는 점이 분명히 밝혀져 있다. "國之語音 異乎中國"에서 '中國'에 대한 협주를 보면 "中國은 皇帝 겨신 나라히니 우리 나랏 常談애 江南이라 ᄒᆞᄂᆞ니라."라고 하였는데 이때 '江南'은 명나라의 수도 남경을 지칭한다(안성호 외 2016:65-66).

12) 실록에서는 세종이 '韻會'의 번역을 명하였다고 했는데 이는 『고금운회거요古今韻會擧要』(1297)를 말하는 것으로 보인다(정광 2002, 강신항 2002, 김주필 2017). 『고금운회거요』를 조선에서 번역한 책은 확인되지 않지만 『동국정운』 등 조선의 표준 한자음을 제시한 운서들이 이러한 작업의 결과물로 생각된다(김기석 2014). 한편, 정다함(2009)는 실록에 나타난 '운회'가 『홍무정운』일 가능성을 제기하기도 했는데, 조선 초기에 원대의 한자음을 반영한 『고금운회거요』보다 당장 대명 외교를 위해 급히 필요했던 『홍무정운』을 번역하라는 지시가 정황상 더 적절하다는 것이다.

라 속음을 병기하는 체재를 취하게 되었는데 이는 중화 체제에 순응하면서도 실익을 취하기 위한 방법이었다.

세종과 신하들의 논쟁에 드러나 있는 '문'에 대한 또 다른 인식의 차이는 평민들을 위한 글자가 필요한가의 여부였다. <표 1>에서 볼 수 있듯이 상소문을 올린 신하들은 백성들의 문자생활에 대해 부정적인 시각을 보였다. 억울한 옥살이를 하는 백성들이 글을 안다고 해도 관리의 행실이 나쁘면 억울한 일을 당하는 것은 매한가지일 것이라든지 백성들이 삼강행실을 읽는다고 해도 그 자질을 바꿀 수는 없을 것이라는 언급이 그러하다. 하지만 세종은 이에 대해 정반대의 생각을 가지고 있었고 유교의 도덕을 담은 교화서의 언해를 국가의 중요 사업으로 삼았다. 이후 조선에서는 『삼강행실도』 언해본뿐 아니라 『속삼강행실도續三綱行實圖』, 『동국신속삼강행실도東國新續三綱行實圖』, 『번역소학飜譯小學』, 『소학언해小學諺解』, 『어제소학언해御製小學諺解』, 『여씨향약언해呂氏鄕約諺解』, 『오륜행실도五倫行實圖』 등 다양한 유교 교화서들이 언해되었다.

사대부들에게뿐 아니라 평민들에게도 문자가 필요하다는 세종의 생각은 문자를 식자층의 전유물로 여긴 신하들에 비해 진일보한 측면이 있었지만 문자를 통해 전해지는 지식의 범위는 어디까지나 통치를 위한 교화의 측면에 머물러 있었다. 물론 교화서뿐 아니라 성리학적 지식체계의 근간인 사서삼경도 언해의 대상이 되었지만 사서삼경 언해는 평민들을 위한 것이 아니라 과거시험을 준비하는 양반층을 위한 것으로 한문의 내용을 정확히 이해하기 위한 수단의 역할을 했다(최경봉 2019). 이렇게 볼 때 훈민정음 창제의 배경에는 백성들이 무지로 인해 억울한 일을 당하지 않게 하려는 세종의 애민정신도 존재했지만 보다 큰 틀에서 볼 때 유교적 이념 국가의 건설을 통해 통치 기반을 강화하고 소중화를 실현하며, 명이 새롭게 제시한 발음의 표준을 받아들이면서도 조선 자체적인 한자음의 표준을 마련하려는 복합적인 동기들이 작용했다고 할 수 있겠다.

3) '속俗'과 '문文'

명이 정립한 새로운 '문'의 질서를 수용했던 조선에서 '문'의 개념과 관련해 또 한 차례 중요한 변화가 나타난 시점은 17세기 중엽 이후였다. 국내적으로 볼 때 임진왜란과 병자호란의 두 차례 큰 전란을 거친 뒤 국가의 질서를 재구축하는 과정에서 기존의 주자 성리학과는 성격이 다른 정치사상들이 나타나게 되었고, 이러한 정치적 사유는 18~19세기까지 이어지며 새로운 변화를 추동하는 사상적이고 문화적인 동력이 되었다(정호훈 2004). 또한 국외적으로 볼 때 한족이 세운 명이 만주족이 세운 후금에 의해 멸망하고 누르하치가 청淸을 건국하면서 조선 내에서도 중화에 대한 인식에 변화가 생겼다. 중국이 이민족에 의해 점령되면서 조선이야말로 중화의 유일한 계승자라는 소중화주의小中華主義가 싹튼 것이다.

조선 후기 '문'에 대한 새로운 탐색은 학문적 계통에 따라 다양한 양상을 보였기 때문에 이를 한마디로 요약하기는 어렵지만 크게 볼 때 '속俗'의 가치에 대한 발견이라고 할 수 있을 것이다. 박지원朴趾源(1737-1805)을 비롯한 노론계 학자들은 성리학적 '도道'와 일치되어 있던 '문'의 개념을 타파하고 눈앞의 자연 현상을 글쓰기의 대상으로 삼았다(박수밀 2007). 과거의 윤리와 도덕에 머물러 있던 '고문古文' 대신 지금 눈앞에서 살아 움직이는 '활문活文'을 추구하는 새로운 문체적 지향이 생겨난 것이다. 글쓰기의 대상과 방법의 양 측면에서 동시에 이루어진 파격적인 시도는 정조正祖(1752-1800)의 문체반정文體反正으로 중단되었고 이후로는 정통적 고문의 답습이 한층 강화되었다.

소론계 학자들은 훈민정음의 연원을 탐구하여 그 학술적이고 실용적인 가치를 재평가하는 새로운 흐름을 만들어냈다(김동준 2007). 훈민정음을 대상으로 한 이들의 연구는 결국 한자음의 정확한 표기를 위한 것이었다는 점에서는 여전히 중세의 틀에 머물러 있었다고 할 수 있을 것이다. 하지만 속어를 적는 글자를 연구 대상으로 삼고 그에 대한 저술을 남겼다는 사실 자체가 새로운 지적 조류를 반영한 것이었으며, 해당 저술들에서 훈민정음을 한자와 대등한 우수한 문자로 평가하는 관점이 보인다는 점에서 조선 후기 지식인들의 새로운 자의식을 보여준다. 최석정崔錫鼎(1646-1715)의 「예부운략서禮部韻略序」, 홍양호洪良浩(1724-1802)의 「경세정운도설서經世正韻圖說序」 등에서 훈민정음을 한자와 대등한 것으로 기술한 것이나(김동준 2007:19, 26) 신경준申景濬(1712-1781)의 『운해훈민정음韻解訓民正音』에서 훈민정음이 한자보다 더 뛰어나다고 평가한 것이 그러한 사례이다(김동준 2007:27). 이러한 흐름은 이후 정동유鄭東愈(1744-1808), 유희柳僖(1773-1837), 강위 등을 통해 계승되었다. 특히 유희는『언문지諺文志』에서 보다 구체적으로 '글자체의 측면'과 '사용의 측면'으로 나누어 훈민정음이 한자보다 우수한 이유를 낱낱이 들기도 했다(이상혁 2002).

한편, 남인계 학자들은 속어 어휘나 속담을 집성하여 그 의미를 고증하고 올바른 쓰임을 제시하는 등의 어휘 연구 성과들을 남겼다(김동준 2007:16). 이익李瀷(1681-1763)은『성호사설星湖僿說』을 '천지문天地門', '만물문萬物門', '인사문人事門', '경사문經史門', '시문문詩文門'의 다섯 부문으로 나누고 부문별로도 세목을 정해 총 3,007편의 항목에 따라 글을 배치함으로써 유서학(類書學)적 경향을 보여주었다. 또한 이익은 조선의 속담을 모아 풀이한 『백언해百諺解』를 지었는데 그 발문에서 항간에 유행하는 속담을 통해 인정을 살필 수 있고 사리를 가려낼 수 있다고 하여 속담이

갖는 가치를 강조하기도 했다. 정약용丁若鏞(1762-1836)은 『아언각비雅言覺
非』에서 당시 시속에서 널리 쓰이는 말 중 잘못 쓰이는 말들을 뽑아 어
원을 고증하고 올바른 사용법을 제시하였으며 『이담속찬耳談續纂』을 지
어 중국의 『이담耳談』에 조선 고유의 속담을 증보하였다. 이가환李家煥
(1742-1801)의 『물보物譜』, 이학규李學逵(1770-1835)의 『명물고名物考』 등도 시
속에서 사용되는 어휘를 정리한 성과이다.

이처럼 '속'의 가치에 천착하던 조선 후기의 새로운 지적 경향을 정
민(2007)은 다음과 같이 평가하였다.

> 첫째, '도(道)'를 추구하던 가치 지향이 '진실'을 추구하는 것으로 바
> 뀐다. 그들은 변치 않을 도에 대한 맹목적 신뢰를 거두고, 시시각각으
> 로 변하는 눈앞의 진실에 더 큰 관심을 쏟았다. 변치 않을 진리란 것이
> 존재한다는 걸 그들은 회의했다. 둘째, '옛날'로 향하던 가치 지향이
> '지금'으로 선회했다. 추구해야 할 이상적 가치가 과거에 있다고 믿었
> 던 퇴행적 역사관은 이제 힘을 잃었다. 대신 그 자리에 지금 눈앞의 세
> 계를 중시하는 진보적 역사 인식이 자리 잡았다. 지금과 무관한 어떤
> 옛날도 무의미하다고 그들은 생각했다. 셋째, '저기'에 대한 관심이 '여
> 기'를 향한 관심으로 바뀌었다. 즉 중국을 기준으로 삼던 사고가 조선
> 중심 사고로 변모한다. (정민 2007:111-112).

기존의 성리학적 전통을 벗어난 이러한 학문적, 문화적 조류는 소수
지식인들에 의한 것이었지만, 중국이 아닌 조선을 중심으로 하는 새로
운 자의식을 보여준다는 점에서 근대에 불어닥칠 세계관의 전환을 예
고해 준다.

4) 지식 패러다임과 문장

1897년 4월 24일자『독립신문』의 논설에서 주시경은 한문을 버리고 우리말의 소리를 적는 국문을 사용할 것을 주장하는데 이러한 주장에는 지식사적 전환에 대한 인식이 담겨 있다.

(…) 어렵고 어려온 그 몹실 그림을 빈호쟈고 다른 일은 아모 것도 못ᄒ고 다른 지죠는 하나도 못 빈호고 십여 년을 허비ᄒ야 공부ᄒ고셔도 셩취치 못ᄒᄂ 사름이 반이 넘으며 ᄯ 십여 년을 허비ᄒ야 잘 공부ᄒ고 난듸도 그 션빅의 아ᄂ 거시 무엇시뇨 (…) 삼ᄉ십 디경에 이르도록 ᄌ긔 일신 보존홀 즉업도 이루지 못ᄒ고 어느 째나 빈호랴 ᄒᄂ뇨. (…) 만일 우리로 ᄒ여금 그림 글ᄌ를 공부ᄒᄂ 대신의 졍치 쇽에 의회원 공부나 ᄂ무 공부나 외무 공부나 지명 공부나 법률 공부나 수륙군 공부나 항해 공부나 위싱 샹경계학 공부나 쟝식 공부나 쟝ᄉ 공부나 농ᄉ 공부나 ᄯ 기외의 각식 사업상 공부들을 ᄒ면 엇지 십여 년 동안에 이 여러 가지 공부 쇽에서 아모 사름이라도 쓸 문ᄒ 즉업의 ᄒ ᄀ지ᄂ 잘 졸업홀 터이니 그 후에 각기 ᄌ긔의 즉분을 착실히 직혀 사름마다 부ᄌ가 되고 학문이 널려지면 그계야 바야흐로 우리나라가 문명 부강ᄒ야질 터이라. 간절히 비노니 우리나라 동포 형뎨들은 다 ᄭᆡ다라 실샹 ᄉ업에 급히 나가기를 ᄇ라노라. 지금 우리나라 ᄒ시 동안은 남의 나라 하로 동안보다 더 요긴ᄒ고 위급ᄒ오니 그림 ᄒ 가지 빈호쟈고 이러케 앗갑고 급한 째를 허비식히지 말고 우리를 위ᄒ야 ᄉ업ᄒ신 큰 셩인ᄭᅴ셔 ᄆᆞᆫ드신 글ᄌᄂ 빈호기가 쉽고 쓰기도 쉬우니 이 글ᄌ들노 모든 일을 긔록ᄒ고 사름마다 졀머슬 째에 여가를 엇어 실샹 ᄉ업에 유릭ᄒ 학문을 익혀 각기 홀 문ᄒ 즉업을 직혀서 우리나라 독립에 기동과 쥬초가 되여 우리 대군쥬 폐하ᄭᅴ셔 남의 나라 님군과 ᄀᆞᆺ치 튼튼ᄒ시게 보호ᄒ야 드리여 ᄯ 우리나라의 부강ᄒ 위엄과 문명ᄒ 명예가 세계에 빗나게 ᄒᄂ 거시 맛당ᄒ도다. (주상호, "국문론",『독립신문』, 1897.4.24.)

위의 인용문에서 주시경은 십여 년을 한문 공부에 몰두해 온 선비들이 '과연 아는 것이 무엇인가' 하는 물음을 제기한다. 이들은 복잡한 그림에 불과한 한문을 공부하느라 삼사십이 되도록 자기 한 몸 건사할 만한 제대로 된 직업도 갖지 못하였다는 것이다. 또한 이들이 한문 대신 실상 사업에 유익한 학문, 즉 정치나 행정, 외교, 재정, 법률, 군사, 항해, 위생, 경제, 농업 등을 십 년간 공부했다면 다들 직업을 갖고 부를 축적하였을 것이며 그 결과 나라 역시 부강해졌으리라고 하였다. 열강의 침략을 목전에 둔 상황인 만큼 하루 빨리 실상 사업을 익혀 국가의 힘을 키워야 한다는 것이 위의 글에서 주시경이 국문의 사용을 주장한 주된 이유였다.

주시경은 실상 사업의 발달이 곧 '우리나라의 부강한 위엄과 문명한 명예'를 세계에 빛나게 할 것이라 하였는데, 이때 '문명'은 서구적 의미의 'civilization'으로 해석된다.[13] 기술적으로, 물질적으로 발달하여 생활의 편리함을 이룬 상태인데, 서구의 학문은 이러한 문명의 발달을 가능케 하는 실질적인 학문이라는 것이다. 앞서 살펴본 대로 최만리가 세종에게 올린 상소문에서 독자적인 글자의 창제는 문명에 폐가 되는 일이라고 하였는데 이때 문명은 한문으로 축적되어 온 동아시아의 학문적 총체를 뜻했다. 하지만 주시경은 최만리가 말한 전통적 문명을 학문으로 인정하지 않았다. 어릴 때부터 중국의 고전을 섭렵하여 한문에 능통하게 된 조선의 선비들은 전통적 의미로 볼 때에는 최고의 학문적 수준을 갖춘 이들이었다. 하지만 주시경은 이들을 '아직 배우지 못한 자들'

---

13) 'civilization'은 18세기 중엽 이후부터 19세기 초 무렵에 영국과 프랑스에서 생겨난 신조어로, 어원적으로 볼 때 'civis(시민)', 'civitas(도시국가)', 'civilis/civilitas(시민권, 공손함)' 등의 단어들로부터 유래하였는데, 고대 로마에서 'civilis'는 '미개한', '야만적인'에 대한 반대 개념으로 쓰여 도시적인 삶의 방식이 우월하다는 함의를 갖고 있었다(나인호 2011:190-192). 19세기 동안 'civilization'은 비유럽지역에 대한 유럽의 우월성과 자부심을 표현하는 용법을 확립하였고, 문명 대 비문명의 도식 속에서 유럽 밖의 미개한 민족을 문명화시켜야 한다는 논리에 당위성을 부여했다.

이라 하였고 한문을 '어렵고 어려운 몹쓸 그림'이라고 폄하하였다.

주시경의 "국문론"에 나타난 것처럼 19세기 말 이후 제국주의 열강의 위협 아래 동아시아의 지식 패러다임은 급격히 흔들렸다. 다음은 1900년 1월 17일 『제국신문』의 논설 기사의 일부로, 달라진 국제정세 속에서 변화된 세계관을 보여 준다.

> 그런고로 향곡에 여간 식ᄌᆞᄒᄂᆞᆫ 우밍들은 지금도 오히려 청국을 ᄉᆞ모ᄒᆞ야 언필칭 대국이라 ᄒᆞ며 서로 탄식ᄒᆞᄂᆞᆫ 말이 우리나라ᄂᆞᆫ 어느 ᄊᆡ던지 대국셔 도아 쥬어야 셔양 각국에 슈치를 면하리라 ᄒᆞ야 청국 군ᄉᆞ 나오기를 쥬야로 옹츅ᄒᆞ니 이것은 다른 연고가 아니라 그 사름들의 이문 목견이 다만 청국 ᄉᆞ긔 뿐인 고로 사름마다 싱각ᄒᆞ기를 세계에 뎨일 광대ᄒᆞᆫ 나라이 청국이요 뎨일 부강ᄒᆞᆫ 나라이 청국으로만 아ᄂᆞᆫ ᄭᆞ닭인즉 엇지 한심치가 아니리오 지금 청국 형편을 의론컨대 정치가 문란ᄒᆞ고 민심이 리산ᄒᆞ야 그 광대ᄒᆞᆫ 토디가 미구에 삼분오렬이 될 모양이오 그 번셩ᄒᆞᆫ 인물이 쟝ᄎᆞᆺ 다 유리ᄒᆞᆯ 디경에 니르럿ᄂᆞᆫ디 ᄌᆞ긔 나라도 능히 보존치 못ᄒᆞ거늘 어느 겨를에 다른 나라를 도아줄 힘이 잇스리오 (…) 당셰의 유지ᄒᆞ신 쳠군ᄌᆞ들은 아모됴록 진심 갈력ᄒᆞ야 본국 이전 ᄉᆞ긔를 더 확쟝ᄒᆞ야 인심을 쟝려ᄒᆞ고 교육상 각항 학문을 실디로 슝샹ᄒᆞ야 한문의 허문만 슝샹ᄒᆞᄂᆞᆫ 폐단을 업시ᄒᆞ면 기명상에 크게 유익ᄒᆞᆯ 듯. ("논셜", 『제국신문』, 1900.1.17.)

위의 기사에서 필자는 유학자들이 과거처럼 청국이 세계에서 가장 강력한 나라인 줄 알고 서구 제국주의를 막기 위해 청국의 도움을 받아야 한다고 생각하지만 현재 청국은 서구 열강에 의해 삼분오열되는 처지에 있기 때문에 자국을 지키기에도 힘에 부치는 상황이라고 하였다. 아편전쟁으로 중국이 서구 열강에 힘없이 무너지는 모습을 목도한 조선의 지식인들은 더 이상 중국의 우산에 기댈 수 없다고 판단했다. 『제국신문』의 논설은 중화의 세계관이 더 이상 유효하지 않다는 인식, 그리고 과거처럼 청국의 학문과 한문만 숭상하다가는 큰 해를 초래할 수 있다는 위기의식을 보여준다.

이러한 시대적 상황 속에서 과거에 지식의 총체로 여겨지던 한문은 실속 없는 허문虛文으로 취급되기 시작했고, 이러한 허문을 숭상하는 것은 폐단으로 매도되기 시작했다. 달라진 시대 의식이 언어와 문자에 대한 인식 변화와 직결됨을 보여 주는 또 다른 예로 『대한매일신보』 1907년 5월 23일자 논설을 들 수 있다. 이 논설은 『대한매일신보』가 국문판을 재개하며 창간호에 실은 것으로 그 무렵 대한제국은 1905년 을사조약의 체결로 일제에게 외교권을 박탈당한 이후 국권 침탈의 위기를 맞고 있었다. 『대한매일신보』는 아래의 논설에 당시의 상황과 그에 대한 원인을 분석하였는데 이때 언어의 문제를 거론하였다.

> 본 긔쟈ㅣ 이 한국 사롬을 디호야 흔 마듸 말노 질문코져 호노니 대져 샴쳔리 강토와 이쳔만 인구로 즈쥬독립호지 못홀 걱정이 업거늘 무숨 연고로 오늘날에 나라 권셰를 온젼히 일코 사롬의 권리가 젼혀 업셔져 무궁히 비참흔 경우애 싸졋ᄂ뇨. 그 원인을 의론컨듸 즈리로 한국인이 편리흔 국문을 바리고 편치 못흔 한문을 숭샹ᄒᄂ 폐막으로 말미암이라 ᄒ노니 모든 한문가에셔ᄂ 혹 이 말에 디ᄒ야 노여ᄒ며 괴이히 녁이ᄂ 자도 잇ᄉ려니와 이것슨 한국 닉에 큰 마귀의 저희인 즉 일쟝 셜명ᄒ야 벽과치 아니치 못홀지로다.
>
> 대져 셰계 렬국이 각기 졔 나라 국문과 국어(나라 방언)로 졔 나라 졍신을 완젼케 ᄒᄂ 긔초를 삼ᄂ 것이어늘 오직 한국은 졔 나라 국문을 브리고 타국의 한문을 숭샹홈으로 졔 나라 말쳐지 일허브린 쟈가 만흐니 엇지 능히 졔 나라 졍신을 보존ᄒ리오. 그 국문을 브리고 한문을 숭샹흔 폐막을 대강 말ᄒ랴면 여러 가지라.
>
> 한 가지ᄂ 국문을 븨호지 안코 한문만 븨홈으로 말과 글이 흔글굿지 못ᄒ야 공부ᄒᄂ 디 심히 어려우니 만일 평싱 젼문가이 아니면 사롬마다 븨호지 못ᄒᄂ 고로 국민의 보통 지식을 긔발ᄒᄂ 길이 심히 좁고

쪼 한 가지는 비호기 쉽고 쓰기 편흔 국문은 브리고 비호기 어렵고 쓰기 불편흔 한문을 괴로히 공부흠으로 청춘브터 장을 치고 빅슈가 되도록 경셔를 궁리흐되 혜두가 더욱 막혀 가고 실효가 더욱 업셔져서 제 집안의 경제도 흐기 어렵거든 엇지 부국강병흘 능력이 잇스리오. 지식이 막히고 실업이 쇠흐고 렴치가 업셔진 거시 다 일노 말믜암이오. 쪼 한 가지는 졔 나라 국문은 쳔히 넉이며 경히 넉이고 남의 나라 한문은 귀히 넉이며 즁히 넉이는 고로 졔 나라를 제가 업수히 보고 남의 나라를 쳐다보는 노예의 셩품을 양셩흐고 독립의 명의는 도모지 아지도 못흐니 엇지 독립 스샹이 잇스리오. (…)

슬푸고 가셕흐도다. 이 나라 삼쳔리 뉘에 녜로부터 춍명 쥰슈흐고 지지 잇는 션비가 다 흔문 과정에만 쌔져 능히 그 사업을 발달치 못흐고 뭇춤내 적막히 늘거 죽는 것슬 면치 못흐는 쟈 얼마뇨. 이것시 그 나라흘 약흐게 하고 가난흐게 흔 원인이니 약흐고 가난흐고야 엇지 즈쥬 독립흘 능력이 잇스리오.

혹은 닐ᄋ기를 대한의 례의와 문물이 즈고로 혁혁흐야 동방에 유명흔 나라이 된 것슨 흔문을 슝샹흔 효험이라 흐나 그러나 쳥국 셩경현젼을 만약 국문으로 번역흐야 ᄀᄅ쳐스면 인민의 보통 학식을 즈뢰흐기가 엇지 더욱 편치 아니흐며 례의와 법도를 흔갈ᄀᆺ치 발키기가 엇지 더욱 쉽지 아니흐리오. 흐믈며 오늘날 이 셰계에 잇셔셔 다믓 쳥국 학문의 조박만 가지고 문채를 ᄭᅮ미면 엇지 능히 강포흔 렬국의 셔리 ᄀᆺ흔 검과 우박 ᄀᆺ흔 대포가 교집흐야 츙돌흐는 령독흔 위염과 예긔를 막으리오.

가령 흔문을 십 년 동안 일거 셩취흐는 졍력을 삼스일간에 능통흐는 국문에 옴겨 학문샹과 사업샹에 진보흐면 일 년에 될 일은 이삼 일에 필흘 것이오 십 년에 될 일은 수삼 삭에 필흘 것이니 그리흐며 둔흠과 편흐며 불편흔 것슨 지혜롭지 못흔 쟈라도 가히 알지라.

대져 국문의 공부로도 그 사름이 현량흐고 그 나라이 부강흐얏스면 그 사름은 현철흔 사름이 되고 그 나라흔 웃듬 나라이 될지니 엇지 구구히 한문 외 불능을 말흐리오. 페일언흐고 한국은 국문이 발달되야 사름의 지혜가 열니고 나라 힘이 츙실흘지라. 이러흠으로 본샤에셔 국문 신보 일부를 다시 발간흐야 국민의 졍신을 쎠여 니르키기로 쥬의흔 지

가 오래엿더니 지금셔야 제반 마련이 다 쥰비되여 릭월 일 일브터 발
힝을 시작ᄒ오니 한국 진보의 긔관은 우리 국문신보의 확쟝되ᄂ 정도
로써 징험홀지니 쳠군ᄌᄂ 이 쥬의와 ᄀᆺ치ᄒ기를 십분 근졀이 ᄇ라노
라. ("논설", 『대한매일신보』, 1907.5.23.)

위의 논설은 삼천리 강토를 가졌고 이천만 인구를 가진 한국이 나라
의 권세를 잃고 자주독립을 실현하지 못하는 비참한 상황이 된 주된 이
유로 '한국인이 편리한 국문을 버리고 편리치 못한 한문을 숭상하는 폐
막'을 꼽았다. 또한 자국의 국문을 천시하고 타국의 국문을 숭상하기
때문에 '제 나라 정신'을 보존하지 못하는 것이며 '노예의 성품'을 기르
게 되었고 '독립 사상'을 결여하게 된 것이라 하였다. 따라서 현 상황을
타개하기 위해서는 국문을 발달시켜 전 국민을 교육하고 나라의 힘을
길러야 한다는 것이다. 그리고 과거에는 한문의 덕으로 예의와 문물이
혁혁했다고 할 수 있을지 모르나, 현 시대는 '강포한 열국의 서리 같은
검과 우박 같은 대포가 교집하여 충돌하는' 시대이므로 '청국 학문의
조박만 가지고 문채를 꾸미면' 이를 막아낼 수 없다고 강조하였다.

위의 인용문을 통해 달라진 국제 정세에 대한 인식이 새로운 학문에
대한 요구를 발생시켰고 전통적 한학에 대한 비판이 한문에 대한 비판
으로 이어졌으며, 그와 동시에 국문이 갖는 지식 전파상의 효율성에 대
한 재평가가 이루어졌음을 확인할 수 있다. 또한 '제 나라 국문과 국어
가 제 나라 정신을 완전케 하는 기초'라는 어문민족주의의 발현 역시
확인할 수 있는데, 언어가 그 언어를 사용하는 민족의 독립 정신을 고
취시키는 역할을 한다는 인식은 19세기 말 이전까지는 존재하지 않던
새로운 발상이었다.

지식 패러다임의 전환과 근대적 언어관의 대두는 『대조선독립협회회
보』의 기사 구성을 통해서도 살펴볼 수 있다. 독립협회의 기관지였던 『대

조선독립협회회보』 창간호에는 서재필徐載弼(1864-1951)이 '피 제손'이라는
이름으로[14] 발표한 "공긔"라는 글과 지석영의 "국문론"이 함께 실려 있
다. 서재필의 '공긔'는 다음과 같이 시작된다.

> 학문이라 ᄒᆞᄂᆞ 거시 별거시 아니라 셰계 잇ᄂᆞ 물건과 각싀 쳔연ᄒᆞ 리
> 치을 자셔히 공부ᄒᆞ여 그 물건이 엇던 거신지 무어셰 쓰ᄂᆞ 거신지 사
> 룸의게 관계가 엇지 잇ᄂᆞ지 그런 거슬 궁구ᄒᆞ여 쓸 거슨 쓰고 못 쓸 거
> 슨 나여 바리고 ᄒᆞᄂᆞ 신둙에 문명 진보ᄒᆞᄂᆞ 나라에셔들은 인민 교휵을
> 졔일 사무로 아ᄂᆞ지라. 미기화ᄒᆞ 인민은 쳔연ᄒᆞ 리치와 셰계 물죵을 공
> 부ᄒᆞᄂᆞ 일이 업ᄂᆞ 고로 소견이 어둡고 소견이 어두은 즉 의심이 싱기
> 고 의심이 싱긴즉 홀 만ᄒᆞ 일도 못ᄒᆞ고 안 홀 일도 ᄒᆞᄂᆞ지라. 그러ᄒᆞ기
> 에 그 빅셩이 어리셕고 나라히 약ᄒᆞ고 가난ᄒᆞ여 외국에 대졉을 못 밧
> 고 국닉에 불편ᄒᆞ 일이 만ᄒᆞ지라. 니가 니 칙에 긔저ᄒᆞ랴ᄂᆞ 거슨 우리
> 가 날마다 보고 듯고 쓰ᄂᆞ 물건들을 죠션 인민이 엇더ᄒᆞ 거신지 모로
> ᄂᆞ 고로 그런 물건을 차차 셜명ᄒᆞ랴 ᄒᆞ노라. 공긔라 ᄒᆞᄂᆞ 거시 셰계에
> 뎨일 흔ᄒᆞ고 우리가 어듸을 가든지 공긔 업ᄂᆞ 데ᄂᆞ 업ᄂᆞ지라. 공긔ᄂᆞ
> 사룸과 금슈와 초목이 다 쓰ᄂᆞ 물건이요 공긔가 업스면 아모 것도 살
> 슈가 업ᄂᆞ지라. (서재필, "공긔", 『대조선독립협회회보』 1, 1896.)

서재필은 학문이라는 것이 별다른 것이 아니라 세계에 있는 물건과
자연의 이치를 궁구하는 것이며 그 궁구함의 목적은 인간의 삶에 도움
이 되도록 이를 활용하는 데에 있다고 하였다. 공기처럼 일상에서 늘
접하는 것, 우리 삶에 실질적으로 꼭 필요한 것에 대한 지식을 탐구하
는 것이 학문의 목적이 되어야 한다는 것이다. 또한 국가의 힘은 바로
백성들의 학문적 수준에 달려 있기 때문에, 백성들이 무식하고 나약하면
국내적으로도 국외적으로도 국가가 위기에 처하게 된다고 강조하였다.
　한편, 지석영의 글은 다음과 같이 시작된다.

---

14) '피 제손'은 서재필의 영어 이름 'Philip Jaisohn'을 적은 것이다.

나라에 국문이 잇서셔 힝용ᄒᄂ 거시 사름의 입이 잇서셔 말슴ᄒᄂ 것과 ᄀᆺᄒ니 말슴을 ᄒ되 어음이 분명치 못ᄒ면 남이 닐으기를 반벙어리라 ᄒ 쑨더러 졔가 싱각ᄒ야도 반벙어리오 국문이 잇스되 힝ᄒ기를 젼일ᄒ지 못ᄒ면 그 나라 인민도 그 나라 국문을 귀즁ᄒ 줄을 모르리니 엇지 나라에 관계가 젹다 ᄒ리오 우리나라 사름은 말을 ᄒ되 분명이 긔록ᄒᆯ 슈 업고 국문이 잇스되 젼일ᄒ게 힝ᄒ지 못ᄒ야 귀즁ᄒ 줄을 모르니 가히 탄식 ᄒ리로다. 귀즁ᄒ게 넉이지 아니ᄒᆷ은 젼일ᄒ게 힝치 못ᄒᆷ이오 젼일ᄒ게 힝치 못ᄒᆷ은 어음을 분명히 긔록ᄒᆯ 슈 업ᄂ 연고 ㅣ러라. (지석영, "국문론", 『대조선독립협회회보』 1, 1896.)

지석영은 한 나라의 국문을 사용하는 것은 사람이 입이 있어 말을 하는 것과 마찬가지로 당연한 일이라고 하며 현재 우리에게 국문이 있으나 널리 쓰이지 못하는 것은 입이 있으나 발음이 분명치 않아 반벙어리 신세를 면치 못하는 것과 다르지 않은 상황이라고 지적하였다. 지석영의 주장대로 우리말을 분명히 기록할 수 있도록 국문을 정비해야 하는 이유는 앞서 서재필이 말한 대로 백성들의 지식수준을 향상시키지 않으면 국가적 위기를 맞는 시대가 되었기 때문이다. 이처럼 근대전환기 한국의 지식 패러다임은 국가의 존폐에 대한 위기의식 속에서 급격히 변화하기 시작했다.

2. '문'을 둘러싼 논쟁

1) '문'은 '도道'인가 '어語'인가?

1908년 2월 한학자 여규형呂圭亨(1848-1921)은 『대동학회월보』 창간호에서 '문'은 곧 '도'와 같으며 '도'는 곧 '문'과 같다고 말한다. 이는 '문'에 대한 전통적 인식을 보여주는 발언이다. 여규형이 '문'을 '도'라고 규정한 배경에는 글이란 모름지기 유학의 도리와 문화를 담고 있어야 한다는 의식이 깔려있다. 해당 글에서 여규형은 오늘날 한문을 폐지하고자 하는 것은 곧 공자의 도를 폐지하고자 하는 것이자 부자군신의 윤리를 버리는 것이며 이는 곧 난신이나 반역자가 되는 길이라고 하였다. 이러한 관점에서 여규형은 당대에 유행한 한자 폐지론을 '우매하고 미혹된 자들이 망령된 논의'라고 비판하였다.

반면, 같은 해 6월 이승교李承喬(1852-1928)는 『서북학회월보』에서 '문'은 말을 기록한 것이므로 '문'은 곧 '어'이고 '어'는 곧 '문'이라고 말한다. 이는 앞서 살펴본 여규형의 인식과는 사뭇 다른 것이다. 대한제국기에 근대 교육에 종사했고 대한매일신보사에서도 근무했던 이승교는 언어를 둘러싼 근대적 제도의 구축에 앞장서던 인물이었다. 이승교가 '문'을 '어'라고 규정한 배경에는 글이란 말을 적는 도구에 불과하다는 도구적 문자관이 자리하고 있다. 해당 글에서 이승교는 한학자들의 학문이란 것은 고인古人의 조박糟粕, 즉 한물 간 찌꺼기를 즐기는 것에 불과하다고 비판하였고 실속을 차리기 위해서는 하루바삐 실제의 말을 반영한 글쓰기를 실천해야 한다고 주장하였다.

이처럼 같은 해에 발표된 '문'에 관한 두 편의 글은 정반대의 인식을 담고 있었다. 결과적으로 볼 때 근대어로서의 한국어 '문'의 성립은 큰 틀에서 볼 때 '도'와의 이별을 그 출발점으로, '어'와의 만남을 그 지향점으로 삼았다고 볼 수 있다. 글이라는 것은 일상생활에서 늘 사용하는 지극히 평범한 말의 거울 같은 것이지 그 자체로서 우주적 질서를 품고 있는 심오한 무엇이 아니라는 인식은 말과 글에 대한 근대적 인식의 토대가 되었다.

한자로부터 '진서眞書'라는 타이틀을 떼어내는 과정은 유교 중심적인 사상으로부터 벗어나는 과정이기도 했다. 19세기 말부터 확산된 도구적 문자관은 전통적 유학자들에게 위기의식을 갖게 하였고 대동학회 소속 학자들은 『대동학회월보』의 지면을 통해 '문'은 곧 '도'라고 주장하며 전통적 문자관의 균열을 막아 보고자 했다. 아래의 인용문은 앞서 소개한 여규형의 글을 국역한 것이다.

> '문(文)'이라 하는 것은 '도(道)'가 말(言)로 드러나는 것이다. (…) 문(文)은 즉 도(道)와 같으며 도(道)는 즉 문(文)과 같다. (…) 영릉(英陵)조때 비로소 국문 36자모를 창제했는데, 중국의 견모, 계모, 군모, 의모의 자모를 모방한 것으로 '언문 반절'이라 명명하였다. 이는 한문을 보익하고 오로지 한문을 이해하지 못하는 어리석은 남녀를 가르치기 위함이었지, 한문을 폐하고 국문을 세우기 위함은 아니다. 일본의 이로하글자(伊魯河字)는 한자의 편방(偏旁)을 취한 것으로 우리 이두(吏讀) 편방의 소위 '토'라는 것과 같다. 아무리 국문이 한문의 후손(支裔)이라 할지라도, 근래에 어떤 논의 중에 이로하만을 사용하고 한문을 폐지하자고 주장하는데, 그렇게 하고자 해도 할 수가 없다. 이는 마치 서양 사람이 영자(英字)를 사용하고 옛 로마자는 폐지하려고 하나 그 일이 불능한 것과 같다. 따라서 오늘날 한문을 폐지하고자 하는 것은 공자의 도를 폐지하고자 하는 것과 같다. 사람에게는 마음(心)과 더불어 이목구비가 있는데, 공자의 도를 폐하고자 하는 것은 부자군신의 윤리도 폐하는 것과 같으니, 이를 일러 난신이요, 반역자라 해도 가할 것이다. (여규형, "論漢文國文", 『대동학회월보』1, 1908. 연세대 언어정보연구원 HK사업단 역 2012:248-250.)

여규형은 한문에는 유가의 도가 담겨 있다고 강조하면서도 그 가치를 주장할 때는 '도'와 무관한 내용들을 추가적으로 언급했다. '유도儒道'의 수호가 갖는 당위성만으로는 한문의 지위를 정당화하기 어려운 상황이었기 때문이라 생각된다. 여규형은 세종이 훈민정음을 창제한 것이 한문을 폐지하기 위함이 아니라 한문을 보조하기 위함이라는 점을 들며 국문과 한문의 불가분성을 주장하였다. 흥미로운 점은 이러한 주장을 뒷받침하기 위해 소위 문명국들의 사례에 비추어 한자와 한문을 변호하고 있다는 점이다. 여규형은 근래 일본에서 가나 문자만을 쓰고 한문은 폐지하자는 주장이 있지만 가나 문자는 한자 자형의 일부를 딴 것이므로 말이 안 되는 주장이라고 하였다. 마치 서양 사람이 영자英字만 쓰고 옛 로마자를 폐지하자고 하는 것과 같이 불가능한 일이라는 것이다.

『대동학회월보』 제4호에 실린 정교鄭喬(1856-1925)의 글에서도 ''도'를 싣고 있는 것을 '문'이라고 하니, '문'은 또한 '도'가 머무는 곳이다載道者謂文 文亦道之所寄.'라고 하여 '문'이 '어'가 아닌 '도'임을 역설하였다.

> 근래에 일종의 논쟁이 있는데, 한문이 심오하고 난해하여 평생 힘쓰지 않고는 성과를 거둘 수 없다 하여, 드디어 한문을 완전히 폐기하자는 설을 만들어 내었으니, 어쩌면 그리도 생각이 없단 말인가? 만일 천도(天道)를 가지고 말해 보자면, 예컨대 갑자년(甲子年)은 한문이지만 남녀노소가 모두 쉽게 알 수 있는 것이다. 이를 시험적으로 국문으로 말해보자면, 갑옷, 아들, 해(갑자년)의 다섯 음절이 되는데, 이것이 편하고 마땅하겠는가? 지도를 가지고 말해 보자면, '동서남북'이라든지, '강산'이라든지, '초목'이라든가 하는 것들은 모두 쉽게 알 수 있는 것들이다. 인도(人道)를 가지고 말해 보자면, '부모', '군신', '효자', '충신' 또한 통용되는 것들이다. 단지 국문의 소리만 취한다고 하면, 부부(夫婦)의 부(夫, 지아비)와 부(婦, 지어미), 장(張)씨와 장(蔣)씨가 어떻게 변별되겠는가? 만약 글자의 뜻만 사용한다 한다면, 타는 '배'와 먹는 '배'의 구분, '집'과 '짚'의 변별이 어떻게 분명해지겠는가? (…) 지금 영국, 독일, 프랑스, 미국이라 불리는 서양의 열강들은 종교를 받드는 데 있어 모두 그리스와 로마의 옛 문자를 사용하는데, 그렇다면 또한 영국, 독일, 프랑스, 미국이 모두 그리스와 로마의 종이란 말인가? 동아시아의 태국과 미얀마는 모두 한문을 사용하는데, 이들 또한 한인(漢人)의 종인가? 이것이 어찌 우물에 앉아 하늘을 보는 것과 다르겠는가? (정교, "漢文과

國文의 判別", 『대동학회월보』 4, 1908. 연세대 언어정보연구원 HK사업
단 역 2012:259-260)

정교는 한자의 가치를 설명하며 유교의 '도'에 근거한 당위성에만 의
존하지 않고 한자 자체가 실생활에서 갖는 유용성을 부각시키고자 했
다. 한자음을 사용하면 고유어로 풀어쓰는 것보다 음절 수가 줄어 경제
성이 있다는 주장, 한자음으로 읽어도 충분히 통용되는 단어가 많다는
주장, 한자를 써야 동음이의어를 판별할 수 있다는 주장 등은 한자의
실용성을 강조한 것이다. 또한 여규형의 주장처럼 정교 역시 서구 열강
들이 모두 그리스와 로마의 옛 문자를 사용하므로 우리가 한문을 사용
한다고 해도 그것이 중국의 종이라는 의미가 아니라고 하였다. 『대동학
회월보』에 실린 여규형과 정교의 글은 문자로부터 '도'를 떼어내고자
하는 시대의 조류 속에서 한자와 한문에 대한 막바지 변론의 풍경을 보
여준다.

인간의 삶에서 신비하고 예측 불가한 것은 없으며 인간은 지적 능력
을 통해 세상만사의 원리를 계산해 내고 이를 통해 세계를 지배할 수
있다는 믿음, '도'를 떼어낸 '문'에 대한 새로운 인식은 그러한 믿음의
자장 안에서 일어난 변화의 일부였다. 근대의 주지주의적 합리성에 의
거한 문자관은 주시경의 글에서부터 확인된다. 1897년 4월 22일 『독립
신문』에 실린 "국문론"에서 '글자라 하는 것은 단지 말과 일을 표하자는
것이라.'라고 한 대목에 분명히 나타나 있듯이 주시경은 글자를 도구로
인식하고 있었고 그러한 관점에서 과거 한자를 숭상하던 문화를 비판
적으로 바라보았다.

글즈라 ㅎ는 거슨 다문 말믈 표ㅎ엿시면 죡ㅎ것마는 풍속에 거릿겨
셔 그리ㅎ는지 한문 글즈에는 꼭 무슴 죠화가 붓흔 줄노 녁혀 그리 ㅎ

ᄂᆞ지 알 수 업시니 진실노 ᄋᆡ셕ᄒᆞᆫ 일이로다. (주시경, "국문론",『독립신
문』, 1897.4.24.)

주시경은 사람들이 한자에 마치 무슨 '조화造化'라도 붙은 양 여기는
것을 비판하였다. 문자라는 것은 단지 말을 적기 위한 수단일 뿐이지
그 자체에 신묘한 힘이라든지 만물의 이치 같은 것을 품고 있지 않다는
주장이다.[15]

신해영申海永(1865-1909) 역시 주시경의 도구적 문자관에 동조하며 '한
문 글자에 무슨 조화가 붙은 줄 여기는' 재래의 관습을 '종교의 속박'이
라고 비판하였다.

　今에 亞洲 全局을 統算ᄒᆞ매 渺渺漠漠ᄒᆞᆫ 四千六百 年間에 國國이 衰凋廢
絶ᄒᆞ야 南北西部ᄂᆞᆫ 임의 歐人 銅鐵鎖에 入ᄒᆞ고 다만 朝鮮 日本 支那(淸國)
波斯(벳루샤) 暹羅 五國이 獨立ᄒᆞ얏스ᄂᆞ ᄒᆞᆷ세 文明妙味에 竝進치 못ᄒᆞ니

───────

15) 이처럼 주시경은 문자는 말을 적기 위한 수단일 뿐이라는 도구적 문자관을 강하게
　피력했는데 이는 훈민정음 창제 당시 음양오행에 따라 글자에 우주만물의 원리를
　담고자 했던 세종의 의도와는 거리가 있는 것이었다고 생각된다. 훈민정음은 한자
　와 달리 표음문자로 창제되었지만 문자를 통해 도를 구현해 낸다는 점에서는 한자
　에 못지않은 철학적 배경을 가지고 있었다. 이는 문자에 조화가 붙었다는 생각이
　구태의연한 착각에 불과하다고 본 주시경의 문자관으로는 수용이 불가한 사항이
　다. 이렇게 볼 때 "주시경과 지석영 등 근대 국어학자들은 훈민정음 창제의 본뜻
　을 살려 현재의 혼란한 국문을 정리하겠다는 생각을 피력했을 뿐만 아니라, 훈민
　정음의 원리적 정합성을 통해 근대 음운론의 논의를 심화했고, 말소리의 이치와
　자연의 이치를 하나로 보는 세계관을 이어받아 국어의 보편성과 특수성을 새롭게
　인식하였다(시정곤 외 2018:105)."와 같은 서술은 재고의 여지가 있다. 최경봉(2016:
　122-123)에서도 같은 취지의 기술이 이루어졌는데 그러한 판단의 근거는 주시경
　이 사람의 말소리가 천지에 자연히 있는 소리라고 언급한 것이나 풍토에 따라 타
　고난 소리가 있고 그 소리에 따라 글을 짓는다는 언급이 정인지 서문과 상통한다
　는 것이었다. 하지만 이러한 언급만으로 주시경이 천지만물의 도와 소리의 이치,
　그리고 문자의 자형을 연결 짓는 세종의 음운관과 문자관을 계승했다고 볼 수는
　없다.

其 源由는 漢文象字를 信用ᄒ고 自國國文을 賤히 너기야 尊古卑今에 弊習
으로 宗敎 束縛을 不脫ᄒ는 一點에 不外ᄒ도다. (신해영, "漢文字와 國文
字의 損益如何", 『대조선독립협회회보』15, 1897.)

신해영은 오늘날 구미가 발달된 문명을 이룩하고 아시아가 이토록
뒤처져 있는 이유는 상형문자인 한문만 신용하고 자국의 국문은 천하
게 여기기 때문이라고 하며 이를 '종교의 속박'이라 불렀다. 『대조선독
립협회회보』 16호에서 "嗚呼ㅣ라 我 朝鮮國의 宗敎는 儒道ㅣ라."라고[16]
한 것에서 볼 수 있듯이 이때 신해영이 말한 '종교'는 유교의 도道를 말
한다.

'진리의 글자' 같은 것은 없으며 글자의 우수성은 말을 얼마나 정확
히 그리고 효율적으로 담아내는지에 달려 있다는 주장은 이후 우리 고
유의 글자가 한자보다 훨씬 더 우수하다는 주장으로 나아갔는데, 여기
서 우리는 도구적 언어관으로부터 어문민족주의로 변화되는 지점을 확
인할 수 있다.

2) '문'의 탈주술화와 재주술화

앞서 살펴본 '문'으로부터 '도'를 떼어내는 과정이 함의하는 바는 비
단 말과 글의 문제에만 한정된 것이 아니었다. 이러한 변화는 세계에
대한 근대적 인식 일반이 갖는 공통된 속성이었다. 독일의 사회학자 막
스 베버Max Weber(1864-1920)는 근대 서구 사회에서 일어난 변화의 핵심을
과학과 과학기술에 의한 주지주의적 합리화에 있다고 보았다. 이러한
합리화 과정은 세계의 탈주술화disenchantment로부터 비롯된 것이었다. 삶

---

16) 신해영, "漢文字와 國文字의 損益如何(續)", 『대조선독립협회회보』16, 1897.

의 제반 영역에서 마법, 미신, 주술의 힘이 제거된 이후에야 세계와 사물에 대한 합리적인 분석과 예측이 가능해졌고 이를 토대로 통일적인 질서와 제도에 의해 뒷받침되는 조직적인 삶을 영위하게 되었다는 것이다. 다음은 베버의 1917년 강연 내용의 일부이다.

우선 과학과 과학기술에 의한 주지주의적 합리화가 실제로 무엇을 뜻하는지를 살펴봅시다. 그것은 오늘날 우리가, 가령 여기 강당에 앉아 있는 사람 모두가 인디언이나 호텐토트인보다 자신의 생활조건에 대해서 더 많은 지식을 가지고 있다는 것을 뜻하는 것입니까? 그렇다고 하기는 어렵습니다. 전차를 타는 우리 중의 어느 누구도 ―그가 전문 물리학자가 아니라면― 전차가 어떻게 해서 움직이게 되는지를 전혀 알지 못합니다. 또 그것에 대해 알 필요도 없습니다. 그가 전차의 작동을 <신뢰>할 수 있으면 그것으로 충분하며 그는 이 신뢰에 기초하여 행동합니다. 그러나 그는 어떻게 전차가 이렇게 움직일 수 있도록 제조되는지에 대해서는 아무 것도 모릅니다. 그에 반해 미개인은 자신의 도구가 어떻게 만들어졌고 또 어떻게 작동하는지에 대해서 우리와는 비교할 수 없을 정도로 훨씬 더 잘 알고 있었습니다. (…) 그러므로 주지주의화와 합리화의 증대가 곧 우리가 처해 있는 생활조건에 대한 일상인들의 일반적 지식의 증대를 뜻하지는 않습니다. 그것은 오히려 다음과 같은 것을 뜻합니다. 우리는 원하기만 한다면 언제라도 우리의 삶의 조건들에 대한 지식을 얻을 수 있다는 것, 따라서 <u>우리의 삶에서 작용하는 어떤 힘들도 원래 신비스럽고 예측할 수 없는 힘들이 아니라는 것, 오히려 모든 사물은 ―원칙적으로는― 계산을 통해 지배될 수 있다는 것을 우리들이 알고 있거나 또는 그렇게 믿고 있다는 것을 뜻합니다. 이것은 세계의 탈주술화를 뜻합니다.</u> 그러한 신비하고 예측할 수 없는 힘의 존재를 믿은 미개인이 했던 것처럼 정령을 다스리거나 정령에게 간청해서 그 마음을 움직이기 위해 주술적 수단에 호소하는 따위의 일은 우리는 더 이상 할 필요가 없습니다. 정령에게 부탁했던 일들을 오늘날은 기술적 수단과 계산이 해줍니다. 무엇보다도 이것이 주지주의화가 그 자체로서 의미하는 바입니다. (막스 베버 저·전성우 역 2002:

46-47)

20세기 전반기 한국에서는 주지주의적 합리화를 통한 근대 세계의 구축이 진행되며 지식과 직접 맞닿아 있는 '문'에 대한 새로운 인식이 싹텄다. 삼라만상의 성리학적 질서와 동일시되던 전통적인 '문'의 개념에 균열이 가기 시작하며 한편에서는 그 균열을 매우기 위해, 한편에서는 그 균열을 더욱 확대해 나가기 위해 논쟁이 벌어졌다. 근대 과학이 전근대의 주술을 미개의 자리로 완전히 밀어냈던 것처럼 문자에 도가 깃들어 있다는 굳은 믿음은 과학적 정신에 기초한 도구적 문자관 앞에서 구태의연한 것으로 치부되기에 이르렀다. '문'의 탈주술화는 언어적 근대화를 추동한 주요 동력이 되었지만 그와 더불어 놓치지 말아야 할 것은 유가의 도가 밀려난 자리에서 '민족'이라는 새로운 주술이 작동되기 시작했다는 점이다. 그리고 그 시점은 1905년 무렵이었다.

당시 신문들의 논설을 통해 볼 때 러일전쟁 시기까지만 해도 국내의 지식인들은 일본이 서구의 열강에 맞서 아시아를 지켜줄 것이라는 믿음을 가지고 있었다. 황무지 개간권 요구나 일본 경찰의 부당한 폭력 행사 등이 문제시되기는 했지만 신문의 논조는 일본 정부가 불필요하게 민심을 동요케 하지 말아야 한다는 정도였다. 하지만 점차 일본의 한반도 식민지화 의도가 노골화되었고 고종이 강제 폐위를 당하는 지경에 이르자 언론에서도 일본에 대한 비판의 논조를 강화하기 시작했다. 언어에 대한 담론이 민족주의와 강하게 결부되기 시작한 것도 바로 이 무렵이었다.[17] '국문'이라는 단어 주변에 '숭상', '사랑'과 같은 감정적 단어들이 나타나기 시작한 것이다.

---

17) 근대전환기 신문 논설에 나타난 대일본 인식과 감정 표현 양상의 변화에 대해서는 안예리(2018a)에서 자세히 다루었다.

이러한 변화는 주시경의 글에서도 확인된다. 주시경이 신문이나 잡지 등의 매체에 발표한 글은 총 다섯 편이다. 1897년 4월 22일자와 24일자 『독립신문』에 '주상호'의 이름으로 발표한 "국문론", 같은 해 9월 25일자와 28일자 『독립신문』에 역시 '주상호'의 이름으로 발표한 "국문론", 그리고 1907년 1월 『서우』 2호에 발표한 "국어와 국문의 필요", 같은 해 4월 1일자부터 6일자에 걸쳐 『황성신문』에 발표한 "必尙自國文言", 그리고 1910년 6월 『보중친목회회보』 1호에 발표한 "한나라 말"이다. 그중 1897년에 발표한 두 편의 논설에서 주시경은 형태주의 철자법의 타당성이나 문법서 및 사전의 필요성을 강조하였을 뿐 국문을 숭상해야 한다는 취지의 언급은 일절 하지 않았다. 하지만 1907년 이후의 글을 보면 곳곳에서 국문은 '내 나라 글'이므로 마땅히 '숭상해야' 하고 '사랑해야' 한다고 주장하였다.

> 이럼으로 흔 나라에 특별흔 말과 글이 잇는 거슨 곳 그 나라가 이 셰상에 텬연으로 흔목 주쥬국되는 표요 그 말과 그 글을 쓰는 인민은 곳 그 나라에 속ㅎ여 흔 단톄되는 표라. 그럼으로 남의 나라흘 쎅앗고져 ㅎ는 쟈ㅣ 그 말과 글을 업시ㅎ고 제 말과 제 글을 갈르치려 ㅎ며 그 나라흘 직히고져 ㅎ는 쟈는 제 말과 제 글을 유지ㅎ여 발달코져 ㅎ는 것은 고금텬하 사긔에 만히 나타난 바라. 그런즉 내 나라 글이 다른 나라만 못ㅎ다 홀지라도 <u>내 나라 글을 숭샹ㅎ고 잘 곳쳐 죠흔 글이 되게 홀 거시라.</u> (…) 국문 난 후 긔빅년에 주뎐 흔 칙도 만달지 안코 한문만 숭샹흔 거시 엇지 못그럽지 아니ㅎ리오 주금 이후로 우리 국어와 국문을 업수히 녁이지 말고 힘써 그 법과 리치를 궁구ㅎ며 주뎐과 문법과 독본들을 잘 만달어 더 죠코 편리흔 말과 글이 되게 홀 쑨 아니라 <u>우리 왼 나라 사롬이 다 국어와 국문을 우리나라 근본의 쥬장 글노 숭샹ㅎ고 사랑ㅎ여 쓰기를 브라노라.</u> (주시경, "국어와 국문의 필요", 『서우』 2, 1907.)

『서우』에 발표한 위의 논설을 분석해 보면 일전에『독립신문』에 게재한 내용과 대부분 겹쳐 있지만 어문민족주의 사상을 피력한 부분이 추가되어 있음을 알 수 있다. 한문을 숭상하는 것을 '문자에 무슨 조화가 붙은 줄 착각하는' 어리석은 견해라고 비판하던 주시경이 한문 대신 국문을 '숭상'해야 한다고, '사랑'해야 한다고 주장하기 시작한 것이다. 이는 주시경의 문자관이 도구적 문자관에서 어문민족주의로 전환되는 국면으로서 주목해야 할 변화이다.

국문에 독립의 정신이 담겨 있다고 보는 입장은 1907년『태극학보』에 실린 강전姜荃(?~?)의 글에서도 확인된다.

　大抵 文字라 云ᄒᆞᄂᆞ 者ᄂᆞ 言語를 直接으로 發表ᄒᆞ야 事物을 形容代表ᄒᆞᄂᆞ 者에 過치 못ᄒᆞ고 (…) 余ᄂᆞ 謂ᄒᆞ되 我韓의 獨立精神은 此 時代의 此 國文에 胚胎ᄒᆞ얏스나 (강전, "國文便利 及 漢文弊害의 說",『태극학보』6, 1907.)

강전은 한국의 독립 정신이 국문에 배태되어 있다고 보고 국문 사용을 장려함으로써 독립의 기초를 닦아야 한다고 하였다. 문자가 언어를 담는 도구이고 기호일 뿐임을 강조하면서도 동시에 국문은 독립 정신을 담고 있다고 한 것이다.

국권 피탈의 위기감이 고조되었던 1907년 전후의 위와 같은 모순된 문자관은 당시의 언어 담론에서 문자에 대한 탈주술화와 재주술화가 동시에 이루어지고 있었음을 보여준다. 베버는 근대 세계의 기본적인 성격을 탈주술화에서 찾았지만 기적과 신비와 마술에 대한 믿음이 소멸된 자리에 무색무취한 객관의 세계가 자리했다고 본 것은 아니었다. 베버의 탈주술화 개념은 자본주의의 사상적 기반이 된 프로테스탄티즘을 설명하기 위한 것으로, 주술과 종교의 긴장 관계, 그리고 종교에 의

한 주술의 극복 과정을 설명하는 과정에서 등장한 것이다(김덕영 2012: 670).

탈주술화는 종교에 의한 합리화의 일종으로, 세계를 무작위한 주술의 정원이 아닌 신의 질서에 따라 움직이는 윤리적이고 조직화된 공간으로 바라보는 관점이다. 세속화로 여겨지는 자본주의나 여타의 근대적 제도들의 이면에는 재래의 주술을 물리친 또 다른 주술로서의 프로테스탄트 윤리가 자리한다는 점에서 탈주술화는 곧 재주술화와 맞물려 있었다. 한자가 유교의 우주적 '도'를 품고 있다는 생각은 비합리적인 구시대적 유물로 비판을 받았지만 바로 그러한 흐름과 동시에 국문은 '민족의 혼'을 담고 있는 것으로서 재주술화되었던 것이다.

3) 어문민족주의의 등장 배경

1905년 이후 일본이 한국의 내정에 대한 간섭을 강화하였고 특히 1907년 한일신협약 이후로는 더욱 노골적으로 국내의 교육, 언론, 출판을 통제하려 했는데 이러한 시대적 상황 속에서 국어와 국문을 상실할지도 모른다는 절박한 인식과 함께 어문민족주의가 빠르게 확산되었다. 위에서 인용한 "국어와 국문의 필요"에서 주시경이 국문에 대한 숭상과 사랑을 강조했던 것도 이러한 위기의식에서 비롯된 것이었다고 생각된다. 주시경은 남의 나라를 빼앗고자 하는 자는 그 나라의 말과 글을 없애고 자기 나라의 말과 글을 가르치려 하는데, 한 나라의 말과 글이라는 것은 그 나라의 독립을 상징하기 때문에 자기 나라를 지키려고 하는 자는 마땅히 자기 나라 말과 글을 유지하고 발달시켜야 한다고 역설하였다.

나라를 빼앗고자 하는 일본에게 말과 글마저 빼앗길 수 있다는 주시경의 우려대로 실제로 통감부는 학부 내에 일본인 관리들을 배치하여 국어 교육 시수를 줄이고 일본어로 된 교과서의 사용을 강제하며 국내의 학정을 잠식해 갔다. 기존에 학부에서 근대식 학제를 마련하며 '국문'과 '한문'을 정식 과목으로 설정하였는데 을사늑약 이후 발표된 학부령 제20호에 따라 기존에 없던 '일어' 과목이 추가되었으며 1909년 각급 학교 시행 규칙에 따라 '국어' 과목과 '한문' 과목이 '국어급한문'으로 통합되었다.

또한 수업 시수의 측면에서도 국어 교육은 약화되고 일어 교육은 강화되는 변화가 있었다. 허재영(2010:37)의 조사 결과를 토대로 사범학교 본과 어문 관련 수업 시수를 살펴보면 1906년 당시 1~3학년 모두 '국어'는 3시간, '한문'은 3시간, '일어'는 4시간을 교수해 당시에도 이미 일본어 교육이 국어 교육보다 강화된 상황이었다. 그러다 1909년 '국어'와 '한문'이 한 과목으로 통합된 이후에는 '국어급한문'에 배정된 시간이 1학년 6시간, 2학년 4시간, 3학년 4시간, 그리고 '일어'에 배정된 시간이 1학년 6시간, 2학년 6시간, 3학년 6시간이 되었다. 사범학교 1학년 교육과정에서는 '국어급한문'과 '일어'가 같은 비중이지만 2~3학년이 되면 매주 '일어'를 2시간씩 더 많이 배우도록 한 것이다(허재영 2010:53). 그리고 '국어급한문'은 '국어'만이 아니라 '한문'에 대한 교수도 포함한다는 점에서 실질적으로 '국어'에 배정된 시간은 훨씬 더 축소된 셈이었다. 이러한 상황은 사범학교만이 아니라 보통학교나 고등학교의 경우도 마찬가지였다.

한편 통감부는 학부 내에 일본인 관리들을 배치시키고 교육 사무 및 교과서 편찬에 관한 관리 감독을 시행토록 하였다. 이러한 움직임은 을사늑약 직후부터 시작되었고 한일신협약 이후 더욱 심해졌다. 1908년 8월 28일 학부령 제16호 '교과용도서 검정 규정'이 공포된 이후 공립과 사립을 불문하고 교과서 검정이 의무화되었으며 교과서의 제작뿐 아니

라 판매와 보급 전반이 일제의 영향력에 들어가게 되었다(허재영 2010:
93-97). 일본인 관리들에 의해 장악된 학부에서는 애국 사상이나 일제에
대한 반발심을 고취시키는 내용들을 싣지 못하도록 교과서의 내용을
통제하였고, 기술 언어의 측면에서도 국문 교과서의 사용은 축소시키고
일문 교과서의 사용은 확대시키는 방향으로 교육 정책을 펴 나갔다.[18]

이처럼 강제병합 이전에도 이미 통감부의 간섭으로 인해 국어와 국
문의 설 자리는 점점 좁아져 가고 있었다. 19세기 말 종래의 한문을 대
신하여 국문의 역할을 확대해 가려던 와중에 국권 피탈의 위기 속에서
일본어라는 새로운 권력의 언어를 맞닥뜨리게 된 것이다. 당대의 지식
인들은 이러한 위기에 맞서기 위해 국어와 국문은 민족정신의 핵심이
며 자국 어문의 수호를 통해 민족성을 지켜내야 국가의 독립을 유지할
수 있다는 어문민족주의를 적극 주창하기 시작했다.

1907년 5월 『대한매일신보』에서 언급한 한문과 국문의 대립 구도가
1909년 한문, 일문, 국문의 3자 간의 대립 구도로 바뀌어 서술된 것을
보면 그 사이에 일어난 언어 지형의 변화를 짐작해 볼 수 있다. 아래 인
용문의 ㉠은 1907년 5월 23일자, ㉡은 1909년 3월 12일자 기사이다.

㉠ 이럼으로 한국 뇌에 문학가는 디리와 력수 등셔에 청국의 산천 구
역과 셰딕 스젹과 풍토 물산은 다 입으로 흐르는 듯시 외오고 눈으로
손바닥 ᄀᆞ치 발기 보되 제 나라의 산천 구역과 셰딕 스젹과 풍토 물산
은 저마다 캄캄ᄒᆞ니 츠 소위 노예의 학문이라 엇지 가쇼롭지 아니리오.

18) "근일에 학부에셔 인허ᄒᆞ고 또 반포ᄒᆞ여 쓰게 ᄒᆞᄂᆞᆫ 교과셔를 보건디 거반 다 일인
들이 일본 글노 져슐ᄒᆞ여 뎌희 본국에셔 쓰던 쟈를 한국 안에 옴겨다가 쓰게 ᄒᆞ니
이거시 유지쟈의 ᄒᆞᆫ 번 놀날 만ᄒᆞᆫ 곳이 아닌가. 즉금 일반 교과셔로 쓰는 글에 익
국이니 독립이니 ᄒᆞᄂᆞᆫ 구졀을 금지ᄒᆞ며 근셰에 슯흐고 분격ᄒᆞᆫ 스젹은 모다 넑지
못ᄒᆞ게 ᄒᆞ고 다만 일어와 일문으로 한국 사름을 교육ᄒᆞ니 쟝리 한국 동포의 교육
은 그 젼도롤 가히 슯허ᄒᆞᆯ 거시며 한국 동포의 교육은 그 졍경이 가히 익셕ᄒᆞᆯ지로
다." ("오늘날 교육의 졍신", 『대한매일신보』, 1909.6.30.)

("국문신보 발간", 『대한매일신보』 1907.5.23.)

ⓛ 대뎌 한국 교육계에서 쓰ᄂᆞᆫ 교과셔ᄂᆞᆫ 규측도 업고 정당치 못ᄒᆞᆫ 거시 만흐여 일죵 정신 업ᄂᆞᆫ 교육을 힝홈은 우리가 심히 이셕ᄒᆞᄂᆞᆫ 바ㅣ로다. 교과셔가 외국만 슝빅ᄒᆞᄂᆞᆫ 글인 고로 학도가 <u>외국</u>만 슝빅ᄒᆞ며 교과셔가 조국을 모욕ᄒᆞᄂᆞᆫ 글인 고로 학도가 조국을 모욕ᄒᆞᄂᆞᆫ지라. <u>지나희와 일본희라 ᄒᆞᄂᆞᆫ 일홈</u>과 <u>곤륜산이라 부스산이라 ᄒᆞᄂᆞᆫ 산</u>들의 놉흠은 적은 ᄋᆞ히들도 다 말ᄒᆞ나 죠션 바다의 일홈과 빅두산의 놉히ᄂᆞᆫ 션빅들도 아ᄂᆞᆫ 쟈ㅣ 적도다. ("소위 교육가", 『대한매일신보』, 1909.3.12.)

㉠은 유학을 '노예의 학문'이라 부르며 유학자들이 중국의 산천과 역대 사적과 풍토 물산은 훤히 알면서도 정작 우리나라의 사정은 알지 못함을 비판하였다. 2년 뒤 기사인 ㉡을 보면 외국만 숭배하고 조국을 소홀히 여긴다는 점을 비판하는 맥락은 동일하지만 숭배 대상이 된 외국에 중국과 더불어 일본이 등장한다. 중국의 성산인 곤륜산과 일본의 후지산, 그리고 지나해와 일본해가 숭배의 대상이 된 외국의 상징으로 언급된 것이다.

『대한매일신보』는 통감부의 통제하에 있던 학부의 교육 정책을 비판하는 기사를 꾸준히 게재하였는데 이는 통감부를 견제하는 성격도 지녔지만 다른 한편으로는 일본이 국내의 제반 제도들을 장악하게 되면서 민간에서 일본어의 사회적 영향력이 날로 증대해 가는 것을 경계하기 위한 목적도 있었던 것으로 보인다. 『대한매일신보』 1909년 6월 30일자에 실린 "오늘날 교육의 졍신"이라는 기사를 보면, 학부의 교과서 정책 및 일본어 교육 문제를 비판한 뒤 이러한 비판을 하는 이유가 관리나 일본인에게 고하기 위함이 아니라 교육계의 관계자에게 고하기 위함이라고 하였다.

근일 한국에ᄂᆞᆫ 뎨 일ᄎᆞ 쇼학교에서 일어를 교슈ᄒᆞ며 뎨 이ᄎᆞ 각쳐 학

교에셔 일어 흔 과정은 반닷시 ᄀ르치게 ᄒ더니 지금에 니르러셔ᄂᆫ 돌
연히 츄샹 ᄀ흔 관령으로 허다흔 교과에 쓰ᄂᆫ 셔칙을 압슈ᄒ며 인ᄒ여
그 됴됴츄츄ᄒᄂᆫ 일문으로 지은 셔칙을 각 학교에셔 쓰게 ᄒ니 (…) 그
러나 우리ᄂᆫ 국어와 국문의 쇠삭ᄒ여 업셔짐을 두려워홈이 아니라 국
어와 국문이 쇠삭ᄒᄂᆫ 그 째에 국가 정신이 홈ᄭᅴ 업셔질가 이거슬 두
려워홈이로다. (…) 그러나 긔쟈의 말이 관리에게 고홈도 아니오 일인
에게 고홈도 아니오 다만 교육계 유지쟈에게 고ᄒ여 나라의 말을 보전
ᄒ야 직희며 나랏 글을 확쟝ᄒ여 나랏 정신을 부어 주게 홈이로니
알지 못게라. 이런 딕 류의ᄒᄂᆫ 쟈ㅣ 잇ᄂᆫ가. ("오늘날 교육의 정신", 『대
한매일신보』, 1909.6.30.)

또한 1909~1910년 『대한매일신보』 기사들을 보면 당시 한국 사회에
서 이미 일본어가 권력과 출세의 언어로 인식되고 있었음을 알 수 있
다. 학부에서 인허하고 반포한 교과서들이 거의 다 일본에서 만든 교과
서인데다 사립학교에서조차 자발적으로 국문 교과서를 폐지하고 일본
교과서를 채택하는 추세였다. 이처럼 교육의 영역에서 일본어가 한국어
보다 우위에 놓이게 되자 일상생활에서도 일본어를 섞어 쓰거나 이름
까지 일본식으로 짓는 세태가 확산되고 있었다. 다음은 1909년 3월 12
일자에 실린 "소위 교육가"라는 기사의 일부로 당시 한국 사회에서의
일본어에 대한 인식을 보여준다.

그런고로 우리ᄂᆫ 교과셔의 기량ᄒ기를 날마다 부라ᄂᆫ 바ㅣ러니 기량
은 고샤ᄒ고 도로혀 크게 근심홀 일이 또 싱겨낫도다. 근일에 한성에
잇ᄂᆫ 모모 스립학교에셔 일본 글노 지은 일본 교과셔를 쓴다 ᄒ니 과
연인지 엇더흔 방해가 잇든지 엇더흔 압제가 잇슬지라도 교육가ᄂᆫ 그
목숨을 앗기지 아니ᄒ고 닷토와 가며 국민의 정신을 고취ᄒ며 국민의
실력을 양성홀지어ᄂᆞᆯ 뎌희ᄂᆫ 방해가 업셔도 스사로 방해ᄒ며 압졔가
업셔도 스스로 압졔홈이 엇지 이ᄀᆞᆺ치 심흔가 오호통졔로다. (…) 이 바
름에 전염이 되여 일반 교육계가 일본 글의 교과셔를 쓰면 대한국 국

문은 졀종이 되여 엇던 일인의 말과 ᄀᆞᆺ치 한국에ᄂᆞᆫ 국어도 업다 ᄒᆞᆫ 거
시 실샹 말이 될지니 이거시 그 넷지 올치 못ᄒᆞᆫ 거시라. 오호ㅣ라 뎌
관립과 공립학교의 교과셔가 엇더ᄒᆞᆫ 거슨 우리가 말ᄒᆞᆯ 바ㅣ 업거니와
소위 ᄉᆞ립학교에셔 엇지 이거슬 춈어 ᄒᆞᄂᆞᆫ가. 뎌희ᄂᆞᆫ 필연 말ᄒᆞ기를 지
금 한국이 일본의 문명을 슈입ᄒᆞ니 일어를 아ᄂᆞᆫ 거시 필요ᄒᆞᆫ지라. 일본
교과셔를 쓰면 일면으로ᄂᆞᆫ 학문도 알고 일면으로ᄂᆞᆫ 일어도 알지니 이
거시 엇지 불가ᄒᆞᆫ가 ᄒᆞᆯ지나 이ᄂᆞᆫ 그러치 아니ᄒᆞ니 일어를 알게 홈은
외국어 학과가 ᄌᆞ죡ᄒᆞ거ᄂᆞᆯ 엇지 이거시 필요타 ᄒᆞ리오. 뎌ᄂᆞᆫ 쏘 필연
말ᄒᆞ기를 지금 한국은 각죵 신학문이 초창ᄒᆞᆫ 시되라 졍미ᄒᆞᆫ 교과셔가
업스니 불가불 일본 교과셔를 쓰ᄂᆞᆫ 거시 필요ᄒᆞ다 ᄒᆞ리나 이ᄂᆞᆫ 쏘 그
러치 아니ᄒᆞ니 한국에 일어를 능통ᄒᆞᄂᆞᆫ 쟈도 허다하고 일문을 능통ᄒᆞ
ᄂᆞᆫ 쟈도 허다 ᄒᆞ며 번역ᄒᆞᄂᆞᆫ 쟈도 잇고 져술ᄒᆞᄂᆞᆫ 쟈도 잇스며 활판소
도 잇스니 이런 교과셔를 번역 출판ᄒᆞ면 엇지 졍미ᄒᆞᆫ 교과셔가 업슴을
근심ᄒᆞ리오. ("소위 교육가", 『대한매일신보』, 1909.3.12.)

위 인용문의 필자는 사립학교에서 자발적으로 일본어 교과서를 채택
한 것을 비판하며 사립학교 측의 일본어 교과서 채택 배경을 다음과 같
이 분석하였다. 첫째, 한국이 일본의 문명을 수입하고 있기 때문에 일본
어를 알아야 한다는 인식, 둘째, 일본 교과서를 사용하면 지식을 습득하
면서 동시에 일본어도 배울 수 있다는 인식, 셋째, 한국에는 아직 신학
문의 발달 수준이 높지 않아 잘 만든 교과서가 없으므로 일본 교과서를
쓰는 것이 낫다는 인식이다. 필자는 이러한 인식이 잘못된 것임을 조목
조목 지적하였지만, 비판의 내용을 보면 당시 교육계에서 체감하고 있
던 일본어의 위상이 "한국에ᄂᆞᆫ 국어도 업다 ᄒᆞᆫ 거시 실샹 말이 될" 수
도 있다는 위기감을 고조시킬 만큼 큰 위협으로 여겨지고 있었음을 알
수 있다.

강제병합 이전에도 이미 교육과 출세, 학문의 수월성 등 실용적 이유
로 일본어를 적극 수용하는 흐름이 있었음은 『대한매일신보』 1910년 4

월 22일자 "시스평론"을 통해서도 확인할 수 있다. 이 기사에서는 당시 한국 사람들이 일본식 옷을 입고 일본어를 사용하며 이름까지도 일본식을 따라하는 폐습이 점점 많아지고 있음을 지적하며 한국인이 본사로 편지를 보내면서 일문을 섞어 쓰거나 한문으로 편지를 쓰고 가나로 토를 달며, 관찰사나 학교장이 일문으로 보고를 하거나 질문을 하고, 본사를 찾아온 어떤 사람이 제법 '문명한 체'하며 일본 문자로 쓴 명함을 내놓았다는 등의 일화를 비판조로 소개하였다.

19세기 말 『독립신문』 등은 문자에 대한 객관주의적 인식을 보여주었지만 20세기 초 외교권을 시작으로 일본에게 행정권, 사법권, 경찰권을 차례차례 박탈당하는 와중에 일본어가 권력의 언어로 급부상하는 상황 속에서 위기감이 고조되면서 국문 담론은 감정에 호소하는 방향으로 나아가기 시작했다. 근대적 매체의 지면을 통해 문자는 의사전달의 도구일 뿐이라는 전제 아래 국문이 갖는 과학성과 효율성이 부각되기 시작한 것이 주시경의 "국문론"이 발표된 1897년 무렵이었고, 우리의 문자에 우리의 민족혼이 담겨 있으므로 고유의 문자를 사랑하는 것이 곧 민족과 나라를 지키는 길이라는 주장이 여러 지면에 발표되기 시작한 것이 1907년 무렵이었다. 이제 막 태동한 도구적 문자관은 격변하는 정세 속에서 10여 년 만에 민족주의적 문자관으로 전환되었고, 어문 민족주의의 논리는 20세기 전반기 내내 이어진 과학 담론 속에서 합리화 과정을 거치며 더욱 강화되기도 했고 내적으로 분열되며 모순성을 드러내기도 했다.

3. 국문과 문명국

1) 문명의 우열과 문자의 우열

근대의 세계는 좌표의 세계였다. 근대적 세계관은 계측된 시공간의 좌표를 전제하며 계측을 위한 잣대의 눈금은 소위 '문명화'의 정도였다. 세계의 공간은 문명화의 잣대에 의거해 '미개未開, 반문명半文明, 문명文明'의 서열적 공간으로 재편되었다. 이러한 공간 인식은 시간 인식과도 결부되어 있었다. 근대적 사고방식에서 과거는 현재보다 덜 발달된 시간이며 미래는 현재보다 더 진보되어야 할 시간이었다. 과거에서 현재를 거쳐 미래로 흘러갈 시간의 축 위에서 현재라는 좌표에 선 '나'는 과거의 폐습을 개량하여 보다 발전적인 미래를 도모해야 할 주체가 되었다. 그러한 '나'의 인식 속에서 미개한 세계는 극복해야 할 과거였고 서구의 국가들에 의해 선취된 시간 속 문명의 세계는 비서구 국가들이 마땅히 지향해야 할 미래였다.

근대적 시공간의 개념 속에서 각국의 언어 역시 미개한 언어, 반문명적 언어, 문명적 언어라는 좌표를 부여 받았는데 근대의 국문 담론에서 주로 부각된 것은 언어 자체보다는 문자와 표기의 측면이었다. 주시경, 신해영, 강전, 이종일李鍾一(1858~1925) 등 주로 언론 및 교육계에서 활동하던 인사들은 문명으로의 도달을 위해 국문 전용을 강력히 주장하였다는데 이들의 글에서 확인되는 공통적인 인식은 다음과 같이 요약해볼 수 있다. 소위 문명국이라 불리는 국가들은 누구나 쉽게 배울 수 있는 문자를 사용해 왔기 때문에 문명 발달에 필요한 지식이 널리 퍼질 수 있었지만, 소위 미개국이라 불리는 국가들은 배우기에 매우 어렵고 복잡한 글자를 사용해 왔기 때문에 인구의 대부분이 문맹의 처지를 벗어나지 못했고 결국 문명의 발달을 이루지 못한 채 도태되었다는 것이다.

이러한 논리 속에서 세계의 문자 역시 문명의 글자와 야만의 글자로 분류되었다. 국문 전용론자들은 표음문자를 사용하는 국가들은 오늘날 부유한 강대국을 이루었으나 표의문자를 사용하는 국가들은 외세의 침략을 면치 못하는 처지에 이르렀음을 강조하며, 현재의 위기를 극복하고 문명의 세계로 나아가기 위해서는 한문에 종속되어 있던 과거를 하루 빨리 청산하고 표의문자의 세계로부터 벗어나야 한다고 주장하였다.

2) 표음과 표의의 세계

근대의 언어 담론에는 세계의 문자를 표음문자와 표의문자로 나누고 표의문자를 미개한 글자로, 표음문자를 문명의 글자로 평가하는 논의가 반복적으로 등장하는데 그 시초는 1897년 4월 22일자 『독립신문』에 실린 주시경의 글이었다. 주시경의 해당 논설이 발표된 이후, 표음의 세계와 표의의 세계의 문명화 정도를 비교하고 그 우열의 차이가 문자에서 비롯된 것임을 주장하는 논의들이 연이어 발표되었다.

먼저 주시경은 세계 각국의 문자에는 말하는 음대로 일을 기록하여 표하는 글자가 있고 무슨 말은 무슨 표라고 그려 놓는 글자가 있다고 하였다. 전자는 표음문자에 해당하고 후자는 표의문자에 해당한다.

> 사롬들 샤는 짜 덩이 우희 다섯 큰 부쥬 안에 잇는 나라들이 졔각금 본토 말들이 잇고 졔각금 본국 글ㅈ들이 잇서셔 각기 말과 일을 긔록ᄒ고 혹간 말과 글ㅈ가 남의 나라와 ᄀᆞᆺ흔 나라도 잇는듸 그 즁에 <u>말ᄒ는 음듸로 일을 긔록ᄒ야 표ᄒ는 글ㅈ도 잇고</u> <u>무슴 말은 무슴 표라고 그려 놋는 글ㅈ도 잇는지라.</u> 글ㅈ라 ᄒ는 거슨 단지 말과 일을 표ᄒᄌ는 거시라. 말을 말노 표ᄒ는 거슨 다시 말ᄒ잘 거시 업거니와 일을 표

ᄒᆞᄌᆞ면 그 일의 ᄉᆞ연을 자세히 말노 이약이를 ᄒᆞ여야 될지라. 그 이약이를 긔록ᄒᆞ면 곳 말이니 이런고로 말ᄒᆞᄂᆞᆫ 거슬 표로 모하 긔록ᄒᆞ여 놋ᄂᆞᆫ 거시나 표로 모하 긔록ᄒᆞ여 노흔 것슬 입으로 닑ᄂᆞᆫ 거시나 말에 마디와 토가 분명 ᄒᆞ고 서로 음이 쏙ᄀᆞᆺᄒᆞ야 이거시 참 글ᄌᆞ요 무슴 말은 무슴 표라고 그려 놋ᄂᆞᆫ 거슨 그 표에 움작이ᄂᆞᆫ 토나 형용ᄒᆞᄂᆞᆫ 토나 ᄯᅩ 다른 여러 가지 토들이 업고 ᄯᅩ 음이 말ᄒᆞᄂᆞᆫ 것과 ᄀᆞᆺ지 못ᄒᆞ니 이거슨 쏙 그림이라고 일홈ᄒᆞ여야 올코 글ᄌᆞ라 ᄒᆞᄂᆞᆫ 거슨 아죠 아니 될 말이라.

주시경은 말하는 음대로 기록하는 글자는 기록된 것을 입으로 읽었을 때 말마디와 토가 분명하고 서로 음이 똑같아 참된 글자라 할 수 있지만, 무슨 말을 무슨 표라고 그려 놓는 글자는 토를 표시할 수 없고 음이 말하는 것과 같지 않으므로 오히려 그림이라 해야 하지 글자라고 할 수는 없다고 하였다. 토에 대한 언급은 표의문자인 한자가 어휘적 개념을 나타낼 수는 있지만 문법적인 관계를 세세히 나타낼 수 없다는 점을 지적한 것이다.

그에 이어 주시경은 학습과 사용의 난이도에 따라 문자들의 우열을 평가하며 표음문자의 우월성을 강조하였다.

ᄯᅩ 이 두 ᄀᆞ지 글ᄌᆞ들 중에 빈호기와 쓰기에 어렵고 쉬운 거슬 비교ᄒᆞ야 말ᄒᆞ면 음을 죠차 쓰게 ᄆᆞᆫ드ᄂᆞᆫ 글ᄌᆞᄂᆞᆫ ᄌᆞ모(모음이란 거슨 쇼릭가 나가ᄂᆞᆫ 거시요 ᄌᆞ음이란 거슨 쇼릭ᄂᆞᆫ 아니 나가되 모음을 합ᄒᆞ면 모음의 도음을 인ᄒᆞ야 분간이 잇게 쇼릭가 나가ᄂᆞᆫ 거시라)음에 분간되ᄂᆞᆫ 것ᄆᆞᆫ 각각 표ᄒᆞ야 ᄆᆞᆫ드러 노흐면 그 후에ᄂᆞᆫ 말을 ᄒᆞᄂᆞᆫ 음이 도라가ᄂᆞᆫ 딕로 ᄯᅡ라 모하 쓰나니 이러홈으로 ᄌᆞ연히 글ᄌᆞ 슈가 적고 문리가 잇서 빈호기가 쉬으며 글ᄌᆞ가 멧시 못 되ᄂᆞᆫ 고로 획수를 적게 ᄆᆞᆫ드러 쓰기도 쉬으니 이러케 글ᄌᆞ들을 ᄆᆞᆫ드러 쓰ᄂᆞᆫ 거슨 참 의ᄉᆞ와 규모와 학문이 잇ᄂᆞᆫ 일이요 무슴 말은 무슴 표라고 그려 놋ᄂᆞᆫ 거슨 물건들의 일홈과 말ᄒᆞᄂᆞᆫ 것마다 각각 표를 ᄆᆞᆫ드쟈 흐즉 ᄌᆞ연히 획수가 만아져서 이

몃만 ᄀ지 그림들을 다 비호쟈 ᄒ면 몃 해 동안 이를 써야 ᄒ겟고 또
획수들이 ᄆᄒ 고로 쓰기가 더듸고 거북ᄒᆯ 샌더러 이 그림들의 엇더ᄒᆫ
거시 일홈진 말표인지 움작이ᄂ 말표인지 형용ᄒᆫ 말표인지 암만 보
아도 알 수가 업고 또 이져바리기가 쉬으니 이ᄂ 때를 공연히 허비ᄒ
고 익를 공연히 쓰쟈 ᄒᄂ 거시니 참 디각이 업고 미련ᄒ기가 짝이 업
ᄂ 일이라.

　주시경은 표음문자는 각각의 자음과 모음을 나타내는 글자를 정해
놓고 말할 때의 음에 따라 글자를 모아쓰기 때문에 글자의 수가 적고
글자의 운용 방식에도 일정한 원리가 있어서 배우기가 쉽다고 하였다.
반면 표의문자는 의미에 따라 고유의 글자를 정해 놓아서 글자의 수가
많고 획수도 복잡하기 때문에 글자를 다 외우는 데에 너무 많은 시간과
노력이 소요된다고 하였다. 이러한 언급은 결국 한자에 비해 국문이 갖
는 우수성을 강조하기 위한 것인데 주시경은 한자와 국문을 직접 비교
하지 않고 표음문자와 표의문자라는 상위의 분류 틀을 설정하고 삼단
논법에 의해 국문의 우수성을 주장했다.

　　대전제: 표음문자는 표의문자보다 우수하다.
　　소전제: 국문은 표음문자에 속하고 한자는 표의문자에 속한다.
　　결론: 따라서 국문은 한자보다 우수하다.

　한문을 중시하고 국문을 천시하던 역사가 오랜 상황에서 한자와 국
문의 가치를 직접적으로 비교한다면 국문의 우월성을 설득력 있게 피
력하기 어려웠을 것이다. 따라서 표음문자와 표의문자라는 유형론적 분
류 틀 속에서 표음문자의 우수성을 주장하고 소위 문명국들이 모두 표
음문자를 사용한다는 점을 실증적 근거로 내세워 재래의 문자에 대한
인식을 뒤엎고자 한 설득의 수사가 돋보이는 부분이다.

주시경은 국문이 서구 문명국들의 글자처럼 표음문자라는 점을 강조하며 그동안 천시되어 온 국문에 문명의 씨앗이 배태되어 있음을 알리고자 했다.

> 녯젹 유롭 쇽에 잇든 헤늬쉬아른 나라에셔 믄든 글ᄌ들은 ᄌ모 음을 합ᄒ야 스믈 여셧 ᄌ로되 사름들의 말ᄒᄂ 음들은 다 가쵸엿ᄂ 고로 엇던 나라 말의 음이던지 긔록하지 못홀 거시 업고 ᄯ 쓰기가 쉬옴을 인ᄒ야 지금 문명흔 유롭 쇽에 여러 나라들과 아메리가 쇽에 여러 나라들이 다 이 글ᄌ로 져의 나라 말의 음을 조차 긔록ᄒ야 쓰ᄂ지라.

페니키아인들이 만든 알파벳은 스물여섯 개의 글자만으로 여러 언어의 음을 두루 적을 수 있어 효율성이 뛰어나며 문명한 유럽 및 아메리카의 여러 나라들은 모두 알파벳으로 자국의 언어를 기록하고 있다고 하였다. 주시경은 국문이 갖는 표음성이 문명국의 글자와 일치하는 속성임을 언급하는 데에서 그치지 않고, 실은 국문이 알파벳보다도 더 뛰어난 문자임을 주장하였다.[19)]

> 죠션 글ᄌ가 헤늬쉬아에셔 믄든 글ᄌ보다 더 유죠ᄒ고 규모가 잇게

---

19) 주시경이 후대에 발표한 글에서도 이상의 관점들이 재차 피력되었는데 1907년 1월 1일 『서우』 제2호에 게재된 글에는 문자와 문명을 연결시키는 맥락이 보다 분명하게 드러나 있다. "대져 글은 두 가지가 잇스니 ᄒ나흔 형샹을 표ᄒᄂ 글이오 ᄒ나흔 말을 표ᄒᄂ 글이라. 대개로만 말ᄒ면 형샹을 표ᄒᄂ 글은 녯젹 덜 열닌 시뎌에 쓰던 글이오 말을 표ᄒᄂ 글은 근리 열닌 시뎌에 쓰는 글이라. 그러나 형샹을 표ᄒᄂ 글을 지금ᄭ지 쓰는 나라도 젹지 아니ᄒ니 지나(支那) 한문 ᄀᆺ흔 글들이오 그 외는 다 말을 긔록ᄒᄂ 글들인디 의국(伊國), 법국(法國), 덕국(德國), 영국(英國) 글과 일본 가나(假名)와 우리나라 졍음(正音) ᄀᆺ흔 글들이라. 대개 글이라 ᄒᄂ 거슨 일을 긔록ᄒ여 내 ᄯᅳᆺ을 남의게 통ᄒ고 남의 ᄯᅳᆺ을 내가 알고져 ᄒᄂ 것 뿐이라. 물건의 형샹이나 형샹 업ᄂ ᄯᅳᆺ을 구별ᄒ여 표ᄒᄂ 글은 말 외에 ᄯ로 배호ᄂ 거시오 말을 표ᄒᄂ 글은 이왕 아는 말의 음을 표ᄒᄂ 거시라. (주시경, "국어와 국문의 필요", 『서우』 2, 1907.)

된 거슨 주모음을 아조 합호야 모드럿고 단지 밧침문 림시호야 너코 아니 너키를 음의 도라가는 디로 쓰나니 헤늬쉬아 글주 모양으로 주모음을 올케 모아 쓰라는 수고가 업고 또 글주의 주모음을 합호야 모든 거시 격식과 문리가 더 잇서 비호기가 더욱 쉬으니 우리 싱각에는 <u>죠션 글주가 세계에 뎨일 조코 학문 잇는 글주로 넉히노라.</u>

알파벳의 경우 자음과 모음을 별다른 규칙 없이 나열하지만 국문은 자음과 모음을 일정한 원리에 따라 모아쓰도록 만들어졌다는 점에서 국문이 알파벳보다 더 우수하다는 주장이다. 이는 음절문자로서의 특성을 부각시킨 것으로 국문은 항상 초성과 중성을 갖추어 쓰도록 설계되었고 음에 따라 종성을 넣기도 하고 빼기도 하는데 이러한 원리에 입각해 있기 때문에 배우기가 더욱 쉽다고 하였다.[20]

표음문자와 표의문자의 대비를 통해 표음문자의 우월성을 주장하는 논리는 이후 여러 논설에서 재차 나타났다. 다음은 1897년 6월 30일에 『대조선독립협회회보』 제15호에 발표된 신해영의 글이다.

원래 문자에는 두 가지 종류의 구별이 있는데, 하나는 '상형문자'이니 현재 서주인(西州人)이 사용하는 한문자(漢文字)가 그 남아 있는 갈래요, 하나는 '발음 문자'니 현재 구주인(歐洲人)이 사용하는 로마자이다.

고대사에서 주나라 이전 2000년경 가장 오래된 나라는 이집트로 물건의 형태를 본떠 문자를 발명하였으니 곧 상형문자이다. 이를 가리켜 '하이룽쿠류(hieroglyphics)'라 하여 수학, 의술과 함께 천문·인리(人理)를 연구하여 문명을 이끌고 그 뒤에 아세아주에 유입되어 지나(支那, 중국)에서 가장 활발히 사용하니, 이것이 곧 한문이다. <u>만사와 만물을 한문으로 나타내어 학문을 연구하였으나 글자의 종류가 번다하고 획법이 까다로워 상류 계층은 한문을 숭상하나 하류 계층은 완구(玩具)처럼 여</u>

---

20) 해당 논설에서는 음절문자를 음소문자보다 우수하게 평가하였지만 이후 주시경은 한글 풀어쓰기를 주장하였다는 점에서 이러한 인식에 변화가 있었던 것으로 보인다.

겨 아세아주 전체에 함께 이용하는 나라가 드물었다.

이후 1,100년경, 아세아주 서부에 위치한 페니키아에서 발음 문자를 발명하니, 이것은 입에서 소리를 내는 방법에 따라 지은 것이다. 상층·하층 사회의 모든 사람이 두루 편리하게 사용하여 쉽게 학문을 이루어서 농업·상업·광업·직물업·제조업이 성하였다. 이로 인해 여러 나라에 교역을 열어 그 영향이 세계에 전파될 수 있었던 것은 오로지 발음 문자로 말미암은 것이니, 여기에서 구미(歐美)가 오늘날과 같은 문명의 씨앗을 배태하였다. (신해영, "漢文字와 國文字의 損益如何", 『대조선독립협회회보』 15, 1897. 연세대 언어정보연구원 HK사업단 역 2012: 42-44.)

이 논설의 첫머리에서 신해영은 '학문은 한 사람이 사유私有하는 것이 아니라 모든 사람이 함께 이용해야 하는 것'이며 문자의 본분은 이러한 학문의 전파에 기여하는 것이라고 하였는데, 이러한 관점에 따라 평가해 볼 때 한자는 글자 수가 너무 많고 획법도 까다로워 결국 학문의 독점을 초래하였다고 보았다. 반면 구미의 나라들은 표음문자를 사용하기 때문에 상하층을 물론하고 모든 국민이 쉽게 학문을 익힐 수 있어 각종 산업이 발달되었으며 그 결과 현재 세계적으로 영향력을 행사하는 강대국을 이룰 수 있었다고 하였다. 신해영은 구미 열강이 문명국으로 발전하게 된 것이 '오로지 발음 문자로 말미암은 것'이라 하여 표음문자의 사용이 문명 발전으로 직결된다는 점을 강조하였다.

1898년 9월 28일 『황성신문』의 논설 역시 이러한 주장을 담고 있다.

세계 각국에 현행 문법이 대개 두 종류이다. 한 가지는 상형문자로 청나라에서 사용하는 한문이요, 다른 한 가지는 발음문자로 우리 동양의 반절자와 서구 각국에서 근래에 사용하는 로마자이다. 한문은 사물을 형용하는 도식으로, 뜻(義)과 소리(音)를 환히 깨우치기 매우 어렵기 때문에 총명한 사람이 아니면 학문을 단념하게 되고, 재주 있는 사람이

라야 10여 년 만에 대강을 깨우치고, 평생을 종사하여 글을 사용하는
자는 불과 몇 명이다. 반절자와 로마자는 말(語)의 음을 번역하는 도식
으로, 글자의 음이 곧 언어이기 때문에 이해하기 매우 쉬워서 남녀, 현
자와 우자를 막론하고 1~2년이면 모두 배울 수 있고, (더욱이) 반절자
는 지극히 쉬워서 비록 어린아이라도 열흘 안에 그 대강을 이해하여
10명 중 8~9명이 무식을 면하게 된다. 공자님께서 말씀하시되, 쉽고
간략하여야 천하의 일을 얻는다고 하셨으니, 반절자는 천하각국에서
제일 쉽고 제일 간략한 문자이다. (…) 무릇 상형자를 사용하는 세계는
왜 몽매하고 발음자를 사용하는 세계는 왜 개명했는가? 필시 문자의
난이도로 인하여 인민의 지식에 우열이 나타나며, 그 지식의 우열로 인
하여 국가 형세의 강약이 나타나니, 이것은 눈앞에 실제로 벌어진 일이
다. ("國文漢文論", 『황성신문』, 1898.9.28. 연세대 언어정보연구원 HK사
업단 역 2012:70-73.)

위의 논설은 문자의 난이도와 문명의 정도가 반비례하는 것이라고
보며, 표의문자를 사용하는 세계는 몽매한 데 반해 표음문자를 사용하
는 세계는 개명한 것은 단지 이론에 그치는 게 아니라 '실제로 눈앞에
벌어진 일'이라고 강조하였다.

배우기 쉽고 쓰기 쉬운 글자를 이상적으로 여기고 이러한 인식에 따
라 국문을 한자보다 우월하게 여기는 관점은 1900년대의 논설에서도
흔히 발견된다. 다음은 1907년 『태극학보』에 실린 강전의 글로, 국문의
편리와 한문의 폐해를 학습의 난이도를 기준으로 논하였다.

국문의 편리는 글 자체의 결구가 정밀하면서도 합당하고 자모 합음
의 변화가 상세하면서도 간결하며 규모가 확실하고 의미가 어수선하지
않아 학습하기 매우 쉽다. 그러니 비록 어린 아이와 광대, 하인같이 미
천한 신분이라도 3~4일만 공부하면 막힘없이 깨달아 날마다 사용하는
사물과 오고가는 편지에 일을 처리하기가 매우 빨라 평생 동안 사용해
도 끝이 없을 것이다. 한문의 폐해는 상투를 틀고 책을 읽어 밤늦게까

지 기름 등불을 사르며 공부하는 일로 세월을 보내 머리털이 듬성해지
고 이가 다 빠질 만큼 늙도록 부지런히 입에 읊기를 그치지 않고, 손에
잡기를 멈추지 않더라도 일이 잘 되는 날에는 케케묵은 투식구의 예문
(例文)만 주워 모아 자신의 키와 같은 높이의 책을 얻는 데 지나지 않는
다. (…) 통틀어서 논하면 <u>한학자</u>는 평생토록 <u>책벌레</u>가 되어 귀로 듣고
눈으로 보는 것이 고루하여 사리에 어둡고 팔다리를 게을리하며 콩인
지 보리인지 분별하지 못하는 <u>어리석은</u> 자가 많으니, 하는 일 없이 <u>먹</u>
<u>고 노는 밥통</u>에 불과하고, 돌 도깨비 나무인형과 같아 그 신세가 쓸쓸
한 형편에 처할 뿐 아니라 국가의 진취적 세력을 나눠가진 신민의 직
책을 책임지지 못할 것이다. (강전, "國文便利 及 漢文弊害의 說", 『태극
학보』 6, 1907. 연세대 언어정보연구원 HK사업단 역 2012:118-120.)

강전은 배우기 어려운 한문에만 빠져 있는 한학자들이 국가의 발전
을 가로막는다고 질책하며 글자 익히는 데에만 평생을 바치는 한학자
들은 책벌레로 살았으나 실제의 삶에 있어서는 콩과 보리도 구별하지
못할 정도로 어리석고 결국 생활에 도움은 안 되면서 밥만 축내는 밥
통, 아무 역할이 없는 돌 도깨비 나무인형이나 다름없다고 비판하였다.
　1908년 『대한협회회보』에 실린 이종일의 글에서도 배우기 어려운 한
자의 폐해를 국력의 손실이라고 하였다.

　　(…) 세월은 우리를 기다려 주지 않거늘 한문만 배우다 늙어 죽게 된
　다면 어느 겨를에 전 지구에 있는 더욱 기이한 것들을 배우겠는가? 학
　습이 이와 같이 어렵기 때문에 한문은 총명하고 뛰어난 젊은이가 아니
　면 배울 수 없고, <u>배우지 못하면 곧 지혜가 없게 되니, 백성이 지혜가</u>
　<u>없으면 나라가 쇠미하지 않는 경우는 없다.</u> 오늘날 전국의 백성들을 보
　면 배운 자가 많은가, 배우지 못한 자가 많은가? (…)
　　<u>무릇 국문은 동서의 어느 나라든지 모두 배우기 쉬운 것을 기본으로</u>
　<u>한다.</u> 그러므로 글의 근원이 삼사십 자를 넘지 않아, 비록 아주 우둔한
　사람이라도 공부를 한다면 몇 개월을 지나지 않고도 능히 그 글자를

학습할 수 있다. 그래서 고등 학문에 도달하더라도 그 뜻을 배울 뿐이고, 글자를 배우는 노력은 전혀 할 필요가 없을 것이지만, 이 한문은 말과 문자가 맞지 않아서 배우기 어려울 뿐만 아니라 글자 수도 심히 많아 문장이 뛰어난 사람이 늙게 될 때까지 학문에 힘쓰더라도 글자를 다 배웠다는 것을 듣지 못했다.

생각건대 우리 국문은 겨우 28자를 가지고서 능히 천 가지, 만 가지 말의 기이하고 묘한 문장을 이룰 수 있다. 그 배우는 방법이 또한 쉬워서 1~2일, 4~5일을 넘기지 않고도 능히 그 뜻을 깨달아 책을 대하여 쉽게 읽으니, 이용하는 데 편리하고 쉽게 익히는 것이 가히 세계에 있는 국문 중에 으뜸이다. (이종일, "論國文", 『대한협회회보』 2, 1908. 연세대 언어정보연구원 HK사업단 역 2012:264-267.)

이종일은 교육을 통한 지식의 확산이 국력의 강화와 직결됨을 주장하고, 동양이든 서양이든 여러 국가들이 배우기 쉬운 문자를 선택해 국력의 신장을 도모하는 것이 기본이라고 하였다. 그리고 이러한 맥락에서 볼 때 한자는 늙어 죽을 때까지도 글자조차 다 배울 수 없는 반면 국문은 며칠이면 충분히 배울 수 있을 정도로 쉽고 간단하다는 면에서 세계 여러 글자들 중 단연 최고라고 하였다.

제3장

국문의 실험

1. 지석영의 국문 글쓰기

1) 지석영의 국문 의식

지석영은 근대의 의학과 국어학의 두 분야에서 선각적 인식을 보여
준 인물이다.[1] 어린 시절 서당에 다닐 형편이 되지 못했던 지석영은 아
버지와 친분이 있던 중인 출신 한의사 박영선朴永善(?-?) 밑에서 한학과
의학을 배웠다.[2] 박영선은 1876년 7월 김기수가 이끄는 제1차 수신사의
일원으로 일본을 방문하였는데, 이때 구가 가쓰아키久我克明의 『종두귀

---

1) 의학과 국어학은 매우 거리가 먼 분야이지만 유교적 전통이 깊은 조선 사회에서 상
   류층의 학문으로 인식되지 않던 분야이며 실용적 측면이 강조되는 분야라는 점에서
   통하는 지점이 있었다. 근대적 의미의 국어학은 아니지만 통역의 필요로 인한 구어
   연구는 중인 계급에 속하는 역관들의 몫이었고 사람의 몸을 치료하는 일 역시 중인
   계급에 속하는 의관들의 직무였다.
2) 지석영은 1885년 지익룡의 넷째 아들로 태어났는데 집안은 양반 가문이었으나 가
   세가 기울어 유복하지 못한 환경에서 자랐다(신용하 1985:1).

감種痘龜鑑』을 구해 가지고 돌아와 제자들에게도 읽혔다. 지석영은 정약용의 『마과회통麻科會通』과 박영선이 구해 온 『종두귀감』을 통해 서양 의학을 접하게 된 것이다(신용하 1985:2).

또 한편으로 지석영의 개화사상에는 강위의 영향도 적지 않았을 것으로 생각된다. 강위는 당시의 영향력 있던 문인이었지만 벼슬길에는 오르지 않았다. 강위는 전국 산천을 유람하다가 1870년대 이후 국가에서 중국이나 일본에 사절 및 수신사를 파견할 때 합류하여 해외의 정세를 살폈다(기창덕 1994:24). 강위는 한문학자이면서도 『동문자모분해東文字母分解』(1869)를 저술하는 등 국문에 대한 관심이 깊었고 강위의 어문관은 지석영의 국문 의식으로 계승되었을 가능성이 높다(안예리 2020). 지석영이 1907년 『대한자강회월보』에 발표한 "대한국문설大韓國文說"을 보면, "예전에 강추금姜秋琴 선생과 더불어 글을 읽을 적에 일찍이 듣기로는 언문에서 매 행行의 처음과 끝이 같은 음이라고 하는데, 아마도 반드시 그렇지는 않을 것이라는 생각이 들었다(연세대 언어정보연구원 HK사업단 역 2012:177-184)."라고 한 부분이 있는데 여기서 '추금'은 강위의 호로 지석영이 일찍이 초성과 종성이 같은 소리라는 강위의 학설을 접하고 이에 대해 고민하였다는 기록이다. 지석영이 가까이하던 박영선과 강위는 모두 동아시아의 급변하던 정세를 잘 파악하고 있었던 개화 지식인이었고 지석영 역시 이들과 교류하며 신분제의 폐지와 실용적 지식의 도입을 추구하는 개화사상을 갖게 되었을 것으로 보인다.[3]

지석영은 「신정국문」을 비롯해 국문에 대한 선각적 인식을 담은 글

---

3) 「공문식」이 제정되고 반포될 당시 개혁을 주도하던 유길준, 그리고 국왕에게 「신정국문」을 상소한 지석영은 모든 국민들이 쉽게 읽고 지식을 습득할 수 있도록 국문 사용을 확대해야 한다는 생각을 공유하고 있었다. 유길준과 지석영이 모두 실학의 전통을 잇는 강위의 문하에서 지도를 받았다는 점을 고려할 때 19세기 말 개화 성향의 지식인들이 가지고 있던 국문 의식과 실학의 연관성을 좀 더 자세히 살펴볼 필요가 있다.

을 발표하였지만 그와 더불어 한자에 관해서도 새로운 관점을 보여주었다. 지석영은 『훈몽자략訓蒙子略』(1901),[4] 『아학편兒學編』(1908), 『자전석요字典釋要』(1909), 『언문言文』(1909) 등 일련의 한자서를 저술하였는데 이 저작들에는 '지금' 그리고 '여기'를 중심으로 한 지석영의 근대적 한자관이 담겨 있었다. 『규장전운奎章全韻』이나 『전운옥편全韻玉篇』 등 기존의 한자서들을 참고하면서도 각 한자가 당시의 한국에서 어떠한 형태와 뜻과 소리로 쓰이고 있는지에 관한 정보를 충실히 담아낸 것이다.

　『자전석요』에는 16,215자의 한자에 대한 자형, 새김, 자음, 한문 주석, 운목, 전자 등의 정보가 종합적으로 정리되어 있는데, 운목이나 전자를 제시한 것은 고전에 대한 이해를 위한 것이지만 전반적인 체재는 당시의 한국에서의 언어 현실을 바탕으로 한 것이었다. 『자전석요』는 '一日數之始하나일', '丈 장長老尊稱어른장○十尺열자장'과 같이 표제자의 음을 두 층위에서 제시하였다. 표제자 아래의 네모 안에 먼저 '일, 쟝'과 같이 『전운옥편』의 규범음을 제시하였고, 자의字義를 풀이하며 다시 한 번 '일, 장'과 같이 그 음을 적었는데 이때의 음은 현실음에 해당한다.[5]

　이준환(2012a)는 『전운옥편』과 『자전석요』의 한자음을 비교하여 지석영이 당시 한국의 언어 현실에 대한 이해를 바탕으로 자전을 편찬했음

---

4) 『훈몽자략』은 부수 순과 획수 순으로 한자를 배열하고 각 한자에 대해 자음과 새김을 단 아동용 한자 학습서이다. 지석영은 최세진의 『훈몽자회訓蒙字會』(1527)를 참작하여 『훈몽자략』을 집필하였는데, 『훈몽자회』가 한자를 '天文', '地文' 등의 의미 부류에 따라 배열한 자의서字義書인 반면 『훈몽자략』은 부수와 획수에 따라 배열한 자전字典이었다. 또한 『훈몽자회』에서는 '天'에 대해 '하놀 텬'이라 하여 새김과 자음을 제시한 뒤 '道尙左日月石旋'과 같이 한문으로 주석을 단 반면, 『훈몽자략』에서는 한문 주석 없이 국문으로 새김(하날)과 자음(텬)만 제시하였다.

5) 이준환(2012a)에서는 『전운옥편』에 제시된 규범음과 현실음을 비교해 현실음에는 'ㅅ, ㅈ, ㅊ' 아래에서의 단모음화, 구개음화, 원순모음화, '·>ㅏ' 등의 음운 변화가 반영되어 있다고 하였다.

을 밝혔는데 해당 연구 성과를 인용하며 『자전석요』에 반영된 지석영의 언어관을 조금 더 살펴보겠다. 『전운옥편』에 전통적 규범음과 속음 俗音이 모두 제시된 한자의 경우 지석영은 속음을 표준으로 삼았다(이준환 2012a:126). 『전운옥편』에서 '乏'은 '乏법俗핍'이라 하였는데 『자전석요』에서는 '乏 圍匱也다할핍'이라 하여 규범음과 현실음을 모두 '핍'이라 한 것이다. 또한 『전운옥편』에 음이 두 가지 이상 제시된 한자들의 경우 일부 한자는 『자전석요』에서 음 제시의 순서가 달라져 있는데, 『전운옥편』의 경우 전통적인 운韻의 배열 순서를 따른 반면 『자전석요』는 사용 빈도가 더 높은 음을 먼저 제시하였다(이준환 2012a:126-128).

한자의 음뿐 아니라 뜻과 관련해서도 『자전석요』는 종래의 한자서들과 차별화된 양상을 보였다. 표제자의 모든 의미를 한문과 국문으로 제시하였는데 다의어의 경우에도 모든 의미를 한문과 국문으로 기술했다. 또한 이준환(2012a)에서 자세히 논의했듯이 단순히 대응어만 제시하는 데 그치지 않고 해당 한자가 쓰이는 문맥을 파악할 수 있도록 뜻풀이를 상세화하였다. 예를 들어, '折'이라는 한자는 아래에서 볼 수 있듯이 기존 자서류에서 주로 '꺾다'로 풀이되었고, 일부 '가르다', '부러지다'로 풀이되었지만, 『자전석요』에서는 '결단할 절, 썩글 절, 굽을 절, 요사할 절, 썩거질 절, 제터 절, 써거저서 대롱거릴 설, 종용할 제'의 8가지 하위 의미로 풀이되었고, 그 현실음도 '절, 설, 제'의 세 가지가 제시되었다.

> 『신증유합』(1576) 折 것글 졀
> 『유합(칠장사판)』(1664) 折 것글 졀
> 『유합(영장사판)』(1700) 折 것글 졀
> 『왜어유해』(17??) 折 써글 졀
> 『광재물보』(18??) 折 썩다 ○ 가르다
> 『정몽유어』(1884) 折 썩글 졀

『국한회어』(1895) 折 부러지다

『자전석요』(1909) 折 [졀] 결단할 절 ○ 썩글 절 ○ 굽을 절 ○ 요사할

절 ○ 썩거질 절 ○ 제터 절 [졀] 써거저서 대롱거릴 설 [셜] 종용할 제

『자전석요』의 새김은 이처럼 하위 의미의 갈래를 풍부하게 제시하였
다는 점 외에도 한국어에서의 미묘한 의미 차이를 최대한 살리는 방식
을 취했다는 특징이 있다. '折'의 하위 의미 기술을 보면 '꺾다', '꺾어지
다', '꺾어져서 대롱거리다'를 구별하여 능동의 동작과 피동의 동작, 그
리고 결과적인 상태를 국문으로 명확히 구분한 것이다.

또 다른 예로 '夷'에 대한 기술을 살펴보면 '切'과 마찬가지로 『자전
석요』의 뜻풀이가 상대적으로 매우 상세하다. 종래에 답습되어 오던
'되'나 '오랑캐'라는 풀이 대신 '동방사람'이라고 풀이한 것이 눈에 띈
다.6)

『훈몽자회』(1527) 夷 되 이

『신증유합』(1576) 夷 편흘 이 ○ 되 이

『국한회어』(1895) 夷 오랑캐 이

『자전석요』(1909) 夷 [이] 동방사람 이 ○ 평평할 이 ○ 상할 이 ○ 죽

여멸할 이

'夷'라는 한자는 중국을 중심으로 볼 때 동쪽에 있던 한국이나 일본,
만주 등의 민족을 지칭하던 말로, 남쪽의 '蠻', 북쪽의 '狄', 서쪽의 '戎'
과 함께 중국 주변의 민족을 낮잡아 이르는 데에 쓰였다. 기존의 자서
에서 이를 '되'나 '오랑캐'로 풀이한 것은 중국 중심의 세계관을 반영한
것인데 지석영은 이러한 풀이 대신 '동방사람'이라는 표현을 사용하여

---

6) '동방사람'이라는 풀이는 이후 『부별천자문』(1913)에서도 수용되었다("夷 동방사람
이 ○ 상할 이").

방위적 정보만을 남겨 둔 것이다.

이처럼 지석영은 중화사상을 극복하고 새로운 지식의 패러다임 속에 한자를 위치시키고자 했다. 『자전석요』는 한시를 짓기 위해 운을 맞추는 용도의 자전이 아니라 한국인들이 한국어로 한자의 의미를 정확히 이해하도록 돕는 용도의 자전이었다. 지석영의 한자 정리는 "한문 본위의 시대에서 국한문 혼용 시대가 된 상황에서 국어 화자 모두가 공유할 수 있는 공통적 바탕을 마련(이준환 2012a:137)"하는 데에 목표를 두고 있었던 것이다.

이와 같이 지석영은 국어를 중심에 놓고 한자에 대한 지식을 재정리하는 동시에, 종래 자전들이 답습해 온 한문 대 국문의 주종적 관계를 해체하고 다언어 간의 수평적 대응 관계 속에 한문과 국문을 배치하였다. 『자전석요』는 표제 한자가 한국과 중국과 일본에서 서로 다른 형음의形音義로 쓰이는 경우를 선별하여 '鮮, 華, 日'이라는 표시 뒤에 각국에서의 용법을 상세히 보였다. 이충구(1994:120)에서 제시한 예를 참고하면, '太'자에 대한 기본 풀이는 '심할 태'로 되어 있지만 한국에서의 특유한 의미를 반영하여 '鮮 菽也 콩 태'라는 정보를 덧붙였고, '鎝'자에 대해서는 중국에서의 특유한 형태를 반영하여 '華 釘'라는 설명을 추가하였다. '辿'자의 기본 풀이는 '行也 거를 첩'으로 되어 있지만 일본에서의 특유한 뜻과 음을 반영하여 '日 止於止 까지 점'이라는 설명을 덧붙였다. 이처럼 『자전석요』는 중국과 주변국의 위계적 공간 질서가 아닌 동아시아 3국의 수평적 지리 관념에 따라 한자의 형음의形音義를 재배치하였다.

『자전석요』에서 확인되는 수평적 언어 공간에 대한 인식은 1년 앞서 1908년에 발행된 『아학편』에 한층 구체화된 방식으로 나타나 있다. 지석영의 『아학편』은 1804년 정약용이 지은 한자 학습서 『아학편』을 저본으로 하여 새로운 정보를 추가한 것이다. 전체 체재나 표제자 2,000자의 배열은 다산의 방식을 그대로 따랐지만 전통적 한자음 외에 당대의 현실음을 별도로 표시하였고, 그밖에도 외국어에 능통했던 전용규田龍圭 (?–?)의 도움을 받아 중국어, 일본어, 영어의 발음을 한글로 표시하였다 (한성우 2010:10–15).

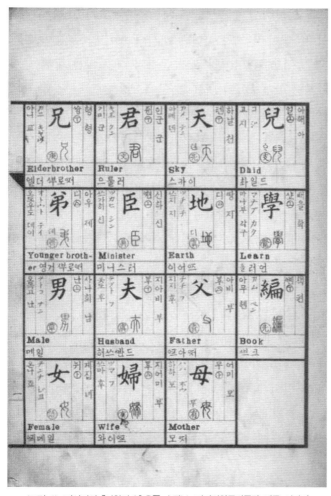

〈그림 4〉 지석영의 『아학편』(홍윤표 소장본: 디지털한글박물관 제공 이미지)

　<그림 4>의 첫 글자를 보면 지석영은 표제자 '兒' 바로 아래에는 전통 한자음인 'ᅌᆞ'와 함께 전서체 자형을 제시하였고 반절표상의 같은 운모자韻母字를 동그라미 안에 표시하였다. 그리고 가장 우측에는 당대의 현실음을 반영하여 '아해 아'로 새김과 음을 달았고, 그 옆에는 '얼ⓛ'과 같이 당대 중국어에서의 발음을 한글로 적고 성조를 표시하였다. 표제자 좌측에는 일본어 발음을 적었는데 'ゴジ', '고지'와 같이 가타카나와 한글을 병기하였다. 표제자 하단에 제시된 영어 발음의 경우도 'Dhid'[7], '촤일드'와 같이 해당 언어의 표기 문자와 한글 발음 함께 제시하였다.

　이상의 다양한 정보들이 네모 틀 안에 배치된 양상도 흥미롭다. 정약용의 『아학편』은 각 한자에 부여된 네모 칸을 상하로만 나누어 상단에는 한자 자형을, 하단에는 음과 새김을 보였지만 지석영은 각 칸을 가로 세로로 분할하여 일정한 질서하에 정보를 배치하였다. 일단 고전 한문에 대한 이해를 도모하기 위한 해서체, 전서체 자형과 운모에 관한 정보는 가장 중앙에 위치시켰는데 가장 크게 보이는 것은 해서체 자형이다. 이 자형을 중심으로 여러 언어의 정보가 연결되는 것이다. 하지만 정보의 핵심은 실제로 글을 읽어나갈 때 가장 먼저 눈길이 가는 오른쪽 상단으로, 이 자리에는 국문 새김과 한국 현실음을 넣었다. 이 부분은 표제자의 뜻을 적은 유일한 부분으로 한자의 뜻이 고전음이나 중국음이 아닌 한국 현실음과 함께 제시되어 있다. 이는 지석영이 한자를 풀이할 때 당대 한국에서의 쓰임을 가장 우선시한 결과로 해석된다.

　한편, 모든 한자에 대해 현실음을 보인 반면 전통적 한자음의 경우는 현실음과 다른 경우에 한해서만 제시했다는 점도 주목할 만하다. 자형 바로 아래에 제시된 전통적 한자음은 표제자에 대한 핵심적 정보가 아

---

7) 'Child'를 'Dhid'로 적은 것은 오식이라 생각된다. 『아학편』에서 '櫻 Cherry 취리', '糠 Chaff 촤쁘' 등과 같이 여타의 'ㅊ'은 'Ch'에 대응시켰다.

니라 한자음의 변화를 보여주는 참고적 정보일 뿐이다. 국문 새김과 현
실음에 관한 정보 좌편에 제시된 중국 현실음, 일본 현실음은 동아시아
의 한자음에 관한 정보를 종합적으로 보여주고, 하단에 별도로 제시된
영어 발음은 한자문화권의 경계를 넘어선 언어 간 대응 관계를 나타낸
다. 이처럼 지석영은 '과거'가 아닌 '지금', '저기'가 아닌 '여기'를 중심
으로 한자에 대한 지식을 재정리하고자 했으며, 근대의 시간과 공간 속
에서 맺어진 언어 간의 새로운 대응 관계를 자전 속에 현현해 냈다고
볼 수 있다.

2) 국문 의서의 편찬

지석영은 여러 저술과 활동을 통해 국문의 사용을 촉진하고자 했는
데[8] 그중 전라도 강진에서 유배 생활을[9] 하던 중인 1891년에 쓴 『신학
신설』은[10] 문헌 전체에서 국문을 전용한 매우 이른 시기의 업적이다. 『신
학신설』은 국문 글쓰기에 대한 논의조차 거의 찾아볼 수 없던 시기에
의학 지식을 국문으로만 기술했다는 점에서 주목되는 저작이다.

---

8) 지석영이 의학 분야에서의 국문 사용을 적극 장려하고자 했다는 점은 지석영이 의
학교 교장으로 있을 당시 학생 모집 시험에 한문 과목 외에도 국문의 독서와 작문
과목을 둔 것을 통해서도 확인할 수 있다(이광린 1993:191).
9) 지석영은 우두 기술을 전파하기 위해 전주와 공주에 우두국을 설치하고 종두 보급
에 힘썼는데, 이와 관련해 군중을 선동한다는 모함을 받아 1887년부터 1892년까지
전라도 강진현 신지도에 유배되었다(기창덕 1994:33). 5년의 유배 생활 동안 지석
영은 서구의 위생 관념에 기초한 『신학신설』을 비롯하여 서양의 농법을 소개한 『종
맥설重麥設』, 과학적인 목축과 양계의 방법을 소개한 『권양계법圈養鷄法』 등 개화 지
침서들을 저술하였다(기창덕 1994:33).
10) 『신학신설』은 1책 60장 선장(線裝) 형식의 필사본으로 책의 크기는 가로 19.0cm,
세로 29.4cm이고 국립중앙도서관 소장본이 유일본으로 파악된다.

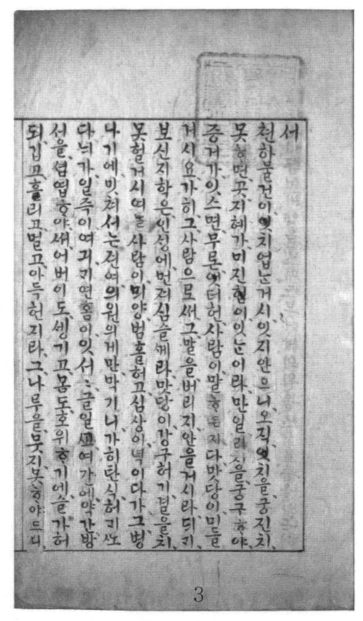

〈그림 5〉 지석영의 『신학신설』(국립중앙도서관 제공 이미지)

『신학신설』은 서구의 의학에 토대를 둔 예방의학서로, '빛, 열, 공기, 물, 음식, 운동'의 여섯 가지 항목을 중심으로 새로운 의학적 상식들을 소개하였다. '음식'과 관련된 기술의 일부를 인용함으로써 『신학신설』에 쓰인 국문 문장의 대강을 살펴보고자 한다.

> 서국에 사람이 총을 마져 비위로 뚤고 들어간 지 잇던이 다힝이 죽지 안코 오직 구멍이 빈 박그로 뚤고 나온 것 잇서서 상혜 연헌 물건으로 막어 호위허던이 의원이 미양 식후에 시험하야 그 비위을 엿보아서 써 소화험을 증험헌이 육식이 치소보다 쉽게 소화허고 연헌 물건이 억센 물건보다 쉽게 소화허고 그 더욱 쉬운 거슨 물고기와 팔여헌 져육과 수란과 우유와 면【밀갈우로 만든 거시라】 반【밥】 등물이요 그 소화허기 얼여운 거슨 과실 씨와 낙화싱과 길음진 것과 소금에 져린 등물이요 그 능히 소화 못허는 거슨 치근【남물쏠이】 과 피【실과 껍질】과 획【참의 씨 갓튼 것】 골【셰】 각【쏠】 모발【틸】 등물일어라

위의 인용문에서 볼 수 있듯이 『신학신설』의 국문은 한문 번역투가 아니라 말하는 것에 가깝게 기술한 언문일치 문장이다. 대체로 쉬운 일상어를 사용하되[11] '面', '飯', '菜根', '皮', '核', '骨', '角', '毛髮' 등 일부 한자어에 대해서는 협주를 달아 쉽게 설명하거나 대응 고유어를 제시하였다. 이처럼 협주를 활용함으로써 한자를 전혀 노출시키지 않고도 근대 위생학의 내용을 서술한 것이다.

『신학신설』은 1891년에 집필되었는데 그보다 3년 뒤에 반포된 「홍범14조」의 국문 문장은 앞서 살펴보았듯이 한문의 축자적 번역이었다. 그리고 비슷한 시기 유길준은 국문의 상징성과 효율성을 충분히 인식하고 있었음에도 국한 혼용문을 택하였다. 그리고 이후에도 근대적 지식

---

11) '보신지학', '막불호수'와 같은 한문구도 간혹 보인다.

을 소개하는 많은 서적들이 국한문체로 집필된 것에서 볼 수 있듯이 19
세기 말 20세기 초 대부분의 개화사상가들이 한자와 한문의 자장을 벗
어나지 못했던 반면『신학신설』은 진일보한 국문체를 보여주었다.『독
립신문』이 창간된 것도『신학신설』이 저술된 지 5년 뒤의 일인 만큼 지
석영의 국문 전용은 당대의 기준에서 볼 때 매우 파격적이었다고 평가
할 수 있다.

　서구 세계의 기술, 사상, 제도, 문화 등이 문헌을 통해 국내에 본격적
으로 소개되기 시작할 당시 유길준과 지석영은 그 내용을 담아낼 문체
의 문제를 놓고 고심했다. 지석영은『신학신설』을 1891년에 탈고하였고
유길준은『서유견문』을 1889년에 탈고하여 1895년에 출판하였기 때문
에『신학신설』의 국문 문장과『서유견문』의 국한문 문장은 1890년 전
후 두 개화 지식인의 문체적 판단을 반영한다. 그런데 각각의 저술에
반영된 문체의 차이가 비단 개인적 문체에 그치지 않고 두 인물이 활동
하던 행정과 의료 각 분야의 주된 문체로 자리 잡게 되었다는 점이 매
우 흥미롭다.

　제1장에서 살펴보았듯이 유길준은 지석영과 더불어 강위의 문하에서
수학하였고, 새로운 지식의 수용과 보급에 있어 국문이 갖는 장점을 충
분히 인식하고 있었다. 하지만『서유견문』의 서문에서 밝혔듯이 유길준
은 아직 국문 전용은 시기상조라는 판단하에 자신의 저술에서 일종의
타협안으로서 국한 혼용문을 택하였다. 또한 군국기무처에서 갑오개혁
을 주도하던 당시「공문식」제14조 조항을 통해 공문서에서의 국문 사
용을 공식화하면서도 실질적으로는 국한 혼용문이 확산될 수 있는 법
적 근거를 마련했다. 이후 관보나 법령 등 제반 공적 문서와 교과서 등
에서 국한 혼용문이 사용되기 시작했고 근대적 제도, 사상, 문물 등에
관한 지식은 국한 혼용문을 매개로 수용되는 것이 일반적이었다.

그런데 당시 매우 예외적으로 서구의 근대적 지식을 국문 번역을 통해 수용했던 분야가 바로 의학 분야였다. 지석영의 『신학신설』이 그 시초였고 이후 여러 의서들이 순 국문으로 편찬된 것이다. 『신학신설』은 『전체신론全體新論』, 『박물신편博物新編』, 『부영신설婦嬰新說』, 『서약약석西藥略釋』, 『유문의학儒門醫學』 등 중국에서 발행된 한역 근대 과학서들을 발췌 번역하고 일부 지석영이 자신의 의견을 덧붙인 것으로(김연희 2017) 서구의 과학적 지식이 한문을 거쳐 국문으로 번역된 최초의 사례이다. 『신학신설』의 경우 그 서문에서 밝힌 대로 일반 가정에서 읽힐 것을 목적으로 작성된 예방의학서였기에 국문을 전용했다고 볼 수 있지만, 이후 전문의 양성을 위한 의학 교과서 중 상당수가 국문으로 번역되었다는 점은 문체사적으로 매우 중요한 의미를 갖는다. 일반적으로 볼 때 근대적 지식의 수용과 확산 과정을 주도한 문체는 국한문체였지만 그러한 흐름과 반대로 국문체를 통한 근대적 분과학문의 수립 노력이 적극적으로 이루어진 특수한 사례이기 때문이다.

그동안 문체 연구에서 의학 분야에 대한 논의가 거의 이루어지지 않았었기 때문에 여기서는 『신학신설』의 문체 분석에 앞서 먼저 관립 의학교와 제중원 의학교에서의 국문 사용에 대해 간단히 살펴보고자 한다. 한국 최초의 근대식 정규 의학교는 1899년 3월 24일 「의학교 관제」의 반포와 함께 설립되었다. 1898년 만민공동회를 통해 근대적 의료기관의 설립에 대한 민중적 요구가 표출되던 상황에서 지석영이 건의서를 올리고 학부대신 이도재李道宰(1848-1909)[12])가 이를 인가하며 관립 의학교 설립이 결정된 결과였다(황상익 2013:511-518). 지석영은 의학교 설립에 주도적 역할을 했을 뿐 아니라 1899년 3월 28일부터 1907년 3월 14

---

12) 군부대신과 학부대신을 역임한 이도재는 지석영의 『우두신설』 서문을 작성해 주기도 했다.

일까지 의학교가 운영되던 8년 동안[13] 줄곧 교장직을 맡고 있었다(황상익 2013:562). 여기서 주목할 것은 국가와 민족의 장래를 위해 국문을 정비하고 그 사용을 확대해야 한다는 지석영의 확고한 인식이 의학교 내에서도 표출되었다는 점이다. 의학교 입학시험 과목에 '국문의 독서와 작문'이 포함되어 있어[14] 입학생들의 국문 사용 능력이 중요시되었으며 의학교 내에 국문 연구 단체인 국문연구회國文研究會가 설립되었던 것이다. 국문연구회는 지석영의 주도하에 훈동의 의학교에 1907년 2월 1일 설립되었는데 이에 대해서는『황성신문』1907년 1월 12일자 기사가 참고가 된다.

> 醫學校 敎長 池錫永 氏가 國文 硏究에 多年 熱心ᄒᆞ더니 明日 下午 二時 國文硏究會를 勳洞 醫學校 內에 開ᄒᆞ고 各 社會 中에 有志之士를 請邀ᄒᆞᆫ다더라. ("國文硏究",『황성신문』, 1907.1.12.)

같은 일자에『황성신문』에는 국문연구회의 취지서도 함께 실렸는데 그 전문을 인용하면 다음과 같다.[15]

> 文字ᄂᆞᆫ 言語의 符號라. 符號가 無准ᄒᆞ면 言語가 無規ᄒᆞ야 以至凡百行動에 記事論事가 悉皆差誤ᄒᆞ야 使人摹捉無所ᄒᆞ리니 由此觀之면 文字之於生民에 關係誠大哉로다. 我 世宗大王이 深察此理ᄒᆞ시고 始制訓民正音二十八字ᄒᆞ야 頒行中外ᄒᆞ시니 大聖人의 裕後啓蒙ᄒᆞ신 至意가 東土四千年에 創有ᄒᆞ신 弘業이어늘 噫라 世遠敎弛ᄒᆞ야 後之學者가 不思對揚ᄒᆞ고 一任抛棄故

---

13) 1899년 설립된 관립 의학교는 1907년 광제원, 적십자병원 등과 함께 대한의원으로 통폐합되었다.

14) 신문 광고에 나타난 의학교 입학시험 과목은 '한문의 독서와 작문', '국문의 독서와 작문', '산술'의 세 과목이었다.

15) 국문연구회 취지서는『만세보』1907년 1월 13일자와『대한매일신보』1907년 1월 30~31일자에도 실려 있어 여러 신문들이 국문연구회의 설립에 주목했음을 알 수 있다.

로 御製二十八字中에 此ㆁㅿㆆ三字初聲은 失傳已久ㅎ야 摸擬不得ㅎ고 現
用 反切 一百五十一字에도 疊音이 爲三十六字ㅎ니 曷勝悚嘆이리오. 今我國
民의 言語 文字가 每多 歧異ㅎ야 天을 하늘이라도 ㅎ며 ㅎ늘이라도 ㅎ며
ㅎ눌이라도 ㅎ야 無一定規例故로 凡屬言語의 動輒如右者가 十之五六이라.
由是로 國語가 無准ㅎ고 國文이 無法ㅎ니 雖欲使吾人으로 入於文明之域이
나 其可得乎아. 有自國之字典辭典然後에야 可以敎國民이오 國民을以自國
文字로 敎導之然後에야 可望其自國精紳을 注于其腦也라. 欲做此等事業인
딘 不得不先究國文之源流故로 酒與同志로 發起意見ㅎ야 欲糾合高明ㅎ야
組織國文硏究會ㅎ오니 有志君子ᄂ 幸勿以人棄言ㅎ시고 惠然賜臨ㅎ야 協同
贊成ㅎ심을 盥手頂祝ㅎ나이다.

　　發起人 池錫永 趙經九 李炳勗 趙琓九 金明秀 ("國文硏究會趣旨書", 『황성신문』,
1907.1.12.)

취지서의 내용을 보면 국어에 본보기가 없고 국문에 일정한 법이 없
어 적고자 하는 바, 논하고자 하는 바가 정확히 전달되지 않음을 문제
삼았다. 당시의 언어 현실을 비판하며 몇 가지 예를 들기도 했는데 'ㆁ,
ㅿ, ㆆ' 등 훈민정음 창제 당시 만들어진 글자들이 그 소리를 잃어버린
점, 반절 151자 중 첩음이 36자나 된다는 점, '天'을 '하늘'이라고도 하고
'ㅎ늘'이라고도 하고 'ㅎ눌'이라고도 한다는 점 등이다.

국문연구회에는 의학교 소속인 지석영과 전용규, 유병필劉秉珌(?-?) 외
에도 다양한 인사들이 참여하고 있었다. 『황성신문』1907년 2월 6일자
기사에서 그 조직과 명단을 소개하였는데 회장으로 윤효정, 총무로 지
석영, 연구원으로 주시경, 박은식, 이능화李能和(1869-1943), 유일선, 이종
일, 전용규, 정운복, 심의성, 양기탁, 유병필 등 10인을 들었다. 또한 지
석영, 유병필, 주시경은 편찬원, 전용규는 서기 역할을 맡았다고 하였다.

　　國文硏究會를 去 金曜日 下午 七点에 勳洞 醫學校 內로 臨時 開會ㅎ고
規則과 任員을 薦定ㅎ얏ᄂᄃ 會長은 尹孝定 氏요 總務ᄂ 池錫永 氏요 硏

究員은 周時經 朴殷植 李能和 柳一宣 李鍾一 田龍圭 鄭雲復 沈宜性 梁起鐸 劉秉珌氏 等 十人이 爲先 被薦되고 編纂員은 池錫永 劉秉珌 周時經 三氏요 書記 二人에 田龍圭氏 一人만 爲先 選定ᄒ얏ᄂᄃᆡ 研究員會ᄂᆫ 每金曜日 下午 七点이요 通常會ᄂᆫ 每月 第四 日曜日 下午 四時에 開會ᄒ기로 定ᄒ얏 더라. ("國文研究會組織", 『황성신문』, 1907.2.6.)

국문연구회의 연구 내용이 정확히 무엇이었는지, 또는 국문연구회의 활동이 의학교 교육과 어떤 관계에 있었는지는 알 수 없지만, 국문연구회 소속이면서 동시에 의학교 교관을 맡았던 전용규의 활동을 통해 그 연계성을 짐작해 볼 수 있을 것이다.

먼저 전용규는 앞서 소개한 대로 지석영과 함께 『아학편』을 편찬한 인물이다. 황상익(2013:562-565)은 전용규가 원래 탁지부 주사로 일하다가 의학교 설립 이후 교관(1900.12.11.~1904.12.8.) 및 서기로 근무하며(1904. 12.8.~ 1907.3.14.) 지석영 다음으로 가장 오랫동안 의학교에 재직했는데, 행정직 관료 출신에 당시 국문연구회에서도 연구원 및 서기 역할을 맡고 있었 던 점으로 볼 때 그의 역할은 의학 교육이 아니라 의학교 내 국어나 한 문 교육이었을 가능성이 있다고 하였다. 의학교 내에서 실제로 국어나 한문 교육이 이루어졌는지는 알 수 없지만 당시 의학교가 직면했던 가 장 시급한 문제가 외국어로 된 교과서의 번역이었다는 점에서(황상익 2013:600) 전용규가 교과서 번역에 관여했을 가능성이 높아 보인다. 의학 교육을 받지 못했지만 외국어에 능했던 인물이 의학교 교관으로서 가 장 오랫동안 근무했다는 점도 이런 가능성을 뒷받침한다. 지석영과 전 용규가 편찬한 『아학편』은 한자의 음과 뜻을 국어, 중국어, 일본어, 영 어의 4개 국어로 풀이한 전례 없는 구성을 취했다.

그런데 지석영이 교장직을 맡고 있던 관립 의학교에서는 모든 교과 서를 국한 혼용문으로 번역하였다(박준형 외 2011:342). 근대적 지식을 매개할 문체에 대한 지석영의 구상이 『신학신설』의 경우와는 달랐음을 보여주는 부분이다. 지석영의 어문관에 대한 연구가 매우 부족한 상황이라 단언하기는 어렵지만 이와 관련해 두 가지 가능성을 생각해 볼 수 있다. 첫째, 교육의 시급성으로 인해 효율적 번역을 위해 국한문체를 선택했을 가능성, 둘째, 일반인을 대상으로 한 예방의학서와 달리 전문 의학 지식은 국한문체로 교육해야 한다는 판단하에 국한문체를 선택했을 가능성이다. 그런데 전자의 경우는 관립 의학교가 존속했던 8년의 시간 동안 국문 교과서 발행의 노력이 확인되지 않는다는 점, 같은 시기 제중원에서 국문 번역에 박차를 가하던 와중에도 의학교에서는 국한문 번역을 계속했다는 점,16) 그리고 이후 대한의원에서도 국한문 교과서를 사용했다는 점 등을 볼 때 단지 시급함의 문제였을 가능성은 낮아 보인다.

지석영이 남긴 저작들에서 확인되는 언어의식을 종합해 볼 때 후자 쪽이 보다 합당한 해석일 것으로 생각된다. 일단 지석영이 『대조선독립협회회보』 제1호에 발표한 "국문론"에서 소리의 높낮이를 표시하기 위해 방점을 도입해야 한다고 주장한 것은 한자 표기 없이도 동음이의어를 구별할 수 있게 하기 위한 방안이라는 점에서 국문 전용을 염두에 둔 것이라 할 수 있다. 반면, 『언문』에서 세속에서 널리 쓰이는 한자를 익혀 두면 누구나 국한 혼용으로 문어 생활을 할 수 있다고 주장한 것은 국한문체의 확산을 염두에 둔 것이라 할 수 있다. 또한 지석영이 『자전석요』, 『훈몽자략』, 『아학편』 등 한자 학습서의 편찬에 앞장섰던 것을 보아도 한자의 역할을 중시하고 있었다고 생각된다. 즉, 지석영은 목적

---

16) 제중원에서는 에비슨과 김필순이 일본어로 된 『實用解剖學』 권1~권3을 국문으로 번역하여(일부 용어에 대해 괄호 안에 한자를 병기하였음) 1906년 『해부학』 권1~3을 편찬하였는데 같은 저본을 관립 의학교에서 유병필이 국한문으로 다시 번역하여 『解剖學』을 간행한 바 있다.

과 대상에 따라 국문 전용이나 국한 혼용이 선택적으로 이루어져야 한다고 보았던 것이다. 일반인을 대상으로 한 『신학신설』에서는 국문을 전용하고, 전문가 양상을 위한 의학교 교과서에서는 국한문을 혼용한 것도 이러한 견해에 따른 것으로 보인다.

한편, 의학교 교육을 위한 교과서의 국문 번역은 관립 의학교가 아닌 제중원에서 의료 선교사 에비슨Oliver R. Evison(1860-1956)에 의해 주도되었다. 제중원의 교과서 번역에는 교장인 에비슨과 김필순金弼淳(1878-1919), 홍석후洪錫厚(1883-1940), 홍종은洪鍾檃(?-?)이 참여했다. 그런데 그중 홍석후와 홍종은은 지석영이 설립한 관립 의학교 졸업생이기도 했다는 점에서[17] 제중원의 의학 교과서 국문 번역에 지석영이 간접적으로 영향을 미쳤을 가능성을 생각해 볼 수 있다.

20세기 초에 발행된 의학교 교과서 중 제중원에서 펴낸 국문 의학 교과서는 30여 종에 달했다(강지혜 외 2017:6-8). 그중 몇몇 목록을 제시하면 다음과 같다.[18]

> John M. Bruce 저, 김필순-Oliver R. Avison 역(1905), 『약물학 상권: 무기질』, 대한황성제중원.
> 今田束 저, 김필순 역, Oliver R. Avison 교열(1906), 『해부학』 권1~권3, 대한황성제중원.
> 吉田彦六郎 저, 김필순 역, Oliver R. Avison 교열(1906), 『신편화학교과서: 무기질』, 대한황성제중원.
> 저자 미상, 김필순 역, Oliver R. Avison 교열(1906), 『신편화학교과서: 유기질』, 대한황성제중원.

---

17) 김필순은 세브란스병원 부속 의학교 제1회 졸업생이며, 홍종은과 홍석후는 관립 의학교 제3회 졸업생이자 세브란스병원 부속 의학교 제1회 졸업생이다(황상익 2013:618, 641).
18) 『약물학』과 『신편생리교과서』에는 용어를 대응시켜 놓은 자전이 부록으로 제시되어 있다.

坪井次郎 저, 홍석후 역, Oliver R. Avison 교열(1906), 『신편생리교과서』, 대한황성제중원.

愛氏 저, 홍석후 역, Oliver R. Avison 교열(1906~1907), 『진단학』 권1~권2, 대한황성제중원.

저자 미상, 홍종은 역, Oliver R. Avison 교열(1907), 『피부병진단치료법』, 대한황성제중원.

저자 미상, 역자 미상(1907), 『병리통론』, 대한황성제중원.

武氏 저, 홍종은 역(1908), 『무씨산과학』, 대한황성제중원.

저자 미상, 김필순 역(1910), 『외과총론』, 대한황성제중원.

국한 혼용문이 대세를 이루었던 1900년대에 화학, 약물학, 생리학, 해부학, 진단학, 병리학, 피부과학, 산부인과학, 외과학 등 서구식 의학 교육을 위한 전문 분야 교과서들이 국문으로 번역되었다는 것은 국문 글쓰기의 새로운 가능성을 적극적으로 탐색하고 소기의 성과를 거둔 중요한 사례라고 생각된다. 그동안의 연구에서는 공적이고 전문적인 글은 국한문체로, 소설이나 비식자층을 위한 계몽적 차원의 신문 기사 등은 국문체로 작성되어 두 문체가 영역을 달리했다는 점이 일종의 상식처럼 여겨져 왔지만 『신학신설』을 필두로 한 의학 관련 저술들은 근대적 지식의 매개체로서 국문체가 가졌던 또 다른 가능성을 생생히 증언해 주기 때문이다. 본서에서는 지석영의 문체 의식 그리고 『신학신설』의 문체사적 의의를 규명하기 위한 일종의 배경적 지식으로서 간단히 소개하는 데 그쳤지만 의학교 교과서의 국문체에 대해서는 앞으로 본격적인 검토가 이루어져야 할 것이다.

3) 『신학신설』의 국문체 분석

한자의 매개 없이 근대적 지식을 순 국문 문장으로 담아낸 『신학신

설』의 문체적 특징은 여러 측면에서 분석될 수 있을 것이다. 본고에서
는 근대의 문체 문제에 대한 선각적 인식을 보인 지석영과 유길준을 대
비하여 본다는 취지에서『신학신설』과『서유견문』의 문체적 특징을 비
교해 보고자 한다. 두 저술 모두 한문을 대체할 문체를 구상하는 초기
단계에서 발표된 것이었기 때문에 한문의 영향을 반영한 혹은 극복한
측면에 초점을 맞출 필요가 있는데 이를 위해서는 먼저 고유어와 한자
어의 사용 비중을 살펴볼 필요가 있다.『서유견문』의 문체에 대한 연구
들 중 한영균(2014)는『서유견문』에 쓰인 용언류, 즉 고유어 용언, 한자
어 용언, '-이-'계 서술구를 대상으로 계량적 분석을 진행하여 그 문체
적 특징을 규명한 바 있다. 본서에서는 그중 고유어 용언과 한자어 용
언에 대한 분석 결과들을 발췌 인용하여『신학신설』에 쓰인 용언들과
비교해 볼 것이다. <표 2>에 제시된『서유견문』의 빈도 수치는 한영균
(2014:396)에서 발췌 인용한 것이며19) 표의 구성이 달라짐에 따라 백분율
은 본서에서 다시 계산한 것이다.

<표 2>『신학신설』과『서유견문』의 고유어 및 한자어 용언 사용 양상

	용례(token) 수				어종(type) 수			
	신학신설		서유견문		신학신설		서유견문	
	빈도	%	빈도	%	빈도	%	빈도	%
고유어 용언	3,493	74.13	1,076	4.30	462	51.74	11	0.16
한자어 용언	1,219	25.87	23,973	95.70	431	48.26	7,034	99.84
합계	4,712	100	25,049	100	893	100	7,045	100

<표 2>에 나타난 것처럼 두 문헌은 고유어와 한자어의 사용 정도에

---

19) 한자어 용언의 경우 한영균(2014:396)에서 제시한 수치와 약간 차이가 있는데, 이
는 인용문의 표에 제시된 '단음절 용언', '2음절 용언', '3음절 용언', '4음절 용언'의
빈도를 합치고 여기에 한영균(2014:396)의 각주 2)에서 언급한 '5음절 이상 용언'
의 빈도 6(용례 수, 어종 수 동일)을 더한 것이다.

서 현저한 차이를 보였다. 먼저 용례 수의 관점에서 볼 때 『신학신설』에 쓰인 용언의 74.13%가 고유어 용언이었던 데 비해 『서유견문』에 쓰인 용언 중 고유어 용언은 불과 4.30%에 그쳤다. 지석영이 고유어 용언을 주로 사용한 데 반해 유길준은 거의 전적으로 한자어 용언을 선호했던 것이다. 이어서 어종 수의 관점에서 보면 『신학신설』의 경우 고유어 쪽이 조금 더 많긴 하지만 고유어와 한자어 용언의 비중이 대략 비슷하다. 이는 한자어 용언의 경우 반복적으로 쓰인 예가 매우 적었다는 의미이다. 반면 『서유견문』은 용례 수의 관점에서 볼 때보다 어종 수의 관점에서 볼 때 고유어와 한자어의 비중 차이가 더욱 컸다. 고유어 용언은 0.16%에 불과하고 한자어 용언의 비중이 99.84%에 달한 것이다. 이는 『서유견문』에 고유어 용언이 쓰이기는 했지만 그 종류가 극히 제한적이었다는 의미이다.

한영균(2014:397~399)에 따르면 『서유견문』에 쓰인 고유어 용언은 '같다, 되다, 드리다, 듯하다, 말다, 못하다, 아니다, 아니하다, 없다, 있다, 하다'의 11종이며 그중 '하다'의 용례가 고유어 용언 전체 용례의 60% 이상을 차지하는데 해당 예들의 대부분이 보조용언으로 쓰인 것이었다. 즉, 어휘적 의미를 갖는 '하다'가 아니라 문법적 기능을 갖는 '하다'의 쓰임이 주를 이룬 것이며, 나머지 고유어 용언들도 대부분 보조용언이라는 점에서 『서유견문』 내에서 어휘적 의미를 갖는 고유어 용언의 쓰임은 극히 드물었다고 할 수 있다.

이와 대조적으로 『신학신설』에는 수백 종의 고유어 용언이 쓰였다. 다음은 『신학신설』에 쓰인 고유어 용언을 본용언과 보조용언으로 나누고 빈도 순으로 제시한 목록이다. 동음이의어의 경우 『표준국어대사전』의 어깨번호에 따라 분류하였으며 어형은 현대어형으로 바꾸어 제시하였다. 아래의 목록에서 볼 수 있듯이 『신학신설』에는 문법적 의미를 갖

는 보조용언뿐 아니라 어휘적 의미를 갖는 본용언 자리에도 고유어 동
사나 형용사가 풍부하게 사용되었다. 같은 시기 유길준이 어휘적 의미
를 갖는 고유어 용언을 거의 사용하지 않았던 것과 극명한 대조를 이룬다.

[본용언] 있다(214), 먹다(140), 같다(86), 없다(81), 쓰다3(78), 되다(73),
덥다(68), 많다(62), 나다(56), 적다2(51), 하다(50), 이르다1(47), 쉽다(46),
알다(46), 얻다(44), 머금다(41), 죽다(36), 크다(36), 마시다(34), 기르다
(33), 마땅하다(33), 먹이다(31), 어렵다(31), 더불다(30), 맑다(29), 보다
(28), 씻다(28), 넣다(23), 아니다(23), 깨닫다(21), 이루다(21), 만들다(20),
내다(19), 아름답다(19), 자다(18), 좋다(18), 가깝다(15), 낫다(15), 들어가
다(15), 받다(15), 열다(14), 지나다(14), 파리하다(14), 흘다(14), 붉다(13),
물커지다(12), 살다(12), 생기다(12), 이르다2(12), 거두다(11), 더럽다(11),
두다(11), 마르다(11), 만나다(11), 썩다(11), 힘입다(11), 걷다(10), 게으르
다(10), 고치다(10), 굽다(10), 끓이다(10), 나가다(10), 믿다(10), 익다(10),
놓다(9), 누르다(9), 닫다(9), 담그다(9), 더디다(9), 떼다(9), 막다(9), 말하
다(9), 살찌다(9), 어둡다(9), 일어나다(9), 검붉다(8), 높다(8), 더하다(8),
들어오다(8), 밝다(8), 비치다(8), 삼다(8), 입다(8), 타다3(8), 희다(8), 가리
다2(7), 깊다(7), 끓다(7), 나오다(7), 단단하다(7), 담다(7), 말미암다(7), 차
다4(7), 흐르다(7), 힘쓰다(7), 늙다(6), 다르다(6), 달다7(6), 두텁다(6), 불
다(6), 붓다(6), 사르다(6), 삶다(6), 삼가다(6), 서늘하다(6), 쓰다2(6), 어지
럽다(6), 여기다(6), 익히다(6), 절이다(6), 즐기다(6), 춥다(6), 가리다3(5),
가지다(5), 고다(5), 그러하다(5), 기다리다(5), 높다(5), 다스리다(5), 떨어
치다(5), 맡다2(5), 못하다(5), 묻다(5), 미루다(5), 쏘이다(5), 아프다(5), 엷
다(5), 좇다(5), 주다(5), 가늘다(4), 그렇다(4), 기꺼워하다(4), 다하다(4),
들이다(4), 뜨겁다(4), 만지다(4), 멀다(4), 모으다(4), 바꾸다(4), 버리다(4),
베다(4), 빠지다(4), 성내다(4), 시원하다(4), 어찌하다(4), 이러하다(4), 잘
하다(4), 좋아하다(4), 치다(4), 흘리다(4), 가난하다(3), 갈다(3), 개다(3),
검다(3), 고르다(3), 고이다(3), 곧다(3), 근심하다(3), 기껍다(3), 기름지다
(3), 길다(3), 깨다(3), 나뉘다(3), 남다(3), 내리다(3), 녹다(3), 달다3(3), 답
답하다(3), 닿다(3), 덜다(3), 두려워하다(3), 뚫다(3), 막히다(3), 묽다(3),

미치다(3), 뽑다(3), 새다(3), 생각하다(3), 섞이다(3), 시다(3), 심다(3), 쏘다(3), 쓸데없다(3), 씹다(3), 어리다(3), 억세다(3), 오래다(3), 오르다(3), 이끌다(3), 이름하다(3), 일하다(3), 읽다(3), 자라다(3), 지내다(3), 짓다(3), 찌다(3), 타려2(3), 타다7(3), 흩어지다(3), 가두다(2), 가려내다(2), 가르다(2), 갖추다(2), 걸다(2), 괴롭다(2), 그늘지다(2), 그르다(2), 껄끄럽다(2), 나누다(2), 날다(2), 낮다(2), 내보내다(2), 냄새나다(2), 넉넉하다(2), 넓다(2), 늘다(2), 늘어지다(2), 다니다(2), 닦다(2), 대다(2), 대단하다(2), 덧붙이다(2), 돋다(2), 돌다(2), 돌아오다(2), 동이다(2), 드리다(2), 들다(2), 들뜨다(2), 들이쉬다(2), 따뜻하다(2), 따르다(2), 때다(2), 뛰다(2), 말리다(2), 맞다(2), 머물다(2), 멈추다(2), 모르다(2), 무겁다(2), 무너지다(2), 밝히다(2), 배고프다(2), 배부르다(2), 버릇되다(2), 베풀다(2), 보이다(2), 불사르다(2), 비다(2), 뻣뻣하다(2), 살피다(2), 섞다(2), 세다(2), 쉬다(2), 쌀쌀하다(2), 씻기다(2), 앉다(2), 알맞다(2), 없이하다(2), 엉기다(2), 열다(2), 올라가다(2), 옮기다(2), 울다(2), 이기다(2), 이즈러지다(2), 잠자다(2), 잦다(2), 저어하다(2), 죽이다(2), 지지다(2), 집다(2), 쩟쩟하다(2), 쪼이다(2), 차다1(2), 처지다(2), 푸르다(2), 가라앉다(1), 가렵다(1), 가르치다(1), 갈마들다(1), 갈아입히다(1), 감추다(1), 거닐다(1), 거두어들이다(1), 거르다(1), 건지다(1), 걸리다(1), 견디다(1), 고프다(1), 곱다(1), 공기다(1), 구부러지다(1), 굳다(1), 굶다(1), 그치다(1), 까다(1), 깨끗하다(1), 깨치다(1), 꺼내다(1), 꺼지다(1), 꿈쩍이다(1), 끊다(1), 끌다(1), 끌리다(1), 끼얹다(1), 내쉬다(1), 내이다(1), 너그럽다(1), 넙적하다(1), 노래하다(1), 노질하다(1), 녹이다(1), 놀납다(1), 놀라다(1), 누렇다(1), 눈멀다(1), 다다르다(1), 다라나다(1), 다름없다(1), 달다4(1), 당기다(1), 던지다(1), 덧덮다(1), 덩어리지다(1), 덮다(1), 돌리다(1), 돌아가다(1), 돕다(1), 두렵다(1), 두르다(1), 뒤적이다(1), 드러내다(1), 드물다(1), 들다(1), 들리다(1), 둥지다(1), 떠나다(1), 떨치다(1), 뜨다(1), 말다(1), 맛보다(1), 맡기다(1), 맡다1(1), 매다(1), 매이다(1), 목매다(1), 무르다(1), 무서워하다(1), 문지르다(1), 묻히다(1), 물다(1), 물리치다(1), 미끄럽다(1), 미워하다(1), 밉다(1), 박다(1), 받들다(1), 받아들이다(1), 밭다(1), 배기다(1), 벌겋다(1), 벌떡거리다(1), 벌어지다(1), 벌이다(1), 벗기다(1), 보내다(1), 볶다(1), 부딪히다(1), 부럽다(1), 부르다1(1), 부르다2(1), 부풀다(1), 불타다(1), 붇다(1), 붙이다(1), 비하다

(1), 빛나다(1), 빨다(1), 빨리다(1), 빻다(1), 빼다(1), 뽑아내다(1), 뾰족하
다(1), 뿌리다(1), 사냥하다(1), 사다(1), 삼키다(1), 슬프다(1), 식다(1), 싫
어하다(1), 싱겁다(1), 싸다1(1), 쌓이다(1), 쓰다1(1), 쓸다(1), 아니하다(1),
아득하다(1), 안기다(1), 않다(1), 앓다(1), 앞서다(1), 얇다(1), 어떠하다(1),
어리석다(1), 얼다(1), 업치락뒤치락지다(1), 엿보다(1), 오그라들다(1), 오
다(1), 오르내리다(1), 이렇다(1), 잇다(1), 잊다(1), 잘다(1), 잠그다(1), 저
리다(1), 젊다(1), 젓다(1), 젖다(1), 좁다(1), 줄다(1), 줄이다(1), 즐겁다(1),
지치다(1), 짜다1(1), 짜다2(1), 짜다3(1), 짧다(1), 째다(1), 쩌오르다(1), 찍
다(1), 참다(1), 찾다(1), 챙기다(1), 축축하다(1), 컴컴하다(1), 태우다(1),
트림하다(1), 팔다(1), 풀다(1), 피다(1), 헤지다(1), 흘러들다(1), 희어지다
(1), 힘나다(1), 힘내다(1), 힘없다(1)

[보조용언] 못하다(166), 않다(115), 하다(110), 아니하다(18), 말다(10),
만하다(8), 버리다(6), 보다(5), 내다(3), 넣다(3), 듯하다(3), 주다(2), 되다
(1), 있다(1)

『신학신설』에 쓰인 고유어 용언 중 가장 높은 빈도를 보인 것은 형용
사[20] '있다'로, 아래의 인용문에서와 같이 어떠한 사실이나 현상, 개체
가 존재한다는 뜻으로 쓰였다.

　　　보신지법이 여섯 가지 요긴헌 잇치 <u>잇슨이</u><신1b>
　　　사람의 마음에 즐거운 일이 다 광에 각식이 <u>잇슴으로부터</u> ㄴ는니<신2a>
　　　큰 쓰 우희 긔운이 <u>잇서ㄱ</u> 두르기을 계란 흰자위가 그 루른자위을 싼
　　거 갓틈미 명 왈 공긔니<신12a>
　　　젼여 고기만 먹는 자도 <u>잇고</u> 젼여 곡식만 먹는 자도 <u>잇고</u><신33a>
　　　곳 듸졍장이 갓튼 사람의 손과 글 익는 사람의 손으로 더부러 비허면
　　크게 분별이 <u>잇는이라</u><신49a>

---

20) '있다'가 보조용언으로 쓰인 예는 다음의 한 예에 그쳤다.
　　예) 그러나 물을 맛당이 <u>고여 잇게</u> 안이 헐 거시요 법을 써서 하여곰 그 유동케
　　허라<31b>

『서유견문』에도 '있다'가 20회 쓰였지만 모든 예가 '智惠 잇기를'과 같이 조사의 개재 없이 명사에 직접 결합한 경우로 이때의 '있다'는 접사화 과정에 있는 문법적 요소이다(한영균 2014:402).『신학신설』에서도 위 인용문의 첫 번째 예 '잇치 잇슨이'와 같이 조사가 생략된 채 명사에 후행하는 쓰임이 보였지만 나머지 예들처럼 조사가 나타난 예가 주를 이루었다는 점에서『서유견문』에서의 쓰임과는 차이를 보인다.『서유견문』의 경우 형용사 '있다'의 의미를 나타낼 때 '有하다'가 쓰였는데 '有하다'는『서유견문』에 쓰인 단음절 한자 용언 중 가장 높은 빈도를 보였다(한영균 2014:404).

'있다'뿐 아니라『신학신설』에 쓰인 고빈도 고유어 용언들은『서유견문』에서는 대부분 의미가 대응되는 단음절 한자 용언으로 표현되어, '먹다'는 '食하다', '같다'는 '同하다', '없다'는 '無하다', '쓰다3'은 '用하다', '되다'는 '作하다', '덥다'는 '熱하다', '많다'는 '多하다', '나다'는 '出하다', '적다2'는 '少하다', '하다'는 '行하다'로 쓰인 것이다. 다음은『신학신설』에 쓰인 빈도 순위 2위~10위까지의 고유어 용언들의 쓰임과 그에 대응되는『서유견문』의 단음절 한자 용언들의 예이다.

『신학신설』의 예
미졍 이후에 즁반을 <u>먹되</u> 반다시 심히 만치 안을 거시요<신46b-47a>
수리 죵유가 심히 만으되 그 셩품은 되략 서로 <u>갓고</u><신48a>
만일 ˋ언 물노 말을 씨스면 털이 광치가 <u>업고</u><신27b>
차와 다못 가비을 근일 각국이 다 <u>쓴이</u> 그 직료가 사람의 몸에 쓰기 합험을 가히 보리로다<신46a>
무릇 긔운을 한 번 호흡허면 변하야 탁긔가 <u>되는이</u><신16a>
호흡이 빈삭헌즉 몸이 더욱 <u>더운니</u><신8b>
되긔 이십으로 삼십에 일은 자는 졋시 <u>만코</u><신54b>

성닌즉 졋 셩미가 변기하야 아희가 먹으면 쏘한 능히 셜사 나는이라
<신54b>

노졈병으로 죽는 지 쏘한 옛적에 비하야 다시 젹은지라<신1b>

혹 식후에 수고허기을 넘어 급히 허는 것과<신46a>

『서유견문』의 예

且 其敎正은 肉을 食호딕<서346>

灰色人은 其肉色이 灰와 同호딕 或深或淺ᄒ고<서84>

此州에는 立國흔 者가 無ᄒ고 그 地方이 英吉利에 全屬ᄒ니<서41>

又 其一은 自己의 力을 用ᄒ야 起發홈이니<서131>

懶惰흔 風俗이 作ᄒ야 服勸ᄒᄂ 力으로 不以ᄒ면 農者의 生涯에 窘塞
홀 ᄯᄅᆷ 아니라<서306>

釜中의 水가 其鐵筒의 熱홈을 因ᄒ야<서463>

蒙古의 高原에도 此種의 湖가 多호딕 皆 小小흔 者라<서59>

此時에 布蘭施【프란세스】와 裵坤德【바콘데스】과 哥道壽【카데스】
의 諸學者가 文明흔 氣를 應ᄒ야 人間에 出흔지라<서330>

愛撫ᄒᄂ 政令과 統率ᄒᄂ 規制가 少ᄒ고<서138>

國中의 政令과 輿衆의 公論으로 行ᄒᄂ니<서148>

고유어 용언의 쓰임과 대응 단음절 한자 용언의 쓰임을 대비시켜 보
면 한문을 대체할 새로운 문체를 구상하는 과정에서 나타난 대립적 태
도를 볼 수 있다. 입말에서 널리 쓰이는 어휘들을 글말에 반영하고자
하는 지석영의 태도와 한문을 국문의 통사구조에 맞게 해체해 가며 글
말만의 새로운 문투를 만들고자 하는 유길준의 태도이다.[21]

하지만 『신학신설』에도 단음절 한자 용언이 쓰이지 않은 것은 아니
다. <표 2>에 제시된 것과 같이 용례 수를 기준으로 볼 때 『신학신설』
에 쓰인 용언 중 4분의 1가량이 한자어 용언이었는데 그중에는 단음절

---

21) 『서유견문』에 쓰인 단음절 한자 용언들의 쓰임에 반영되어 있던 한문 문법의 영
향에 대해서는 한영균(2014:404-412)를 참고할 수 있다.

한자 용언과 2음절 한자 용언이 주를 이루었다. <표 3>은 『신학신설』
에 쓰인 한자어 용언을 어근의 어절 수에 따라 분류하고 『서유견문』과
대비시켜 제시한 것이다. <표 3>에 제시된 『서유견문』의 빈도 수치는
한영균(2014:396)에서 발췌 인용한 것이며 표의 구성이 달라짐에 따라 비
율은 본서에서 재산정한 것이다.

<표 3> 『신학신설』과 『서유견문』에 쓰인 한자어 용언의 유형별 쓰임

	용례(token) 수				어종(type) 수			
	신학신설		서유견문		신학신설		서유견문	
	빈도	%	빈도	%	빈도	%	빈도	%
단음절 용언	457	37.49	9,109	38.00	86	19.95	847	12.04
2음절 용언	720	59.06	14,585	60.84	307	71.23	5,955	84.66
3음절 용언	2	0.16	90	0.38	2	0.46	48	0.68
4음절 용언	32	2.63	183	0.76	29	6.73	178	2.53
5음절+ 용언	8	0.66	6	0.03	7	1.62	6	0.09
합계	1,219	100	23,973	100	431	100	7,034	100

앞서 살펴본 대로 두 문헌에 쓰인 한자어 용언의 총량이나 용언 전체
빈도 대비 한자어 용언의 비율은 큰 차이가 있었지만 <표 3>에서 볼
수 있듯이 한자어 용언 내에서의 유형별 쓰임에서는 수치상 유사한 경
향성이 보였다. 두 문헌 모두 어근이 2음절인 용언이 60% 정도를 차지
했고 단음절인 용언이 40%에 조금 못 미쳤으며 3음절 이상은 극히 드
물었다.

하지만 두 문헌에 실제 사용된 용언의 목록을 비교해 보면 유사성보
다는 차별성이 두드러졌다. <표 3>에 제시된 유형 중 문체의 측면에서
볼 때 가장 중요한 부류는 단음절 한자 용언이다.[22] <표 4>는 고빈도
단음절 한자 용언을 빈도와 함께 제시한 것으로 해당 용언이 『표준국어

---

22) 단음절 한자 용언의 사용 양상은 문체의 현대화 정도를 측정하는 주요 지표 중 하
나로 다루어져 왔다(한영균 2008, 2009, 2013, 2018, 안예리 2012, 2013a).

대사전』에 등재되어 있는지 여부를 함께 표시하였다. 또한 두 문헌에 공통적으로 나타난 용언에 음영 표시를 하였다.[23] <표 4>에 제시된 『서유견문』의 빈도 수치 및 『표준』 등재 여부는 한영균(2014:405)을 인용한 것이다.

<표 4> 『신학신설』과 『서유견문』에 쓰인 고빈도 단음절 한자 용언

신학신설			서유견문		
『표준』	용언	빈도	『표준』	용언	빈도
○	인(因)하다	39	○	유(有)하다	662
○	거(居)하다	24	○	무(無)하다	498
○	통(通)하다	22	○	연(然)하다	393
○	면(免)하다	20		지(至)하다	352
○	합(合)하다	19	○	행(行)하다	235
○	발(發)하다	18		재(在)하다	200
○	변(變)하다	14		위(爲)하다	200
○	행(行)하다	13		가(可)하다	171
○	묘(妙)하다	12	○	작(作)하다	145
○	습(濕)하다	12		종(從)하다	143
○	해(害)롭다	12		동(同)하다	132
○	전(傳)하다	11		다(多)하다	124
○	취(取)하다	11		성(成)하다	118
○	보(補)하다	10		입(立)하다	114
○	비(比)하다	10	○	유(由)하다	106
○	연(軟)하다	10		수(隨)하다	101
○	속(速)하다	9	○	인(因)하다	99
○	정(定)하다	9	○	정(定)하다	83
○	편(便)하다	9	○	구(求)하다	80
	흡(吸)하다	9		기(起)하다	78

23) 두 문헌에 공통적으로 나타났는지의 여부를 판단할 때의 비교 대상은 <표 4>에 제시된 목록만이 아니라 각 문헌에 쓰인 용언의 목록 전체이다. 용언 목록 대조 시 『신학신설』은 입력 텍스트를 활용하였고 『서유견문』은 이한섭 외(2000)의 어휘색인을 활용하였다.

○	감(減)하다	8			수(受)하다	76
○	담(淡)하다	7			용(用)하다	75
○	독(毒)하다	7	○		당(當)하다	69
○	정(淨)하다	7	○		합(合)하다	66
○	가(可)하다	6			치(實)하다	60
○	당(當)하다	6	○		과(過)하다	58
○	동(動)하다	6	○		칭(稱)하다	57
○	상(傷)하다	6	○		설(設)하다	56

<표 4>에서 먼저 음영 표시 부분을 비교해 보면 『신학신설』에 쓰인 고빈도 단음절 한자 용언들은 대부분 『서유견문』에도 쓰인 반면, 『서유견문』에 쓰인 고빈도 단음절 한자 용언들 중에는 소수만 『신학신설』에 쓰였다. 이러한 분포의 차이는 『서유견문』에 비해 『신학신설』에 쓰인 용언들이 보다 평이한 단어들이었음을 시사해 준다.

이와 관련해 『서유견문』이 『신학신설』보다 문헌 자체의 분량이 많기 때문에 이러한 결과가 나온 것이라는 반론도 가능할 것이다.[24] 하지만 『표준국어대사전』의 등재 여부에 대한 분석 결과까지 고려하면 『신학신설』 부분에 음영 표시가 많은 것이 단순히 비교 대상 문헌의 분량 때문이 아님을 알 수 있다. <표 4>에 제시된 『신학신설』의 용언 목록은 '흡(吸)하다'를 제외하면 모두 『표준국어대사전』에 등재되어 있다. 반면 『서유견문』의 용언 목록 중에는 절반가량만 등재되어 있고, 특히 『서유견문』에서 100회 이상 나타날 만큼 많이 쓰인 단어가 현대 사전에 아예 실려 있지 않다. 이러한 결과를 비교해 보면 『신학신설』에 쓰인 단음절 한자 용언들은 당시 구어에서도 널리 쓰였을 가능성이 높고, 혹은 적어도 문어에서 한자 표기 없이도 쉽게 이해될 만큼 일반적이었던 단어들이었다고 보아도 무리가 없을 것이다.

---

24) 본문의 양을 비교해 보면 『신학신설』은 총 116면, 『서유견문』은 총 556면이다.

2. 『독립신문』의 국문 글쓰기

1) 민권의 상징으로서의 국문

〈그림 6〉『독립신문』창간호 1면
(국립중앙도서관 제공 이미지)

앞서 살펴본 대로 갑오개혁기 「공문식」 제14조는 상징적인 선언과 일회적인 시험에 그쳤으며 그 실제적 효력은 국한문체의 확산에 있었다. 이후 국문 사용의 확대에 획을 그은 사건은 「공문식」이 반포된 지 1년이 조금 지난 시점에 발생한다. 바로 1896년 4월 7일 『독립신문』의 창간이다.[25] 『독립신문』의 발행은 문체사적으로 매우 큰 의미를 갖는 사건이었기 때문에 자국어 의식의 전개와 근대의 문체적 실험에 대해 논의하는 이 장에서 그 창간 배경을 자세히 살펴볼 필요가 있다.

『독립신문』이 국문 신문으로 발행된 경위를 채백(2015)는 다음과 같이 서술하였다.

1894년 11월 21일 칙령 제1호로서 종전의 공문 규정을 폐기하고 새로운 규정을 반포하였다. 새로이 반포된 공문식公文式 제14조에서는 법률과 칙령은 한글을 기본으로 삼되 한문의 번역을 붙이며 혹 국한문을

---

25) 국문 기사 작성의 원칙이 전면적이면서도 확고했던 것은 『독립신문』이 최초였지만 국내에서 발행된 신문 중 국문 기사를 게재한 것이 『독립신문』이 처음은 아니었다. 매우 드물긴 했지만 『한성주보漢城週報』역시 초창기에 일부 기사를 국문으로 실었다. 그리고 아다치 겐조가 일본 외무성의 지원을 받아 발행한 『한성신보漢城新報』에도 국문 기사들이 실렸다(채백 2015:65).

혼용할 수 있다고 규정하였다. (…) 문자 개혁을 실현시키려는 정부의 노력은 계속되었다. 1894년 12월 12일 갑오개혁의 선포문이라 할 수 있는 유명한 '홍범십사조'가 반포되었다. 이는 국문을 원본으로 삼고 한문 번역을 첨부하였으며 특히 한글 띄어쓰기까지 하고 있다. 1895년 1월 15일부터는 순 한문으로 발행되던 관보에 국한문 혼용체가 사용되기 시작하였다. 그뿐 아니라 조선 정부는 갑오개혁에 의해 새로이 마련된 학교 제도에서 사용하는 각종의 교과서에도 국한문 혼용체를 사용하였다. 이러한 문자 개혁과 한글 사용의 확대는 <독립신문>이 한글로 창간하게 되는 중요한 기반이 되었다. (…) <독립신문>이 순 한글로 창간될 수 있었던 것은 조선 후기부터 한글 사용 인구가 지속적으로 증대되었으며 보다 직접적으로는 갑오개혁 과정에서 문자 개혁이 이루어진 바탕 위에서 가능했던 것이다. (채백 2015:64, 67-68)

『독립신문』의 국문 전용이 갑오개혁기「공문식」제14조의 정신을 잇는 것으로, 공문식 반포 이후 공문서와 교과서에서의 국한문체 확산이 그 직접적 기반이 되었던 것으로 보고 있다. 또한 조선 후기부터 한글 사용 인구가 지속적으로 증대된 것 역시 한글 신문 창간의 간접적인 배경이 되었던 것으로 보았다. 채백(2015)에 기술된 이러한 평가는『독립신문』에 대한 국어학계의 일반적인 인식과도 크게 다르지 않다. 하지만 그로부터 약 40년이 지난 뒤인 1933년에도 전국적으로 문맹률이 80%였다는 조사 기록을[26] 볼 때 이는 타당성이 높지 않다고 생각된다. 조선 후기에 한글로 된 고전소설이 세책이나 방각본의 형태로 민간에 유통되었다고 하지만 이를 통한 한글 사용 인구 증가가 순 국문 신문의 발행으로 이어졌다고 보기에는 근거가 충분치 않아 보인다.

본고에서는 앞서 19세기 말 20세기 초 국문을 둘러싼 일련의 사건들을 자국어 의식의 발전이라는 하나의 발전적 흐름으로 파악하고 그러

---

26) "男女學生에게 懇告",『동아일보』, 1933.5.9.

한 발전을 당위론적으로 인식해 온 데에 문제가 있었다는 점을 지적하였다. 서로 다른 정치적 지향을 가지고 있던 당시의 정치 세력들은 한문과 국문에 대해서도 각기 다른 태도를 가지고 있었고, 정치 세력이 교체되며 발생한 국문 관련 사건들을 하나의 연속선상에서만 바라보는 것은 근대의 국문 의식의 발전 과정을 지나치게 단순화시키는 결과를 낳기 때문이다.

『독립신문』의 창간은 아관파천 이후에 이루어졌기 때문에 갑오개혁 당시 선포된 「공문식」이나 「홍범 14조」에 반영된 국문 의식을 그대로 계승한 것이라고 보기는 어렵다. 『독립신문』은 제1차 갑오개혁기부터 기획이 이루어졌다고 하지만[27] 실질적인 발행이 이루어진 것은 1896년 4월 7일, 즉 아관파천 이후 약 2개월이 지난 시점으로, 당시에는 갑오개혁의 주도 세력들이 목숨을 잃거나 국외로 망명한 상황이었다. 아관파천을 주도했던 정동구락부 세력들과 근왕 세력들은 연합하여 같은 해 7월에 독립협회를 창설했는데, 그중 지도부 역할을 한 것은 외국의 사정에 밝은 정동파였다(신용하 1973:131).

서재필이 고문의 위치에 있었던 『독립신문』은 정동파의 입김이 강하게 반영된 산물이었고 국문 전용 방침 역시 구미의 시민사회 경험이 풍

---

27) 신용하(1975)는 『독립신문』의 창간이 김홍집 내각에서 기획되었다가 아관파천 이후 박정양 내각으로 이어진 것으로 보았는데, 황태연(2017:700-704)은 김홍집 내각에서 유길준을 중심으로 기획되던 한·영문 이중지면 신문은 아관파천 이후 폐기되었고, 『독립신문』은 박정양 내각에서 별도로 기획한 한글 전용 단일지면 신문 발간 계획(영자지는 따로 간헐적으로 발행)의 실현물이라고 보며 기존의 견해에 대한 반론을 제기하였다. 박정양 내각에서 김홍집 내각의 신문 발행 계획을 이어 간 것인지의 여부는 본고의 논의의 범위를 벗어나는 내용이지만, 『독립신문』은 창간 당시부터 1896년 12월 31일자까지 3면은 국문, 1면은 영문으로 된 한·영문 이중지면 체제를 취하였다가 창간 이듬해인 1897년 1월 5일자부터 영문판을 따로 분리하였기 때문에 황태연(2017)에서 근거로 삼은 내용에 일부 오류가 있다는 점만 지적해 둔다.

부했던 이들의 정치관을 반영한 결과였다. 문명개화론을 지지하던 독립협회 내 진보적 인사들에게 있어 개화와 문명화를 통한 국력 신장의 중요한 기반은 민중의 계몽이었고, 국문의 전용은 민권을 신장시키고 문명화를 이루기 위한 필수적 선결 과제였다.[28]

『독립신문』의 국문 전용은 조선 후기부터 이어져 온 국문 사용의 저변 확대나 갑오개혁기 '국문' 선언 및 국한문체 확산에 따른 결실이라기보다 그 주도 세력의 정치적 성향에 따른 결정으로 이해하는 것이 옳을 것이라 생각된다. 역사적 격동기 자국어 의식의 발달을 단선적인 경로로만 파악한다면 근대국가에 대한 서로 다른 구상이 충돌하던 시기에 국문이 가졌던 정치적 성격을 놓치게 될 우려가 있다.『독립신문』의 국문 전용은 독립협회 내 진보적 개화파 인사들이 가지고 있던 계몽주의 사상의 실질적 실현 방법론이었고 자주 독립과 민권 신장의 상징적인 수단이기도 했다. 오직 국문으로만 글을 쓰는 이유가 남녀 상하 귀천 모두가 신문을 봄으로써 국내외 사정을 잘 알 수 있게 하려는 것이고 이를 통해 조선 인민의 생각과 지혜의 진보를 꾀하고자 함이라고 밝힌 창간호 논설의 내용도 이러한 취지를 잘 드러내 준다.

초창기 대한제국 정부에는 다양한 정치적 지향을 가진 세력들이 공존하고 있었다. 하지만 독립협회 내의 진보 세력들이 1898년 가을 관민공동회를 통해 본격적으로 반정부적 입장을 공론화하고 의회 개설 운동을 벌이자 근왕 세력들은 독립협회를 해산시키고 황제의 권한을 대폭 강화하여 전제 군주적 통치 체제를 구축하였다. 법률을 한문으로 작성하라는 명령이나 공문서를 순 국문으로 작성하지 말라는 지시가 내려진 것도, 국한문으로 된 애국가가 제정된 것도 모두 독립협회 해산

---

28) 하지만 이들이 꿈꾸던 근대국가 대한제국은 민중이 직접 정치에 참여하는 민주국가가 아니라 개화 성향의 지식인들이 민중을 대신하여 국정을 운영하는 엘리트 중심적인 국가였다(김도형 2003:194).

이후 보수화된 내각에서 일어난 일이었다.

독립협회와 정부의 갈등이 격화되어 가던 무렵, 남궁억南宮憶(1863-1939)을 비롯한 독립협회 내 개신유학자들을 중심으로 1898년 9월 5일『황성신문』이 창간되었다는 것은 의미심장하다.『황성신문』은 종래의『경성신문』이 제호를『대한황성신문』으로 바꾸었다가 다시『황성신문』으로 개칭한 것으로 개신유학적 전통을 대변하는 국한문 신문이었다(채백 2015:91).『황성신문』은 남궁억 소유의 민간 신문이었지만 신문 발행에 참여한 다수가 관료층이었고 지면상에서 스스로가 정부의 동반자임을 밝혔으며 내각으로부터 재정적 지원을 받고 있었다(김동노 2006). 정권의 보수화와 한문 및 국한문 지향으로의 회귀가 함께 일어난 것은 당시의 언어 문제가 정치 문제와 긴밀히 얽혀 있었음을 보여준다.

2) 주시경과 국문동식회

『독립신문』의 발행에 국어학자인 주시경이 참여한 것은 잘 알려진 사실이다. 하지만『독립신문』의 발행과 관련해 주시경이 맡은 역할이 정확히 무엇이었는지에 대해서는 논란이 있다. 주시경이『독립신문』에 관여했다는 점은 그의 자필 이력서에 나타난 기록에 의해 뒷받침되어 왔는데(김계곤 1991), 15종의 이력서에 기재된 경력 사항들을 종합해 볼 때 1896년 4월부터 회계 겸 교보校補로 일하다가 이준일이 회계원으로 들어오며 회계 일은 그만두게 되었고 총무 및 교보원으로 1898년 9월까지 재직한 것으로 알려져 있다(채백 2006:142). 신용하(1976:18)은「주한일본공사관기록」에 나온『독립신문』운용 내역을 검토해 주필이 150원, 조필이 50원을 받는다는 기록에서 주시경의 역할이 바로 조필이었을 것이라고 보았다. 채백(2006:143)은 신용하(1976)의 추정에 동의하며 주시경이 교보원으로 일하면서 동시에 기사 작성에도 참여하였을 것이라고 보았다. 주시경은 이후 『가뎡잡지』에서도 교보원으로 근무하였는데, 『가 뎡잡지』에는 주시경이 기명으로 기재한 글들이 실려 있다는 것이 이러 한 판단의 근거였다.

한편 정진석(1994:17-19)는 주필을 서재필로, 조필을 주시경으로 보던 기존의 견해에 반론을 제기하며 『독립신문』의 조필은 주시경이 아닌 손승용이었을 것이라고 하였다. 일단 주시경의 이력서에도 '조필'이었 다는 기록이 없고, 당시 손승용은 독립협회에서 중추원 의관으로 선출 될 정도로 사회적 지위가 높았으며 당시 주시경은 배재학당의 학생이 었기 때문에 주시경이 손승용을 제치고 제2인자의 역할을 했다고 보기 는 어렵다는 것이다.

직위가 조필이었든 그보다 낮은 위치의 직원이었든 주시경이 『독립 신문』 국문 기사들의 교정을 담당한 것은 분명하다. 1896년 당시에는 표기의 규범이 전혀 마련되어 있지 않은 상황이었기 때문에 남녀노소 가 쉽게 읽고 이해할 수 있는 국문 신문을 격일간으로 발행한다는 것은 전례 없는 큰 도전이었을 것이다. 주시경은 교보원 일을 하는 동안 한 자의 도움 없이 국문만으로 쓴 글이 자연스럽게 읽히며 의미를 명확하 게 전달할 수 있도록 끊임없이 교정을 봐야 했고 이 과정에서 국문의 표기법을 통일하기 위한 규범의 필요성을 절감했을 것이다.[29]

주시경은 1896년 독립신문사 내에 '국문동식회國文同式會'라는 연구 모 임을 만들어 오늘날 한글 철자법의 근간이 된 형태주의 표기법을 구상 했다. 국문동식회는 그 명칭에서 알 수 있듯이 '국문'을 쓰는 '방식'을 '동일'하게 하자는 취지에서 결성된 모임으로, 대한제국기 「신정국문실

---

29) 국문 철자법의 통일에 대한 주시경의 문제의식은 주시경이 1897년 9월 25일에 『독 립신문』 지면에 발표한 "국문론"에 잘 드러나 있다.

시건」이 공표되기 10년 전에 주시경이 이미 철자법 통일 문제를 고민했음을 알 수 있다.

주시경의 국문동식회 활동은 혼란스러운 국문의 표기를 일정한 법식에 따라 통일해야 한다는 문제의식에서 출발하였다. 당대의 국한혼용문처럼 조사나 어미 등을 적는 데에만 국문을 사용하는 것이 아니라 문장전체를 국문으로 적기 위해서는 표기법의 통일이 급선무였다. 주시경은이 문제를 해결하기 위해서는 무엇보다도 '본음'을 밝혀 적을 필요가 있다고 보았다. 즉, 발화된 음성의 층위에서는 '꼬치', '꼰만', '꼳또'와 같이[꼬치], [꼰], [꼳] 등으로 다양하게 실현되더라도, 이를 적을 때는 추상적층위의 본음을 밝혀 '꽃이', '꽃만', '꽃도'로 적어야 한다는 것이다.[30]

주시경의 형태주의 철자법은 이후 그의 제자들에게 계승되어 현대국어 철자법의 토대가 되었다는 점에서 국어학사적인 의미가 매우 크다.하지만 그와 동시에 문체사적 의의 또한 적지 않다고 생각된다. 표면적층위의 음성이 아닌 추상적 층위의 형태를 표기에 반영한다는 발상은실현 환경에 따라 변화되는 소리에 시각적 고정성을 부여할 필요에서기인한 것이었다. 이러한 고정성은 묵독의 환경에서 의미 파악을 용이하게 해 읽기의 효율을 높여 준다. 이런 점에서 형태주의 철자법은 표음문자인 한글에 일정 정도의 표의성을 부여해 주는 장치로서 순 국문체의 성공적인 정착을 위해 기획된 것이라고 할 수 있다.(김병문 2015a)

하지만 이러한 기획은 당시 난관에 부딪힐 수밖에 없었다. 주시경의구상대로 본음을 적기 위해서는 당시 받침에 쓰이지 않던 'ㄷ, ㅈ, ㅊ,ㅋ, ㅌ, ㅍ, ㅎ'을 받침으로 사용해야 했는데, 관습적 표기와의 괴리가너무 컸던 것이다.

---

30) 말의 추상적 층위에 대한 인식과 '국어'라는 개념의 형성과정에 대해서는 김병문(2013)에서 자세히 다룬 바 있다.

주시경의 회고에 따르면, 그 무렵 국문동식회의 회원들이 독립당이라는 혐의로 탄압을 받으며 여기저기로 긴급히 도망을 하게 되어 종성 표기를 개혁하려던 안을 실행에 옮기지 못하게 되었다. 주시경은 1898년 9월에 독립협회를 사임하였고 이후에도 지인들에게 형태주의 표기법의 타당성을 설득하고자 했으나 종래의 관습 때문에 설득이 쉽지 않았다고 하였다. 이후 주시경의 구상은 그의 제자들에게 계승되어 1933년 한글마춤법통일안에 반영되었고, 현대의 맞춤법으로 이어졌다. 하지만 19세기 말 당시에는 설득력을 얻지 못했고, 그에 따라 순 국문 글쓰기를 뒷받침할 현실적인 방안이 되지 못했다. 국문 표기의 통일이 요원한 가운데 문체의 혁신을 위한 보다 현실적인 방안으로서 한자의 용도에 대한 여러 가지 검토가 이루어졌다.

3. 국문의 표기 수단으로서의 한자

1) 국문 전용의 한계

『독립신문』 창간 이후 이어진 『매일신문』, 『제국신문』, 『대한매일신보』 등의 발행은 국문 글쓰기의 저변을 확대시켰지만 그와 동시에 국문 전용의 한계점을 드러내 주기도 했다. 동음이의어의 문제나 철자법의 혼란 등이 지적되기도 했지만 보다 근본적으로는 국문만으로 글을 쓸 때 의미 전달이 오히려 용이하지 않다는 점이었다. 이러한 인식 속에서 이능화, 한흥교韓興敎(1885-1967), 유길준 등은 국문 전용이 시기상조라고 보며 국한 혼용을 주장하였다. 국문은 배우기는 쉽지만 글자 자체가 뜻을 드러내 주지 않기 때문에 국문을 전용한 글은 뜻이 제대로 드러나지 않는 반면, 한자는 배우기는 어렵지만 글자만으로도 뜻이 드러나기 때문에 각 글자의 장점은 살리고 단점은 보완하는 새로운 문체를 구상해야 한다는 것이 국한 혼용론자들의 공통된 인식이었다.[31]

다음은 이러한 주장이 담긴 이능화의 "국문일정법의견서國文一定法意見書"이다.

> 대개 한자는 매우 폭넓은 뜻을 포괄하고 있으므로 가령 어떤 글을 읽는다고 할 때, 대략 문리가 트인 자는 한 번 봄에 그 대강의 뜻을 알 수 있으나 처음 배울 때부터 대강 문리가 트이기까지의 그 기간 동안에는 자못 심한 곤란을 겪게 된다. 또 언문은 음을 취하는 데 불과해서 어떤 글을 읽는다고 했을 때 처음부터 끝까지 자세히 읽지 않는다면 그 의미가 드러나지 않을 뿐만 아니라, 어떤 이는 '가'로, 어떤 이는 '구'로 적듯이 그 음을 적는 법이 서로 다르다. 이것은 다름이 아니라 음과 뜻을 일정하게 정한 자전이 없는 까닭이다. 우리말(我國語) 전체가 거의 한문으로 이루어졌고, 또 이것을 해석하는 고유어(方言)가 별도로 있으니, 우리 한국 사람이 한문을 배우기가 어려운 것은 이 때문이다. 그러므로 국한문 병용의 편리한 방법을 강구하지 않을 수가 없는 것이다. (이능화, "國文一定法意見書", 『대한자강회월보』 6, 1906. 연세대 언어정보연구원 HK사업단 역 2012:96-99.)

이능화는 학습이 어렵다는 점에서 한자가 갖는 한계는 분명히 있으나 국문 역시 의미 전달의 측면에서는 결코 이상적이지 않다고 보았다. 국문으로만 써 놓으면 그 음은 읽을 수 있지만 의미가 한눈에 드러나지 않는다는 것이다. 이는 표의문자와 표음문자의 차이에 대한 인식으로, 한문에 익숙했던 근대 초 지식인들이 국문 글쓰기로의 전환 과정에서 느낄 수밖에 없는 불편함이었을 것이다.[32]

---

31) 이는 앞서 살펴본 대로 주시경이 표음문자인 한글에 형태주의 표기법을 구현해 표의성을 부여하고자 했던 주된 이유였을 것이다.

한흥교 역시 "國文과 漢文의 關係"라는 글에서 국한 혼용을 주장하였다.

> 그러나 문자가 번다하고 중첩되어 있으며 어미가 변하지 않아 오늘날 새로운 학술을 명료하게 기록하기 어려우니, 이것이 곧 한자의 가장 큰 폐단이다. 더불어 우리나라의 고유한 문자가 아님으로 인해 편리함도 없고 이익도 없다는 사실을 하나씩 열거하여 서술할 겨를도 없다.
> 하지만 우리 국문은 우리나라 사람의 고유한 사상을 기록하기 위하여 자연스런 이치와 형세로 발현된 문자이다. 그 글자의 수는 비록 일본 '가나'와 로마문자보다 많으나, 습득하기 쉽고, 응용하기 편리한 점에서 세계에 그에 비할 바 없다 하겠다. (⋯) 그러나 국한문의 관계를 피상적으로 이해하는 사람은 번잡한 한문은 완전히 폐하고, 간단한 국문만 사용하는 것이 편리하다고 하니, 이는 그 상세한 내막과 밀접한 관계를 알지 못하는 것이다. 이는 무슨 말인가? <u>우리 국문은 원래 일반 인민의 순수한 어음으로 조직되어서 각 글자의 의미가 없으므로 한문과 함께 써야 비로소 해석이 분명하니, 만일 한문과 조화될 수 없다면 어찌 언어로 설명할 수 있겠는가?</u> 가령 '효제충신(孝悌忠信)'과 '인의례지(仁義禮智)'를 한갓 음(音)으로만 인민을 교육한다면 무슨 의미가 그 속에 함유되어 있는지 확실히 알지 못할 것이다. (한흥교, "國文과 漢文의 關係", 『대한유학생회학보』 1, 1907. 연세대 언어정보연구원 HK사업단 역 2012:138-140.)

한흥교도 국문의 장점을 충분히 인식하고 있었으나 그럼에도 국문 전용에는 반대하는 입장이었다. '孝悌忠信' 같은 한자성어를 '효제충신'과 같이 국문으로만 적는다면 그 의미가 무엇인지를 나타낼 방법이 없다고 하며 국문은 한문과 같이 써야 해석이 분명해진다고 하였다.

---

32) 유학자 가문에서 태어난 이능화는 어릴 때부터 과거시험을 위해 한학을 공부하다 스무 살 무렵부터 정동 영어학당, 한어학교, 관립법어학교, 사립일어야학사 등에서 수학하며 영어, 중국어, 프랑스어, 일본어 등에 능통하게 되었다. 「국문일정법의견서」를 발표할 당시에는 이미 한문뿐 아니라 위에서 언급한 4개 국어에 능통한 상태였다.

　같은 이유로 정교 역시 1908년 『대동학회월보』에서 국문 전용에 반대하는 입장을 밝혔는데 그 논점은 크게 두 가지로 정리된다. 첫째는 이미 언중들이 한자어를 친숙하게 사용하고 있는데 이를 굳이 고유어로 풀어 쓰는 것은 불필요하게 번거롭다는 것이다. '甲子年', '東西南北', '江山' 등은 남녀노소 모두가 쉽게 알 수 있는 말인데 한문이라는 이유만으로 이를 모두 국문 뜻으로 풀어 쓰면 오히려 더 불편해진다고 하였다.[33] 둘째는 한자를 쓰지 않으면 동음이의어가 많아져 의미 전달에 혼란이 생긴다는 것이다. '夫'와 '婦'를 모두 '부'로 적으면 그것이 지아비를 말하는지 지어미를 말하는지 알 수 없고, '張'과 '蔣'을 모두 '장'으로 적으면 그 사람의 성이 정확히 무엇인지 알 수 없다는 것이다. 이는 비단 한자어만이 아니라 고유어에도 해당하는 문제인데 타는 '배'와 먹는 '배'를 국문으로만 적으면 뜻을 알 수 없지만 고유어라도 한자를 병기하면 전자는 '船'로, 후자는 '梨'로 의미가 더 명확해진다는 것이다.

　20세기 전반기 동안 국문 신문이나 신소설 등 일부에서는 국문 전용이 이루어졌지만 당시 대다수의 글이 국한문으로 작성되었던 것을 볼 때, '국문으로만 글을 쓴다는 것은 혹시 백 년 이후의 시대에는 가능할는지 모르겠다.'라고[34] 한 이능화의 말처럼 당시의 지식인들 중에는 국문 전용에 회의감을 가졌던 이들도 적지 않았던 것으로 보인다.

---

33) 이러한 주장에서 정교는 한문과 한자어를 구별하지 않았는데, 당시 한문과 한자를 둘러싼 논쟁에서는 '강산'과 같이 일상어로 널리 쓰이는 한자어의 처리에 대한 입장도 제각각이었다.

34) "至於純用國文ᄒᆞ야ᄂᆞᆫ 或在於百年以後之時代也로다." (이능화, "國文一定法意見書", 『대한자강회월보』 6, 1906.)

2) 훈독과 국한 혼용

국문 전용론자들과 국한 혼용론자들은 국문의 전용에 대해서는 대립적인 관점을 취했지만 한문이 아닌 새로운 문어를 창출해야 한다는 점에서는 공감대를 가지고 있었다. 또한 과거처럼 지식을 일부 특권층이 전유해서는 안 되며 글을 통해 국민들을 계몽하여 독립국가, 문명국가를 건설해야 한다는 인식도 공유하고 있었다. 다만 새로운 글쓰기의 틀이 어떠한 것인가, 어떻게 해야 국민들의 교육에 가장 적합한 새로운 문어를 창출해 낼 수 있을까 하는 부분에서 서로 다른 의견을 가졌던 것이다.

국한 혼용론자들은 한문을 적기 위한 문자로서의 한자가 아닌 국문을 적기 위한 문자로서의 한자에 대한 재인식을 보여주었다. 아래의 글에서 유길준은 한자와 한문의 차이점을 강조하며 한문은 버리되 한자는 버려서는 안 된다고 주장하였다.

그런즉 한자는 사용하지 않는 것이 옳은가? 아니다. 한자를 어찌 폐할 수 있겠는가? 한문은 버리되 한자는 버려서는 안 된다. 혹자는 다음과 같이 말할 것이다. "한자를 사용하면 이는 곧 한문이 되는 것이니, 소위 '한문을 전폐했다'는 그대의 말은 우리들이 이해할 수 없는 바이다." 나는 다음과 같이 대답할 것이다. 한자를 연철하여 읽기 편하도록 끊어 읽은 후에야 비로소 '文'이라 할 수 있으니, 한 글자 한 글자를 별도로 쓰는 것을 어찌 '한문'이라 할 수 있겠는가? 우리가 한자를 차용한 것이 이미 오래되어 한자 사용의 습관이 국어의 일부가 되었다. <u>만일 한자를 훈독하는 법을 사용하면 그 모양이 비록 한자라 해도 우리 국문의 부속품이며 보조물일 뿐이다.</u> 영국 사람이 로마자를 사용하여 그 국어를 기록함과 같으니 한자를 사용하여 썼다는 이유로 누가 감히 대한 국어를 가리켜 한문이라 하겠는가? 영문 중에 그리스어를 수입하여 동화한 것이 있다고 영문을 그리스어라 하는 사람을 보지 못하였다.

(유길준, "小學校育에 對ᄒᄂ 意見", 『황성신문』, 1908.6.10. 연세대 언어
정보연구원 HK사업단 역 2012:278-281.)

유길준은 한자를 연결하여 문장을 쓰는 것이 아니라 각 글자를 독립
적으로 사용하며 훈독한다면 한자를 쓰더라도 한문의 전폐가 가능하다
고 하였다. 한자를 음이 아닌 뜻으로 읽는다는 것은 한자를 국문의 소
리를 적는 수단으로 사용하는 것이므로 이때의 한자는 국문의 부속품
이자 보조물일 뿐이라는 것이다. 유길준은 한자의 훈독을 한자의 토착
화라고 주장하며 영국에서 사용하는 로마자가 로마의 문자가 아닌 영
국의 문자로서 인정을 받듯이 외국의 문자를 차용하더라도 이를 완전
히 토착화할 수 있다면 그 문자의 기원이 어디든 문제될 것이 없다고
덧붙였다. 문자의 유래가 어디이든 자국의 말을 적는 데에 그 문자를
적절히 활용하기만 하면 문제가 없으며 타국의 글자를 빌려 쓰는 현상
은 소위 문명국의 경우에서도 나타난다는 의견이 여러 글에서 확인된다.

　문명이 극도로 발달한 나라는 그 글과 말에 사물의 이름과 규범과 규
칙, 법률과 제도가 갖추어져 있어 세상에 잘 적용되는 것이다. 우리 아
시아 문명은 지나(중국)가 제일 앞섰던 고로 한일 양국이 옛날부터 한
문을 차용해 왔으니, 마치 구주의 여러 나라가 쓰는 글자가 희랍, 로마
의 문자에서 기원한 것과 흡사하다. (이능화, "國文一定法意見書". 『대한
자강회월보』 6, 1906. 연세대 언어정보연구원 HK사업단 역 2012:96-99.)

　지금 영국, 독일, 프랑스, 미국이라고 불리는 서양의 열강들은 종교를
받드는 데 있어 모두 그리스와 로마의 옛 문자를 사용하는데, 그렇다면
또한 영국, 독일, 프랑스, 미국이 모두 그리스와 로마의 종이란 말인가?
동아시아의 태국과 미얀마는 모두 한문을 사용하는데, 이들 또한 한인
(漢人)의 종인가? 이것이 어찌 우물에 앉아 하늘을 보는 것과 다르겠는
가? (정교, "漢文과 國文의 辨別", 『대동학회월보』 4, 1908. 연세대 언어

정보연구원 HK사업단 역 2012:259-261.)

이능화와 정교는 세계의 역사를 볼 때 문명이 발달한 곳의 문자와 언어가 그렇지 못한 지역으로 확산되는 것은 일반적인 현상이며 유럽의 국가들과 미국에서 사용하는 언어 및 문자 역시 상당 부분 그리스와 로마의 영향을 받았다고 지적했다. 그리고 한국이 한문을 사용했던 것도 이러한 맥락에서 이해할 수 있는 것이라 하였다. 어느 누구도 영국, 독일, 프랑스, 미국 등 서구 국가들이 그리스와 로마에 종속되어 있다고 보지 않는데, 한문의 사용을 중국에의 종속이라고 단정 짓는 것은 너무나 좁은 식견이라는 주장이다.

조선시대의 언해문에서도 국한 혼용이 이루어져 왔지만 이는 음독을 전제한 것이었다는 점에서 대한제국기의 지식인들이 구상하던 훈독을 통한 국한 혼용과는 성격이 다른 것이었다. 이들은 일본의 화한和漢 혼용문을 이상적인 모델로 삼고 이를 모방한 문체를 선보이고자 했다.

일본은 우리나라로부터 전수받은 한문을 이용하여 마지막 순간에 '가나'를 만들어냈으며, 일본어와 한문 두 문자를 섞어 사용하는 법을 만들었으니, 극히 간단하고 포괄적이며, 평이할 뿐 아니라 서양의 학문을 번역하는 데도 큰 효력이 있으므로 백성의 지식이 빠르게 발달하여 불과 40년 만에 서양의 열강과 경쟁하고 있다. 이로 볼 때 문자와 국가의 관계가 심상치 아니함을 알 수 있다. (…) 이런 이유로 오늘날 일본에서는 한문을 폐지하자는 논자가 일어나 다년간 운동을 할 뿐 아니라 심지어 국한문을 병행해서 쓰는 것을 폐지하고 순전히 로마문자를 사용하자고 협회를 조직하고, 당국자에게 건의까지 하였으나, 시대의 흐름에 적당하지 못하여 단번에 실행되지 못했다. 현재 일본의 경우도 이렇거늘, 하물며 한문만 숭상한 우리나라이겠는가? 이것은 과도하게 어리석은 논거요, 다시 고찰할 필요조차 없다. 오직 시대에 적합한 것은 국한문을 조화롭게 병용하는 법뿐이다. (한흥교, "國文과 漢文의 關係",

『대한유학생회학보』 1, 1907. 연세대 언어정보연구원 HK사업단 역 2012:
138-140.)

위의 글에서 한흥교는 과거 일본이 한국으로부터 한문을 전수받았지
만 오늘날에는 한국보다 훨씬 더 발전하여 서양 열강과 경쟁을 하는 수
준이 되었음을 지적하며 그러한 발전의 원동력이 문자의 선택에 있었
다고 보았다. 즉, 가나와 한자를 섞어 쓰는 문장이 서양 지식의 번역이
나 국민의 교육을 용이하게 했다고 본 것이다. 또한 한때 일본에서도
가나 전용이나 로마자 채용에 대한 논의가 있었지만 시대적 흐름에 맞
지 않는 발상이라 하여 실행되지 못했는데[35] 한국의 경우 한문을 숭상
하는 정도가 일본보다 훨씬 더해 과연 국문 전용이 가능하겠는가 하고
반문하였다.

한편 이능화는 일본의 화한 혼용문이 갖는 장점을 부각시켜 국한 혼
용의 타당성을 주장하고자 했다.

오늘날 우리나라에서 배우는 사람이 단지 국문만 알고 한문을 알지
못한다면, 그 부족함에 대한 걱정을 면할 길이 없을 것이다. 그런데 일
본의 사정을 보면, 비록 수레를 끄는 남자와 떡을 파는 여자라고 해도
글자를 모르는 자가 적으니, 일본의 새로운 서적을 읽어볼 것 같으면
그 서술이 명확한데다가 한자 오른 편에 가나를 적어 놓아 비록 아녀
자와 아이들이라도 쉽게 이해할 수 있다. 우리의 국문과 국어의 조성
(組成)이 다행히 일문, 일어와 대체로 유사하나 국문을 한문에 붙여 쓰
는 법이 어미(語尾)에 그치고 있어서 일반인들이 결국 책을 읽어낼 수
가 없게 되는 것이다. 그러니 어찌 가나를 한자에 붙여 쓰는 예를 본받

35) 메이지 이후 일본에서 나타난 한자에 대한 담론은 한자 폐지론, 한자 제한론, 한자
존중론의 세 가지로 나누어 볼 수 있다. 한자 폐지론은 다시 가나문자 채용론, 로
마자 채용론, 신자 채용론으로 구분된다. 이에 대해서는 임영철(2014)를 참고할 수
있다.

아 언문일치에 힘쓰고 식자층과 일반인이 함께 읽어야 하지 않겠는가?
(이능화, "國文一定法意見書", 『대한자강회월보』 6, 1906. 연세대 언어정
보연구원 HK사업단 역 2012:96~99.)

일본에서 새롭게 나오는 책들의 경우 한자의 오른편에 작은 글씨로
가나 표기를 덧붙이는 문체를 선보이고 있는데 그 덕분에 누구나 쉽게
책을 읽을 수 있다는 것이다. 이능화는 다음과 같이 여러 가지 문체의
예를 들며 식자층과 일반인들이 함께 글을 읽을 수 있는 방안을 강구해
야 한다고 주장하였다.

　一 天地之間萬物之中唯人最貴
　　↳ 순 한문으로 오로지 식자층(雅者)만 읽을 수 있다.
　二 텬디ㅅ이 만물가운듸 오직 ㅅ람이 가장 귀ㅎ니
　　↳ 순 국문으로 일반인(俗子)들도 읽을 수 있다.
　三 天地之間萬物之中에 唯人인 最貴ㅎ니
　　↳ 지금 시행되고 있는 국한문 혼용법으로 일반인은 끝내 읽을 수
　　　없다.
　四 天地^{텬디}之間^{ㅅ이}萬物^{만물}之中^{가운듸}에唯^{오직}人^{ㅅ람}이最^{가장}貴^귀ㅎ니
　　↳ 한자 옆에 언문을 붙여 쓴 것으로 식자층과 일반인 모두 읽을
　　　수 있다.
(이능화, "國文一定法意見書". 『대한자강회월보』 6, 1906. 연세대 언어
정보연구원 HK사업단 역 2012:96~99.)

(一)과 같은 순 한문 문장이나 (三)과 같은 국한 혼용 문장은 식자층이
아니면 읽을 수 없다는 점에서 문제가 있었다. (二)와 같은 국문 전용 문
장은 일반인도 읽을 수 있다고 하였지만 이능화가 생각한 이상적인 문
장은 아니었다. 당시 대다수의 식자층이 국문 문장을 읽을 수는 있어도
국문만으로 문자생활을 하는 데에 거부감을 가지고 있었기 때문이다.

이능화는 이에 대해 직접적인 언급을 하지 않았지만 당시의 국문에 대한 식자층의 반응을 서술한 기사들을 보면 (二)와 같은 문장을 대안으로 삼지 못했던 이유를 짐작할 수 있다. 1900년 1월 10일자 『제국신문』 논설에서는 우리나라 사람들이 한문만 글로 알고 국문은 글로 알지도 않으며 여인들이나 배울 것이라고 하여 등한히 여기며 국문 사용을 꺼린다고 하였다. 같은 시기 『대한매일신보』 역시 초기 국문판에 대한 식자층의 반응이 우호적이지 않았다고 하였다. 『대한매일신보』는 창간 초기에 국문판을 발행하다가 국문판 발행을 중단한 뒤 국한문판으로 문체를 변경하였고 이후 국한문판과 국문판을 동시 발행하였는데, 국문판 발행 중단 이유로 "한국 풍긔가 남자는 국문을 보지도 안코 여자는 흔문을 빈호지도 안는 고로 시스의 급급흠을 응ᄒᆞ야 위션 남자 스회를 위ᄒᆞ야 발힝ᄒᆞ고 국문을 즁지흠이 본스의 유감이 되얏더니"라고[36] 하여 남성들이 국문을 보지 않으려 해서 시사의 급급함을 고려해 우선 남자 사회를 위해 국문 신문을 접고 국한문 신문으로 변경하기로 했다고 밝혔다. 이러한 분위기 속에서 이능화가 최적의 대안으로 여긴 것이 바로 (四)와 같은 문장이었다. 훈독식 문장은 한자에 익숙한 식자층과 국문만 읽을 수 있는 비식자층 모두를 위한 문장이었기 때문이다.[37]

3) 한자 제한과 한자 폐지

1900년대의 한자와 한자어에 대한 논쟁은 1920년대에 들어 중국과 일본의 한자 문제가 국내에 소개되며 더욱 열띤 양상을 보이게 되었다.

---

36) "논셜", 『대한매일신보』, 1907.5.23.
37) 유길준, 이능화, 이인직 등의 한자 훈독식 문장에 대해서는 김병문(2014)를 참고할 수 있다.

1910~1920년대 중국에서는 루쉰魯迅(1881-1936)과 같은 신진 지식인들이 구시대의 유산인 한자의 폐지를 적극 주장하며 문자개혁운동을 전개했다. 당시 중국에서는 중국어의 발음을 그대로 적을 수 있는 새로운 문자 체계로서 주음부호가 구상되기도 했고 로마자의 도입도 검토되었다. 일본에서는 일찍이 메이지 초기에 한자를 폐지하자는 주장이 제기되었고 일부 학자들이 로마자의 사용이나 가나 전용을 주장한 바 있다. 그러다 1923년부터는 국가 차원에서 2,000여 자의 상용한자를 지정하고 그 외의 한자는 가타카나나 히라가나로 표기하도록 규정하여 한자 제한 정책을 추진해 갔다. 한자 문화권 내에서 나타난 이러한 변화들은 국내의 한자 및 한자어 문제에 대해서도 적지 않은 논란을 가져왔다.

아래의 인용문들은 일본과 중국의 사례를 들며 한자 폐지의 당위성을 역설하였다.

> 日本에서 漢字 廢止의 運動이 일어나고 漢字의 本國인 中華民國에서도 漢字를 廢止하자는 運動이 激烈한 것이 엇지 偶然한 일이며 우리가 朝鮮에서 漢字를 廢止하자고 强烈히 衷心으로 부르짓는 것이 엇지 當然치 아니합니까. (최현배, "우리말과 글에 對하야(十五)", 『동아일보』, 1922.9.13.)
>
> 그런데 中國서 漢字 廢止를 議論하며 日本서 漢字 制限을 實行하건만 우리는 아즉도 僻字 古字 一二個를 가저 자랑삼는 이 드물지 안타. 우리는 모든 것을 建設하여야 할 것이니 精力을 앗길 必要 잇스며 우리는 남에 뒤를 조츠니 前進함이 急速하지 안하면 안 될 것이다. 過去에 執着함은 將來를 思慮치 안함이니 우리의 漢字 問題는 廢止되기 前 繼續할 것이다. ("漢字問題", 『동아일보』, 1924.12.22.)

오늘날의 우리로서 저 한문의 국문 발전에 대한 악영향을 한번 생각해 볼 때에 우리의 감정인들 어찌 저에 대하야 순탄할 수 있으랴! 하물며 중국 자체에서도 백화운동이 일어나며, 문자 개량 운동이 자못 성하야, 저 몸서리나는 한문을 폐지하랴고 함에 있어서야, 우리로서 한문을

폐지하지 아니하면 안 될 것은 당연한 가운데도 더욱 당연한 일일 것
이다. (…) 우리는 일본과 같은 불완전한 假名문자를 가진 곧에서도 한
자 폐지론, 또 제한론, 그러고 금년에는 중등학교의 한문 과목 폐지론
까지 나옴을 보게 된다. 하물며 조선과 같은 영묘 易解의 국문을 가진
곧에서야 더 말할 필요도 없다. ("漢字廢止論: 두번째 「가갸날」에 즈음
하여", 『조선일보』, 1927.10.24.)

이처럼 종래의 한자 문화권 내에서 나타난 변화들로 인해 국내에서
도 한자 폐지론이 힘을 얻게 된 측면도 있지만, 당장 한자를 쓰지 않으
면 의미 전달이 어려운 것이 현실이었으므로 일본처럼 우리도 한자를
제한하다가 점차 폐지하는 방향으로 나아가자는 과도기적 해결 방안이
지지를 얻게 된 것으로 보인다.

그러고 보니 이제 우리 民族의 更生的 努力으로서는 當然히 저 民族的
衰亡의 重因인 漢字를 廢止하여 버리고 이 世界的으로 優秀한 우리말과
글의 本質的 靈氣 妙能을 充分히 發揮시켜 이를 우리의 日常生活의 諸方
面에 充分히 利用할 것이 또한 그 重要한 一部面을 지을 것이다. 그러나
이는 理想이라. 이 理想에 到達함에는 實際的으로 어떤 階段이 업슬 수
업다. 卽 漢字란 것이 오늘의 우리 民族 生活에 堅固한 根據와 莫緊한 關
係를 가지고 顯著한 作用을 하고 잇는 터이니 이것을 一朝에 猝地에 全
廢해 버릴 수가 업슬 것이다. 우리는 그것을 廢止하기 前에 될 수 잇는
대로 그 用字와 用道의 範圍를 좁게 制限하여 두고 他方에서는 積極的으
로 우리말과 글에 對한 研究를 싸하가며 우리말과 글의 쓰히는 範圍를
넓혀 가아서 그 完全한 發達을 圖하여 두고 그 다음에는 徐徐히 漢字 全
廢에 着手하는 것이 順當한 次序일 것 갓다. (최현배, "朝鮮 民族 更生의
道(六十二)", 『동아일보』, 1921.12.21.)

위의 글에서 최현배崔鉉培(1894-1970)는 우리 민족의 갱생을 위해서는
민족적 쇠망의 중대 원인인 한자를 폐지하고 국문 전용을 실시하는 것

이 마땅하지만 이러한 생각이 당장은 이상에 불과하다고 못 박았다. 그리고 이러한 이상으로 나아가기 위해서는 반드시 그 중간적 단계를 거치지 않을 수 없다고 보며 한편으로는 한자의 자수와 사용 범위를 제한하고, 다른 한편으로는 우리말과 글에 대한 연구를 심화하여 국문만으로도 충분히 문자생활을 영위할 수 있는 단계가 되었을 때 한자를 전폐해야 한다고 하였다. 19세기 말부터 이어진 한자와 한자어의 문제가 당위성 차원의 관념적 논의가 아닌 실제적 해결 방안의 모색 쪽으로 전환되고 있음을 보여주는 발언이라 할 수 있다.[38]

1931년 10월 29일부터 10월 31일까지『동아일보』에 게재된 한글 좌담회 기사는[39] 1930년대 초 한자에 대한 인식을 잘 보여준다. 한글날을 기념하여 동아일보 학예부에서 주최한 이 좌담회에서는 언어 문제와 관련된 몇몇 논제들에[40] 대한 토론이 이루어졌는데 그중 첫 번째로 다루어진 것이 바로 한자 제한 문제였다.

38) 최현배는 1930년대에 발표한 글에서는 한자의 즉각적 전폐로 입장을 바꾸었는데 이에 대해서는 뒤에서 살펴보기로 한다.
39) "한글날記念 (一) 斯界의 權威를 網羅 한글座談會開催",『동아일보』1931.10.29, "한글날記念 (二) 斯界의 權威를 網羅 한글座談會開催",『동아일보』1931.10.30, "한글날記念 (三) 斯界의 權威를 網羅 한글座談會開催",『동아일보』1931.10.31.
40) 이 좌담회에서 제기된 네 가지 논제는 다음과 같다.
 - 漢字 制限의 實際 方法
 - 改正 綴字法의 普及 方法
 - 橫書의 可否, 可하다면 그 普及 方法
 - 朝鮮語 平易化의 實際 方法

◇ 景 光 會 談 座 글 한 ◇

〈그림 7〉 한글 좌담회(『동아일보』, 1931.10.29.)

한자 문제에 대한 토론은 "한짜를 제한할 필요의 유무는 발서 문제도 안 될 줄 압니다. 그 실제적 방법에 대하야 말슴해 주십시요"라는 사회자의 발언으로 시작되었다. 좌담회에 참석한 학자들이 한자 문제에 관한 각자의 의견을 발표하였는데 이를 한자 자수의 제한, 한자 사용 범위의 제한, 즉각적인 한자 전폐의 세 가지로 나누어 정리하면 〈표 5〉와 같다.

〈표 5〉 1931년 한글 좌담회에서 거론된 한자 문제 관련 의견

한자에 대한 의견	발언자
㉠ 한자 자수의 제한	김선기, 이윤재, 이극로, 주요한, 신명균, 김선기
㉡ 고유명사에 한해 사용	장지영, 김희상
㉢ 신문 노출 축소	이윤재, 이병기
㉣ 한자 전폐	김윤경, 최현배, 장지영, 신명균[41]

<표 5>에 제시된 의견들 중 일본처럼 한자 제한을 위한 조사회를 조직하고 한자의 글자 수를 제한해야 한다는 주장(㉠)이 가장 많은 지지를 받았다. 하지만 일본의 한자 제한과 달리 식민지 조선에서의 한자 제한은 공권력이 뒷받침되지 않는다는 점에서 현실적인 한계가 있다는 인식도 있었다. 조사회에서 제한할 한자를 정한다 해도 출판업자들이 협조하지 않는 한 실행되지 않을 것이기 때문에 지정되지 않은 한자에 대해서는 아예 활자를 제작하지 말아야 한다는 의견도 있었다.

한자를 제한하되 특정 한자들로 제한하지 말고 사용의 범위(㉡)를 제한하자는 의견도 있었다. 지명, 인명 등과 같이 한자를 쓰지 않으면 변별이 되지 않는 고유명사의 경우에만 한자를 쓰고 나머지는 한글로 쓰자는 것이다. 이 입장은 앞서 살펴본 한자 자수 제한보다 한자 사용의 범위를 더 좁게 보는 관점이다.

또한 신문 등 매체의 지면에서 한자의 노출을 줄여간다면 자연적으로 한자의 사용이 축소될 것이라는 전망(㉢)도 있었다. 이들은 공권력의 힘으로 한자 제한을 시행할 수 없기 때문에 신문이나 잡지 등의 출판업자의 협조를 이끌어내는 것이 관건이라고 보았다.

한편, 한자를 즉시 폐지하자는 의견(㉣)도 있었다. 최근 자신의 이름을 한자가 아닌 한글로만 쓰는 사람들이 늘어가는 추세인데 고유명사 역시 한자로 쓰지 않아도 별로 문제될 것이 없다는 의견도 있고, 띄어쓰기만 한다면 한글만으로도 이미 충분히 글쓰기가 가능한 상황이라는 의견도 있었다.

<표 5>에 나타난 것처럼 이 한글 좌담회에서 최현배는 한자의 즉각

---

41) 『동아일보』에 게재된 좌담회 기록을 보면 1931년 10월 29일자에서 신명균은 '한자의 자수를 제한하고 제한하기로 한 한자에 대해서는 활자를 두지 말아야 한다.'라고 하였지만 30일자에서는 '고유명사라도 한글로 쓰면 된다. 한자 제한 말고 한자 폐지로 가야 한다.'라는 입장을 취하였다.

적 폐지를 주장하는 입장을 취했다. 이는 앞서 살펴본 1921년 "朝鮮 民族 更生의 道"에서[42] 한자 제한의 중간 단계가 반드시 필요하다고 했던 입장과는 차이가 있다. 10년의 시간이 흐르는 동안 한자 제한은 어차피 실효성이 없을 것이므로 아예 당장 폐지를 하는 것이 낫다는 쪽으로 입장이 달라진 것이다. 한자를 제한한다면 일본처럼 한자의 자수를 제한하거나 아니면 한자를 쓰는 범위나 장소를 제한해야 하는데, 우리가 직접 교과서를 편찬하지 못하기 때문에 전자는 실효성이 없고 후자도 신문사에서 협조를 하느냐에 달린 문제이기 때문에 추진이 어렵다는 것이다. 결국 한자 제한론은 어떤 방식이든 탁상공론이 될 가능성이 높으므로 보다 현실적인 방안은 한자를 아예 폐지하는 것이라고 하였다.

4) 한자와 한자어

근대 한국의 한자 문제는 한문의 일부로서의 한자가 아니라 국문을 적기 위한 수단으로서 한자를 재인식해 나가는 일련의 과정을 보여준다. 이와 관련해 본고에서 마지막으로 살펴볼 문제는 한자어에 대한 것이다.

언어와 민족의 불가분성에 대한 인식이 확산되며 한자어는 여러 측면에서 개량 혹은 개조를 요하는 문젯거리로 떠올랐다. 국문이 갖는 민족적 상징성이 강화될수록 한자를 근간으로 하는 한자어의 외래성이 부각되었기 때문이다. 하지만 한자어가 이미 국어 어휘 체계의 상당 부분을 차지하고 있는 현실[43] 속에서 이를 마냥 배척할 수는 없었다. 한

---

42) 최현배, "朝鮮 民族 更生의 道(六十二)", 『동아일보』, 1921.12.21.
43) 20세기 전반기에 편찬된 국어사전을 기준으로 한자어의 비중을 살펴보면 당시 국어 어휘에서 한자어가 차지하는 비중이 절반 이상이었음을 알 수 있다. 황용주(2014:1999)에 따르면 문세영의 『수정증보 조선어사전』(1940)의 총 표제어 수는

자어가 언어생활에서 차지하는 비중이 크다 보니 문체에 대한 논란과는 별도로 일상어로 널리 쓰이는 한자어는 국어의 일부로 받아들이자는 것이 당시의 일반적인 인식이었다.

국문 사용을 적극 주장하던 주시경도 이미 토착화된 한자어는 그대로 수용하자는 입장을 보였다.

> 또 글ᄌᆞ들을 모아 옥편을 쑴일 쌔에 門 문이라 홀 것 ᄀᆞᆺᄒᆞ면 도모지 한문을 못 빈은 사람이 한문으로 문 문ᄌᆞ는 몰으나 문이라 ᄒᆞᄂᆞᆫ 것슨 열면 사람들이 드나들고 닷치면 사람들이 드나들지 못ᄒᆞᄂᆞᆫ 것인 줄노는 다 아니 문이라 ᄒᆞᄂᆞᆫ 것은 한문 글ᄌᆞ의 음일지라도 곳 죠션 말이니 문이라고 쓰는 것이 못당홀 것이요 또 飮食 음식이라 홀 것 ᄀᆞᆺᄒᆞ면 마실 음 밥 식 ᄌᆞ인 줄을 몰으는 사람이라도 사람들의 입으로 먹는 물건들을 음식이라 ᄒᆞᄂᆞᆫ 줄노는 다 아니 이런 말도 또흔 못당이 쓸 것이요 山 산이라 ᄒᆞ던지 江 강이라 홀 것 ᄀᆞᆺᄒᆞ면 <u>이런 말들은 다 한문 글ᄌᆞ의 음이나 또흔 죠션 말이니 이런 말들은 다 쓰는 것이 무방홀 샌더러 못당ᄒᆞ려니와</u> 만일 한문을 몰으는 사람들이 한문의 음으로 써서 노은 글ᄌᆞ의 뜻을 몰을 것 ᄀᆞᆺᄒᆞ면 단지 한문을 몰으는 사람들만 아지 못홀 샌이 아니라 한문을 아는 사람일지라도 한문의 음만 취ᄒᆞ야 써서 노은 고로 흔이 열 ᄌᆞ면은 일곱이나 여덟은 몰으나니 차아리 한문 글ᄌᆞ로나 쓸 것 ᄀᆞᆺᄒᆞ면 한문을 아는 사람들이나 시원이 뜻을 알 것이라. 그러나 한문을 몰으는 사람에게는 엇지ᄒᆞ리오. <u>이런즉 불가불 한문 글ᄌᆞ의 음이 죠션말이 되지 아니흔 것은 쓰지 말아야 올을 것이요</u> (주시경, "국문론", 『독립신문』, 1897.9.28.)

주시경은 '문門', '산山', '음식飮食'처럼 한자어이긴 하지만 한자를 쓰지 않아도 누구나 다 그 뜻을 아는 말들은 이미 국어가 된 것으로 보아도

94,465개이며 그중 한자어가 555,23개로 58.8%에 해당한다. 그 후 발행된 『우리말큰사전』(1947-1957)의 경우 제6권에서 표제어의 수와 및 구성을 밝혔는데 이에 따르면 전체 표제어 164,125개 중 한자어가 85,527개로 52.1%에 해당한다.

무방할 뿐 아니라 마땅하다고 하였다. 반면 한자로 쓰지 않으면 그 뜻을 알 수 없는 말이라면 아예 쓰지 않은 편이 옳다고 하였다. 이에 대해서는 구체적으로 예를 들지 않았지만, '천하에 무중립지사ᄒᆞ니 불능맹진이면 즉 자퇴도ᄒᆞᄂᆞ니'와 같은 문장을 보면 한문을 아는 사람이라 해도 '천하', '즉' 정도나 그 뜻을 알지 열 자 중 여덟 자는 의미를 알 수 없고, '天下에 無中立之事ᄒᆞ니 不能猛進이면 卽 自退倒ᄒᆞᄂᆞ니'처럼[44] 한자를 사용하면 한문을 아는 사람은 속 시원히 그 뜻을 알 수 있겠지만 한문 모르는 사람은 읽을 수조차 없으므로 '한문 글자의 음이 조선말이 되지 아니한 것'은 쓰지 말아야 한다는 주장으로 이해된다. 즉, 주시경은 국문 전용의 문체를 전제하고 한자 표기 없이도 그 뜻을 알 수 있는 한자어만을 국어로 받아들이자고 주장한 것이다.

반면 지석영은 국한 혼용 문체의 틀 속에서 한자어를 선별해 사용할 것을 주장하였다. 『언문言文』(1909)은 이러한 의도를 잘 보여주는 지석영의 저술로, 국한 혼용문을 읽기 위해 반드시 알아야 할 한자어들을 선별하여 수록한 일종의 한자 학습서이다. 그 서문에서 지석영은 한문을 전혀 모르는 사람이라도 약간의 한자만 배우면 누구나 능숙하게 글을 읽어 새 시대의 새 지식을 배울 수 있다고 하였고 제1편에서는 익혀야 할 한자어의 목록을, 제2편에서는 한자의 목록을 제시하였다.[45] 제1편 앞부분에 제시된 예를 일부 살펴보면 다음과 같다.

> 가로 街路 가로샹 街路上 가동주졸 街童走卒 가긱 歌客 가곡 歌曲 가스 歌詞 가무 歌舞 가례 嘉禮 가션 嘉善 가의 嘉義 가샹 嘉尙 가산 嘉山 가경 嘉慶 가친 家親 가장 家長 가군 家君 가문 家門 가ᄂᆡ 家內 가품 家品 가도 家道 가중 家中 가간 家間 가법 家法 가례 家禮 가항 家行 가산

---

44) 김하염, "冒險勇進은 靑年의 天職", 『서우』 12, 1907.
45) 『언문』에 대해서는 박병채(1980), 이병근(1998), 이준환(2012b)를 참고할 수 있다.

家産 가세 家勢 가역 家役 가양 家釀 가계 家計 가계 家契 가쾌 家儈 가
권 家眷 가권 家券 가구 家口 가용 家用 가운 家運 가화 家禍 가딕 家垈
가명 家丁 가업 家業 가고 家故 가규 家規 가긔 家基 가모 家母 가승 家
乘 가풍 家風 가빈 家殯 가샤 家舍 가옥 家屋 가스 家事 가셔 家書 가슴
家蔘 가신 家信 가화만ᄉ성 家和萬事成 가인부ᄌ 家人父子 가솔 家率 가
가례 家家禮 가장즙물 家藏什物 가속 家屬 가가호호 家家戶戶 가문하폐
家門瑕敝 가신 家臣 가간ᄉ 家間事 가쥬 家主 가좌 家座 가ᄉ 家數 가뎡
견문 家庭見聞 가뎡지학 家庭之學 가루 家累 가뎡잡지 家庭雜誌 가부 家
夫 (…)

위의 예에서 볼 수 있듯이 지석영이 제시한 목록에는 단어뿐 아니라
한문구나 한자성어도 섞여 있다. 주시경이 '음식'처럼 완전히 국어화된
한자어만을 받아들이고자 했던 것과 달리 지석영은 기초적인 한자로
표기가 가능한 말이라면 '가곡'과 같은 한자어든 '가문하폐'와 같은 한문
구든 수용이 가능한 것으로 보았다.

이처럼 인정 범위에 차이가 있다고 해도 이미 널리 쓰이고 있는 한자
어는 국어 어휘로 받아들이자는 것이 당대의 일반적인 인식이었다. 하
지만 기존에 쓰이던 한자어가 아닌 신어 한자어에 대해서는 의견차가
있었다. 주시경을 비롯한 그 제자들은 신어 중에도 특히 학술용어는 한
자어를 모두 고유어로 순화해야 한다는 입장을 취했다. 주시경의 경우
초기 저작에서는 '자음子音, 모음母音, 단음單音, 복음複音, 형용形容, 동작動
作, 명호名號' 등의 한자어 학술용어를 사용하였지만 1910년『국어문법』
에서부터는 '자음'을 '붙음소리'로, '모음'을 '웃듬소리'로 바꾸어 쓰고 품
사 이름 역시 '임, 엇, 움, 겻, 잇, 언, 억, 끗'과 같은 고유어로 바꾸어 쓰
기 시작했다. 다음은『국어문법』의 본문 목차를 인용한 것으로 이를 통
해 주시경의 문법 용어들을 대략적으로 살펴볼 수 있다.

國文의 소리: 音의 發源, 音의 퍼짐, 音聲, 無別聲, 有別聲, 웃듬소리, 붙
음소리, 웃듬소리의홋겹, 붙음소리의홋·겹, 낫내, 웃듬소
리의때, 웃듬소리의合性, 붙음소리의合性, ·가ㅣ_의의겹되
는證明, 붙음소리의接變, 웃듬붙음連接의異性, 붙음소리初終
의形勢, 國語習慣소리, 國文記習

기난갈: 기날갈의쓰는뜻, 기난틀, 기난익힘

짬뜸갈: 짬듬갈의쓰는뜻, 말듬, 결에, 본드一, 본드二, 본드三, 본드四,
본드五, 본드六, 본드七, 본드八, 본드九, 본드十, 버금본드一,
버금본드二, 버금본드三_, 버금본드四, 버금본드五, 버금본
드六, 버금본드七, 버금본드八, 버금본드九, 버금본드十, 버금
본드十一, 익힘드

기난갈의난틀: 임의갈래, 임의簡略한갈래, 엇의갈래, 엇의簡略한갈래,
움의갈래, 겻의갈래, 겻의簡略한갈래, 잇의갈래, 언의갈래,
억의갈래, 끗의갈래, 임기의性類, 겻기의쓰이는곳, 잇기의마
듸, 잇기의쓰이는곳, 잇기의때, 잇기의序分, 끗기의쓰이는곳,
끗기의序分, 끗기의때

기몸박굼: 엇본임, 임엇본임, 움본임, 임움본임, 임본엇, 임본움, 억본
움, 움억본움, 엇억본움, 임움억본움, 임엇억본움, 엇본억,
움본언, 임본언, 엇본억, 움본억, 제움이남움되게하는것, 남
움이제움되게하는것

기몸헴: 임기의몸, 엇기의몸, 겻기의몸

기뜻박굼: 이온글의잡이

이러한 고유어 용어들은 김두봉의 『조선말본』(1916) 및 『깁더조선말본』
(1922)으로 이어졌는데 문법 체계의 차이로 인해 일부 용어가 추가되는
등의 변화가 있었지만 기본적으로 주시경의 조어 방식을 계승한 것이
었다. 최현배 역시 『우리말본』(1937) 일러두기에서 "말본의 術語(갈말)를
모두 순 조선말로 새로 지어 썼다."라고 밝힌 것처럼 고유어 학술용어
를 사용했는데 주시경이나 김두봉의 용어를 계승하지 않고 '이름씨名詞,

움직씨動詞, 씨줄기語根, 씨끝바꿈語尾活用, 시킴월命令文' 등 새로운 용어를 만들어 썼다.

주시경 학파의 학술용어 순화에 대한 구상은 비단 국어학 술어에만 그친 것이 아니었다.[46] 1932년 『한글』 1(4)에 실린 "科學術語와 우리말"이라는 글에는 한자어로 된 물리, 화학, 수학 용어를 고유어로 풀어 쓴 목록이 제시되어 있다. 과학 분야의 순화어 목록은 당시 상하이에 체류 중이던 김두봉이 제안한 것으로 이윤재李允宰(1888-1943)가 상하이에 직접 가 김두봉을 만났을 때 듣고 적어온 것이다. 이 글에 제시된 순화어는 500개가 넘는데 여기서는 몇몇 예만 보이겠다.[47]

---

46) 이들이 주장한 언어 순화의 주된 목표는 한자어를 고유어화하는 것으로, 가나로 표기된 일본이나 로마자로 표기된 영어에는 상대적으로 관대한 태도를 보이는 경우가 많았다. 『한글』에서 나타난 글을 살펴보면 영어나 일본어로부터 들어온 외국어 및 외래어들에 대해서는 수용적 입장을 보이지만 한자어 신어들은 고유어로 순화해야 한다는 의식을 보였다. 1934년 조선어학회는 『한글』 2(3)에 '아이 수쿠리'냐 '아이스 크림'이냐를 두고 '긴급동의'의 코너를 마련하여 세간에서 '아이 수쿠리'라고 부르고 있는 식품이 원어에서 'ice'와 'cream'의 결합이므로 우리도 '아이스 크림'이라고 부르는 것이 맞다고 하였다. 이 글의 결론은 "꼭 그 원음(原音)대로 하잘것까지는 없을지라도, 될수 있는대로 그 원음에서 과히 틀리지 않는 정도로" 쓰자는 것이었다. 또한 1938~1939년 『한글』 6(10), 6(11), 7(2)에 "朝鮮語에 흔히 쓰이는 國語 語彙"라는 연재 글을 실어 'アイ(愛-아이) [名] 사랑', 'アカジ(赤地-아까지) [名] 붉은 빛의 피륙', 'アテジ(當字-아데지) [名] 말의 뜻의 어떠함은 묻지 않고 그 음(音)이나 새김(訓)의 소리만을 따라 적는 한문글짜' 등과 같이 일본어 단어에 대한 사전적 기술을 보였을 뿐 이를 고유어로 순화해야 한다는 입장을 밝히지는 않았다. 『우리말본』 초판에서도 "우리말본 찾아내기"라는 제목으로 본문 뒤에 제시된 색인을 보면 '게이스(case)', '또이취(獨逸語)', '폴만트(formant)', '프랑스말(佛語)', '알파벧', '에스기모 種族', '에집드(埃及)', '우랄알타이 語族', '잉글리쉬(英語)' 등과 같이 서구어에서 들어온 외래어를 원음에 가까운 발음으로 적은 것이 확인되는데 이를 볼 때 최현배도 한자어가 아닌 외래어 신어들에 대해서는 수용적 입장을 취했던 것으로 생각된다.

47) 김두봉이 제안한 과학 술어의 조어법적 특징 및 의의에 대해서는 허재영(2015a)을 참고할 수 있다.

물리학 술어: 몬결갈(物理學), 몬바탕(物質), 몬몸(物體), 바탕혬(質量), 낱자리(單位), 터낱자리(基本單位), 짠낱자리(組立單位), 힘갈(力學), 움즉(運動), 버릇(性質), 쟘(速), 짓(作用), 움즉혬(運動量), 날배(飛行船), 무게데(重心), 무게힘(重力), 다있글힘(萬有引力), 번개흐름(電流), 번개풀림(電解), 번개기별(電報), 번개내틀(發電機), 굳몸(固體)

화학 술어: 되결갈(化學), 맞되(反應), 모되(化合), 모개(合成), 헤풀(分解), 섞됨(中和), 모섞몬(混合物), 낱알혬(分子量), 밋알혬(原子量)

수학 술어: 센켬(數學), 수혬(數量), 옹글수(整數), 쪽수(分數), 잘수(小數), 잘수점(小數點), 보람잇는수글씨(有效數字), 넣(加), 빼(減), 모(乘), 늫(除), 모셈표(九九表)

　김두봉이 제안한 순화어들을 살펴보면 전문용어로서의 한 단어가 갖는 의미가 고려되지 않은 채 한자 개개의 뜻이 각기 고유어로 치환된 경우가 대부분이다. '만유인력'을 '다있글힘'으로 순화했는데 이는 '萬'을 부사 '다'로, '有'를 형용사 어간 '있-'으로, '引'을 동사 어간 '글-'로, '力'을 명사 '힘'으로 바꾼 뒤 한자어 내에서의 배열 순서를 그대로 따라 조합한 결과이다. 나머지 용어들 역시 거의 비슷한 방식으로 만들어진 것이다. '발전기'에서 '電'에 해당하는 '번개'를 '發'에 해당하는 '내-' 앞에 써서 '번개내틀'로 순화한 것이나, '유효숫자'에서 '效'에 해당하는 '보람'을 '有'에 해당하는 '잇는' 앞에 써서 '보람잇는수글씨'로 순화한 것처럼 경우에 따라 원래의 한자어와 배열 순서를 달리한 경우도 있었다.

　이처럼 한자어가 나타내는 개념을 고려하지 않고 낱낱의 한자의 뜻을 조합하는 방식으로 조어를 하다 보니 의미 파악이 더 어려워져 쉽고 편안한 우리말로 바꾼다는 순화의 취지가 살아나지 않게 되었다. 주시경의 제자들을 중심으로 한 이러한 학술용어 순화 작업에 대해서는 당대에도 비판의 목소리가 적지 않았다. 그런데 김두봉이 제안한 순화어 목록과 같은 축자적 방식의 번역은 일찍이 주시경 스스로도 반드시 피해야 한다고 경고했던 문제였다.

> 쏘 죠션말을 영문으로 뜻을 쪽갓치 번력홀 슈가 업는 마듸도 잇고 영문을 죠션말노 뜻을 쪽갓치 번력홀 슈가 업는 마듸도 잇스며 한문을 죠션말노 뜻을 쪽갓치 번력홀 슈가 업는 마듸도 잇고 죠션말을 한문으로 뜻을 쪽갓치 번력홀 슈가 업는 마듸도 잇나니 이는 셰계 모든 나라들의 말이 혹간 뜻이 쪽갓지 아니흔 마듸가 더러 잇기는 셔로 마쳔가지나 그러나 쏘흔 뜻이 그 글즈와 비슷흔 말은 셔로 잇는 법이니 <u>한문이나 영문이나 쏘 그 외에 아모 나라 말이라도 혹 죠션말노 번력홀 쌔에는 그 말 뜻에 대례만 가지고 번력ᄒ여야지 만일 그 말의 마듸마다 뜻을 쇠여 번력ᄒ쟐 것 ᄀᄒ면 번력ᄒ기도 이려올 쑨더러 그리ᄒ면 죠션말을 잡치는 법이라.</u> 엇던 나라 말이던지 특별히 죠션 말노 번력ᄒ는 쥬의는 외국 글 아는 사름을 위ᄒ야 번력ᄒ는 것이 아니요 외국글 몰으는 사름을 위ᄒ야 번력홈이니 쥬의가 이러흔즉 아모죠록 외국 글 몰으는 사름들이 다 알아 보기에 쉽도록 번력ᄒ여야 올을 터이요 (주시경, "국문론", 『독립신문』, 1897.9.28.)

주시경은 번역 시 주의할 점을 들며 외국말을 번역할 때는 그 말뜻의 전체가 담기도록 번역해야지 말의 마디마다 뜻을 새겨 번역하면 번역도 어려울 뿐 아니라 조선말을 잡치게 된다고 하였다. 여기서 주시경이 한자어의 순화 문제를 다룬 것은 아니지만 당시 중국이나 일본을 통해 들어온 신생 한자어들을 축자적으로 번역한 경우가 적지 않았기 때문에 낱낱의 글자를 번역하지 말고 단어 전체의 뜻을 살려야 한다고 지적한 것으로 이해할 수 있다.[48] 주시경은 구체적인 예를 들지는 않았지만,

---

48) 축자적 번역의 문제는 메어Victor Mair가 1992년에 '문자소 집착(graphemic fixation)'이라 명명한 현상으로 지금도 중국어 합성어를 다른 언어로 옮기는 과정에서 흔히 나타나는 오역의 유형인데(Muller 2017) 주시경은 19세기 말에 이미 이러한 한자어 합성어 번역의 문제점을 지적하였다.

소화 기관이라는 의미로 쓰인 '소식기消食器'를 축자적으로 번역해 '음식 샥난 그릇'이라고 쓴 것과 같은 사례들을 염두에 둔 것으로 보인다.[49]

한자어 학술용어의 순화는 20세기 전반기에는 일부 학자들의 주장에 그쳤지만 광복 이후 최현배가 문교부 편수국장으로 취임한 뒤 학술용어에 대한 순화 정책을 추진하며 본격화되는 양상을 보였다. 1946년 문교부는 학술용어 제정위원회를 설시하고 국어에 침투한 일본어의 영향을 소거한다는 목표하에 일차적으로 교육 분야 용어의 고유어화를 시행하였다.[50] 1940~50년대 신문 기사들을 살펴보면 '학교學校'를 '배움집'으로, '비행기飛行機'를 '날틀'로, '전차電車'를 '번갯불수레'로, '식물植物'을 '묻사리'로, '동물動物'을 '옮사리'로 쓰자는 등의 문교부 순화안에 대해 격한 비판이 쏟아졌다. 이미 익숙하게 쓰고 있는 한자어를 불필요하게 바꾸는 것이며 단어를 해체함으로써 오히려 본뜻을 파괴하게 되어 고유어라고 하지만 외국어처럼 느껴진다는 것이다. 문교부의 한자어 순화에 대한 반대 의견에서 반복적으로 제기된 주장은 한자어를 국어의 일부로 봐야 한다는 점이었다. 한자 자체는 외래적인 것이지만 한자어는

---

49) 이 예는 1907년 4월 『서우』 제5호에 실린 김명준의 국한문 "家政學譯述"과 같은 해 이를 저본으로 한 국문 번역본 『신찬가정학』(1907)에서 가져온 것이다. 김명준이 "又 小兒가 生及週年ᄒ면 消食器가 漸漸發育ᄒ고 齒數亦增ᄒ고 骨形이 漸如旧狀ᄒ니"라는 대목을 박정동은 "쏘 아히가 ᄂᆞ 지 쥬년이 되면 음식 샥ᄂᆞᆫ 그릇이 점점 크미 이가 ᄎᆞᆺ 나고 비위에 모양이 젼더 형상과 갓ᄒ야"라고 번역하였다.

50) 1931년 동아일보에서 주최한 한글 좌담회에서 최현배는 교육 용어를 모두 조선어로 써야 한다고 주장하며 한자어 순화에 대한 강한 의지를 보인 바 있다. "셋재 교육용어(敎育用語)를 조선말로 쓸 것. 그런데 이 셋재 문제가 크게 중요한 것인 줄 압니다. 우리가 신문이나 잡지에서 말을 배우는 것이 아니라 학교에서 배우는 것인데 선생에게서 쉬운 말을 듯고 친절한 글로 적어 노흔 책을 늘 본다면 말을 쉽게도 할 수가 잇고 조선말에 대한 ᄲᅲ리도 잡히겟는데 남의 말로 배우고 남의 글로 적어 노흔 책을 보기 ᄶᅢ문에 조선말에 대한 긔초가 서지 안습니다.("한글날 記念 (三) 斯界의 權威를 網羅 한글座談會 開催", 『동아일보』, 1931.10.31.)"

개개 한자 혹은 한문과 별개로 국어의 단어로 정착된 것이므로 이를 과도하게 고유어로 바꾸는 것은 불필요한 일이라는 것이다.

가람 이병기李秉岐(1891-1968)가 1937년에 "漢字語는 아즉 우리로서는 전연 아니 쓸 수 없는 것이다. 몇천 년 동안 써 오든 것을 도저히 얼른 폐지할 수 없다. 그뿐더러 우리가 쓰는 漢字語는 中國語 그대로가 아니고 벌서 우리말이 되어 버린 것이다."라고[51] 한 것처럼 20세기 전반기에도 한자어는 중국말이 아닌 우리말이라는 주장이 제기되고 있었고, 학술용어 한자어에 대해서도 이를 고유어로 순화하자는 의견보다는 그대로 쓰자는 주장이 보다 일반적이었다.

한편, 한자어를 국어의 단어로 인정한다 해도 이를 어떻게 적을 것인가에 대해 엇갈리는 의견들이 있었다. 일단 한자어를 한자로 적을지 한글로 적을지가 논란이 되었는데 이에 대해서는 본서의 제1부 제3장에서 이미 검토하였기 때문에 여기서는 다시 다루지 않는다. 이 절의 남은 부분에서 살펴볼 문제는 한자어를 한글로 적을 때 현실 발음을 인정할 것인가의 문제이다.

'十'의 경우 한자의 본래 음은 '십'이지만 국어에서 '十月'을 '시월'로 발음하기 때문에 이를 '십월'로 적을지 '시월'로 적을지가 문제가 되었다. 이는 한자음이 'ㄹ'이나 'ㄴ'으로 시작되는 경우도 마찬가지였다. 국어에는 두음법칙이 있어서 '利川'은 '이천'으로 발음하지만 '大利'는 '대리'로 발음하기 때문에 실제 발음대로 적을 경우 '利'라는 하나의 한자가 서로 다른 음으로 적히게 된다. '忠'을 '츙'으로, '傳'을 '젼'으로 적는 등 구개성 자음 아래서 /j/을 유지하던 규범음 표기를 실제 발음대로 '충', '전'으로 바꿀 것인가, '天'을 '텬'으로, '弟'를 '뎨'로 적던 규범음 표기를 구개음화를 반영한 실제 발음대로 '천', '제'로 적을 것인가의 문제

---

51) 이병기, "時調作座", 『삼천리』 9(1), 1937.

도 제기되었다.

한자음 표기의 문제가 본격적으로 논의되기 전 김두봉은 한자어의 음을 국어의 음에 따라 적어야 한다고 주장한 바 있다. 『조선말본』(1916) '알기'에서 "이 글은 조선말을 으뜸 삼으므로 한문漢文음에는 맞지 아니할지라도 말에만 맞게 하엿노니 이를터면 「됴션朝鮮」이라 아니하고 「조션」이라 한 따위니라."라고 한 것이다.[52]

이후 1927년 『동광』 제9호에 실린 "우리글 表記例의 몇몇"이라는 기사는 전문학교 고등보통학교 국어 교사들을 대상으로 국문 표기의 몇 문제들에 대한 의견을 조사한 결과를 담고 있는데 조사 대상 항목 중 하나가 한자어를 국문으로 적을 때 그 실제의 발음을 반영하여 적을 것인가의 문제였다. "우리말을 漢字로 된 말까지라도 다 國音을 標準하여 씀이 如何?"라는 질문에 대해 일반 교사 몇몇과 권덕규權悳奎(1890-1950), 이규방李奎昉(?-?), 장응진張膺震(1890-1950), 이상춘李常春(1882-?), 어윤적魚允迪 (1868-1935), 장지영張志暎(1887-1976), 김윤경金允經(1894-1969), 박승빈, 이병기, 강매姜邁(?-?), 최현배 등 당대의 국문 담론을 주도해 가던 학자들이 찬성과 반대로 입장을 표명했다.

조사 결과의 말미에 제시된 응답 종합 통계를 보면 이 문항에 대해 5인이 '한음漢音'을 따르자고 했고 11인이 '국음國音'을 따르자고 했다고 하였는데 실제 응답 내용을 보면 한음을 따르자고 한 경우로 분류된 응답들에서도 보통의 한자음은 전부 한국의 음을 따르되 두음법칙이 적용되는 한자어들에 대해서만 한자의 본음을 적자고 한 것이었다.[53] 결

---

52) 그에 앞서 김희상의 『조선어전』(1911) 범례에서도 조선 문자와 한자의 음을 현시의 어음에 준해 적는다고 밝힌 바 있는데 본문의 기술에서 한자음의 경우 '산슐, 디지, 력사' 등으로 써 이러한 원칙이 지켜지지 않았고 이후 『울이글틀』(1927)에서 김희상은 고유어와 달리 한자어에 대해서는 전통 한자음 표기를 따른다고 명시적으로 밝혔기 때문에 김희상이 한자어를 국어 음에 따라 적자고 주장한 것으로는 볼 수 없다(안예리 2019:238-239).

국 이 문제에 대한 응답은 모든 한자어를 예외 없이 국어의 음대로 적을 것인가, 두음법칙에 따라 소리가 변하는 경우에 한해 한자의 본음대로 적을 것인가의 두 입장으로 나뉘었다.

장응진, 어윤적, 장지영, 강매, 최현배, 신명균申明均(1889-1941) 등은 전자의 입장에서 모든 한자어를 실제의 발음대로 적자고 주장했다. 이들은 한국 한자어의 발음은 중국의 음이 아니라 우리나라에서 따로 쓰는 음이며, 원래 한자로 된 말이라도 완전한 우리말이 된 이상 우리의 발음대로 쓰는 것이 마땅하다고 보았다. 또한 이렇게 해야 말과 글을 일치시킬 수 있고 표기의 혼란을 막을 수 있다고도 하였다. 반면 권덕규, 이규방, 이상춘, 이병기 등은 'ㄹ'이 'ㄴ'으로, 'ㄴ'이 'ㅇ'으로 변화되는 경우에는 '녀자女子', '년령年齡', '라주羅州', '리천利川'과 같이 한자의 본음대로 쓰자고 하였는데 그 이유는 두음법칙이 국어에서 예외 없이 적용되는 규칙이기 때문이었다. 하지만 '十月'이 '시월'로 발음되고 '六月'이 '유월'로 발음되는 것은 규칙적 현상이 아니라 해당 단어에서만 일어나는 예외적 현상이므로 이런 경우는 표기에 실제 발음을 반영해야 한다고 하였다. 결국 한자의 본음을 반영하자는 응답도 한자어를 국어로 인정하지 않은 것이 아니라 오히려 한자어를 국어의 어휘로 적극 인정하여 국어의 음운규칙으로 설명하고자 하는 관점에 따른 것이었다.[54]

---

53) 유독 박승빈은 한자음에 대해서는 언급하지 않고 한자 폐지에 반대하며 한자어를 그대로 한자로 적는 것이 좋겠다고 답하였다.

54) 어문 규범의 변화 과정에서도 한자어에 대한 인식 변화를 반영한 흐름이 보인다. 1912년 보통학교용언문철자법과 1920년 보통학교용언문철자법대요까지는 고유어 표기와 한자어 표기에 대해 이원화된 표기 규범을 적용했었다. 보통학교용언문철자법은 서언緖言에서 경성어를 표준으로 하고 표기법은 표음주의에 의하고 역사적 철자법을 피한다는 대원칙을 제시한 뒤 "漢字音으로 된 語를 諺文으로 表記하는 境遇에는 特히 從來의 綴字法을 採用함"이라고 하여 철자법 규범의 적용 대상에서 한자어를 제외시켰다. 하지만 1930년 언문철자법의 총설總說에서는 "諺文綴字法은 純粹한 朝鮮語거나 漢字音임을 不問하고 發音대로 表記함을 原則으로 함"이라고

　지금까지 제1부에서는 동아시아 보편문어의 질서가 해체되며 '우리의 언어'에 대한 인식이 싹트기 시작한 시기, 국어와 국문에 대한 초기적 구상과 제도화 과정에 대해 논의해 보았다. 그리고 그 배경이 된 '문文'의 개념 변화가 '문명文明'에 대한 새로운 인식에서 발생되었음을 살펴보았다. 또한 국문을 중심으로 한 문어 질서의 재편 과정에서 나타난 다양한 시각들과 그 구체적 성과에 대해 알아보았다. 이어지는 제2부에서는 '우리의 언어'를 '이상적 언어'로 바꾸어 가기 위한 다양한 시도들에 대해 논의할 것이다.

하여 철자법의 적용 시 한자어와 고유어를 구별하지 않는다고 하였다. 1933년 통일안으로 가면 머리말에서는 한자어를 따로 언급하지 않았고 '제4장 한자어' 부분의 제33항에서 제51항에 걸쳐 세부 조항들을 제시했는데 그 핵심은 제4장 첫머리에서 "한자음은 현재의 표준 발음을 좇아서 표기함으로써 원칙을 삼는다. 따라서 종래의 한자 자전에 규정된 자음을 아래와 같이 고치기로 한다."라고 밝힌 대로 현실음에 따라 적는다는 것이었다.

제2부
이상적 언어

제 1 장

언어의 개량과 개조

1. 객체로서의 언어와 문법 의식

1) 문법의 부재 상태

언어의 문법에 대한 기술과 이에 대한 규범화는 그 언어를 대상화하지 않고는 불가능한 것이다. 어떤 언어든 모어 화자에게는 자연스럽게 습득된 것이지만 비모어 화자에게는 의식적으로 학습해야 할 대상이다. 모어 화자는 별다른 의식 없이도 해당 언어를 능통하게 구사하지만, 그렇기 때문에 역으로 자신이 구사하는 언어에 어떤 원리와 법칙들이 존재하는지를 의식하기가 어렵다. 이를 위해서는 상당 기간의 방법론적 훈련이 필요하다. 하지만 해당 언어에 대한 직관이 없는 비모어 화자는 해당 언어의 구사력을 갖추기 위해 가설 유도적 추론을 해야만 한다. 이 과정에서 필연적으로 그 언어를 대상화하게 된다. 근대의 문법 연구가 본격화되기 이전, 한국어를 대상화하기 시작한 것은 개항 이후 한국

12

〈그림 8〉『전운옥편』(1905)
(국립중앙도서관 제공 이미지)

에 들어온 외국인들이었다.

개신교 선교사 언더우드Horace Grant Underwood(1859-1916)는 『한영ᄌ뎐』(1890) 서문에서 사전 편찬과정에서 직면한 가장 큰 어려움으로 국문 표기의 혼란을 들었다. 어휘를 수집하거나 그 뜻을 기술하는 것보다 표기를 위한 일정한 규범이 없다는 점이 가장 곤혹스러웠다는 것이다. 언더우드는 한국어의 철자법은 쓰는 사람 마음대로라서 도무지 표준형이 무엇인지 알 수 없고, 이 문제를 해결하기 위해 조선인들 사이에서 철자의 규범으로서 신뢰를 받는『전운옥편』의 표기를 기준으로 삼았다고 하였다.『전운옥편』은 서문과 발문이 없어 편저자와 편찬연대를 알 수 없지만『규장전운』의 부편으로 간행된 것으로 인식되고 있다. 종래의 옥편들이 대응 운서의 색인 정도의 역할만을 했던 것과 달리『전운옥편』은 각각의 표제 한자에 대해 음音, 훈訓, 운목명韻目名, 통용자通用字, 동자同字, 속자俗字 등을 상세히 밝혔고 규범음뿐 아니라 속음도 함께 제시하였다.

『한영ᄌ뎐』서문 다음 장에 제시된 '글ᄌ고뎌법'에서 언더우드는 표기의 규범이 없던 당시의 상황에서『전운옥편』을 활용해 표기의 기준을 스스로 확립한 과정을 보다 구체적으로 서술하였다.

ᄌ 고뎌는 젼운옥편 언문을 ᄯᅡ라 썻시나 젼운옥편에 글ᄌ 업는 말이

> 대단이 만흐니 극히 본 글ᄌᆞ를 차자 쓰기가 어렵도다. 가령 초목 홀지라도 초 ᄌᆞ 목 ᄌᆞᄂᆞᆫ 옥편에 잇신즉 그대로 쓰려니와 나모라 ᄒᆞ면 나모라고도 ᄒᆞ고 나무라고도 ᄒᆞ니 모와 무ᄅᆞᆯ 엇더케 쓰리오. 아마도 나모목 ᄒᆞ니 나모라 쓰ᄂᆞᆫ 거시 올코 쇼나모 홀지라도 ᄒᆞᆫ 뎜 소도 소나모요 두 뎜 소도 쇼나모라 ᄒᆞ되 옥편에 숄 숑 ᄌᆞ가 두 뎜 쇼 ᄌᆞ로 썻신즉 두 뎜 쇼 ᄌᆞ로 쓰ᄂᆞᆫ 거시 올흔 고로 쇼나모나 숄이나 숄방울은 다 두 뎜 쇼로 쓰ᄂᆞᆫ 거시 올흐니 다ᄅᆞᆫ 모든 말도 다 이와 ᄀᆞᆺ치 궁리ᄒᆞ야 근리ᄒᆞᆫ 거ᄉᆞᆯ 차자 쓰노라.

언더우드는 『전운옥편』에 수록된 ‘초草’, ‘목木’ 등의 한자음은 옥편에 실린 대로 그대로 썼지만 수록되지 않은 말이 매우 많았다고 하였다. ‘나모’와 ‘나무’, ‘소나모’, ‘쇼나모’와 같은 고유어는 실려 있지 않기 때문에 어느 것을 기준으로 삼을지를 다시 고민해야 했다고 했다. 『전운옥편』은 각 한자의 음과 뜻을 자세히 밝히기는 했지만 <그림 8>에서 볼 수 있듯이 한자의 음만 국문으로 적었고 뜻은 한문으로 풀이했다. 따라서 한국어와 영어의 이중어사전을 편찬할 때 표기의 준거로서 활용할 수 있는 부분은 한자음뿐이었다.

고유어 표기의 경우 옥편을 직접 참고할 수 없었기에 천자문 등을 낭독할 때 발음되는 대로 따라 썼다고 하였다. 당시 실제 구어에서는 ‘나모’라고도 하고 ‘나무’라고도 했지만 ‘樹’라는 한자를 외울 때 ‘나모 수’라고 하니 ‘나모’를 표준으로 삼았다는 것이다. ‘松’의 경우 실제 발음은 ‘솔 송’이라고 하지만 그 한자음을 옥편에서 ‘숑’이라고 썼으므로 ‘송’을 ‘숑’으로 쓰는 것처럼 뜻 부분의 ‘솔’도 ‘숄’이라고 썼다고 하였다. 이처럼 한국어의 규범이 존재하지 않던 시절의 사전 편찬은 옥편 그리고 구두 암송 시의 한자 새김을 준거로 삼아 진행되었다.

한편, 위의 인용문에서 이어지는 『한영ᄌᆞ뎐』의 내용 중에는 조사 ‘의’와 ‘에’의 구별에 대한 기술도 포함되어 있다. 언더우드는 세간에서 이

두 글자를 분간 없이 사용하지만 '의'는 한문의 '之'에 대응되고 '에'는
'於'에 대응되므로 마땅히 구별해서 쓰는 것이 옳다고 하였다.

> 또 의 ᄌᆞ와 에 ᄌᆞ를 분간 업시 셰샹 사람이 쓰니 이는 무식홈이로다.
> ᄀᆞᆺ치 쓸 양이면 처음 언문 낼 쌔에 두 ᄌᆞ를 엇지 각기 마련ᄒ엿시리오.
> 대개 의 ᄌᆞᄂᆞᆫ (之) 갈 지 ᄌᆞ 쯧 되는 ᄃᆡ 써야 올코 에 ᄌᆞᄂᆞᆫ (於) 늘 어 ᄌᆞ
> 쯧 되는 ᄃᆡ 써야 올흐니 대개 늘 어 흑즉 에 ᄒᆞᄂᆞᆫ 거시 올코 갈 지 흔
> 즉 의 ᄒᆞᄂᆞᆫ 거시 올흐니 가령 틱가 눈에 드럿소 집에 잇소 됴희에 쓰오
> ᄒᆞ면 한문으로 쓰면 (入於目, 在於家, 書於紙) 입어목 직어가 셔어지 홀
> 거시니 이런 ᄃᆡᄂᆞᆫ 다 에 ᄌᆞ를 써야 올코 놈의 집이오 사름의 손이오 공
> ᄌᆞ의 말숨이오 ᄒᆞ면 한문으로 쓰면 (他人之家, 人之手, 孔子之言) 타인지
> 가 인지슈 공ᄌᆞ지언 홀 거시니 이런 ᄃᆡᄂᆞᆫ 다 의 ᄌᆞ를 써야 올흐니라.

언더우드는 보통 조사 '에'와 '의'를 분간 없이 쓰지만 이는 무식함의
소치일 뿐 두 조사는 문법적으로 엄밀히 다른 기능을 가지고 있다고 하
였다. 쓰고자 하는 문장을 한문으로 바꾸어 보면 그 차이를 분명히 알
수 있다고 하며 '집에 있소'라는 문장은 '在於家'가 되고 '사람의 손이오'
라는 문장은 '人之手'가 되는 것처럼 조사 '에'는 '於'에, 조사 '의'는 '之'에
대응이 된다고 하였다. 이러한 기술들을 통해 한국어의 문법에 대한 기
술이 전무하던 1890년대에 나름의 준거를 찾기 위해 고심한 흔적을 볼
수 있다.

언더우드의 『한영ᄌᆞ뎐』이 간행된 이듬해인 1891년에는 제물포 주재
영국부영사 스콧(James Scott(?~?))의 『영한ᄌᆞ뎐』이 간행되었다. 스콧의 사전
서문에서도 한국어 문법서나 한국어 사전이 부재함을 지적하였지만 스
콧은 언더우드와 달리 옥편을 기준으로 삼지 않고 실제 널리 쓰이던 표
기를 택했다.[1] 스콧은 『영한ᄌᆞ뎐』 서문에서 한국어의 자음, 모음, 동사,

---

1) 이러한 차이는 언더우드와 스콧의 한국 체류 기간 및 한국어 숙달도의 차이에서 비

형용사, 대명사 등 음운과 문법에 대해 개략적으로 서술하였고 마지막으로 계통의 문제도 간략히 언급하였다. 서문에 기술된 한국어의 음운과 문법에 대한 내용은 10여 년간 한국에 머물며 자신이 직접 파악한 내용을 정리한 것으로 보인다. 예를 들어, 'ㅅ'이 초성 자리에서는 언제나 's'로 발음되지만 '솟'처럼 종성 자리에 쓰이면 't'로 발음되며, '것'이 '거시'가 될 때처럼 모음이 이어지면 원래의 음가를 유지해 's'로 발음한다고 하였고, 또 '린일'이라고 쓰지만 어두의 'l'은 언제나 'n'으로 발음된다고 한 것처럼 당시 널리 쓰이던 표기와 실제 발음을 비교했다. '됴타'처럼 't'가 'yo' 앞에 오면 'ch'로 읽지만 구개음이 없는 서북지방에서는 그대로 't'로 읽는다고 한 것처럼 지역적 변이에 대해서도 기술하였다.

1890년대 초 이중어사전에서 언급된 한국어 문법의 부재 상태는 최광옥崔光玉(?-1910), 유길준, 주시경 등의 문법서가 편찬된 1900년대 중반 이후에야 해소되기 시작했다. 문법에 대한 자각은 말에 내재된 원리를 깨닫는다는 의미이기도 했지만 다른 한편으로는 언어를 객체화하고 이를 적극적으로 통제하려는 의지가 표출되기 시작했다는 의미이기도 했다.

2) 문법의 발견

『대한국어문법』(1906)은 주시경이 상동교회尙洞敎會 청년학원青年學院[2]

롯된 것일 수 있다. 『한영ㅈ뎐』 서문에 따르면 언더우드는 입국한 지 몇 달 뒤부터 영어 단어에 대응되는 한국어 단어들을 수집하기 시작해 5년 뒤에 사전을 간행하였다. 즉, 미국에서 한국으로 온 직후부터 편찬 작업을 시작해 한국어의 발음과 표기의 관계라든지 문법에 대한 인식이 부족한 상태였던 만큼 기준으로 삼을 자료가 절실했을 것이다. 반면 스콧은 1881년 한국에 부임해 10년가량을 한국에서 지냈고 임기를 거의 마칠 시점에 『영한ㅈ뎐』을 출판했다. 스콧은 한국어 실력이 매우 뛰어났고 오랜 한국 생활을 통해 한국의 언어 사용 양상을 충분히 파악하고 있었을 것으로 보인다.

국어강습소에서 학생들을 가르칠 때 사용한 수업 자료로, 유인된 것이 긴 하지만 주시경의 최초의 저서에 해당된다. 이 책에서 주시경은 15세에 처음 국문을 배우기 시작했을 때의 경험을 회고하였다. 이 회고담에는 모어 화자가 자신의 머릿속에 있는 말을 자기 자신으로부터 분리시킨 뒤 이를 관찰의 대상으로 삼아 분석하고, 분석 결과를 다시 종합해 숨어 있는 원리를 도출해 내는 과정이 자세히 기술되어 있다.

아래의 인용문은 주시경이 조사들의 이형태 관계를 깨닫게 된 과정과 그로부터 종성이 발달된 것이 국어의 특징임을 발견하게 된 과정을 서술한 대목이다.

> 내가 십오 세에 국문을 쳐음으로 공부할 새, 조희와 붓과 먹과 벼루와 칙은 션비의 쓰는 물건이라 ᄒᆞᆫ는 말을 쓰고 본즉, 붓, 먹, 두 ᄌᆞ 밑에는 과 ᄌᆞ요, 조희, 벼루 두 ᄌᆞ 밑에는 와 ᄌᆞ라. 그째 곳 생각 나기를 과나 와는 다 토라. 이 두 ᄌᆞ는 다 眞書에 及 ᄌᆞ의 뜻과 같이 조희, 붓, 먹, 벼루, 칙 ᄌᆞ 사이를 련홀 짜름이어늘, 웨 어ᄂᆞ ᄌᆞ 알에는 와 ᄌᆞ가 쓰이고, 어ᄂᆞ ᄌᆞ 알에는 과 ᄌᆞ가 쓰임은 무슨 까닭인가 ᄒᆞ고 다시 살펴본즉, 붓, 먹 ᄌᆞ는 받침이 잇고, 조희, 벼루 ᄌᆞ는 받침이 업는지라. <u>이에 받침 잇는 ᄌᆞ 밑에는 과 ᄌᆞ가 쓰이고 받침 업는 ᄌᆞ 밑에는 와 ᄌᆞ가 쓰임인가</u> ᄒᆞ고, 이를 밀우어 달은 말들을 시험ᄒᆞ여 본즉 과연 그러ᄒᆞ고, <u>또 을 은 ᄌᆞ는 받침 잇는 ᄌᆞ 알에 쓰이고, 를 는 ᄌᆞ는 받침 업는 ᄌᆞ 알에 쓰는 줄 알고</u>, 이같이 달은 말들을 또 더 샹고ᄒᆞ고 분셕ᄒᆞ여 본즉, <u>근릭 국문 쓰는 것이 말 격식과 서로 틀려 그 법을 일는 줄로 짐작 나는 것 만으나</u>, 경셔 언히와 여러 달은 판각ᄒᆞᆫ 셔칙들과 지금 사람의 국문 쓰는 것이 흔이 다 이러ᄒᆞᆷ으로 확실이 의심 업슴을 얻지 못ᄒᆞ고, 적고 어리셕은 의견을 질졍홀 수 업서 굼굼ᄒᆞᆫ 마음이 쉬지 안이ᄒᆞᆷ으로, 자조 여러 션싱을 찾아 보고 물으나 ᄃᆡ답을 얻지 못ᄒᆞ여, 무슨 말을 듯

───────────
2) 청년학원은 1904년 상동교회 전덕기 목사가 세운 학교로 김병문(2013) 부록 3에 제시된 주시경 연보에 따르면 주시경은 1905년 2월~1907년 9월까지 청년학원에서 교사로 근무했다.

던지 무슨 문즈를 보던지 또 국문에 관계되는 무슨 연유던지 긔회를 맛나는 디로 말과 글의 엇더홈을 싱각ㅎ며 샹고도 ㅎ고, 영어 알바벧과 일문 가나를 좀 배호고 류구 만쥬 몽고 셔쟝 셥라 인도 파스 아랍 익급 옛 희부릭 글즈들과 구쥬 각국 글즈들을 구ㅎ어 구경ㅎ고 영어 문법을 좀 배홈은 다 국문 연구에 유익홀가 홈인디, <u>우리나라 말을 캐어 본즉 ㄷㅌㅍㅈㅊㅎㄲ이 종성으로 쓰이는 말이 만으되 글에는 종성으로 쓰지 안이홈으로 말과 글이 샹좌되어 그 말의 원톄와 본음과 법식이 잘못되어 혼잡ㅎ고 문리를 닗어 글이 글 노릇을 ㅎ지 못ㅎ는지라.</u> (…) 우리나라에 국어 즈뎐도 업고 국문 쓰는 것이 경위 업스니, 이를 경장치 안으면 국문을 발달ㅎ지 못ㅎ리라 ㅎ고, 그 엇지ㅎ어야 완전흔 글이 되게 홀가 ㅎ고, 흥샹 말과 글과 글을 궁구하여 씻洗 받쯧 맡任 맷結 덮覆 좇從 좋好 쫙刻 옳可 이러케 씀이 옳을 줄 알고, 여러 벗에게 이러홈을 보이고 이러케 써야 법식이 옳음을 풀어 말ㅎ나, 쾌흔 용랍을 얻지 못ㅎ는지라.

주시경은 국문을 배우며 일상의 말을 글로 옮겨 보다가 사물의 명칭을 나열할 때 쓰는 '와'와 '과'가 모두 한문의 '及'에 대응이 됨을 깨닫고 기능이 같은데 왜 서로 다르게 쓰는가 하는 의문을 품게 되었다고 하였다. 1876년생인 주시경이 15세였다고 했으니 당시는 1890년경으로 국어 문법에 대한 연구가 전무하던 때였다. 주시경은 문법에 대한 연역적 지식을 얻을 수 없었기 때문에 발화된 문장들을 놓고 한문과 비교해 궁리하며 귀납적으로 문법을 발견해 갔던 것이다. 위의 인용문에는 포함되어 있지 않지만 같은 글의 뒷부분에서 주시경은 '먹어도', '먹으면', '먹고', '먹는'의 차이 역시 한자와의 비교를 통해 깨닫게 되었다고 하였다. '먹-'은 '喫', '-어도'는 '雖', '-으면'은 '若', '-고'는 '而', '-는'은 '之'와 뜻이 같다고 서술한 것이다. 국어 조사의 기능을 한문의 대응 문법 형태를 통해 자각하게 되었다는 점은 앞서 언더우드가 『한영즈뎐』 서문에서 '에'와 '의'의 기능을 한문의 '於'와 '之'에 비추어 구별하게 된 것과 같은 방식이었다.

이어서 주시경은 '와'와 '과'의 선택이 선행 음절의 받침 유무에 따라 결정됨을 깨달았다고 하였고 이러한 원리가 다른 문법 형태에도 적용이 되는지 살펴보았더니 '는'과 '은', '를'과 '을'도 받침 유무에 따라 선택됨을 알게 되었다고 하였다. 발화된 음의 연속체 속에서 문법 형태를 분리해 내고, 문법적으로 동일한 기능을 하는 형태들을 분류한 뒤 각 형태들의 분포 조건을 규명해 낸 과정에 대한 기록이다.[3]

그 전까지 별다른 의식 없이 사용해 왔던 일상의 말을 대상화하여 분석하는 과정에서 말 속에 일정한 법칙이 있음을 깨닫게 된 주시경은 문법적 원리가 말에는 분명 깃들어 있으나 글에는 드러나지 않는다는 문제의식을 갖게 되었다. 그리고 더 나아가 그 문제의 근본 원인을 해결하기 위해서는 받침을 제대로 밝혀 적지 않는 표기 관습을 바꾸어야 한다는 결론에 이르게 되었다. 근대의 과학자들이 자연을 대상화하여 자연에 깃든 원리를 밝혀낸 뒤 자연을 객체로서 다루며 주체의 의지대로 통제해 가고자 했던 것처럼 주시경은 자신의 내부에 존재하는 자연 상태의 언어를 자신으로부터 분리하여 대상화하고 이를 분석하여 언어에 깃든 원리를 밝혀낸 뒤 주체의 의지에 따라 실제의 언어를 개량해 가고자 했다.

위의 인용문에 따르면 표기에 대한 주시경의 문제의식은 국어 문법 형태의 선택에 받침이라는 요소가 중요한 변수가 됨을 깨달은 뒤 심화된 것으로 보인다. 주시경은 조사 이형태의 선택 조건이 말에서는 분명한 격식으로 존재하는데 글에는 드러나지 않음을 문제시하였다. 구체적

---

3) 위의 인용문에서 이어지는 뒷부분을 보면 어미에 대해서도 같은 방식의 기술을 하고 있다. 어미 '-은', '-어도', '-으니'는 모두 종성으로 끝나는 말 뒤에 쓰인다든지, '-어도'와 '-아도'가 다 같은 뜻이지만 '-어도'는 'ㅓ, ㅜ, ㅣ' 음 뒤에, '-아도'는 'ㅏ, ㅗ' 음 뒤에 쓴다는 기술 등이 이에 해당한다.

인 예를 들지는 않았지만 위 인용문의 내용을 고려할 때 '앞'이라는 단어는 받침이 있으므로 조사 '이'나 '은'이 선택되는데 실제 표기는 '아피', '압히' 그리고 '아픈', '압흔' 등으로 하기 때문에 문법적 원리가 드러나지 않는다는 지적으로 이해된다.

　주시경이 1897년 9월 28일자『독립신문』에 발표한 "국문론"에도 같은 취지의 주장이 담겨 있다. 해당 글에서 주시경은 대명사 '이것'과 조사 '이'가 결합한 소리를 '이것이'로도 적고 '이것시'로도 적고 '이거시'로도 적는데 그중 '이것이'는 옳은 표기이지만 나머지 둘은 잘못된 표기라고 하였다. 그 발음은 모두 [이거시]로 동일하지만 대명사와 조사가 서로 결합하지 않은 상태로 발음할 때에는 [이게]나 [시]로 나는 일이 없으므로 둘 이상의 형태가 결합하는 환경에서 연음 작용이 일어나는 경우 특히 주의하여 원래의 형태에서 나는 소리대로 적어야 한다는 것이다. 주시경은 '이것시'는 대명사는 옳게 적었으나 조사를 잘못 적은 것이고 '이거시'는 대명사도 잘못 적고 조사도 잘못 적은 것이라는 상세한 설명과 함께 이러한 표기는 "틀린" 표기이며 "문법으로는 대단이 실수흠"이라고 규정하였다. 그리고 이러한 실수를 범하지 않고 "이런 말의 경계들을 다 올케 차자" 쓸 수 있도록 '머그로'는 '먹으로'로 고쳐 쓰고 '소네'는 '손에'로 고쳐 쓸 것을 주장하였다.

　회고에 따르면 주시경은 받침에 대한 의문을 풀기 위해 그때부터 옛날 책들을 뒤지거나 여러 선생들을 찾아가 질문을 했지만 옛날 책의 표기도 당대와 마찬가지였고 선생들에게서도 별다른 해답을 얻지 못했다. 그러다 외국의 여러 글자들을 살펴보고 영어 문법을 공부하면서 국어의 소리에 실제로는 'ㄷㅌㅍㅈㅊㅎㄲ'이 종성으로 쓰이는 말이 많지만 글로 쓸 때는 이를 받침으로 사용하지 않고 있음을 확실히 깨닫게 되었다고 하였다. 이때 주시경이 깨달은 말과 글의 불일치는 말의 '원체'와

'본음'과 '법식', 즉 말에 있는 문법을 글이 제대로 반영하지 못한다는 점이었다. 실제 소리에 있는 종성을 표기에 반영해야 말을 온전히 담아내는 글을 쓸 수 있다는 깨달음은 주시경이 문법 연구에 본격적으로 착수하게 된 중요한 계기가 되었다.

앞서 인용한 『대한국어문법』의 기술 내용에서 또 한 가지 주목할 것은 '이렇게 씀이 옳을 줄 알고', '이렇게 써야 법식이 옳음" 등의 표현을 통해 국문을 쓰는 방법에 옳고 그름이 있다는 생각을 분명히 밝혔다는 점이다. '옳은 법'을 따라야 국문을 '발달'시킬 수 있고 이를 통해 국문을 '완전한 글'이 되게 할 수 있다는 규범적 문법관은 주시경 이전에는 뚜렷하게 부각된 적이 없었다. 『국어문전음학國語文典音學』(1908) 말미에서 국어에 'ㄷ, ㅌ, ㅈ, ㅊ, ㅍ, ㅎ, ㄲ, ㅄ, ㄳ, ㅀ' 등의 음이 종성으로 발음되는 글자들이 있으므로 '국어'대로 '국문'을 적자고 언급한 것처럼, '어체語體'와 '음리音理'가 불일치하다는 문제의식에서 출발한 주시경의 국어 문법 연구는 그의 제자들에게 계승되며 '언문일치言文一致'를 위해 국어에 내재된 원리를 발견하고 그 원리를 국문에 반영시키는 방향으로 전개되어 갔다.

2. 문법의 확립과 문체의 혁신

1) 근대소설의 문체와 문법 형태

그동안 언문일치의 문제는 주로 문체 개혁과 관련해 논의되어 왔다. 그런데 말과 글의 일치는 문체 차원의 문제의식만은 아니었다. 앞서 주시경의 회고를 통해 살펴본 것처럼 근대의 문법 연구 역시 말에 내재하

는 법칙이 글에 반영되지 않는다는 언문불일치에 대한 자각으로부터
비롯된 것이었으며, 20세기 전반기에 발행된 문법서들 중에는 서문에서
언문일치의 문제를 저술의 주요 동기로 언급한 경우가 많았다(안예리
2019:253-261). 다시 말해, 말과 글의 일치를 이루고자 하는 이상은 문학과
어학의 공통된 지향점이었다.

근대의 언문일치가 어학자들과 문학자들의 상호 협력 속에 진행되었
음을 주장한 논의로 문혜윤(2008)을 들 수 있다. 이 논의에서는 어문 규
범의 확립과 이를 문체의 진전으로 이끄는 일이 동시적으로 진행되어
야 한다는 공감대가 존재했다고 보고 어학자가 문학자의 작업에, 그리
고 문학자가 어학자의 작업에 참여했던 구체적인 사례들을 들었다. 하
지만 문혜윤(2008)에서 검토된 국어학적 성과는 주로 어문운동이나 어문
정책 관련 내용이었기 때문에 문법서와 관련된 내용은 아직 검토되지
않은 상황이다.

문학어의 차원에서 볼 때 문체 변화의 핵심은 서술 시점의 변화와 내
면의 고백을 가능케 하는 문학적 장치의 모색이라 할 수 있다. 그런데
실제의 문장에서 이러한 변화는 선어말어미, 종결어미, 대명사 등 문법
요소의 개신을 통해 이루어진 것이었다는 점에서 소설 문체의 변화는 같
은 시기 활발하게 진행된 문법의 정립 과정과 함께 논의될 필요가 있다.

'글'이라고 하면 '한문'을 의미하던 시기에도 소설이라는 특정 영역
에서는 일찍이 16세기 말부터 국문 글쓰기의 전통이 꾸준히 이어져 왔
다.[4] 이 과정에서 고전소설의 문체는 수백 년간 허구적 산문의 전형으

---

[4] 임진왜란과 병자호란을 전후하여 중국의 연의류演義類 한문소설들이 국내에 유입되
었는데 처음에는 사대부 남성들 사이에서 향유되던 소설이 국문으로 번역되기 시작
하며 사대부가 여성들 사이에서도 널리 읽히게 되었다. 16세기 말까지 개인적으로
이루어지던 한문 소설의 국문 번역은 17세기 말 시장경제가 활성화되고 소설이 하
나의 상품으로 여겨지기 시작하면서부터 방각본, 필사본, 세책본 등의 형태로 유통
의 범위를 넓게 되었다(이민희 2007:39-41). 채제공이 그 부인이 필사한『여사서

로 자리 잡게 되었지만 19세기 말부터 신문과 잡지라는 근대적 매체가 출현하며 소설의 장르적 성격에도 일대 변화가 찾아왔다. 이인직李人稙 (1862-1916)의 『혈의누』를 위시한 신소설 작품들은 대사와 지문의 분리, 대사 속 구어의 반영과 같이 고전소설과는 다른 언어적 감각을 보여주었지만, 전지적 작가 시점에서의 기술, 편집자적 논평의 개입, 만연체로 작성된 문장 등 고전소설의 문체적 특징을 그대로 계승한 측면도 있었다.

소설이라는 장르가 갖는 보다 근본적인 변화는 1910년대 이후의 근대소설로부터 시작되었다. 이광수李光洙(1892-1950)나 김동인金東仁(1900-1951) 등에 의해 시작된 근대소설은 이전의 소설들과는 뚜렷하게 구별되는 문체적 혁신을 이뤄냈다. 이전까지의 소설이 초월적 서술자에 의한 교훈 투의 서술에 기반을 두었다면 근대소설은 교훈 투를 철저하게 배제하고 개인의 내면을 고백하는 새로운 서술 방식을 시도했다(권보드래 2012:253). 그리고 이러한 소설적 장치의 도입과 함께 근대소설의 문장들은 이전까지와는 다른 새로운 문법 형식을 요구하게 되었다. 이 절에서는 근대소설의 문체 혁신을 가져온 문법 형식 중에 특히 어미를 중심으로 당대의 문법서의 기술과 문학 작품의 용례들을 비교해 보고자 한다.

본격적인 분석에 앞서 기존 연구들에서 언급되어 온 근대소설의 문체적 특징을 정리해 볼 필요가 있다. 근대소설은 3인칭 주어를 통해 내면을 고백하는 새로운 감각의 문체를 기반으로 성립되었다. 전통적으로 고전소설에서는 화자가 주인공과 여타 작중 인물들의 행동과 내면을 꿰뚫어보며 서술하는 전지적 시점에서 이야기가 진행되었기 때문에 작가의 목소리가 작품의 전면에 드러나 있었다. 하지만 근대소설은 작가의 목소리를 직접 노출시키지 않으며 서술의 시점을 주인공에게 고정

女四書』에 쓴 서문이나 이덕무의 『사소절士小節』에 여자들이 일을 하지 않고 책을 빌려보는 폐해를 지적한 기록 등을 통해 볼 때 18세기 중반 무렵 세책을 통한 국문소설의 독서가 여성들 사이에 널리 퍼져 있었음을 알 수 있다(이윤석 외 2003:43).

시킨 채 철저히 주인공의 눈을 통해 바라본 세계를 그린다. 즉, 근대소설에서 작품 속 화자는 작가가 아닌 주인공이다.

주인공은 자신의 내면과 작중 인물들의 외견에 대해 서술하는데 이때 주인공은 1인칭이 아닌 3인칭으로 등장한다. 주인공의 심리를 기술할 때 "나는 마음이 아팠다."라고 하는 것이 아니라 "김○○은 마음이 아팠다."와 같이 3인칭 주어를 쓰는 것이 근대소설 작가들이 시도한 '일원묘사—元描寫'의 기법이었다(안영희 2011:85).[5]

근대소설의 작가들이 1인칭이 아닌 3인칭 주어를 통해 내면 고백을 시도한 이유는 무엇일까? 앞서 언급한 대로 근대소설의 화자는 작가가 아닌 주인공이다. 하지만 주인공의 내면을 기술할 때 1인칭이 아닌 3인칭을 사용함으로써 화자와 주인공 사이에 거리가 생겨난다. 고전소설처럼 모든 것을 꿰뚫어 보는 작가의 목소리는 아닌데 그렇다고 완전한 주인공의 목소리도 아닌 추상화된 서술의 주체가 근대소설의 서사를 이끌어 가는 것이다. 이러한 문체는 이야기하고 있는 입을 거치지 않은 채 독자의 눈앞에 마치 장면 그 자체가 펼쳐지는 듯한 새로운 소설적 감각을 탄생시켰다. 그리고 이와 같은 직접성의 감각은 독자들이 작품 속 주인공을 자신과 동일시하고 주인공의 심리에 보다 깊이 몰입하도록 유도하는 역할을 했다. 즉, 말하는 화자는 무대 뒤로 숨었지만 숨기 이전보다도 오히려 더 강한 힘을 갖고 작품 전체를 지배하게 된 것이다 (박현수 2002:131).

3인칭의 주어는 주인공의 이름인 고유명사로 실현되기도 했지만 '그', '그녀'라는 3인칭 대명사를 통해 실현되기도 했다. 주인공이 자신의 내면을 고백하는데 그 주어가 3인칭이다. "하나의 문장 속에 두 개의 다

---

5) 안영희(2011:85)는 일인칭에 관계된 이야기를 3인칭으로 쓰는 일원묘사의 기법이 일본의 이와노 호메이에 의해 시도되었고 국내 작품에서는 김동인에 의해 정립되었다고 하였다.

른 음성"이 들리게 되며 추상화된 화자와 주인공 사이에는 거리가 생겼다(안영희 2011:87). 초월적 서술자가 사라진 자리에 생겨난 이 거리 감각은 독자로 하여금 다른 인물들과 마찬가지로 3인칭으로 지칭되는 주인공이 사실은 여타의 작중 인물들과는 다른 특별한 존재라는 인식을 갖게 하였다. 그런 의미에서 근대소설의 주인공은 "초점화자focalizer"이다(박현수 2002:128). 근대의 독자들에게 매우 생경했을 '그' 또는 '그녀'는 이전까지의 소설에는 존재하지 않았던 초점화자의 존재를 뒷받침하기 위해 도입된 초점 표지라 할 수 있다(안소진 2008:159).

근대소설에서 주인공과 화자의 거리를 나타내는 또 다른 장치는 과거시제이다. 문장에서 시제가 실현될 때에는 발화가 이루어지는 시점인 '발화시' 그리고 기술되고 있는 사건이 발생한 '사건시'의 두 가지 시점이 고려된다. 여기에 또 한 가지 시점이 추가되는데 이는 서술의 기준이 되는 시점으로 '기준시'라 부른다. 기준시를 발화시에 두는가, 사건시에 두는가에 따라 문장에서의 시제 표현이 달라지는데 고전소설에서는 기준시를 사건시에 두고 있었기 때문에 과거의 사건이라 하더라도 현재시제로 표현되는 것이 일반적이었다. 반면 일원묘사를 시도하던 근대소설의 작가들은 기준시를 발화시에 두며 기준시에서 바라보는 화자와 사건시에 존재하는 주인공의 존재를 통해 작품 속에서 서로 다른 시역時域을 만들어 내고자 했다.

이러한 문체상의 변화는 어미의 선택과도 직접적인 관계가 있었다. 고전소설의 문장은 '-더라'로 종결되는 것이 일반적이었다. 증거성 표지인 '-더-'는 서술의 시점을 과거의 사건시로 이동시켜 마치 사건이 일어나던 과거의 장면 속에 화자가 존재하는 듯한 문체적 효과를 낸다. 그리고 '-더-'는 이러한 시점을 취하고 있는 초월적 서술자의 존재를 문면에 드러내 주었다. 이러한 관습을 뒤집으며 근대소설의 작가들은

'-더라' 대신 '-었다'를 사용함으로써 두 가지 문체적 변화를 시도했다. 하나는 주인공의 시점을 사건시에, 화자의 시점을 발화시에 둠으로써 화자와 주인공의 목소리를 분리시키는 것이다. 다른 하나는 초월적 서술자의 존재를 숨기는 것인데 증거성 표지인 '-더-'의 소거를 통해 문장에서 발화행위의 흔적을 지워버림으로써 근대소설의 문장은 발화자의 입을 떠나 그 자체로서 자립적으로 존재할 수 있게 되었다(김병문 2008).

2) 근대소설과 문법서의 '-었다'

앞서 살펴본 대로 '-더라'에서 '-었다'로의 변화는 전지적 작가 시점의 고전소설과 달리 등장인물의 시각에서 사건을 조망하는 근대소설 시점의 혁신을 구현해 낸 언어적 장치였다.[6] 김동인은 자신의 회고록에서 소설 문장에 '-었다'를 도입한 것이 자신이 1919년 『창조』 창간호에 발표한 『약한 자의 슬픔』이었다고 하였지만[7] 그보다 앞서 1917년 『매일신보』에 연재된 이광수의 『무정』에서도 '-었다'가 사용된 바 있다.[8]

---

6) 이지영(2008:74)은 근대소설의 문체 혁신을 통한 서술문에서의 '-었다'의 정착은 비단 소설 장르에서뿐 아니라 한국어 문어 서술문 일반으로 확산되었고 이러한 점에서 근대 문학어의 확립은 현대국어의 기틀을 마련하는 중요한 역할을 했다고 평가했다.

7) 김동인은 1948년 3월부터 1949년 8월까지 『신천지』에 "문단 30년의 자취"라는 글을 연재했는데, 1948년 4월에 발표한 글에서 자신이 『약한 자의 슬픔』을 저술할 당시 조선어로 글을 쓰는 것이 마치 외국어로 글을 쓰는 것과 다름이 없었다고 하며, 답습할 문장의 모델이 부재한 상황에서 새로운 문체를 만들어 내기 위해 '-었다', '그' 등을 선택하게 되었다고 회고하였다.

8) 『무정』에 쓰인 '-었다'의 예를 몇 가지 제시하면 다음과 같다. 괄호 안의 쪽수는 단행본을 기준으로 한 것이다. "이러케 싱각ᄒ고 형식은 얼굴이 붉어지며 혼자 빙긋 우섯다<2>.", "그가 처음 영채를 업어 갈 ᄶᅢ에는 이십이 넘도록 쟝가를 들지 못ᄒᆫ 맛아들에게 주려ᄒᆫ 마음이엇다<52-53>.", "「큰물」「흉년」 ᄒᆞ는 싱각과, 물소리와, 뭉글뭉글ᄒᆞᄂᆞᆫ 구름과, 집을 일코 놉흔 ᄯᅡᆼ으로 긔어 오르는 사롬은 그녀로

하지만 이광수는 지문을 종결할 때 '-었다'를 쓰기도 하고 '-더라'를 쓰기도 해 김동인처럼 철저하게 '-었다'를 쓴 것은 아니었다.

'-었다'를 통한 언문일치체가 이광수에 의해 시작된 것이라고 보든 김동인에 의해 시작된 것이라고 보든 그 시점은 1910년대 중반이다. 그런데 국어 문법서에서는 이미 10여 년 전부터 한국어의 시제를 과거, 현재, 미래로 나누고 '-었-'을 과거시제 문법 형태소로 규정하였으며 다수의 예문을 통해 '-었다'의 쓰임을 보여준 바 있다.

〈표 6〉은 유길준의 『대한문전』(1909), 김규식金奎植(1881-1950)의 『조선문법』(1909), 주시경의 『국어문법』(1910), 김희상金熙祥(?-?)의 『조선어전』(1911), 김두봉金枓奉(1889-1960)의 『조선말본』(1916)에 사용된 예문들을 전수 조사하여 '-었다'로 끝난 문장들을 추출한 결과이다.

〈표 6〉 근대 국어 문법서 예문에서의 '-었다'와 '-더라'의 쓰임

문법서		예문〈쪽수〉
유길준 (1909)	-었다	구름이 산에 덥히엇다〈102〉 리순신은 통계사가 되얏다〈102〉 술이 가득히 잔에 담기엇다〈106〉 나뷔가 곳에 안젓다〈109〉 어졔밤, 바람의 나무닙새를 불어 써러트리는 소래에 쑴이 까이엇다〈117〉 봄빗이 나븨의 춤추는 그림자를 싹ᄒᆞ야 니르럿다〈118〉 해가 돗엇다〈119〉 을지문덕이 수양뎨를 청천강에서 쌔타리엇다〈120〉 뎌 소년이 흰 말을 길아의 버들에 마이엇다〈128〉
	-더라	(없음)

ᄒᆞ여곰 긔인이라는 싱각을 니져바리고 공듕을 싱각—즉 사롬으로 저마다 가지는 싱각을 가지게 되엇다〈587〉."

김규식 (1909)	-었다	其人이 여러 軍士를 率ᄒ엿다<93> 뎌 큰 개가 이 적은 고양이를 물엇다<95> 法皇 拿破崙이 英國 大將 윌링톤과 싸왓다<98> 물 먹는 소를 찌렷다<98> 羅馬王 가이사가 갈니고롤 征伐ᄒ엿다<99> 其 兵丁이 只今 잇다 하며 또 제 大將을 보앗다 흠을 우리가 드럿다 <100> 그 사람이 희가 놉히 뜬 후에 쩌낫다<103> 나 ᄒ라 ᄒ는 딕로 잘 네가 아니ᄒ엿다<105> 그 사람이 봣는딕 나는 쪄를 보지 못ᄒ엿다<105> 그 사람은 갓다<108> 그러ᄒ나 내 병이 날 찍신지 나는 여기 잇기로 작정ᄒ엿다<108> 내가 어적게 거긔 갓다<114> 내가 거긔 억적게 갓다<114>
	-더라	그 사람이 집에 잇섯더면 우리가 맛나 보앗슬 터인딕 그쩍에 맛춤 어딕 가고 업더라<89> 빅를 삿더니 그거시 찌진 거시더라<96> 사름이 셩닌 거시 나타낫더라<101> 희가 돗고 이슬이 져졋더라<105> 그 사람이 이 일을 잘못ᄒ 거시 그 얼굴에 나타나더라<110>
주시경 (1910)	-었다	아기를 안앗다<64> 푸른 가지 혼들혼들 들인 솔이 맑은 가람 돌언덕에 빗겨 섯다<66> 우리나라에서 이기엇다<76> 내가 모시 한꿋으로 두루막이를 만들엇다<80> 내가 실 네 꾸리로 한 끗을 앗다<80> 우리의 몸이 어버이에게서 나앗다<81> 내가 좋은 붓을 사앗다<88> 그 사람이 거진 가앗다<90> 그 사람이 가앗다<100>
	-더라	이마가 붉은 두름이가 소리가 길게 울더라<49> 그 말이 들로 뛰어가더라<53> 그것이 벼루더라<65> 그것이 먹이더라<65> 새가 날더라<74> 벌도 날더라<76> 날이 찬데 그 사람이 솜옷을 입지 안이하엿더라<86>

김희상 (1911)	-었다	네가 ㅎ얏다<105> 벌이 나를 쏘앗다<107> 붉은 곳이 피엇다<107> 저 아해가 큰 책을 가지엇다<108> 내가 붉은 붓을 삿다<108> 썩 큰 범이 개를 무르엇다<108> 갓다 내가<116> 책을 가지엇다 내가<116> 저 아해가 그 큰 책을 가지엇다<118> (에구) 큰일이 낫다<119> 곳이 피엇다<121> 오날은 놀나가자고 그이가 편지를 ㅎ얏다<125> 자긔는 법률을 배온다고 그 사람이 말을 ㅎ얏다<125> 그것은 안이 되갯다고 그 사람이 말을 ㅎ얏다고 저 아해가 말을 ㅎ얏다<126> 물리학은 제일 어려운 학문이라고 선생님이 말삼을 ㅎ시엇다<128> 바람은 개고 물결은 쉬엇다<132> 물결은 쉬고 바람은 개엿다<132> 형님이 그이가 오거든 이것을 주라고 말삼을 ㅎ시엇다<134> 텬문학자가 오날은 일식이라고 말을 ㅎ얏다<134> 형님이 말삼을 그이가 오거든 이것을 주라고 ㅎ시엇다<134> 그이가 말을 저것은 안이 가진다고 ㅎ얏다<134> 형님이 말삼ㅎ시기를 그이가 오거든 이것을 주라고 ㅎ시엇다<135> 그이가 말ㅎ기를 저것은 안이 가진다고 ㅎ얏다<135> 내가 그것을 보앗다<137> 썩 붉은 곳이 많이 피엇다<137> 내가 저 사람의 오는 것을 어제 아참에 보앗다<138> 김서방과 리서방이 학교에 갓다<140> 김서방이 갓다 오앗다<141> 내가 책과 조희를 삿다<141> 리서방과 김서방과 박서방이 조희와 붓과 벼루와 먹을 가지고 갓다 오앗다<145>
	-더라	(없음)
김두봉 (1916)	-었다	그 사람은 (옷을) 잘 입엇다<164> 이 사람은 뜻이 서엇다<167> 가루와 물이 반죽이 되엇다<175>
	-더라	새는 노래하고 나비는 춤추더라<153> 저 애는 맘이 착하더라<169>

<표 6>에 나타난 대로 과거의 상황을 묘사하는 예문에는 거의 대부분 '-었다'가 쓰였다. '-더라' 역시 예문의 종결에 사용된 경우가 있었지만 그 출현 빈도를 비교해 보면 '-었다'는 총 64개, '-더라'는 총 14개로 '-었다' 쪽이 훨씬 우세했다. 예문에서의 '-더라'의 사용은 문법가에 따라 차이가 있었다. <표 6>에 제시된 것처럼 김규식, 주시경, 김두봉은 일부 예문에서 '-더라'를 사용한 반면, 유길준과 김희상은 예문에서 '-더라'로 끝나는 문장을 쓰지 않았다.

<표 6>에 인용한 문법서의 예문들은 소설의 한 문장이라 해도 손색이 없을 만큼 발화 상황을 생생히 담아낸 경우가 많다. 유길준의 "어제 밤, 바람의 나무닙새를 불어 써러트리는 소래에 꿈이 싸이엇다."라든지 김규식의 "그러흐나 내 병이 날 쩌싯지 나는 여기 잇기로 작정흐엿다." 등의 문장은 화자의 내면을 드러내는 고백투의 문장이 국어 문법서의 예문에서 이미 시도되고 있었음을 보여준다. 이와 같이 근대소설의 지문에 '-었다'가 도입되기 전에 이미 국어 문법서들은 '-었다'에 과거시제 표현으로서의 공고한 지위를 부여한 상태였다. 1900년대 후반부터 1910년대 초반까지의 문법서 예문에 쓰인 '-었다'와 1910년대 중반 이후 소설 문장에 도입된 '-었다'는 당시의 어학자들과 문학가들 사이에 문법 형태가 동반하는 특정한 언어 감각이 의식적으로 공유되고 있었음을 짐작케 해 준다.

3) 소설가와 문법가의 언어적 공감대

언문일치체 어미에 관한 논의에서 주목을 받아온 것은 '-더라'와 '-었다'의 교체였지만 고전소설과 근대소설의 문장을 비교해 보면 고전소설에 쓰인 종결어미 중 상당수가 근대소설로 오며 사라진 것을 알 수 있다. 고전소설에서 흔히 쓰이던 '-노라', '-으니라', '-으리라', '-으리오', '-은지라', '-을지라' 등의 이른바 고어 투의 어미들은 근대소설의 문장에서는 거의 찾아볼 수 없게 되었는데 이는 근대소설의 작가들이 특정 어미들을 의식적으로 기피한 결과로 생각된다.

본격적인 논의에 앞서 먼저 고전소설, 신소설, 근대소설의 전형적인 어미 사용 양상을 예문을 통해 검토해 보고자 한다. 아래의 인용문은 고전소설 『쌍주긔연』의 도입부로, 논의의 편의를 위해 대사 부분에 '【 】'표시를 넣었다.

디명셩화 년간의 소쥐 화계촌의 일위 명환이 잇스니 셩은 셔오 명은 경이요 즈는 경옥이니 디디명문거족이라. 위국공 셔달의 휘오 문연각 티학스 문형의 지라. 위인이 공검인후ᄒ고 문장이 당셰에 독보하며 소년의 등과ᄒ여 벼슬이 니부상셔 참지졍스의 니르니 부귀영총이 일셰에 혁혁ᄒ더라. 부인 니시는 간의틱우 니츈의 녀오 한국 공션장의 휘라. 황용틱와 뇨조슉덕이 겸비ᄒ나 슬하의 남녀 간 일졈혈육이 업셔 민양 슬허하러니 일일은 한 녀승이 손의 뉵환장 집고 목의 백팔념쥬를 걸고 닉당을 드러와 계하의 합장비례 왈 【빈승은 틱원 망월스의 잇는 혜영이라 ᄒ는 중이옵더니 졀이 가난ᄒ여 불당이 퇴락ᄒ민 부체 풍우를 피치 못ᄒ는 고로 불원쳔니ᄒ고 공문귀퇴의 시쥬ᄒ여 졀을 종속코져 왓나이다.】 ᄒ거늘 공과 부인이 보민 나히 반빅은 ᄒ고 얼굴이 빙셜 갓고 니고와 다른지라. 공이 소 왈 【불되 비록 령ᄒ거니와 업는 자식을 엇지 졈지ᄒ리오.】 부인이 쏘한 웃고 왈 【노누라 공부즈는 니구산의 비리 나 계시니 지셩이면 감응ᄒ민 잇느니 현스는 부쳐게 지셩으로 축원ᄒ여 달나.】 ᄒ고 머리의 금츠를 쌔혀주고 쏘 빅능을 닉여 축스를 지어쥬니 혁영이 바다 가지고 하직 왈 【빈승의 잇는 곳이 머으나 후일 혹 다시 빅알홀가 바라옵느니 만슈무강하소서.】 ᄒ고 언필의 표연이 가더라.

위의 인용문을 보면 고전소설의 지문 문장 종결에는 '-라', '-더라', '-은

지라'가 쓰였고 대사 문장의 종결에는 '-나이다', '-으리오', '-으소서'
등이 쓰였다.

다음은 이해조李海朝(1869-1927)의 신소설 『홍도화』의 일부이다.

쥬츅이 일반(走逐이 一般)으로 신부집이나 신랑집이나 로도령 로쳐녀
를 둔 듯이 쥬단왕릭를 흔자 퇴일을 곳 흐엿더라. 퇴희가 학교에 가고
올 쩌무두 자슈궁 두리를 건너오랴면 쇼학교의 단기는 늠학도 흔 으희
구 압셔거니 뒤셔거니 흔참식 동힝을 흐는디 얼골은 날마두 보으 익숙
흐야 맛나면 반갑고 허여지면 셥셥홀 만흐지마는 쳘 모로는 으희들이
르도 교육 밧는 효혐으로 남녀유별의 인스를 차려 물은 흔 마디도 안
이 흐고 지니던 터이러라. 하로는 퇴희가 하학흔 후 집에를 도라오니
리직각이 그 부인 김씨와 잔취 차릴 공론을 분분히 흐득가 퇴희의 드
러오는 것을 보고 얼골에 우숨을 씌우며
(리) 【퇴희야 오늘쌔지는 학교를 갓다 왓지마는 릭일브터는 문밧
     게 나으 단기지 물으라.】
(퇴) 【에그 아버지 웨 그리흐셔오. 문밧게를 못 나으가면 날마두 상
     학은 엇더케 흐닛구.】
(리) 【상학도 고만 두어른. 계집으히구 그동안을 공부만 흐여도 무던
     흐지 더 히셔는 무엇을 흐게.】
(퇴) 【그리면 일것 사 년이나 공부를 흐득구 얼마 안이면 졸업을 홀
     터인디 그만두어오.】

신소설의 경우 위의 인용문에서와 같이 지문에서는 '-더라', '-러라'
등 고전소설에서 널리 쓰이던 어미들을 사용했지만 대사에서는 '-어라',
'-어요', '-읍니까', '-게', '-어' 등 고전소설에서 볼 수 없던 구어체 어미
들을 사용하였다.

대사뿐 아니라 지문의 어미에도 두드러진 변화가 나타난 것은 근대
소설에 이르러서였다. 다음은 이광수가 쓴 『무정』의 일부이다.

　　형식은 김 쟝로 집에서 나와서 바로 교동 즈긔 긱쥬로 돌아왓다. 마
치 술취흔 사름 모양으로 아모 싱각도 업시 어듸로 가는지도 모르고
다믄 일년 넘어 다니던 습관으로 집에 왓다. 말ᄒ자면 형식이가 온 것
이 아니오 형식의 발이 형식을 끌고 온 모양이라. 쥬인 로파가 져녁상
을 차리다가 치마로 손을 씨스면서
　　【"리 선싱 웬 일이시오"】 ᄒ고 이샹ᄒ게 웃는다. 형식은 눈이 둥글
ᄒ야지며
　　【"웬요"】
　　【"아니 그처럼 놀라실 것은 업지마는……"】
　　【"웬 무슨 일이 싱겻서요"】 ᄒ고 웃둑 서서 로파를 본다.

　　『무정』의 지문에서는 '-었다', '-는다' 등 고전소설이나 신소설의 지
문에서는 쓰이지 않았던 어미들이 보인다. 이렇게 어미 사용 양상은 고
전소설에서 신소설로 오며 대사 부분에서 먼저 변화되기 시작되었고
신소설에서 근대소설로 오며 지문 부분에서도 변화가 일어났다. 신소설
작가들이 의도적으로 바꾸어 쓰려 했던 대사 속 어미들과 근대소설 작
가들이 의식적으로 기피하던 지문 속 어미들은 어떠한 언어 감각을 반
영한 것이었을까? 그동안 언문일치체에 관한 논의들에서는 '-더라'와 '-었
다'의 교체를 중심으로 어미의 선택 문제를 다루어 왔지만 서술 시점의
변화와 같은 소설적 장치에 대한 설명만으로 소설 속 어미 전반에 나타
난 변화를 설명할 수는 없다.

　　본서에서는 당시 소설가들이 가지고 있던 일종의 공시태共時態에9) 대
한 인식이 어미 선택 전반을 좌우하는 요인이 되었을 가능성이 높다고
본다. 근대소설의 작가들은 '지금 여기'의 실생활에 밀착된 이야기 속에
서 인물의 내면을 생동감 있게 묘사하고자 했고 이를 위해서는 당대인

---

9) '공시태synchrony'는 '같은 시대의 언어 화자들 사이에 공유되는 일정한 언어 상태'
　라는 뜻으로, '통시태diachrony'에 대립된다.

들의 언어적 직관 속에 생생히 살아 있는 말들을 사용해야 했을 것이
다. 고전소설에 쓰였던 고어 투의 어미들이 근대소설의 문장에서는 철
저하게 배척되었던 것은 더 이상 발화되지 않는 표현들로는 살아 숨 쉬
는 문학을 실현시킬 수 없다는 판단이 있었기 때문이라 생각된다.

당대인들의 언어적 직관을 중시한 것은 문법가들도 마찬가지였다.
주시경이 실제의 말에 내재된 원리를 글로도 구현해 내기 위해 문법 연
구에 착수했던 것처럼 근대의 문법서들은 과거의 문헌들이 아닌 '지금
여기'의 살아 있는 말로부터 문법의 원리를 찾아내고자 했다. 그렇다면
같은 시기에 활동했던 소설가들과 문법가들은 어미의 공시태에 대한
판단을 공유하고 있었을 가능성이 높다.

이러한 가설을 검증하기 위해 고전소설에 쓰인 어미들과 근대소설에
쓰인 어미들, 그리고 근대 문법서에서 기술된 어미들의 목록을 비교해
보고자 한다. 고전소설은 작품에 따른 문체의 차이가 크지 않기 때문에
『구운몽』 이본들의 어미 사용 양상을 분석한 장요한(2012)의 종결 형
식[10] 목록을 비교 자료로 활용한다.[11] 근대 문법서의 경우 근대적 국어
학 연구의 출발점이 되는 연구이기도 하면서 상세한 어미 목록을 제시
하고 있는 주시경의 『국어문법』을 비교 대상으로 삼는다.[12]

---

10) 장요한(2012)에서는 어간까지 포함하여 어미의 목록을 제시할 때 '종결 형식'이라
　는 표현을 사용하였다. 여기에서는 원문의 표현을 그대로 인용하였다.
11) 장요한(2012)에서 분석 대상으로 삼은 이본은 최고본最古本인 서울대학교 중앙도
　서관 소장본(필사본)과 고려대학교 도서관 소장본(경판32장본), 유일서관 간행본
　(구활자본)이다. 그중 구활자본은 1913년에 간행된 것으로 언문일치 운동이 시작
　된 이후의 자료이므로 제외하고 '서울대본'과 '고려대본'에 쓰인 어미만을 비교의
　대상으로 삼는다.
12) 인쇄 출판된 문법서 중 시기적으로 보다 앞서는 것은 유길준의 『대한문전』이지만
　유길준은 어미의 목록을 자세히 제시하지 않아서 본문에서는 주시경의 문법서를
　비교 대상으로 삼았다. 유길준은 동사와 형용사에 결합되는 어미들을 '助動詞'의
　항목에서 다루었는데 연결어미, 종결어미, 선어말어미의 구별이 없이 다음과 같은
　분류 체계를 세웠다.

<표 7>은 장요한(2012)에서 제시한 『구운몽』의 종결 형식으로, 『국어 문법』의 어미 목록과 겹치는 것에 음영 표시를 하였다.

〈표 7〉 『구운몽』 이본에 쓰인 종결 형식(장요한 2012)

	아주 높임	예사 높임	안 높임
평서문	ㅎ오이다, ㅎ이다, ㅎᄂ이다, ㅎ니이다, ㅎᄂ니이다, ㅎ옵ᄂ이다, ㅎ줍ᄂ이다, ㅎ엿ᄂ이다, ㅎ엿ᄂ이다		ㅎ다,13) ㅎᄂ다, ㅎ더라, ㅎ엿다, ㅎ리라, ㅎ니라, ㅎ엿ᄂ니라, ㅎ엿더라, ㅎ노라, ㅎᄂ너라
의문문	ㅎᄂ잇가/고, ㅎ니잇가/고, ㅎᄂ니잇가/고, ㅎ닛가/ㅎ릿가/고	ㅎ오(요)	ㅎ다, ㅎ뇨, ㅎᄂ뇨, ㅎ엿ᄂ뇨, ㅎ냐, ㅎᄂ냐, ㅎ엿ᄂ냐, ㅎ소냐, ㅎᄂ가, ㅎᄂ는가, ㅎ고, ㅎᄂ는고, ㅎ가, ㅎ고, ㅎ리오
명령문	ㅎ쇼셔, ㅎ옵쇼셔		ㅎ라, ㅎ디어다
청유문	ㅎᄉ이다		∅
감탄문	ㅎ도소이다, ㅎ엿도소이다, ㅎ리로소이다, ㅎ소이다		ㅎ도다, ㅎᄂ는도다, ㅎ엿도다, ㅎ다, ㅎ리로다, ㅎ게라, ㅎ과라

주시경의 문법 형태 분류(기난틀)에서 종결어미는 '끗'에 해당하는데, 주시경은 선어말어미까지 포함하여 서법에 따라 '이름, 물음, 시김, 홀

- 期節에 따른 분류: [現在] -아, -어, -오 [未來] -겟- [過去] -드-, -더- [通用] -야, -지
- 階段에 따른 분류: [合續段] -거-, -더- [連鎖段] -서, -야 [中止段] -고, -니 [終結段] -오, -다
- 意思에 따른 분류: [欲爲] -져, -야, -고져, 싶흐어 [必要] -어야 [決定] -서, -겟-, -마 [命令] -오, -게, -라 [役使] -지어 [擬想] -지, -는지 [疑問] -가 [尊敬] -시-, -사, -소서 [謙恭] -이다, -압나이다, -이올시다, -이오이다

13) 분석 대상 고전소설에서 '-ㄴ다'는 내포절에만 쓰였지만(장요한 2012) 주시경 (1910)의 끗 목록에서 제시한 '-ㄴ다'는 상위문 종결어미로 쓰인 것이다. 따라서 엄밀히 말해 <표 7>의 목록에 나타난 '-ㄴ다'와 <표 4>의 목록에 나타난 '-ㄴ 다'의 기능이 완전히 동일했다고 보기는 어렵지만 분포의 확대 과정으로 이해할 수 있으므로 겹치는 목록으로 간주하였다.

로'의 네 가지 부류로 나누고 다음과 같은 목록을 제시하였다.

〈표 8〉 주시경 『국어문법』의 '끗'기 목록

분류	어미 목록
이름	-다, -ㄴ다, -는다, -앗다, **-엇다**, -겟다, -리라, **-으리라**, -앗으리라, -엇으리라, -앗겟다, -엇겟다, -요, -이요, -오, -으오, -소, -앗소, -엇소, -겟소, -앗겟소, -엇겟소, -요, -이다,14) **-오이다**, -읍나이다, **-옵나이다**, -이옵나이다, -으옵나이다, -습나이다, **-더라**, -이더라, -더이다, -이더이다, -옵더이다, -옵더이다, -읍더이다, -으옵더이다, -습더이다, -시옵더이다, -앗옵더이다, -시더라, -지, -이지, -지요, -이지요, -옵지요, -읍지요, -십지요
물음	**-냐**, -으냐, -이냐, -뇨, -이뇨, -으뇨, **-나냐**, -앗나냐, -엇겟나냐, **-나뇨**, -랴, -으랴, **-ㄴ가**, -인가, -은가, -야, -이야, -지, -이지, -요, -이요, -오, -으오, -소, -앗소, -엇소, -겟소, -앗겟소, -엇겟소, -지요, -이지요, -시오, -으시오, -요이가, -오이가, -읍나이가, -옵나이가, -이옵나이가, -옵나이가, -으옵나이가, -습나이가, -더이가, -이더이가, -옵더이가, -옵더이가, -옵더이가, -습더이가, -으옵더이가, -시옵더이가, -앗옵더이가, -앗습더이가, -더냐, -이더냐, -더뇨, -시더뇨, -이더뇨, -시더냐, -시더뇨, -읍지요, -습지요
시김	-아라, **-어라**, -오, -으오, -시오, **-읍소서**, -소서, **-으소셔**, -읍소서, -시옵소서, -오시옵소서, -시옵시오, -십시오, -으시오
홀로	-다, -이다, -ㄴ다, -는다, -앗다, -엇다, -리라, -겟다, -으리라, -앗겟다, -엇겟다, -앗으리라, -엇으리라, -로다, -이로다, **-으리로다**, -고나, -이고나, -는고나, -앗고나, -엇고나, -겟고나, -리로고나, -이로고나, **-도다**, -이도다, **-는도다**, -앗도다, **-엇도다**, -겟도다, -지, -이지, -앗지, -엇지, -겟지, -앗겟지, -냐, -야, -나냐, -ㄴ가, -인가, -뇨, -이뇨, -으뇨, -랴, -으랴

근대소설과의 비교에 앞서 일단 <표 7>과 <표 8>에 제시된 목록을 비교해 보면, <표 7>에 나타난 고전소설의 종결어미 총 69개15) 중 『국어문법』에서 언급된 것은 두 표에서 음영 표시된 18개로 약 26%에 해

---

14) 주시경의 끗 목록에 나타난 '-이다'는 지정사 '이-'와 종결어미 '-다'의 결합형이다. 주시경은 지정사를 어미의 일부로 보았고 그 후 1935년에 박승빈이 '이-'에 지정사의 자격을 부여하며 독립된 형태로 다루기 시작했다. 한편, 『구운몽』에 쓰인 '호이다'의 '-이-'는 선어말어미에 해당하므로 주시경의 '-이다'와 『구운몽』의 '-이다'를 겹치는 목록으로 보지 않았다.

15) <표 7>에 나타난 목록 중 선어말어미 결합형도 별개로 보고 계산하였다.

당한다. 한편 <표 8>를 기준으로 볼 때에는 주시경이 제시한 종결어미 총 169개[16] 가운데『구운몽』에 쓰인 어미는 약 10%에 불과하다. 이처럼 고전소설에 쓰인 어미와 근대 문법서에 제시된 어미의 목록에는 큰 차이가 있었다. 이러한 차이는 의고체로서 문어에서만 쓰이던 어미들과 실제 음성으로 실현되며 구어에서 쓰이던 어미들 간에 공통성보다는 차별성이 더 컸음을 보여준다.

주시경이『국어문전음학』에서 '국어'대로 '국문'을 쓰는 방법을 구상했다고 술회했던 것처럼,『국어문법』을 비롯한 근대 초기의 국어 문법서들 대부분이 "'말'의 법칙대로 '글'을 써야 하는 필요에" 따라 '말'의 법칙으로 문법의 내용을 구성했다(안예리 2019:267). 따라서 문법서를 집필하는 문법가는 당대의 구어체에서 쓰이지 않던 어미들을 공시태의 어미가 아니라고 판단하여 문법 기술에서 제외시켰을 가능성이 높다.

『구운몽』에는 쓰였지만『국어문법』의 설명에서는 누락된 어미들에 대한 근대소설 작가들의 판단은 어떠했을까? 소설가들 역시 문법가들과 같이 구어 공시태를 우선시하는 관점을 가지고 있었을까? 좀 더 면밀한 비교를 위해 <표 7>과 <표 8>에서 제시한 어미 목록들 중 이형태에 해당하는 것들을 하나로 묶고, 당시 생산적인 선어말어미로 기능했던 '-었-'은 분리시킨 채 목록을 재정리하여 고전소설과 국어 문법서, 그리고 근대소설에서의 어미 사용 양상을 비교해 보겠다. 근대소설의 경우 최초의 근대소설 작가로 평가받아온 이광수의 작품들『어린 벗에게』,『무정』,『흙』과 언문일치체 어미에 관한 많은 고민의 흔적을 남긴 김동인의 작품들『약한 자의 슬픔』,『배따라기』,『감자』,『광화사』,『젊은 그들』을 분석 대상으로 삼았다.

먼저 평서형 어미의 사용 양상을 비교해 보면 다음과 같다.

---

16) 형태는 같으나 서로 다른 서법으로 분류된 것은 별개의 어미로 보았다.

〈표 9〉 고전소설, 문법서, 근대소설의 평서형 어미 사용 양상 비교

『구운몽』	주시경	이광수	김동인
-ᄂᆞ다	○	○	○
-다	○	○	○
-더라	○	○	○
-리라	○	○	○
-오이다	○	○	○
-ᄂᆞ이다	○	○	○
-ᄉᆞᆸᄂᆞ이다	○	○	×
-ᄂᆞ니라	×	○	○
-니라	×	○	○
-노라	×	○	○
-ᄂᆞ니이다	×	×	×
-ᄂᆞ다	×	×	×
-니이다	×	×	×
-ㄹ녀라	×	×	×
-이다	×	×	×

주시경의 문법 기술에 포함된 평서형 종결어미들은 거의 대부분 근대소설에서 활발할 쓰임을 보였다. 유일하게 '-ᄉᆞᆸᄂᆞ이다'의 경우 김동인의 작품들에서는 용례가 보이지 않았는데 이는 문체적 요인보다는 문법 형태의 변화에 기인한 것으로 보인다. 20세기 전반기에 '-ᄉᆞᆸᄂᆞ이다/삽나이다'는 '-ᄉᆞᆸᄂᆡ다/삽내다'로 축약되었다가 '-습니다'로 재구조화되는 변화를 겪었고 당대의 문헌에서 이 세 가지 형태가 뒤섞여 쓰이는 양상이 보였는데(안예리 2013b:202) 이광수는 구형과 개신형 어미를 모두 사용한 반면 김동인은 개신형 어미만을 사용하였다.

한편 『구운몽』의 종결어미 중 『국어문법』에서 어미 목록으로 다루어지지 않은 평서형 종결어미의 경우, 절반 이상은 이광수와 김동인의 작품에서는 그 예가 보이지 않지만, '-ᄂᆞ니라, -니라, -노라'와 같은 일부 어미는 다음과 같이 근대소설에서도 그 쓰임이 확인된다.

그러나 저 학싱들 속에 참 시인이 <u>잇느니라</u> (무정)
보재기는 그 아래 층에 <u>있느니라</u> (졂은그들)
셜혹 즁요ㅎ다 ㅎ더라도 부분(部分)은 젼톄(全體)보다 <u>젹으니라</u> (무정)
그래두 졂었을 땐 남모르는 걱정이 <u>많으니라</u> (약한자의슬픔
輔衡아 내 너를 사랑하<u>노라</u>, 누이가 올아비에게 하는 그대로 (어린벗
에게)
고진감래라, 지금의 괴로움도 쟝래의 낙을 약속하는 밑(本)이니 추위
를 쓰다 하지 말고 직무에 충성되기를 바라<u>노라</u> (졂은그들)

하지만 분석 대상 작품 내에서 해당 어미들의 쓰임은 위에서 제시한
한두 가지 예가 전부라 할 정도로 극히 제한되었기 때문에 평서형 어미
의 경우 주시경의 공시태에 대한 판단과 근대소설에서의 쓰임이 대체
로 일치했다고 볼 수 있다.

의문형 어미의 경우도 『국어문법』에서 다루어진 어미들은 근대소설
에서도 광범한 쓰임을 보였고, 주시경이 문법 기술의 대상으로 삼지 않
았던 '-리오', '-릿가', '-ᄂ잇가', '-니잇가' 등은 이광수나 김동인의 작품
에서도 안 쓰이거나 매우 드물게 썼다. 다만 '-ㄹ가'의 경우는 이광수
와 김동인의 작품에서 모두 의문형 어미로 널리 쓰여 차이가 있었다.

〈표 10〉 고전소설, 문법서, 근대소설의 의문형 어미 사용 양상 비교

『구운몽』	주시경	이광수	김동인
-냐	○	○	○
-ᄂ냐	○	○	○
-ᄂ가	○	○	○
-ㄹ가	×	○	○
-리오	×	○	○
-릿가	×	○	○
-ᄂ잇가	×	○	×
-니잇가	×	○	×

-ㄴ다	×	×	×
-느니잇가	×	×	×
-닛가	×	×	×
-ㄹ소냐	×	×	×

명령형 어미는 아래의 표에서 볼 수 있듯이 『국어문법』과 근대소설에서의 출현 여부가 일치하였다.

〈표 11〉 고전소설, 문법서, 근대소설의 명령형 어미 사용 양상 비교

『구운몽』	주시경	이광수	김동인
-라	○	○	○
-쇼셔	○	○	○
-옵쇼셔	○	○	○
-ㄹ디어다	×	×	×

마지막으로 감탄형 어미의 경우를 살펴보면 『국어문법』에서 다룬 어미 중 일부가 김동인의 작품들에서는 전혀 보이지 않았다. '-ᄂ도다', '-리로다'가 김동인의 작품들에서 확인되지 않는데 평서형, 의문형, 명령형 어미들의 경우 『국어문법』에 언급된 어미라면 이광수와 김동인의 작품 모두에서 활발한 쓰임을 보였던 것과 차이가 있는 부분이다.

〈표 12〉 고전소설, 문법서, 근대소설의 감탄형 어미 사용 양상 비교

『구운몽』	주시경	이광수	김동인
-도다	○	○	○
-ᄂ도다	○	○	×
-리로다	○	○	×
-도소이다	×	○	×
-리로소이다	×	○	×

-ㄹ소이다	×	×	×
-ㄹ다	×	×	×
-게라	×	×	×
-과라	×	×	×

한편 '-도소이다', '-리로소이다'는『국어문법』에서는 언급되지 않았지만 이광수의 작품에서는 사용된 예가 보인다.

이상에서 살펴본 것처럼 일부 예외가 없지는 않지만 주시경의 문법적 판단과 근대소설 작가들의 어미 사용 양상은 대체로 일치하는 양상을 보였다.『구운몽』에 사용된 어미와 이광수, 김동인의 근대소설에 사용된 어미 사이에는 분명한 선이 존재했고 그 선에 대한 감각을 주시경역시 공유하고 있었다. 이 선은 바로 근대의 문체 혁신과 문법의 확립을 가능케 한 지금 여기의 언어, 즉 언어의 공시태에 대한 인식이다. 문학가들에게 언문일치는 살아 있는 말로 글을 쓰는 것이었고, 어학자들에게 언문일치는 살아 있는 말의 원리를 찾아 이를 글의 규칙에 반영시키는 것이었다. 이처럼 근대의 언어적 이상에 대한 담론들은 살아 있는 말을 글에 투영시키는 것, 즉 '문어의 재편'에 초점이 맞추어져 있었다. 하지만 그와 더불어 일부에서는 '구어의 재편'을 이야기하기도 했다.

3. 구어의 순화와 민족성

1) 인사말과 민족적 활기

문자, 표기법, 문체의 문제에 집중되어 있던 이상적 언어에 대한 구상에서는 말을 어떻게 글에 반영해 낼 것인가가 주된 고민거리였다. 하지만 그 주변부에서는 말 자체를 변화시켜야 한다는 주장이 제기되기도 했다.

근대의 작가들과 문법가들이 문어의 개량을 역설할 때 일제강점기 최고의 만담가 신불출申不出(1907-1969)은 일상적으로 사용하는 구어 표현들의 개량을 주장하였다. 그는 "오날은 新聞雜誌時代라고 하지만 筆者는 朝鮮은 雄辯時代라고 하고 싶습니다."라고 하여, 당시의 조선의 현실에서는 글보다 말이 갖는 힘이 더 클 수밖에 없다고 보았다. 국민의 대다수가 겨우 가갸거겨를 배우고 있는 조선에서는 신문과 잡지도 필요하겠지만 그보다는 말을 통해 세상을 좌우할 수 있는 웅변의 힘이 더욱 절실하다고 본 것이다.17)

신불출은『삼천리』에 여러 편의 글을 기고하였는데, 그중 1935년 11월에 발표한 "漫談: 言語 안인 言語"와 1938년 5월에 발표한 "인사를 고처 하라."라는 글은 언어 표현의 개량에 대한 견해를 담고 있다. 후자의 글은 제목 그대로 인사말의 개량에 대한 것이지만 전자의 글에는 인사말 외에도 여러 가지 내용이 담겨 있다. 여기서는 먼저 두 글에 나타난 인사말에 대한 부분을 살펴보겠다.

당시 한국어의 인사말에 대해 신불출이 문제시한 점은 인사말이 실질적 의미가 없이 공허하다는 점과 지나치게 애상적이라는 점이다. 길에서 만난 사람에게 "어데 가심니까?"라고 묻는 경우가 많은데 이는 어디에 가는지를 꼭 알아야 하는 경우가 아니더라도 입버릇으로 묻는 말이며 듣는 사람 역시 "녜. 어데 좀 감니다!"라고 하여 도무지 어의語意가 성립되지 않는 대답을 한다는 것이다. 신불출은 이러한 인사 교환에 대해 "언어의 의식내용이 무섭게도 架空的인 때문에 표현된 언어가 대개 槪念的으로 흐르는 수가 만습니다. 진실한 생활토대를 근거로 하지 못한 이러한 개념 건축에는 오직 空漠한 늣김을 갖일 뿐이외다."18)라고

---

17) 신불출, "雄辯과 漫談",『삼천리』7(5), 1935.

204 근대 한국의 언어 문제

비판하였다. 또한 이러한 비판에 이어 언어라는 것은 생활 속에서의 자기의 사상과 감정을 솔직하게 표현해 내는 것이어야 하므로 장차 "개념성 언어"를 버리고 "생활성 언어"를 이룩해야 한다고 주장하였다.[19]

그는 "진지 잡수섯슴니까?"라든지 "안녕히 주무섯슴니까?" 같은 인사말은 과거 천재지변과 각종 난리가 많아 밥을 제대로 못 먹고 잠도 제대로 못 자던 사람들이 많았던 어려운 시절이 배경이 되었을 것이라고 보며 오늘날의 현실도 옛날과 다름없이 여전히 가난 박복하고 불행 참담하지만 그렇다고 궁상스러운 인사까지 계속 유지해서는 안 된다고 하였다. 늘 이런 인사를 주고받는 것은 밤낮 굶고 다니는 사람이 많은 사회, 자다가 경을 치는 사람들이 많은 사회라는 인식을 바탕으로 한 숙명적 단념의 참혹한 인사이자 자살적 비명이라는 것이다.[20] 이와 유사한 이유로 "그저 심심해도 죽겟네 밥버두 죽겟네 골치가 좀 압허두 죽겟네 심한 경우에는 한참 재미잇게 떠들구 웃다가 「하하하 그거참 우서 죽겟네!」"라고 하는 것처럼 말끝마다 "죽겟네."를 붙이는 언어 습관도 고쳐야 한다고 하였다.

신불출은 반드시 외국의 정신을 따르자는 것은 아니지만 영어의 "꿋모닝Good morning"이나 "파인데이Fine day", 중국어의 "진텐하우今天好", 일본어의 "이이오뎅끼데 고자이마스네いいお天氣でございますね"와 같이 조선어에도 대자연을 구가하는 명랑한 인사말이 있어야 한다고 하였다. 처음에는 어색하겠지만 "야! 즐거운 아츰이다."라든지 "바람이 부는구나."라든지 "좋은 날세로구나."라든지 "얼골 빛이 좋쿠나." 등의 인사말로 밝고 긍정적인 인사를 나누며 "새로운 문화 건설을 위한 환호역작(歡呼力作) 엥여라차"를 부르자고 하였다.

---

18) 신불출, "漫談 言語 안인 言語", 『삼천리』 7(10), 1935.
19) 신불출, "漫談 言語 안인 言語", 『삼천리』 7(10), 1935.
20) 신불출, "인사를 고쳐 하라.", 『삼천리』 10(5), 1938.

신불출은 일제의 감시와 통제 속에서도 절묘한 언어유희와 날카로운 풍자로 식민 지배의 울분을 풀어내곤 했는데 인사말에 대한 태도 역시 그 연장선상에 있는 것이었다. 현실이 아무리 힘들더라도 밤낮 찌푸리고 앉아 소극적으로 탄식만 하고 있어서는 안 된다고 외치던 신불출은 이를 위해 말의 힘을 빌고자 했다. 매일같이 나누는 인사말을 궁상맞지 않고 명랑한 것으로 개량해 유쾌함을 밑천 삼아 억척스럽게 현실을 견뎌내야 한다는 것이다.

'민족적 활기의 부족'은 비단 신불출만의 문제의식은 아니었다. 신불출의 글이 발표되기 10여 년 전인 1926년 9월 25일부터 같은 해 12월 26일까지 『동아일보』에 총 66회 연재된 최현배의 "朝鮮民族 更生의 道"에서도 줄곧 '쇠약증'을 조선의 민족적 질병이라고 진단하고 "沈滯한 民族的生氣를 振作함이 時急한 最良療法 卽 民族的 更生의 最高 唯一의 原理임을 覺悟하여야 한다.[21]"라고 하여 민족 갱생의 도는 오직 민족적 생기를 진작함에 있다고 하였다.[22]

민족적 생기의 진작을 위한 인사말의 개량은 그 사람이 사용하는 말이 그 사람의 정신을 좌우한다는 인식에 기반을 두고 있다. 그리고 이러한 인식은 언어학에서는 소위 훔볼트주의로 설명된다. 독일의 언어학자 훔볼트Wilhelm von Humboldt(1767-1835)는 인구어와는 그 구조가 전혀 다른 인도네시아 자바섬의 카비어를 연구하며 각각의 언어에는 그 언어 사용자의 고유한 정신이 담겨 있다는 결론에 이르렀다. 특정 언어는 그 언어를 사용하는 민족의 심성과 불가분의 관계에 있다는 점에서 언어

---

21) 최현배, "朝鮮民族 更生의 道(三十)", 『동아일보』, 1926.10.28.
22) 총 66회에 걸친 "朝鮮民族 更生의 道" 연재 기사의 첫머리에는 언제나 "生氣振作 理想樹立 更生確信 不斷努力"이라는 문구가 제시되어 있었다. 참고로 이 연재물에서 언어와 문자에 관한 언급이 이루어진 것은 62회(1926.12.21.)와 63회(1926. 12.23.) 연재분이다.

가 곧 민족정신의 표상이라는 이른바 '세계관 이론'은 20세기 전반기 국내의 언어 담론에도 적지 않은 영향을 주었다. 언어는 민족성의 반영이고 언어의 진화는 곧 민족정신의 향상이며 언어의 발전 단계는 민족문화의 발달과 밀접한 관계가 있다는 훔볼트주의는 사회진화론에 입각해 있던 20세기 전반기 동아시아의 사상 조류에도 부합되는 언어 이론이었다.

『동아일보』 1926년 12월 23일자에 실린 "朝鮮民族 更生의 道" 제63회 연재분에서 외솔이 "말은 民族精神의 反射鏡이다."라고 하며 우리말과 글에 대한 연구가 곧 우리 민족적 신문화 발달의 첫걸음이라고 한 것도 훔볼트 언어관의 영향을 받은 것이라 할 수 있다. 또한 1932년 6월에 발행된 『한글』 1(2)에 실린 유근석의 "言語와 人間"에서 "言語는 個人에게 잇어서는 그 사람의 性格을 말하고, 民族에게 잇어서는 그 民族性을 말한다."라고 한 것이나 같은 해 9월 『한글』 1(4)에 실린 안호상의 "말과 글은 有限의 無限"이라는 글에서 "의식의 발달은 언어의 발달과 正比例된다."라고 한 것도 당시 언어와 민족정신의 긴밀한 결합에 관한 훔볼트의 이론이 국내의 어문 담론에도 적극 수용되고 있었음을 보여준다. 훔볼트주의에 기댄 어문 담론의 결론은 아래의 인용문에서와 같이 대부분 민족성의 발달과 민족문화의 발전을 위해 우리말을 아름답고 풍부하고 통일성 있게 가꾸자는 결론으로 이어졌다.

> 無慈悲한 말, 無氣力한 말, 無秩序하고 純粹치 못한 말을 쓰는 民族은, 물을 것도 없이 蕪昧한 民族인 것이 事實이다. 본 지가 오래되어서 이름은 잊엇으나 어느 詩人이 말하기를, 『그 나라의 文化를 速히 알려면, 詩上에 쓰인 그 國語가 얼마나 아름답게 洗練되어 잇는가를 보라』한 말을 본 적이 잇다. 과연 꼭 그러타. 그 나라의 國語는 그 나라의 文野를 如實하게 表示한다. 그러므로, 言語를 研究하는 者는 반드시 自己의 아름다

운 國語로 아름다운 民族性의 아름다운 思想咸情을 發表하는 社會的 努
力이 잇도록 꾸준히 힘써야 할 것이다. (유근석, "言語와 人間", 『한글』
1(2), 1932.)

신불출이 지적한 인사말의 문제점은 위의 글에 따르면 '무기력한 말'
에 해당하며, 뒤에서 살펴볼 불합리한 표현들이나 욕설 등은 무질서하
고 무자비한 말에 해당한다. 이러한 부류에 속하는 표현들은 민족의 야
만성과 무지몽매함을 드러내는 표식이므로 마땅히 아름다운 표현으로
개량되어야 할 것으로 여겨졌던 것이다.

2) 야만의 언어에서 문명의 언어로

근대의 언어 담론에는 말을 아름답게 가꾸자는 주장이 종종 등장했
다. 이때의 아름다움은 무질서와 상스러움의 표식이 되는 표현들을 개
량함으로써 달성될 수 있는 것이었고 이는 야만의 언어를 문명의 언어
로 가꾸어가는 과정과 동일시되었다. 『개벽』이나 『별건곤』 등 1920년
대 잡지에는 일상적으로 사용하는 욕설을 문제시한 다음과 같은 글이
종종 실렸다.

> 簡單히 말하면 京城을 보아 朝鮮을 알 수 잇다 합니다. (…) 自己 것을
> 自己가 蔑視함은 分에 當치 안흔 짓입니다마는 아무리 뜨더 보아도 京城
> 은 자랑거리가 아즉 못 된다 합니다. (…) 남이 불으기를 노는 사람 만
> 흔 京城 小說 잘 읽는 京城 술 잘 먹는 京城 迷信 만흔 京城이라 하는 同
> 時 加하야 싸움(私事爭鬪) 잘하는 京城 <u>욕 잘하는</u> 京城이라 합니다. 이
> 말도 亦是 事實입니다. (京城 人民이라고 다-그런 것은 아니지만) 世界
> 都市 치고 京城과 가티 싸움 잘하는 都市는 업스며 <u>욕說 만흔</u> 都市는 업
> 습니다. 男女老少 毋論하고 上下貴賤 毋論하고 걸핏하면 싸움이오 <u>말끗</u>

마다 辱說입니다. 그 例는 낫나치 들지 안하도 다— 아시리이다. 兄弟여. 이런 것이 다— 우리의 體面을 損喪시키며 우리의 民族性을 남에게 惡方面으로 暴露시키는 것입니다. 다른 나라 다른 都市의 人民은 決코 그런 것이 업습니다. 멀리 말고 日本 東京만 해도 업습니다. 東京을 본 이는 大槪 알이다. 그곳은 노는 사람이 업고 俗說만 외이는 사람이 업고 迷信은 잇스나 外面的 醜行은 업고 술은 잇스나 酒醒軍은 업스며 爭鬪가 적으며 辱說이 적습니다. 그들이 短氣인지라 或 칼 놀음은 잇지만 너저분한 辱說과 싸움은 적습니다. 이것이 大槪 民族의 體面 都會의 體面을 保存하는 그들 各自의 內定이며 또 行動입니다. 들으니까 北京 사람도 그러하며 倫敦 巴里 伯林 사람들도 그러타 합니다. 事實 그럴 것이외다. 兄弟여. 京城의 兄弟여. 우리의 하는 일, 하는 行動, 하는 言辭가 以上 記者의 論한 바가 事實입니까. (박달성, "京城兄弟에게 嘆願합니다!! 大京城을 建設키 爲하야", 『개벽』 21, 1922.)

위 글의 필자는 수도의 세태를 관찰하면 그 나라의 민족성과 발달 정도를 가늠할 수 있다고 하며 경성의 현 세태가 갖는 문제점을 지적하였다. 무위도식하는 사람이 많은 도시, 신문보다 소설 읽는 사람이 많은 도시, 미신에 빠진 도시, 그리고 싸우고 욕 잘하는 도시가 바로 경성이라고 하며 남녀노소 상하귀천이 모두 걸핏하면 폭력을 휘두르고 말끝마다 욕설을 내뱉는 것은 약육강식의 짐승 같은 모습이자 '우리의 민족성을 악惡방면으로 폭로시키는 것'이라고 하였다. 욕설을 곧 야만의 상징으로 본 것이다. 일본의 도쿄, 중국의 베이징, 영국의 런던, 프랑스의 파리, 독일의 베를린 그 어디에서도 이렇게 욕을 하는 소리를 일상적으로 들을 수 없다고 하고 경성이 문명국들의 수도와 같은 수준이 되기 위해서는 언사言辭를 반드시 개량해야 한다고 강조하였다.

욕설과 민족성을 결부시키는 논의는 아동교육에 관한 논설들에서도 확인된다. '백두산인'이라는 필명을 쓴 이돈화李敦化(1884-1950)는 조선 아동들이 노는 모습을 관찰한 결과 "그들의 社會는 아즉도 太古原始的 狀

態"에 머물러 있다고 하며 욕설의 문제를 지적했다.

> 　그들의 遊戲라 하는 것은 第一은 상말이오 第二는 惡鬪이며 그리하야
> 그들은 强勝弱敗의 原始社會의 現象을 無意識的으로 保存하고 잇나이다.
> (…) 우리 家庭에는 湯主의 婦人은 姑舍하고 한다하는 有識階級의 家庭일
> 지라도 아이들의 「상말」하는 것을 注意하는 家庭이 얼마나 잇나이까.
> 아니 아이들의 상말하는 것을 注意하기는 姑舍하고 돌이어 상말을 배와
> 주지 안는 家庭이 얼마나 되나이까. 어머니되는 이가 아이들에게 성가
> 신 일을 보면 動輒 「망할 자식」 「이 놈의 새끼」 甚함에 至하야는 公公然
> 히 이 붓끗으로 내어노키 참아 못할 상말로써 어린 아이들을 가르처
> 주더이다. 그러하고야 그 幼年의 將來가 어찌 有望하다 할 수 잇스며 그
> 民族의 將來가 어찌 希望이 잇다 하겟나이까. 그럼으로 幼年敎育에 對하
> 야 먼저 斷行할 것은 家庭 卽 父母로부터 兒童에게 對한 態度를 改造치
> 아니면 안 될 것이라 합니다. (백두산인, "社會現象槪觀, 나의 생각은 이
> 러합니다.", 『개벽』 10, 1921.)

　조선의 아이들이 욕설과 싸움질을 유희로 삼는 것은 집에서 늘 상말
을 듣고 자라기 때문이라는 것이다. 집안에서 오가는 욕설이 조선 아동
의 장래를 망치는 것이자 민족의 장래를 망치는 일로 그려지고 있다.
위의 인용문에서 이어지는 내용을 살펴보면, 조선의 미래를 위해 우선
언어를 개량해야 하며 특히 부모는 아동에게 결코 상말을 쓰지 말고 꾸
짖을 일이 있더라도 "아모쪼록 上等 말로써 責하여야" 한다고 하였다.
　욕설에 관한 근대의 담론들은 사회 개조를 위한 인간 개조, 그리고
인간 개조를 위한 언어 개조라는 도식 속에 있었다. 조선은 야만의 상
태를 벗어나 문명으로 진화해 나가야 한다는 전제 위에 사회의 개조를
위해 가장 중요한 것은 사회 구성원인 인간을 개조하는 것이고 인간의
개조는 무엇보다도 아동 교육을 통해 실천될 수 있다는 논리가 덧붙여
졌다. 이러한 관점에서 볼 때 욕설을 하는 어른은 제대로 교육 받지 못

한 비문명일 뿐 아니라 아동의 심성까지 더럽혀 문명으로 나아가는 길
을 가로막는 사회의 해악이었다. 『개벽』 18호에 실린 이돈화의 "新朝鮮
의 建設과 兒童問題"라는 글은 이러한 관점을 뚜렷이 보여준다.

> 이와 가티 朝鮮의 改造 事業이, 아니 世界의 改造 事業이 먼저 人物 改
> 造에 잇다 하면 그 改造의 目標는 「사람」 本位에 잇는 것이오 그리하야
> 사람의 改造 本位는 全히 兒童問題에 잇다 합니다. 우리가 號를 따라 屢
> 屢히 말함과 가티 우리 朝鮮 사람은 恒常— 將來를 輕히 하고 現在를 重
> 히 하며 더욱이 現在보다 더— 뒤에 잇는 過去를 重히 생각하는 故로
> 우리는 우리의 過去에 지낸 祖先은 尊敬하나 우리의 未來에 잇는 子孫은
> 한 푼의 價値로도 알아주지 아니하엿습니다. 그러기에 朝鮮 사람이 兒童
> 을 對하는 觀念은 자못 微弱하엿습니다. (…) 우리는 叅考 兼 只今 우리
> 朝鮮 사람들의 兒童에 對한 態度의 一例를 들어 봅시다. 우리들이 爲先
> 兒童에게 對한 말버릇이 무엇입니까. 兒童에 對한 가장 놉흔 말이 「이
> 애— 이리 오너라. 저리 가거라」 함으로부터 「이 子息— 亡할 子息」 더
> 甚하면 「이— 종간나새끼」 「이 질알벼리깨 가튼 새끼」(咸鏡道 地方의 方
> 言) 等의 말로써 兒童에게 對하게 됩니다. 참으로 筆端으로 쓰기 엄청난
> 語法이 한두 가지 아닙니다. 그럼으로 우리 朝鮮 兒童은 처음으로 먼저
> 배우는 말이 常말입니다. 생각하야 봅시다. 사람의 感情을 發表하는 말
> 버릇부터가 이와 가티 不人道 不德行이 되고 나서야 다시 모든 關係가
> 順調로 進行할까. (이돈화, "新朝鮮의 建設과 兒童問題", 『개벽』 18, 1921.)

위의 글에서 흥미로운 부분은 욕설과 아동 교육의 문제에 대한 주장
을 '과거, 현재, 미래'의 삼분법에 의한 근대적인 시간관에[23] 대입시키

---

23) 근대적 시간관에 대해서는 이마무라 히토시 저 · 이수정 역(1999:65-99) '제2장
근대성의 근원: 시간론'을 참고할 수 있다. 그 내용을 간략히 정리하면 다음과 같
다. 과거중심적인 순환적 시간관은 전통에 따른 삶에 가치를 두고 조상이 만든 가
치 체계를 보존함으로써 공동체를 유지하게 했다. 이러한 순환시간 속에는 과거와
현재밖에 없으며 미래는 근본적으로 차단되어 있었다. 미래에 대한 의식이 생겨난
것은 근대의 탄생과 관련해 결정적인 중요성을 갖는다. 미래를 내다보고 계획을

고 있는 점이다. 조선 사람들은 장래를 가볍게 여기고 현재를 중시하며 현재보다도 과거를 더 중요하게 생각하기 때문에 과거에 속한 선조를 모시는 데는 많은 공을 들이면서도 미래를 짊어질 자손은 너무 경시한다는 것이다.

비속한 언어 표현을 개량하여 고상한 민족성을 길러야 한다는 주장은 앞서 살펴본 신불출의 "漫談 言語 안인 言語"에서도 확인된다. 그는 경성의 여관에서 '손 친다.'나 '쥔 잡는다.'라는 말을 많이 쓰는데 그 의미를 생각해 보면 손님을 치고 주인을 잡는 살풍경한 광경을 떠올리게 되므로 이러한 불유쾌한 말은 쓰지 않는 것이 좋겠다고 하였다. 또한 어떤 물건에 대해 흔히 '놈'자를 붙여 "야! 그놈 조타!", "저놈 좋소.", "이놈이 엇덜까?"라고 하는데 이 역시 듣기에 좋지 않은 말 습관이라고 하였다.[24]

욕설이나 비속어 문제뿐 아니라 언어 개량이라는 발상은 기본적으로 미래의 이상을 달성하기 위한 의지의 투영이었다. 비록 조선의 현재는 그렇지 못하지만 장차 소위 문명국 국민들처럼 우수한 민족성을 이룩해 가기 위해 민족성의 정수인 언어부터 아름답게 가꾸어 가야 한다는 논리인 것이다. 아동 교육을 위한 언어 개량은 상말을 쓰지 않는 것에

세우며 그에 따라 현재를 변혁시키는 것이 근대의 정신이기 때문이다. 진보적 시간관에 따른 변혁하는 힘은 생산주의적 이성의 뿌리이자 근대과학의 실험 정신, 근대 자본의 기업가 정신의 토대가 되었다.

24) 해당 글에서 신불출은 의미적으로 모순이 있는 비합리적 표현들도 개량해야 한다고 하였다. 앞뒤가 맞지 않는 모순적 표현으로 제시된 것은 '발을 벗다', '문 닫고 들어오다', '얼음이 얼다' 등이었다. 버선을 벗는다거나 양말을 벗는다는 것은 말이 되지만 발은 어떻게 해도 벗을 수 없으므로 잘못된 표현이며 "門 닷구 들어오시요!"라고들 하지만 문을 열고서 들어와야지 닫고서는 들어올 수 없으므로 "문을 열구 드러온 뒤에 문을 닷쳐라!"라고 해야 한다는 것이다. 또한 얼음은 이미 얼었기 때문에 또 얼 수 없으므로 '물이 얼었다'라고 해야 옳은 표현이라고 하였다. 또한 '술 먹는다', '담배 먹는다', '욕 먹는다'라는 표현은 각각 '술 마신다', '담배 빤다', '욕 듣는다'로 써야 의미가 성립한다고 하였다.

서 더 나아가 아동에게 경어를 사용해야 한다는 주장으로 이어졌다. 이러한 주장은 특히 계명구락부를 중심으로 전개되었다.

1921년 2월 5일 계명구락부에서 열린 "言文에 관한 緊急한 要求"라는 제목의 강연회에서 박승빈朴勝彬(1880~1943)은 한자의 훈독 및 언문 사용의 법칙 정리와 함께 아동에 대한 경어 사용을 주장하였다. 아이를 대하는 어른도 경어를 사용하고 아이들끼리도 '하오'체의 경어를 사용하게 하면 어린이들에게 사람을 공경하는 마음을 심어줄 수 있고 사회의 교제를 미리 학습하게 할 수 있으며 문벌에 의한 계급주의를 타파하고 평등의 관념을 기르는 데에도 도움이 된다는 것이었다(고영근 1998:10~11).

이처럼 말의 개량에 관한 근대의 담론들은 다음과 같은 생각들에 토대를 두고 있었다. 언어에는 그 언어를 사용하는 민족의 정신이 깃들어 있다는 생각, 조선 민족의 미래는 현재보다 진보한 이상적인 그 무엇이어야 한다는 생각, 이상적인 민족성을 함양해 문명을 달성하기 위해서는 민족의 언어를 발달시켜야 한다는 생각이다. 진보적 시간관, 사회진화론, 인간개조론과 같은 근대적 세계관은 언어상대주의와 결부되며 언어의 개량에 박차를 가하는 원동력이 되었다.

제 2 장

표준어의 유토피아

1. 표준어 의식의 태동

1) '표준'의 기준

지역에 따라, 세대에 따라, 계층에 따라 서로 다르게 쓰는 언어적 변이를 총정리하여 전국의 남녀노소가 모두가 공유하는 통일된 언어로 탈바꿈시키는 것은 근대의 언어적 이상향을 실현하기 위한 필수불가결한 과업이었다. 국어 표준어의 제정 과정에서는 구체적인 사안들을 두고 많은 논쟁이 있었지만 서울말을 기준으로 삼는다는 데에는 일찍부터 폭넓은 공감대가 형성되어 있었다.

표준어의 개념조차 정의되지 않았던 1908년 당시 국문연구소의 활동을 비판한 『대한매일신보』의 논설에서도 서울말을 중심으로 언어적 통일을 기해야 한다는 주장이 확인된다(최경봉 2016:64). 국문연구소에서 국문의 연원과 내력에 대한 연구를 진행하고 있던 당시, 『대한매일신보』

는 1908년 3월 1일자 국한문판 논설 "國文研究에 對흔 管見"을 통해 당장 시급한 것은 서울말을 중심으로 현실의 언어를 통일하는 것이라는 주장을 펼쳤다.

> 近聞흔즉 學部에서 國文研究會를 設흐고 國文을 研究흔다 흐니 何等 特異 思想이 有흔지는 知치 못흐거니와 我의 愚見으로는 其 淵源과 來歷을 究之已甚흐는 대 歲月만 虛費흐는 것이 必要치 아니하니 <u>但其風俗에 言語와 時代에 語音을 八道에 博採흐야 純然흔 京城土話로 名詞와 動詞와 形容詞等類를 區別흐야 國語字典 一部를 編成흐야 全國人民으로 흐여곰 專一흔 國文과 國語를 用케 흐되</u> 其문字의 高低와 淸濁은 前人의 講定흔 者가 已有흐니 可히 取用흘 것이오 新히 怪癖흔 說을 刱起흐야 人의 耳目만 眩亂케 홈이 不可흐다 흐노라. ("國文研究에 對흔 管見", 『대한매일신보』, 1908.3.1.)

위 인용문의 필자는[1] 국문연구소에서 진행하고 있는 국문의 역사에 대한 연구가 "괴벽한 설"을 낳아 언중들에게 혼란만 가중시킬 수 있다는 경계심을 보였다. 그리고 당장 해결해야 할 급선무는 전국 8도의 어음을 통일시키는 것으로, 이를 위해 순전한 서울말을 대상으로 명사, 동사, 형용사 등의 유형을 분류하여 사전을 편찬해야 한다고 하였다. 비록 '표준어'라는 용어를 쓰지는 않았지만 국어와 국문의 통일이 "純然흔 京城土話"를 준거로 삼아야 한다는 인식을 보여주는 매우 이른 시기의 글이다.

하지만 표준어에 대한 논의가 본격적으로 시작된 것은 1910년대 중반 이후라고 봐야 할 것이다.[2] 1916년에 발행된 김두봉의 『조선말본』

---

1) 최경봉(2016:65-66)에서는 『대한매일신보』 논설의 주요 필진인 양기탁, 신채호, 박은식 중 주시경과 함께 만민공동회를 이끌기도 했고 지석영과 함께 국문연구회에서 활동하기도 했던 양기탁이 이 글의 필자일 것이라고 하였다.
2) 1912년 총독부 학무국에서 공표한 보통학교용언문철자법에도 "京城語를 標準으로

은 '알기'에서 "이 글은 서울말을 마루로 잡앗노라."라고 하여 서울의 말
을 표준으로 삼았음을 밝혔는데 이러한 명시적 언급은 그 전까지의 문
법서에서는 확인되지 않는다.[3]

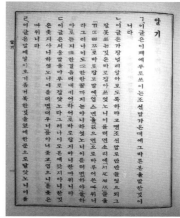

〈그림 9〉 김두봉의 『조선말본』 속표지와 표준어를 언급한 '알기(ㄷ)' 부분

최광옥이나 유길준의 저술에서는 관련된 내용이 다루어지지 않았고
주시경의 저술에서도 언어의 통일이 필요하다는 입장을 밝히고 있긴
하지만 이때의 통일은 어디까지나 표기 차원의 통일이었다. 서울말이
표준이 되어 문법 기술의 준거가 되어야 한다는 주장은 김두봉의 『조선
말본』에서 처음으로 명시되었고 이후 발행된 문법서에서 기본적 전제

함"이라는 문구가 포함되어 있다.
3) 한편 김규식의 『대한문법』(1909)에서는 "今에 此 大韓文法은 現時 言語나 文章에 普
通体勢를 依ᄒ야 法例를 定ᄒ 거시니라."라고 하여 과거가 아닌 현재의 언어, 그리
고 현재의 언어 중에도 보통의 쓰임에 따라 법칙을 정하였음을 밝혔다. 최경봉
(2006)에서는 김규식이 제시한 '현시 언어'나 '보통 체세'라는 기준이 표준어 사정
원칙에 근접한 것이라고 보았지만 '보통 체세'의 기준을 구체적으로 밝히지 않았다
는 점에서는 아직 미진한 점이 있다.

처럼 반복적으로 언급되었다. 안확安廓(1886-1946)의 『조선문법』(1917)과 『수
정조선문법』(1923), 이필수李弼秀(1887-?)의 『선문통해』(1922)와 『정음문전』
(1923), 이상춘의 『조선어문법』(1925), 김희상의 『울이글틀』(1927) 등의 머
리말에서도 서울말을 표준으로 하였다고 밝혔다.

『조선말본』에는 포함되어 있지 않았지만 김두봉이 1922년 『조선말본』
을 수정 증보하여 펴낸 『깁더조선말본』에는 표준어의 개념과 선정 기
준에 대한 상세한 언급이 추가되어 있다. 『깁더조선말본』에서 추가된
내용 중 먼저 '붙임'의 '좋을 글, 여섯재 묶 표준말'을 보면 다음과 같은
기술이 있다.

여섯재 묶 표준말
같은 뜻을 가진 말이 여럿 될 때에는 그 가온대에 소리 좋은 것을 뽑
아 표준말을 잡는 것이 좋고 곧을 딸아 여럿 될 때에는 그 나라의 서울
말을 표준하는 것이 좋으며 많은 규칙을 어기고 특별이 달리 쓰이는
말은 규칙을 딸아 바루잡는 것이 좋으나 뜻 알기에 넘우 거북한 것은
얼마쯤 버릇을 좇음이 편하며 나라의 표준말을 뎡할 때에는 위에 말함
과 같이 함이 좋으나 온 세계의 표준말을 뎡한다면 갈결(學理)의 터뎐
위에 여러 결레의 말을 뽑아서 걸러 채우는 것이 가장 좋을지니 「에쓰
페란토」 같은 것은 여긔의 첫거름이라 할지로다.

위의 인용문을 보면 같은 의미로 쓰이는 여러 가지 말이 있을 때는
그중 소리가 좋은 것을 표준어로 삼고, 지역에 따라 같은 대상을 서로
다르게 지칭할 때는 수도에서 쓰는 말을 표준어로 삼으며, 규칙에서 벗
어나 홀로 예외적인 쓰임을 보이는 말은 규칙에 맞게 바로잡아 표준어
로 삼아야 한다고 하였다. 이를 통해 김두봉이 표준어에 대해 분명하고
도 구체적인 인식을 가지고 있었음을 확인할 수 있다.

또한 『깁더조선말본』의 맨 뒤에는 아예 '표준말'이라는 제목의 글을

실었는데 이는 위에서 살펴본 내용을 여섯 쪽에 걸쳐 자세하게 풀어쓴 것으로, '1. 소리와 표준말, 2. 규칙과 표준말, 3. 말뿌리와 표준말, 4. 사투리와 표준말, 5. 앞길과 표준말'이라는 다섯 가지 항목이 제시되어 있다. 조선어학회에서 표준어 사정에 본격적으로 착수한 것은 통일안이 완성된 1933년 이후로『깁더조선말본』이 발행된 시기보다 10년 이상이 지난 뒤였다. 그동안의 국어학사 논의에서 표준어 문제와 관련해서는 조선어학회의 표준어 사정 작업과 그에 대한 홍기문洪起文(1903~1992)의 비판에 집중해 왔을 뿐 김두봉의 견해는 자세히 다루지 않았기에 여기서 항목별로 그 내용을 소개하고자 한다.

먼저 '1. 소리와 표준말' 부분에서 김두봉은 같은 뜻을 가진 말이 여러 개가 있을 때는 좋은 소리를 뽑아서 표준말로 삼아야 한다고 하며 내기 쉬운 소리가 좋은 소리라고 덧붙였다. 겹소리보다 홑소리가, 바뀌는 소리보다 안 바뀌는 소리가 내기 쉬우므로 좋은 소리라는 것이다. 하지만 내기 쉬운 소리를 택했을 때 동음이의어가 발생하게 된다면 최대한 이를 피해야 한다고 하였다. 예를 들어, '얼굴'을 뜻하는 말로 '낫'과 '낯'과 '낱'이 모두 쓰이고 있는데 소리의 측면에서 가장 내기 쉬운 것은 '낫'이지만 농기구의 일종인 '낫'과 동음이의 관계가 되므로 '낯'이나 '낱' 중에 하나를 택해야 한다고 하였다. 또한 둘 중 '낱'은 수를 세는 단위의 '낱'과 동음이의어가 되므로 결국 '낯'을 표준말로 삼아야 한다고 하였다.[4] 또한 '낯'은 '얼굴'과 뜻이 같은 말이므로 둘 중 하나만 표준말로 하는 것이 좋지만 '소리덩이' 즉 음절 수가 다른 경우 노랫말이나 글자 수를 맞추어 글을 지을 때 유용할 수 있으므로 둘 다 표준말로 삼

---

4) 주시경의 방식을 따르면 '낫', '낯', '낱' 중 하나를 선택하는 것은 소리의 좋고 나쁨에 따라 결정할 문제가 아니라 모음으로 시작되는 조사가 이어질 때의 발음, 즉 '낯을[나츨]'과 같은 발음을 통해 받침을 'ㅊ'으로 확정하는 문제라는 점에서 표준어 선정 기준으로서 의미를 갖는다고 보기 어렵다.

는 것이 낫다고 하였다.

'2. 규칙과 표준말'에서는 불규칙 활용형의 문제를 다루었는데 기본적으로는 규칙대로 바로잡아 쓰지만 너무 거북한 것은 관습대로 쓴다는 예외를 두었다. 즉, '덥-'은 활용 시 'ㄴ, ㅁ, ㄹ' 앞에서 '더운', '더우니' 등으로 'ㅂ'이 '우'로 바뀌어 쓰이는데 이는 많은 규칙을 어기는 것이므로 '덥은', '덥으니'로 바로잡아 쓴다고 하였다.[5] 하지만 '걷-('걸-'을 의미함)'의 경우 '걸어', '걸으니' 등을 '걷어', '걷으니'로 쓰면 알아보기에 너무 거북하므로 불규칙형을 그대로 쓴다고 하였다. 알아보기에 거북하다는 것은 뜻을 파악하기 어렵다는 말로 이해된다.

'3. 말뿌리와 표준말'에서는 어원을 고려하여 바로잡을 부분은 바로잡아 쓰되 그 결과 발음이 지나치게 달라지게 되면 관습대로 쓴다고 하였다. 실상보다 좋게 본다는 뜻의 '돗보-'는 '돋-'과 '보-'가 합쳐진 말이므로 '돗보-'가 아닌 '돋보-'로 고쳐 쓰는데 이렇게 써도 말하기에 어색함이 없다고 하였다. 반면 '모자라-'의 경우 어원적으로 볼 때 '못자라-'로 쓰는 것이 옳지만 "말하기 돌이혀 서투르겟는 까닭에" 원래대로 쓴다고 하였다.

불규칙 활용을 규칙 활용으로 바꾸고 어원이 분명히 드러나도록 어형을 수정한다는 위와 같은 언급은 표준어가 단지 서울말을 그대로 채용한 것이 아니라 합리적인 언어생활을 위해 적극적으로 가다듬고 고쳐나간 결과물이어야 한다는 인식을 보여준다. 그와 동시에 김두봉은 합리만을 추구했을 때 오히려 실생활의 의사소통에 불편이 초래될 수 있음을 인식하고 언어적 작위의 정도에는 반드시 제한이 필요함을 지

---

5) 'ㅂ' 불규칙의 문제는 『조선말본』에서도 언급한 것으로, 서울말을 표준으로 한다고 밝히면서도 그에 대한 단서로 서울말이라도 규칙에 맞지 않는 것은 따르지 않고 규칙에 맞게 쓴다고 하였는데 그때 예로 든 것이 '덥으니'였다. 김두봉뿐 아니라 김윤경 역시 'ㅂ' 불규칙을 규칙화해야 한다고 주장하였다.

적하기도 했다.

'4. 사토리와 표준말'에서는 이러한 의사소통의 문제를 지역성의 관점에서 다루었다. 지역에 따라 같은 개념을 서로 다른 단어로 지칭하는 경우 서울말을 표준으로 삼는데 이는 서울이 사람의 왕래가 가장 빈번한 곳이므로 서울에서 쓰이는 말이 가장 널리 쓰이는 말이라고 볼 수 있기 때문이라고 하였다. 하지만 서울말 중에도 전국적으로 널리 쓰이지 못하는 일종의 서울 사투리가 있는데 이러한 말은 표준으로 삼지 않는다고 하였다. 예를 들어, 서울말 중에 '아자씨'는 여러 다른 지역에서도 이해할 수 있는 말이므로 표준어로 채택할 수 있지만 '아지바니'나 '아재'는 서울 사투리이므로 표준어로서 적절하지 않다고 하였다. 또한 서울말의 '-습니까'는 널리 이해되는 어미이므로 표준어로서의 자격을 갖지만 '-습니꺄, -습니껴, -뎃소'는 서울 사투리에 해당한다고 하였다.

마지막으로 '5. 앞길과 표준말'에서는 한자어의 순화 문제를 다루었다. '앞길'이라고 한 것은 표준말이 모름지기 많은 사람에게 편리한 말이 되어야 하는데 현재의 우리말에는 한문 음으로 된 말이 너무 많아 "우리의 앞길에 걱정거리가 될가"하는 우려를 반영한 것이라고 하였다. 한문을 모르는 아낙네나 일꾼들에게는 '문뎐'이라는 한자어가 영어 '끄라마'처럼 배우기에 어렵다는 것이다. 또한 이러한 순화의 문제에 대해 "이미 우리말된 것은 말고"라고 하여 단서를 달아 기존에 이미 널리 쓰이고 있는 한자어는 그대로 쓰되 새로 생긴 한자어의 경우는 차츰 없애는 방향으로 나아가야 한다고 하였다.

이상의 내용을 종합해 보면 김두봉이 그리고 있던 이상적인 표준어는 누구나 쉽게 발음하고 쉽게 이해할 수 있으며 규칙에 부합하여 사용이 편리하고 의미가 명확하여 의사소통이 정확하게 이루어질 수 있는 말이면서 동시에 전국적 소통이 가능한 말이었다. 이러한 언어적 이상

을 실현하기 위해 김두봉은 형태주의 철자법, 불규칙의 규칙화, 한자어
의 고유어화 등의 추진 방법을 제시했는데 이러한 방법론의 기저에는
계몽주의 언어관에 따라 언어를 적극적으로 개량하고 진보시켜 나간다
는 의식이 존재했다.

표준어에 대한 김두봉의 이러한 생각들은 김윤경의 글에서도 확인된
다. 1926년 9월『동광』제5호에 실린 "조선말과 글에 바루 잡을 것"이라
는 글에서 김윤경은 표준어에 대한 생각을 밝혔는데 중앙말인 서울말
을 표준어로 삼는 것이 가장 편리하지만 서울말이라도 바르지 못하면
버리고 시골말이라도 옳은 것은 가려 써야 한다고 하며 앞서 김두봉이
언급한 불규칙 활용의 예를 들었다. 서울에서는 '추워', '더워'처럼 받침
의 'ㅂ'을 '우'로 바꾸어 발음하고 '이어', '나아'처럼 받침의 'ㅅ'을 빼고
발음하지만 경상도에서는 '춥어', '덥어', '잇어', '낫아'라고 규칙대로 발음
하므로 이 경우는 경상도 말을 표준어로 삼아야 한다고 하였다.

김윤경의 글에서도 언어 순화의 문제가 다루어졌는데 음역된 외래어
와 한자를 통해 의역된 외래어에 대해 각기 다른 입장을 취했다.
'Baseball'은 '뻬스뽈'로도 쓰이고 '야구野球'로도 쓰이며, 'pen'은 '펜'으로도
쓰이고 '철필鐵筆'로도 쓰이며, 'ink'는 '잉크'로도 쓰이고 '양묵洋墨'으로도
쓰이는데 한자어로 쓰는 것보다 차라리 원어의 음대로 쓰는 것이 낫다
고 하였다. 하지만 더욱 바람직한 것은 'baseball'은 '방석공', 'pen'은 '쇠
붓', 'ink'는 '물감먹' 등과 같이 우리말로 번역해 쓰는 것이라고 하였다.
이러한 주장 역시 김두봉의 글에서 개진된 바 있는 것이었다.[6]

---

6) 김두봉과 김윤경의 글에 나타나 있는 계몽주의 언어관은 프랑스의 언어 혁명을 주
   장했던 그레구아르(Henri Grégoire, 1750-1831)의 주장들과 유사성이 크다. 그레구
   아르는 언어 혁명을 위한 여러 방안을 제시했는데 방언의 박멸과 더불어 그 주된
   골자는 어휘의 증대를 통해 언어를 풍요롭게 하는 것과 문법 규칙을 합리화해 언어
   를 단순화한다는 것이었다. 그레구아르는 정신적 진보와 언어적 진보의 긴밀한 관
   계를 상정하고 새로운 조어와 외국어로부터의 차용 등 어휘의 증대를 주장하였으

최경봉(2016:212)에서는 『깁더조선말본』에 나타난 김두봉의 표준어에 대한 견해가 조선어학회의 표준어 정책에 많은 영향을 끼쳤다고 보며 '서울말'을 표준으로 삼는 것은 당위로 여기고 '바른 본'을 정립하는 데에 중점을 두었던 김두봉의 의식이 조선어학회의 표준어 사정 작업으로 이어졌다고 하였다. 하지만 표준어 사정을 위한 위원회의 구성이나 회의의 진행 방식에 대한 기록, 그리고 최종적으로 선정된 표준어의 목록들을 살펴볼 때, 조선어학회의 표준어 사정 과정에서는 김두봉의 견해처럼 규칙과 합리를 우선시했다기보다 전국적 소통 가능성이 더 중시됐다고 생각된다. 특히 불규칙 활용을 규칙화하자거나 한자어 신어들을 고유어로 새로 번역해 쓰자는 김두봉과 김윤경의 주장은 표준어 사정 원칙으로서 수용되지 못했다. 조선어학회에서 사정한 표준어가 발표된 이후 『한글』 표준어 특집호에 실린 이희승李熙昇(1896－1989)의 글에서 이와 관련된 언급이 확인된다.

> 標準語라는 것은 어떠한 言語 團體의 規範이 될 만한 말, 다시 말하면 본보기가 될 만한 말을 이르는 것입니다. 現實 社會에서 쓰이는 말은 地方에 따라 다르고, 階級에 따라 다르고, 或은 一時的 流行에 따라 자꾸 分裂되고 있읍니다. 그렇게 各各 다른 말을 統一하려고 하는 理想的 言語가 곧 標準語란 것입니다. <u>이와 같이 標準語라는 것은 理想的 말이지마는, 그 理想的 言語를 만드는 材料는 亦是 現實 社會에서 쓰는 말에서 取하지 않을 수 없읍니다.</u> (이희승, "標準語 이야기", 『한글』 5(7), 1937.)

표준어는 언어 단체의 규범과 본보기가 될 만한 말로서 지방에 따라 계급에 따라 다르게 쓰는 말을 통일한 이상적 언어이지만, 이상적이라

며 동사의 활용 등에서 나타나는 모든 불규칙과 예외를 철저히 없애 변칙성이 제거된 언어의 합리화를 이루고자 하였다. 그레구아르의 언어 혁명과 관련해서는 가스야 게스케 저·고영진 외 역(2016:90－108)을 참고할 수 있다.

고 해도 표준어를 만드는 재료는 역시 현재 사회에서 쓰는 말에서 취해
야 한다고 강조한 것이다. 표준어의 사정이 현실 속에서 쓰이고 있는
여러 말들 중 하나를 고른다는 것이지 널리 쓰이고 있는 '더워'를 규칙
에 맞게 '덥어'라고 바꾸어 쓴다거나, 역시 널리 쓰이고 있는 '야구' 대
신 일부러 '방석공'이라는 말을 새로 지어서 쓴다는 의미가 아니라는 것
이다. 조선어학회의 표준어 사정 원칙과 그 결과에 대해서는 뒤에서 좀
더 자세히 살펴볼 것이다.[7]

---

7) 1924년 11월 2일자 『동아일보』 학예란에 "標準語"라는 제목의 기사가 실려 있는데,
   이 기사에 나타난 입장이 향후 조선어학회의 표준어 사정 작업의 방향을 예고해 주
   고 있다는 점에서 흥미로운 측면이 있다. 먼저 이 기사에서는 어느 언어나 지방에
   따라 서로 다른 방언이 발달되기 마련이지만 사회가 진보하여 교육이 보급되고 교
   통이 발달되며 정치기관이 통일되면 그에 따라 완만하게 언어가 통일되어 간다고
   하였다. 이처럼 국어는 그 나라의 문화적 발달에 따라 어느 정도까지는 자연히 통
   일이 되지만 이러한 자연적 추세에만 맡겨 두면 통일의 속도가 느리고 불순한 요소
   들이 생기게 되므로 대개 인위적 통일책을 강구하게 되고 여기서 표준어 제정의 문
   제가 생긴다고 하였다. 표준의 제정의 문제를 두고 학자들 간의 의견이 분분한데
   그 논점을 다음과 같이 정리하였다. 현용어living language만 절대적 표준으로 정할
   것인가, 불용어dead language도 채용할 것인가, 담화적 언어, 즉 구어와 기록적 언어,
   즉 문어 중 어느 것을 주요한 표준으로 삼을 것인가 등이다. 국가의 사정에 따라
   다르겠지만 현용어를 표준으로 정하되 담화적인 것을 주요하게 취하는 것이 일반적
   이라고 하였다. 또한 현용어를 표준으로 정할 때에도 어떤 발음과 어떤 어휘와 어
   떤 문법을 표준으로 삼을 것인가가 문제가 되는데 전국의 방언을 정밀하게 조사하
   여 결정하는 방법이 있고, 전국 방언 중에 순정한 것이나 유력한 것을 선택해 이를
   토대로 인위적 수정을 가하는 방법이 있다고 하였다. 그리고 이 두 가지 방법 중
   전자가 이상적이겠지만 이는 너무나 거대한 사업이기 때문에 성공의 가능성이 낮다
   고 하였다. 후자의 방법 중 순정한 것을 채택하는 것은 비교적 좋은 결과를 기대할
   수 있지만 실행에 편리치 못한 점이 있는 반면 유력한 방언, 즉 모든 방언 중 세력
   의 범위가 가장 넓은 중앙 도회지의 상류사회 언어를 표준어의 기초로 정하고 전국
   방언을 참고하여 어휘나 어법에 인위적 수정을 더하는 것이 실행하기에 가장 쉽고
   좋은 방법이라고 하였다. 이 기사에서 내린 결론은 1930년대 조선어학회의 표준어
   사정 작업의 기본적 방침과 일치되는 것이었다.

2) 문학어와 표준어

1920년대에 신문이나 잡지에 발표된 표준어와 관련된 글을 살펴보면 문학어를 통해 표준어를 정립해야 한다는 주장이 적지 않게 확인된다. 이러한 주장은 대부분 중국의 문학혁명을 모델로 삼고 있으며 보다 구체적으로는 후스胡適(1891-1962)의 문학관에 기대고 있었다.

1920년 12월 『개벽』 제6호에 실린 번역문학가 양백화梁白華(1889-1938)의 글 "胡適氏를 中心으로 한 中國의 文學革命"은 중국의 문학혁명에 대한 것으로 후스의 문학관에 대한 소개가 주를 이루는데, 후스가 인위적인 언문일치나 인위적으로 제정한 표준어에 반대하였다는 대목이 있다. 국어라는 것은 몇 사람의 언어학자가 모여서 만들 수 있는 것도 아니고 몇 권의 국어 교과서나 사전으로 만들 수 있는 것도 아니며, 이탈리아의 단테나 영국의 초서 등이 그러했던 것처럼 문학가들이 국어로 위대한 작품을 남기면 그 작품을 읽고 감화된 언중들에 의해 자연스럽게 국어의 표준형이 정해진다는 것이다.

위대한 민족문학의 문학어를 통해 표준어를 확립한다는 후스의 인식은 1920년대 국내의 신문과 잡지에 종종 소개되었다.

> <u>國語는 教育部 教科書 言語學者 國語辭典 等으로 造出되는 것이 아니라 實노 國語文學에 의하야 되는 것이다.</u> (…) 그리고 新文學이 成立되면 標準語는 自然히 成立될 것이다‥‥‥‥ 今日 歐洲 各國의 國語는 教育部가 作한 것이 아니라 文學이 産出한 것이다‥‥‥‥ 伊太利에서는 「단테」가 래틴文을 排斥하고 「츄스카니」의 方言으로 喜劇……그 後에 神聖喜劇을 作하야 自然한 中에 伊太利의 標準語가 되고 後에 BOccacio LOReNZO De MeDICI 等이 自話文學을 作한 百年을 不出하야 伊太利의 國語는 完成이 되얏다. 英吉利에는 無數한 方言이 有하얏다. 今日 英文은 五百年 前에는 倫敦 附近의 「中部土語」에 不過하얏다. 十四世紀 末에 「춋사—」가 中部土

語로써 詩歌散文을 作하고「윗크리브」는 新舊約을 飜譯하얏다. 그리하야
此 中部土語는 標準國語가 되고 世界語까지도 되게 되얏다. 中國의 情況
은 伊太利에 近似하다. ("中國의 思想革命과 文學革命 (十)", 『동아일보』,
1922.9.1.)

위의 글은 중국의 사상혁명과 문학혁명에 대한 연재 기사의 일부로
국어라는 것이 교육부에서 편찬한 교과서나 언어학자가 만든 국어사전
등을 통해 인위적으로 창출되는 것이 아니라 국민문학을 통해 자연스
럽게 형성되는 것이라고 강조하였다.[8]

럭펠러硏究所 모양으로 엇던 財産家가 或은 獨力으로 或은 合하야 一
朝鮮語文硏究機關을 設立하고 거긔서 辭典과 文典을 編纂케 하며 아울러
現在 우리가 所有한 朝鮮文學 中 優秀한 者를 擇하야 그 用語와 用字를
標準語로 整理하고 (…) ("朝鮮語發達의 基礎條件", 『동아일보』, 1926.11. 9.)

위의 인용문의 경우 사전 편찬의 필요성을 언급하면서도 표준어는
우수한 문학작품의 언어로 정해야 한다고 하였다. 이처럼 문학어를 통
한 표준어의 정리를 주장하는 입장은 김두봉이나 김윤경이 주장한 인
위적 언어 개량과는 매우 다른 것이라 하겠다.
한편 김두봉의 『깁더조선말본』이 발간된 1922년 당시 최현배는 후스
의 견해에 동조하는 의견을 발표한 바 있다.

國語의 發達과 統一은 實로 이 큰 文學者의 힘을 기다림이 만음니다.

---

8) 하지만 유럽의 표준어가 고전으로 삼을 만한 문학작품을 통해서만 정착된 것은 아
  니었다. 초기에는 속어로 쓰인 고전의 모방을 통해 언어 통일을 이뤄가려는 움직임
  이 뚜렷했지만 계몽주의 시대에 들어서며 18세기 무렵부터는 고전의 모방이 아닌
  언어 자체의 규범화 쪽으로 방향을 전환하게 되었고 19세기 국민국가 수립 이후에
  는 국민 공통어, 즉 표준어의 창출이 주된 논쟁거리가 되었다. 이와 관련해서는 가
  스야 게스케 저・고영진 외 역(2016:46-51, 180-183)을 참고할 수 있다.

獨逸말의 統一에는 有名한 宗教改革家 루—터가 聖經을 눕흔 獨逸말로 飜譯한 것이 主力이 되엇스며 이탈리말의 統一에는 딴태의 힘이 크다 하며 英語의 統一에는 초—서의 힘이 만앗다 합니다. 비록 한 사람일망 정 그 偉大한 文學의 힘은 果然 끔직하다 할 것이외다. (최현배, "우리말 과 글에 對하야(十二)", 『동아일보』, 1922.9.10.)

위의 글에서 최현배는 우리말과 글의 장래를 논하며 표준어 문제를 간략하게 언급했는데 우리말과 글의 발달을 위해 앞으로 해결해야 할 일곱 가지 과제를 제시하며 "標準語의 査定"을 들었다. 그리고 외국의 사례들처럼 국어의 발달과 통일 역시 위대한 국문학을 통해 이루어질 수 있다는 기대를 비췄다.

이처럼 조선어학회가 표준어 사정 작업에 착수하기 이전인 1920년대 에는 문학어를 통한 표준어의 자연스러운 발달에 대한 지향과 문법 및 사전을 통한 표준어의 인위적인 제정에 대한 지향이 공존하고 있었다.[9] 1920년대의 표준어 담론에 존재하던 두 가지 방향성 중 1930년대 중반 이후 실제적인 표준어 사정으로 이어진 것은 후자 쪽이었다. 그 이유는 조선어학회의 표준어 사정이 완료된 후 1937년에 발간된 『한글』 표준 어 특집호를 통해 확인할 수 있다.

大抵 標準語 確立의 方式이란 或 그 나라의 大文豪나, 或은 一國의 代 表的 人物의 作品이나, 言行錄에 쓰인 말로서 이것의 大衆的으로의 認識 普及에 依하여 確立되는 수도 없지 않는 것이나, 조선의 現狀에 있어서 는 아직 그와 같은 基準 文獻될 만한 것이 없었으며, 또한 大衆的으로 讀書가 普及되지 못한 社會的 現狀으로서는 期待할 수 없었던 것이니, 그저 學校 敎科書에 나타난 말법이 가장 標準的이라 할 수 있었던 것이

---

9) 그밖에도 '일반적 표준어'와 '문학적 표준어'를 구별하는 논의(이병기, "時調란 무엇 인고", 『동아일보』, 1926.12.12.)나 표준어가 '구어의 통일'이 아닌 '문어의 통일'의 문 제임을 지적한 논의("朝鮮語 統一 問題", 『동아일보』, 1927.12.15.)도 있었다.

요, 現在까지도 그런 것이다. 그러나, 敎育 普及率이 말 못 되는 조선에
있어서는 敎科書를 通한 말법이나마 普及받을 수 없는 것이니, 標準語의
確立 普及에 對한 오늘날까지의 現狀이야말로 全然 混亂 漠然한 것이었
다 하겠다. 또한 敎科書에 採用한 조선말이라야 全혀 서울말만을 採用하다
싶이 된 것이었으니, 이것이 조선인 全體가 準用할 만한 標準語는 到底히
될 수 없는 것은 물론이다. (송주성, "標準語와 敎育", 『한글』 5(7), 1937.)

표준어는 대문호의 작품을 통해 확립될 수도 있지만 당시 조선의 상
황은 그러한 자연스러운 표준어의 보급을 기대할 수 없다는 것이 주된
이유였다. 일단 언어 통일의 준거로 삼을 만한 대표적인 문학작품이 존
재하지 않을 뿐 아니라 독서 문화조차 대중화되어 있지 않은 상황이기
때문이라는 것이다. 위 인용문에서는 교과서의 언어가 표준어로 정착되
는 경우도 있지만 이 역시 조선의 상황에서는 기대해 보기 어려운 일이
라고 하였다. 학교 교육을 받는 인구의 비율이 너무나 저조하고 그에
더해 교과서에 채용된 말이 오직 서울말이기 때문에 조선인 전체가 준
용할 수 없다고 하였다.[10] 1920년대에 신문과 잡지에 종종 등장하던 문
학어를 통한 표준어 확립에 대한 담론들이 1930년대로 가며 거의 사라
지게 된 것은 이러한 현실 인식 때문이었던 것으로 보인다.

이처럼 한국의 경우 문학어가 표준어 형성의 주도적 역할을 담당하
지는 못했지만 표준어 사정 이후 조선어학회는 문학어에 표준어의 보
급과 확산이라는 새로운 역할을 부여하고자 했다.

어느 時代, 어느 나라의 歷史를 보면 文學은 文法을 만들고 語彙를 創
造하고 죽은 말에 新生命을 賦與하기도 하였다. 그리하야 語學者는 이

---

10) 홍기문 역시 조선에는 아직 정음 문학이 빈약하기 때문에 문학어를 준거로 표준어
를 제정할 수 없다고 보았다. (홍기문, "標準語 制定에 對하야(2): 各方語의 對立과
標準語의 制定", 『조선일보』, 1935.1.16.)

文學에서 그의 語學을 연구하였다. 그러나, 또한 어떠한 境遇에는 文學
者는 語學者의 硏究에서 適當한 修辭와 動詞와 形容詞를 채용하였다. 前者
는 發達된 民族語로 形成된 豊富한 文學을 가진 社會이었고, 後者는 民族語
로 形成된 文學의 量과 質의 蓄積이 많지 못한 社會에서 생기는 例였다.
　　내가 말하려는 朝鮮文學과 語學과의 關係는 後者에 屬할 줄로 안다. 實
行과 硏究에는 各各 分野가 있다. <u>이러므로 現在 朝鮮의 實力 있는 文學
者는 語學者가 찾아낸 語彙에 生命을 內包시키는 任務를 하지 않으면 아
니 된다. 近年에 查定된 標準語는 文學家의 붓으로 아름답게 힘 있게, 明
確하게, 分明하게 쓰여짐으로 비로소 標準語의 基本을 더욱 굳세게 만들
것이다.</u> (박영희, "標準語와 文學", 『한글』 5(7), 1937.)

위의 인용문은 『한글』의 표준어 특집에 실린 글의 일부로 표준어의
확립 방법을 문학에 의한 것과 어학에 의한 것으로 나누었다. 전자는
발달된 민족어로 형성된 풍부한 문학을 가진 사회에 해당되는 일인 반
면 후자는 민족어로 형성된 문학의 양과 질이 풍부하지 못한 사회에 해
당되는 일이며 조선의 경우 후자에 속한다고 하였다. 민족어로 된 문학
작품의 축적이 충분치 못한 상황이었기에 어학자들의 주도로 표준어를
사정하였으니 장차 그 표준어에 생명을 부여하는 것은 문학자들의 임
무라는 것이다.

2. 표준어의 확립

1) 조선어학회의 표준어 사정

1900년대부터 각종 지면을 통해 전개된 표준어에 대한 여러 가지 구
상은 1936년 조선어학회의 표준어 사정 작업을 통해 일단락되었다. 다

음은 표준어 사정 결과를 발표하는 이극로李克魯(1893-1978)의 글이다.

> 우리는 四千餘年의 歷史를 가지고 이 言語生活을 하여 온다. 그러나,
> 이제까지 아무 整理와 統一이 업는 方言을 써 왓슬 뿐이다. 이러한 言語
> 生活은 오늘 世上에는 到底히 허락하지 아니한다. 現代 文明은 모든 것
> 이 다 標準化한다. 鐵道軌道의 幅은 世界的으로 共通化하엿스며 적은 쇠
> 못으로부터 큰 機械에 이르기까지 어느 것이나 大小의 號數가 잇서 國際
> 的으로 共通된 標準이 업는 것이 업다. 무엇이나 共同生活에는 共通的 標
> 準이 잇서야 될 것은 두말할 必要가 업거니와 더욱이 한 民族社會 안에
> 서 생각을 서로 通하는 言語에 잇서야 統一된 標準이 업지 못할 것은 환
> 한 일이다. 그러므로 各 民族은 제 각각 標準語 統一에 努力하엿고 또 努
> 力하고 잇다. (이극로, "한글 記念 四百九十週年 標準語 發表에 際하야", 『조
> 선일보』, 1936.11.1.)

이극로는 표준어가 문명국의 필수 요건임을 주장하며 작은 쇠못부터
큰 기계에 이르기까지 치수가 국제적으로 표준화되어 있고 철도가 놓
인 곳이라면 어디나 그 궤도의 폭이 일정한 오늘 세상에 서로 생각을
통하게 하는 언어의 통일된 표준이 없다는 것은 있을 수 없는 일이라고
하였다. 문명을 곧 표준화로 인식하고 있던 국어학자에게 통일된 철자
법과 통일된 표준어를 마련하는 것은 시대적 사명이자 민족의 생존을
위한 대업이었던 것이다.

조선어학회가 발표한 『조선어 표준말 모음』(1936)의 머리말에 따르면
총 73인으로 구성된 위원회는 세 차례의 독회(讀會)를 개최하고 전체
9,547개의 어휘를 검토하여 그중 6,231개 어휘를 표준어로 선정하였
다.[11]

---

11) 『조선어 표준말 모음』의 속표지 뒷면에 기록된 사정 어휘 수는 다음과 같다. 표준
   어 6,231, 약어 134, 비표준어 3,082, 한자어 100, 총계 9,547.

〈표 13〉 표준말 사정의 경과

날짜	경과	주요 활동	장소
1935.1.2.~1.7.	제1독회	미리 작성해 둔 사정안에 대해 토의, 수정위원 16인(김창제, 김형기, 김윤경, 방종현, 신윤국, 최현배, 한징, 홍애시덕, 안재홍, 이극로, 이기윤, 이만규, 이숙종, 이호성, 이희승, 이윤재) 선출	충청남도 아산군 온양온천
1935.8.5.~8.9.	제2독회	수정안에 대해 토의, 수정위원 25인(김동환, 김창제, 김형기, 김희상, 김양수, 김윤경, 문세영, 방종현, 신윤국, 정노식, 조기간, 조헌영, 최현배, 한징, 홍애시덕, 안재홍, 윤복영, 이극로, 이기윤, 이만규, 이숙종, 이종린, 이호성, 이희승, 이윤재) 선출	경기도 고양군 숭인면 소귀 봉황각
1936.7.30.~8.1.	제3독회	수정안에 대해 토의, 수정위원 11인(문세영, 장지영, 정인승, 최현배, 윤복영, 이강래, 이극로, 이만규, 이중화, 이희승, 이윤재) 선출	경기도 인천부 우각리 제1공립보통학교 강당

『조선어 표준말 모음』에서 밝힌 사정의 방법을 살펴보면, 통일안에서 정한 대로 당시 중류 사회에서 쓰는 서울말을 표준어로 삼았지만 시골말이라도 여러 지역에서 두루 쓰이는 것은 포함시켰다. 이를 위해 위원회 구성 시 지역 안배를 했는데 총 73인 중 37인은 경기 출생자로(그중 서울 출생자는 26인) 하고 나머지 36인은 각 도의 인구 비례에 따라 성원하였다. 회의의 진행 과정에 대한 기록을 살펴보면, 경기 출생의 중앙위원들에게만 표준어 판정의 결정권을 주었다는 점에서 대체로 현재 중류 사회에서 쓰는 서울말을 표준으로 한다는 대원칙을 지켰다고 볼 수 있다.

한편 나머지 절반가량의 지방위원들에게는 이의 제기권이 있었다. 즉, 중앙위원들이 결정한 내용에 대해 지방위원이 이의를 제기하면 이를 재심리에 붙이고 해당 단어의 전국적 분포를 조사한 뒤 다시 논의하여 결정하는 절차를 넣은 것이다. 이를 통해 서울에서만 쓰이는 서울 사투리를 배제할 수 있었고 중앙위원들이 조사할 수 없는 각 지방의 말을 사정 대상에 포함시킬 수 있었다. 또한 제2독회와 제3독회 사이에는 교육계, 언론계, 종교계, 문필가 및 명사들에게 사정안 인쇄본을 보내 의견을 구했는데 발송처가 총 439곳이었다. 위원회 구성 방식과 회의 진행 방식을 보면 기본적으로는 서울말을 표준으로 삼지만 전국적 소통의 가능성을 최대화하는 데에 주력하고 있었음을 알 수 있다.

『조선어 표준말 모음』의 구성을 볼 때 표준어 사정의 주요 결과는 크게 두 가지로 나누어 볼 수 있다. 첫째는 뜻이 완전히 같은 말들 중에 어느 하나를 표준어를 선정하는 것이고, 둘째는 뜻이 비슷한 말들이 뒤섞여 쓰이지 않도록 그 뜻을 분명히 가려주는 것이다. 먼저 그 목차를 통해 대략의 틀을 살펴보겠다.

〈표 14〉『조선어 표준말 모음』 목차 및 예시[14]

대목차	소목차	예시: 표준어[비표준어]
첫째 같은말(同義語) pp.1~70	(一) 소리가 가깝고 뜻이 꼭 같은 말	
	(ㄱ) 소리의 通用에 關한 말 (1) 닿소리(子音)의 通用 (2) 홀소리(母音)의 通用	(1) ㄱ과 ㄲ의 通用 - ㄱ을 취함: 거꾸러지다[꺼꾸러지다] - ㄲ을 취함: 끄덕거리다[그덕거리다] (2) ㅏ와 ㅐ의 通用 - ㅏ를 취함: 가랑이[가랭이] - ㅐ를 취함: 갈매기[갈마기]
	(ㄴ) 소리의 增減에 關한 말 (1) 닿소리의 增減 (2) 홀소리의 增減 (3) 音節의 增減	(1) ㄱ의 增減 - ㄱ이 더함을 취함: 마굿간[마웃간] - ㄱ이 줆을 취함: 모과[목과]

		(2) ㅏ의 增減 – ㅏ가 더함을 취함: 입아귀[입귀] – ㅏ가 줆을 취함: 개미[개아미] (3) 音節의 더함을 취함 – 처음에 더한 것: 산멱통[멱통] – 중간에 더한 것: 낚싯대[낚대] – 끝에 더한 것: 번데기[번데] 音節의 줆을 취함 – 처음에 준 것: 나귀[당나귀] – 중간에 준 것: 갈꽃[갈대꽃] – 끝에 준 것: 무릎[무르팍]
	(ㄷ) 소리의 一部가 서로 같 은 말 (1) 첫 소리가 같은 것 (2) 첫 말이 같은 것 (3) 끝 소리가 같은 것 (4) 끝 말이 같은 것	(1) 거지[걸인] (2) 꽃술[꽃수염] (3) 뱉다[비알다, 배알다, 밭다] (4) 꿀벌[참벌]
	(二) 소리가 아주 다르고 뜻 이 꼭 같은 말	깍두기[똑도기, 송송이], 물감[염료]
둘째 비슷한말(近似語) pp.70~113		꺼멓다(深黑)–까맣다(同小) 꼬챙이(串用棒)–꼬치(串) 군말(無用語)–군사설(同長語)–군소리(夢語) 맛있다(美味)–맛나다(同主觀的)
세째 준말(略語) pp.113~116		거기–게, 곰팡이–곰팡, 저녁밥–저녁
부록	一 한결로 處理한 말떼(語群)	–거리다–대다, –뜨리다–트리다, –떠리다, –터리다, –쁘다/–프다–뿌다, –푸다
	二 漢字의 轉音	個개[가], 乾건[간], 緘함[감]

12) <표 14>에 제시된 예는 필자가 임의로 선정한 것이다.

표준어 사정의 대상이 된 동의어들은 소리가 비슷한 경우와 소리가 아주 다른 경우로 나뉘었다. 그중 소리가 비슷한 동의어의 경우 표준어 선정의 기준에 음운론적으로 일관된 원리가 적용되었다기보다 개별 단어에 따라 선택이 이루어진 것으로 보인다. <표 14>의 예시에 보인 것처럼 '거꾸러지다'와 '꺼꾸러지다' 중에는 'ㄱ'형을 취한 반면 '그덕거리다'와 '끄덕거리다' 중에는 'ㄲ'형을 취했으며, '가랑이'와 '가랭이' 중에는 'ㅏ'형을, '갈마기'와 '갈매기' 중에는 'ㅐ'형을 취했다. 즉, 더 단순한 소리를 취한다든지 음운 변화를 겪지 않은 형태를 취한다든지 하는 원리에 따라 사정을 한 것이 아니었다.

『조선어 표준말 모음』의 머리말에서 밝힌 사정 방법에 따르면 서울말 중에도 특히 중류층에서 사용하는 말들을 후보로 삼되 그 말이 전국적으로 널리 쓰이지 않는 말일 경우 같은 의미로 쓰이는 다른 말들 중 가장 여러 지역에서 쓰이는 말을 채택하였다. 이와 관련해서는 1937년 『한글』 5(7) 표준어 특집호에 실린 이희승의 글에서 상술된 부분이 있어 참고가 된다. "標準語 이야기"라는 글에서 이희승은 전국 각지에서 같은 대상을 서로 다르게 부르고, 서울말에서도 역시 그러한 현상이 있다고 지적하며 조선어학회의 표준어 제정에 적용된 네 가지 조건을 들었다. 첫째, 지방적 조건, 둘째, 계급적 조건, 셋째, 시대적 조건, 넷째, 품위와 어감이다. 그 내용을 자세히 살펴보면 다음과 같다.

지방적 조건이란 문화적 중심지의 말, 교통적 중심지의 말, 정치적 중심지의 말인 수도 서울의 말을 채택함을 원칙으로 삼았다는 것이다. '소꿉질'이라는 말이 지방에 따라 '소꿉질, 솟곱질, 손곱질, 조꿉질, 돗곱질, 통곱질, 공곱질, 바꿈질, 밥굼삶이, 밥곰새기, 동구뱅이, 통구박지놀음, 동곱파리, 돈드깨비, 동두개비, 반두개비, 반두깽이, 반주깽이, 반주깨, 방도갸미, 반도개미질, 혼두깨미, 혼두깨비, 혼두까지, 살림살이,

시간살이, 세간녹질, 또꼬방놀이, 도꾸방놀이, 밥진놀이, 밥해놀이, 밧지놀음, 바치논굴, 갓감지, 서굼지' 등으로 여러 가지로 쓰이는데 이런 경우 서울에서 쓰이는 '소꿉질'을 표준어로 채택하였다고 하였다. 서울말이 표준어의 준거가 된다는 것은 표준어에 대한 논의가 시작된 이래로 일종의 당위로 여겨져 왔던 것이지만[13] 이희승은 다음과 같은 기술을 통해 그 타당성을 상술하였다.

> 서울은 各 地方 學生이 많이 모여들고 新聞, 雜誌, 書籍 等 모든 出版物의 大部分이 서울서 發行되어서 서울말을 地方으로 傳播합니다. 또는 公務를 띠고 或은 사사 일로, 或은 장사차로 그리고 或은 구경차로 서울로 모여드는 사람이 여간 많지 않습니다. 各 地方 사람들이 많이 모이기로는 朝鮮 안에서는 아모래도 서울이 제일입니다. 봄철이나 가을철에 서울 거리로 시골 사람들이 많이 다니는 것은 우리가 恒常 目睹하는 事實입니다. 그 많은 사람들이 끊임없이, 적어도 단 한두 마디씩이라도 서울말을 배워다가 地方에 퍼치고 있읍니다. 그런한 例를 들어 말씀한다면 十數年 前까지는 "오빠"라는 말이 서울 돌구멍 안 即 城中 안에서만 使用되였지, 서울서 十里만 떠러진 地方에서도 쓰이지 않았읍니다. 그렇던 것이 오늘은 平壤에 가서도 "오빠"란 말을 들을 수 있고, 大邱에 가서도 들을 수 있고, 咸興에 가서도 들을 수 있게 되였읍니다. 그리고 말 끝에 "합시오." "하십쇼"라는 말도 各 地方에서 들을 수 있읍니다.
> 이것이 即 서울말이 지방으로 퍼치는 勢力을 가졌다는 한 證據입니다. 이 自然한 勢力을 利用하여서 우리는 서울말로 標準語의 基本을 삼은 것입니다. (이희승, "標準語 이야기", 『한글』 5(7), 1937.)

---

13) 표준어 사정 방법에 대한 이극로의 기술도 이러한 입장을 보여준다. "標準語를 세우는 科學的 方法은 여러 方言 中에 가장 勢力잇는 方言 하나를 가리어서 標準을 삼고 不足한 點과 잘못된 點은 文獻과 다른 方言으로써 補充하며 質正하는 것이다. 그래서 우리도 이제 標準朝鮮語를 세우는 대는 서울方言을 標準삼고 다른 地方의 方言과 또 옛 文獻으로써 그 못자람을 채우고 잘못 됨을 바로잡아서 國語의 科學的 基礎를 세우는 것이 마땅한 일이다. 標準語와 標準綴字의 成立은 마츰내 標準辭典이 完成되어야 될 것이다.(이극로, "조선말의 사투리", 『동광』 29, 1931.)"

이미 1910년대 초부터 서울말을 표준으로 삼는다는 인식이 확산되어
왔음에도 표준어 사정이 끝난 뒤 위와 같이 상세하게 그 타당성을 기술
한 것은 전국 각지의 언중들이 호응해 주지 않는 한 표준어 사정 작업
의 진정한 결실을 맺을 수 없다는 인식이 배경이 되었을 것으로 생각된
다. 위의 인용문에 이어 이희승은 평안도 사람들은 평안도 말을, 경상도
사람들은 경상도 말을, 제주도 사람은 제주도 말을 표준어로 삼길 바라
겠지만 조선 전체를 대국적으로 내려다보고 냉정히 생각해 봐야 한다
고 덧붙였다. 서울말은 전국 그 어느 말보다 자연적인 세력을 가졌다는
점을 강조하며 "自然의 趨勢를 그대로 順應하는 것이 所謂 "科學的""이고
"우리는 結局 科學的 方法에 依해서 京城語를 標準語로 採用한 데 지나지
않습니다."라고 하였다.

계급적 조건은 서울말 중에도 그 사용이 특수한 한 계급에만 국한되
어서는 안 된다는 것으로 이 글에서 예로 든 특수 계급의 말은 '밥'을
'수라'라고 하는 등의 궁중어, 귀족계급의 말, 한문어가 많이 섞인 유식
계급의 말, 상인계급의 은어, 하층계급에서 쓰는 비어나 상스러운 말 등
이다. 이러한 말은 서울말이라 해도 사용 범위가 제한적이므로 표준어
로서 적합하지 않으며 서울말 중 가장 보편성이 있다고 할 수 있는 것
은 중등 교육의 상식을 가진 사람들이나 그들의 가족이 사용하는 말,
즉 중류계급의 말이라고 하였다. 서울말 중에도 '돈'을 '둔'이라고 하고
'공'을 '궁'이라고 하고 '좋다'를 '죻다'라고 하고 '그랬소'를 '그랬수'라
고 하는 토박이말이 있는데 이러한 말은 주로 하류사회에서 사용하는
말이지 중류사회에서는 쓰지 않는 말이므로 표준어로서 적합하지 않다
고도 하였다.

시대적 조건은 이미 뜻을 잃어버린 옛말이나 뜻은 알더라도 널리 쓰
지 않는 옛말은 표준어로서 적합하지 않다는 것, 그리고 또한 현재 쓰

는 말이라 해도 너무나 현대적인 신어나 유행어는 표준어로서 적합하지 않다는 것이다. 그리고 마지막으로 품위 있는 말이라고 한 것은 속되거나 야비하지 않은 점잖은 말을 뜻하고, 어감이 좋은 말은 듣는 사람에게 친밀감과 미적인 만족감을 주는 말을 뜻했다. 이희승이 제시한 네 가지 조건은 표준어 사정 시 서울말을 기본으로 하되 최대한 범용성을 확보할 수 있도록 신중을 기했음을 보여준다.

한편, 『조선어 표준말 모음』에서 소리가 아주 다른 동의어의 경우를 살펴보면 한자어와 고유어 중 하나를 선택하는 경우가 대다수를 차지했는데 위원회의 결정 사항을 보면 고유어를 표준어로 선정한 뚜렷한 경향성이 보인다. 『조선어 표준말 모음』 "소리가 아주 다르고 뜻이 꼭 같은 말"에서 제시한 사정 결과는 총 135개인데 그중 절반 이상인 76개의 표준어가 고유어와 한자어 중 고유어를 채택한 결과였다. 아래의 목록은 사정된 표준말을 먼저 제시하고 '[ ]' 안에 함께 검토된 동의어(비표준어)를 제시한 것이다.

깡깡이[해금, 행금, 꿈속[몽중], 끝판[종국, 종판, 종결], 끼니[조석, 조석반], 가슴앓이[흉복통], 군살[췌육], 굴뚝[연돌], 귀밝이[이명주], 그러께[재작년], 그사이[기간], 기침[해소], 기와집[와가], 날라리[호적], 대그릇[죽기], 대뜸[단통], 도롱이[누역], 뒷나무[여목], 마고자[반배, 팔배, 마괄], 물감[염료], 무릎맞춤[대질], 무명조개[문합, 대합], 범[호랑이], 불겅이[홍초], 씀씀이[용도], 삼치[망어], 새서방[신랑], 센털[백발], 술집[주점], 수박[서과], 잔술[치송], 자리옷[침의], 장수[상고, 상인], 짐바리[태짐, 복태], 집주름[가쾌], 찬기운[냉기], 참먹[진묵], 참빗[진소], 첫솜씨[초수], 푸대접[냉대], 풀솜[설면자], 한나절[반일], 한더위[혹세], 하루거리[간일학], 해마다[매년, 연년이], 해바라기[향일화], 허리띠[요대], 홀어미[과부, 과수], 호박[남과], 홀몸[단신], 흙비[토우], 흘림[초서], 안뒷간[내측], 안손님[내빈], 안찝[내공], 암내[액취], 아주까리[피마주, 피마자], 어느겨를[하가], 여러가지[각색, 각종], 여러날[누일], 여러번[누차], 여러분[제위, 첨위, 첨좌], 여

러해[다년, 누년, 적년], 예로부터[자고로], 오지그릇[옹기], 외아들[독자],
이날[본일], 이날저날[차일피일], 이달[금월, 본월], 이달저달[차월피월],
이마적[근자], 입맛[구미], 입버릇[구습], 이탓저탓[천산지산], 이틀거리[이
일학, 양일학, 당고금, 당학, 노학, 해학], 이핑계저핑계[차탈피탈], 이엉
[개초, 영]

하지만 고유어와 한자어 중 무조건 고유어를 택한 것은 아니었다. 드
물긴 하지만 '비웃' 대신 '청어靑魚'를, '단것' 대신 '초醋'를, '누리, 무리,
느레' 대신 '우박雨雹'을 채택하여 고유어를 비표준어로, 한자어를 표준
어로 삼은 경우도 있었다. 이 경우 고유어 어형의 분포가 넓지 않아 더
널리 쓰이는 한자어 어형을 선택한 것으로 보인다.

〈그림 10〉 표준어 발표회장(『조선일보』, 1936.10.29.)

이처럼 조선어학회는 전국 각지 출신의 위원들이 2년여 동안 만여
개에 달하는 어휘들의 쓰임을 일일이 조사하고 대대적 합의를 거쳐 안
을 마련한 뒤, 그 안을 또다시 수백 곳의 단체와 개인에게 보내 검토를

받은 뒤 문제점을 시정해 결정한 6천여 개의 단어를 표준어로 선정하였다. 『조선어 표준말 모음』의 머리말에서 "이로써 보면, 이 표준말의 査定은 단순히 少數 委員만으로써 된 것이 아니요, 全朝鮮的으로 된 것이라 하여도 過言이 아닐 것이다."라고 강조한 것처럼 조선어학회가 사정한 표준어는 서울말을 중심으로 하면서도 편향성을 최소화하기 위해 여러 안전장치들을 동원한 결과였다.

전국 각지의, 사회 각계각층의 의견을 골고루 수렴하여 전민족의 지지를 받는 표준어를 제정한다는 것은 1929년 조선어사전편찬회의 창립 당시부터 확고히 결정되어 있던 방향성이었다. 조선어사전편찬회의 창립을 보도하며 『동아일보』는 기존에도 조선광문회나 계명구락부 등이 사전 편찬 사업을 진행했고 김두봉이 8만 어, 이상춘이 5만 어 정도를 수집한 바 있지만 이는 모두 각 개인 혹은 소수에 의한 작업이었다는 점에 가장 큰 한계가 있다고 지적했다. 그리고 그에 비추어 조선어사전편찬회가 갖는 차별성을 다음과 같이 기술했다.

> 同會의 重點은 從來의 計劃이 各 個人 或은 少數蒐集團의 努力으로 되엇든 것을 社會 各 方面의 人士를 絡羅하야 爛商討議를 한 後 그 正當한 者를 標準語로 삼자 하는 것이라 한다. 科學的 知識을 要求하는 同學問에 잇서 特히 民族의 標準語인 辭典 編纂에 잇서 如斯한 方法을 取한 것은 吾等의 信任할 價値를 주는 것으로서 그 中에도 特히 朝鮮語 가튼 것은 아즉 硏究의 年條가 얏고 開拓되지 못한 바 만흔데 이제 多方面의 人物을 一堂에 會合하야 그 爛商討議한 結果를 標準語로 한다 함은 가장 注目할 만하다. 이것으로써 果然 全學界의 이름으로 規定될 標準語가 생긴다 하면 同會의 事業은 實로 民族的으로 重大한 意義가 잇다 할 것이다. 同會의 意義는 甚히 重大하다. ("朝鮮語辭典編纂會의 創立", 『동아일보』, 1929.11.2.)

위의 인용문에 나타난 것처럼 조선어학회는 당초부터 소수 위원만이 아니라 전조선적 합의에 기초한 표준어를 완성한다는 목표를 설정하고 있었다. 그리고 이를 위해 여러 가지 장치를 마련해 표준어 사정 작업을 진행해 갔다. 하지만 그럼에도 불구하고 사정된 표준어가 내 것도 네 것도 아니며 실제로 조선어를 말하는 그 누구의 것도 아닌 소외의 언어라는 비판을 피해갈 수는 없었다.

2) 표준어에 대한 비판

표준어에 관한 근대의 담론에서는 '이상적 언어'라는 표현이 거의 빠짐없이 등장한다. 통일안 제정을 통한 철자법의 통일도 커다란 진보이지만 표준어는 표기의 차원을 넘어서 전국적으로 사용하는 말 자체를 통일할 수 있는 기반이 된다는 점에서 표준어의 확립이 곧 언어적 이상의 달성으로 여겨졌던 것이다. 앞서 살펴본 것처럼 조선어학회는 서울말을 중심으로 하되 서울만의 색채를 지우기 위해 고심하였고 서울말이 아니더라도 여러 지방에서 두루 쓰이는 말들을 표준어에 적극 포함시키고자 했다. 그렇게 해서 제정된 표준어는 어느 특정 지방의 말이 아닌 것처럼 서울 지방의 말도 아니었다. 조선어학회측은 전국 각지의 각계각층을 대표하는 위원들이 모여 사정한 무색투명한 표준어는 가장 이상적이며 완전무결한 언어라고 자찬하였다.[14]

하지만 조선어학회의 위업에 대한 감탄과 찬사가 이어지던 와중에도 표준어가 갖는 이면을 꿰뚫어 본 학자들이 있었다. 최현배의 경우 조선어학회의 표준어 사정 방침에는 동의하였지만 그렇게 구성된 표준어란 실제로 존재한다고 볼 수 없는 지극히 인공적인 언어라고 지적하였다.

---

14) 송주성, "標準語와 敎育", 『한글』 5(7), 1937.

그러나, 이제 표준말을 시골말과의 關聯에서 생각하여 보자. 元來 표준말은 어느 시골(地方) (혹은 標準 中心地 一個 處의, 혹 多數의, 혹은 全般의)의 말로 된 것이다. 그러나, 여러 가지의 原理에서 決定된 표준말은 어떤 시골말 그대로가 아니요, 그 地方的 色彩가 磨滅된 말이다. (…) <u>이 모양으로 사투리를 말끔 떨어버린 말(표준말)은 一種의 理想的의 말이요, 實際의 말은 다 이에 가깝게 될 수 있을 따름이다.</u> 이러므로, 에스벨센님은 표준말을 定義하여, 그 發音으로 말미암아 어떤 시골(地方)의 사람임을 분별할 수 없는 사람의 말이라 하였다. 그런데, 사람은 누구를 勿論하고 다 完全히 言語上 地方的 色彩를 完全히 떨어버리기가 至極히 어려운 일인즉, 完全한 표준말의 實行은 如何한 文明國의 사람을 勿論하고 到達하기 어려운 일이다. <u>표준말은 다만 사람의 規範 意識이 그 實現을 要求하는 理想的 言語이다.</u> (최현배, "표준말과 시골말", 『한글』 5(7), 1937.)

위의 글에서 최현배는 표준어를 특정 지방의 색채를 완전히 떨쳐버린 무색무취의 언어로 보고, 표준어가 갖는 그러한 속성으로 인해 보편성을 획득할 수 있지만 실존하는 어떤 화자에게도 온전히 속할 수 없는 가공의 언어라는 점을 지적했다. 언어에 대한 규범적 의식이 그 실현을 요구하는 이상적 언어, 즉 유토피아적 속성을 지적한 것이다. 표준어의 인위성을 지적한 최현배의 견해는 서울말의 확산력을 토대로 표준어의 자연성을 주장한 이희승의 견해와는[15] 사뭇 다른 것이었다. 최현배는 그 어떤 문명국의 표준어라도 이러한 가공성을 벗어날 수 없다는 점을 분명히 인식하고 있었지만 그러한 본질적 속성이 갖는 문제점이나 한계에 대해서는 더 이상 언급하지 않았다.

이상적 언어로서의 표준어의 이면에 존재하는 언어적 소외의 문제를 가장 적극적으로 비판한 학자는 홍기문이었다. 홍기문은 1930년대 중반

---

15) 이희승, "標準語 이야기", 『한글』 5(7), 1937.

에『조선일보』지면을 통해 표준어에 관한 글을 수차례 발표했다. 그는
당시 조선어학회에서 추진하고 있던 표준어 제정이 전국적 언어 조사
라는 기초적 연구 단계는 건너뛴 채 성급하게 진행되어 언어의 완전화
가 아니라 오히려 언어의 파괴화로 나아가고 있다고 하였다. 홍기문은
당시 진행되고 있던 표준어 사정 작업이 단어에 따라 어느 것은 수도
본위로, 어느 것은 다수 본위로, 어느 것은 언어정화 본위로 결정하여
결국 이 표준 저 표준이 뒤섞인 '비빔밥의 표준어'로 나아가고 있다고
비판하였다.[16]

또한 홍기문의 표현을 빌면 조선어학회는 '서울 지상주의'와 '계란주
의'를 표준어 제정의 양대 원칙으로 삼고 있었다.[17] 전자는 표준어의
지역적 성격을, 후자는 계급적 성격을 지적한 것이다. 그중 홍기문이 특
히 강한 비판을 가한 것은 후자 쪽이었다. 여기서 '계란주의'란 "머리와
끗이 빠르고 中間만 불룩한 鷄卵과 가치 오즉 中産을 注重하야 그 以上
과 以下를 버린다는 뜻"이다.[18]

　　그러나 아모리 中産階級의 勢力이 巨大하고 또는 그 階級으로부터 만
　흔 知識階級을 産出시키엇다고 하더라도 엇지 貴族階級이나 資本階級의
　말을 全然 無視해 버리고 그들의 말로써 標準語를 定할 수야 잇는가? 모
　든 方面에 잇서 鷄卵主義가 成功하기 어렵듯이 標準語에 잇서서도 鷄卵
　主義가 成功키는 어려울 것이 아니겟는가? 여기서 다시 中産 以上 階級
　의 말을 標準語로 定하자는 折衷案이 생기지 아니치 못한다. 이 折衷案
　은 그들로 보아 確實히 한 名案으로써 오늘날 各國의 標準語는 만히 이

---

16) 홍기문, "標準語 制定에 對하야(2): 各方語의 對立과 標準語의 制定", 『조선일보』,
　　1935.1.16.
17) 홍기문, "標準語 制定에 對하야(4): 어떠케 實際上 效用을 保障할까.", 『조선일보』,
　　1935.1.18.
18) 홍기문, "標準語 制定에 對하야(3): 各 階級語와 標準語의 制定", 『조선일보』, 1935.
　　1.17.

名案을 基礎로 하야 制定되는 듯하다.

그러나 勞働階級 乃至 農民階級의 말이 全혀 問題 外로 되야 잇다는 것을 이저서는 안 된다. 그뿐 아니라 어느 民族에 잇서서든지 어느 地方 에 잇서서든지 그들이 가장 多大數를 占하고 잇다는 것도 그와 가치 記 憶해 주지 안하면 안 된다. (홍기문, "標準語 制定에 對하야(3): 各 階級語 와 標準語의 制定", 『조선일보』, 1935.1.17.)

위의 인용문에 나타나 있듯이 홍기문은 실질적으로 인구의 대다수를 이루는 것은 중산계급이 아니라 바로 노농계급임에도 그들의 언어는 표준어의 후보로 고려조차 되지 않는다는 점에서 노동계급과 농민계급 은 표준어 제정에서 완전히 소외된 존재라고 하였다. 그리고 노농계급 의 말이 갖는 중요성을 다음과 같은 관점에서 피력하였다.

더구나 지금 朝鮮으로 말하면 動植物의 名詞를 그들이 第一 만히 保管 해 가지고 잇는 것이 事實이다. 그들의 말을 除外하고 어대서 動植物名 을 차즈려는가? 또는 中産 以上 階級의 말이 가장 漢文化한데 反하야 固 有한 朝鮮語를 그들이 比較的 만히 保全해 오는 것도 事實이다. 그들의 말을 除外하야 그 殘存의 固有語를 왜 排除코자 하는가? 우리 朝鮮의 言 語 研究家들은 言語淨化의 理想 아래 漢文으로 된 말을 크게 忌避하는 만큼 적어도 勞農階級語를 標準語의 中心으로 삼지 안하서는 안 된다. (홍기문, "標準語 制定에 對하야(3): 各 階級語와 標準語의 制定", 『조선일 보』, 1935.1.17.)

노농계급의 언어는 실생활과 밀착되어 있고 다른 계급에 비해 고유 어를 오랜 기간 보전해 왔다는 것이다. 중산계급은 대체로 식자층이고 식자층이 사용하는 어휘 중 상당수가 한자어인 상황에서 한자어의 고 유어화를 주장하는 조선어학회가 노농계급의 언어는 철저히 무시한 채 중산계급의 언어만을 본위로 삼는 것은 자가당착이라는 비판도 덧붙였다.

3) 대리의 언어

언어에 대한 근대적 인식이 싹튼 이후로 언어에 대한 인간의 통제가 가속화되었지만 결국 인간은 언어의 주인이 되기보다 오히려 언어 규범에 의해 통제를 당하는 역설적 상황에 처하게 되었다. 근대어의 유토피아는 언어의 주인이어야 할 화자들에게 실재하지 않는 이상적 언어를 쓰도록 유도하고 때로는 제도적으로 강제한다는 점에서 언어적 소외라는 결과를 낳았다. 언어적 소외의 문제는 철자법 제정을 비롯한 규범화 전반에 걸쳐 있는 것이지만, 표준어 사정의 문제는 구어의 영역에까지 직접적인 영향을 미친다는 점에서 언어적 유토피아가 갖는 모순성을 전면에 노출시켰다.

근대의 문법가들은 현미경으로 자연물의 구조를 들여다보듯 언어를 구성하는 음운, 형태, 통사 등 제 영역의 숨은 구조를 파헤치고 언어 운용의 법칙을 연구해 규범을 마련했다. 그런데 철자법이든 문법이든 표준이든 언어에 대한 제반 규범은 본질적으로 어떤 종류의 표준형을 가정하고 있다는 점에서 모든 언어 사용자의 개별적 언어 사용을 담아낼 수 없다는 한계를 가진다. 그렇기 때문에 표준에서 벗어나는 어형을 사용하던 많은 화자들에게 규범에 제시된 언어는 '내 것이 아닌 언어'일 수밖에 없고, 표준으로 설정된 어형이 일종의 강제력을 갖고 보급되기 시작할 때 '내 것이 아닌 언어'의 사용을 강요받는 상황이 발생하게 되는 것이다.

근대어가 갖는 이러한 모순적 성격을 Inoue(2006)는 '대리의 언어vicarious language'라는 개념을 통해 설명하였다. 일본어를 대상으로 한 연구이지만 언어적 근대화 일반에 걸친 중요한 문제들을 다루고 있으므로 그 내용을 소개하고자 한다. 오늘날 일본어에서는 성별에 따른 언어 사용에 상당한 차이가 있는데 특히 문장 종결에 사용하는 어미에서 그 차이가 두드러진다. Inoue(2006)는 일본의 여성어와 남성어의 종결 방식이 달라진 것은 20세기 초부터였다고 하며 일본의 여성어에 내재된 근대어의 속성에 대해 기술하였다.

Inoue(2006)의 논의는 19세기 말 근대적 교육의 확산으로 등장하게 된 '여학생'이라는 새로운 집단의 독특한 언어적 습관에 대한 지적으로부터 시작된다. 해당 내용을 요약하면 다음과 같다. 소위 '테요다와 코토바てよだわ言葉'라 불린 여학생들의 언어는 문장 끝에 '-테요てよ, -노요のよ, -다와だわ' 등의 종조사를 붙이는 것이 대표적인 특징이었는데 그 이전까지 이러한 표현은 주로 게이샤들이 사용하던 것이었다. 그렇기 때문에 부유층 자제들인 여학생들이 이러한 저속하고 비문법적인 표현을 사용하는 것은 기존의 언어적 질서를 파괴하고 또한 언어를 오염시키는 잘못된 습관으로 여겨졌고 이에 관한 수많은 지적과 비판이 이어졌다. 이처럼 저속한 언어로 비판받던 여학생들의 언어가 1930년대가 되면서는 오히려 중상류층 여성들의 일반적인 언어로 인식되기 시작했고 그러한 변화가 이어져 '테요다와 코토바'는 현대 일본 여성어의 전형적 특징이 되었다는 것이다.

일본 여성어의 성립 과정에서는 소설과 근대적 매체의 역할이 결정적이었다. Inoue(2006)은 20세기 초 언문일치 문학 작품들에서 주인공들의 대화를 기술할 때 '테요다와 코토바'를 도쿄에 사는 중상류층 여성들의 언어로 채용했던 것이 이러한 변화를 가져온 직접적인 계기였다고 보았다. 그리고 소설 속 여성의 목소리로 인용되는 것에서 더 나아가, 여성 잡지 독자투고란이나 광고, 사진 설명 등에서 직접 인용의 형태로 사용되면서 독자들에게 '여성의 언어는 이러해야 한다.'라는 강력한 인식을 심어 주게 되었다는 것이다. 여기서 중요한 점은 19세기 말 '여학생'이라는 특수 집단이 사용하던 언어 표현들은 20세기 초반에도 여전히 일반 여성들이 두루 사용하는 표현이 전혀 아니었다는 것이다. 그런데도 귀로 들을 수 없는 언어가 '표준'으로 인식되는 공감대가 전국적으로 형성되었다는 데에서, 대리의 언어를 체화해 가는 근대인의 모습을 볼 수 있다. 당시 일본 여성들은 일상의 공간에서는 결코 들을 수 없는 언어를 눈으로 보며 머릿속으로 상상하는 과정을 통해 언어적 정체성을 형성해 갔다. 이는 근대라는 시공간과 근대적 매체라는 매개물이 없었다면 절대 불가능했을 일이다. 이런 점에서 일본의 여성어는 책의 제목처럼 '대리의 언어'였던 것이다.

그런데 근대의 언어가 갖는 '대리의 언어'로서의 속성은 비단 일본의 여성어에만 국한된 것은 아니다. 어릴 때부터 능숙하게 사용해 온 말을 문법서를 통해 배워야 하는 역설적 상황은 근대어 일반이 갖는 대리의 언어로서의 속성에 기인하는 것이다. 이연숙 저·고영진 외 역(2006)은 언어에 대한 근대적 인식이 발생한 순간부터 '말의 소외의 역사'가 시작되었다고 하며 근대 세계에서 언어는 언어 사용자인 화자로부터 분리된 타자화된 대상이며 '○○어'라는 필터를 통과해 다시 화자에게 되돌아와 화자에게 내재한 이름 없는 언어를 지배하고 통제하는 기제로 작동하였다고 하였다.

> 언어란 인간에게 가장 자명한 무엇이다. 소박한 화자가 모어를 말할 때, 화자는 자기가 어느 나라말로 이야기한다고 의식하며 말하는 것도 아니고, 또한 문법가가 하듯이 모어의 규칙에 맞추어 가면서 발화하고 있는 것도 아니다. 그러한 화자에게 자신이 '○○어'를 쓰고 있다고 가르치는 지식 그 자체가 본질적으로 소외된 지식일 것이다. 이러한 의미에서 어떤 개인이 ○○어 또는 '국어'를 사용하고 있다고 가르침을 받고 의식하게끔 된 순간부터 인간에게 있어서의 말의 새로운 역사가, 즉 말의 소외의 역사가 시작되는 것이다.

다시 말해 우리들은, 특별히 반성적 의식을 개입시키지 않을 때는, 대상화된 'ㅇㅇ어'를 말하는 것이 아니라, 단지 '말할' 뿐이다. 그러나 '말한다'는 것에 근거가 요구되거나 어떠한 목적 의식이 싹튼다면, '언어'는 우리들의 '말한다'는 소박한 행위에 선행하여 존재하는 실체로서 군림하게 된다. 즉 '말한다'는 것이 '언어'를 만들어내는 것이 아니라 어딘가에 존재하는 '언어'라는 것이 '말한다'는 것의 숨은 기초로 여겨지게 되는 것이다. 그때 비로소 인간은 주저 없이 '언어는 전달의 수단'이라는 정의를 내릴 수 있을 것이다. 왜냐하면 그때까지 언어는 언어 외적 상황으로부터 멋대로 뽑아 낼 수 있는 '수단'은 아니었을 테니까. 물론 '언어는 전달의 수단'이라는 정의는 완전히 틀렸다고는 할 수 없지만, 언어의 역사적인 소외성을 잊게 한다는 점에서 그것만으로는 허위가 아닐 수 없다. (이연숙 저·고영진 외 역 2006:15-16)

언어 사용자는 그저 자신의 내부에 자연적으로 존재하는 '말'을 하는 것이지만 언어에 대한 객체화된 인식으로 말미암아 화자의 외부에 '조선어'라는 실체가 존재하며, 화자는 대상화된 '조선어'를 발화한다는, 화자와 언어 간에 새로운 관계 설정이 시작되었다는 것이다. "'말한다'는 소박한 행위에 선행하여 존재하는 실체"로서 대상화된 언어는 올바른 문법과 표준적인 어휘들로 구성되어 있고, 그 언어를 발화하는 화자는 자신이 아닌 누군가가 규정해 놓은 법칙과 용법들을 습득해야 한다. 우리가 쓰는 말이 한국어라는 사실을 인식하는 순간부터 우리는 한국어라는 실체에 합당한 문법 규칙과 어휘 목록으로부터 자유로울 수 없다는 것이다. 즉, 언어의 소외는 평생 실제로는 한 번도 들어본 적이 없는 '테요다와 코토바'를 남몰래 연습하며 '근대의 이상적 여성어'를 구사하기 위해 노력했던 일본 여성이 아니더라도, '나는 ㅇㅇ어를 말한다.'라는 인식을 가진 화자 누구에게나 해당되는 이야기이다.

3. 국제 표준어의 구상

1) 규칙적 언어

앞서 살펴본 대로 1920년대 김두봉의 글에 나타났던 이상적인 언어로서의 표준어는 불규칙성이 모두 제거된 철저하게 합리적이며 예측 가능한 언어였다. 하지만 1930년대 실제로 진행된 표준어 사정 작업에서 가장 중시된 것은 이상적 언어로서의 자질을 갖추는 것보다 실질적인 파급력을 갖도록 광범한 쓰임을 보이는 어형을 선별해 내는 것이었다. 결국 조선어학회에서 사정한 표준어는 서울말을 우선시하되 서울에서만 쓰이는 말이나 서울의 특정 계층에서만 쓰이는 말은 배제하고 되도록 일반성을 획득할 수 있는 말을 채택한 결과였다. 그리고 이렇게 사정된 표준어에는 여전히 불규칙한 요소들이 산재해 있었다. 자연적으로 발달해 온 언어에는 역사적으로 관습적으로 형성된 불규칙성이 존재하기 마련이다. 그리고 이러한 불규칙성은 해당 언어를 일상적으로 사용하는 화자들에게는 별반 문제가 되지 않을 뿐 아니라 언어 직관으로 고착된 것이기 때문에 합리화라는 명목으로 일소하기에는 무리가 있었다.

'불규칙성의 소거'라는 관점에서 볼 때 언어적 이상을 보다 충실히 구현한 것은 국제적인 의사소통에 사용하기 위해 창안된 국제어였다. 자연어와 달리 인위적으로 만들어진 국제어는 역사가 없고 따라서 언어 변화로 인한 불규칙형 내지는 관습적 쓰임으로 인해 굳어진 표현 등이 존재하지 않는다. 인공어는 그 본질적 속성상 합리성이 극대화된 언어인 것이다.

인공어의 창안은 19세기 말부터 본격화되었다. 1880년 독일의 로마

가톨릭교회 사제 슐라이어Johann Martin Schleyer가 창안한 볼라퓌크어Volapük
가 일시적 확장세를 얻었지만 하나의 철자가 화자의 모어에 따라 서로
다르게 발음되기도 하고 동사의 활용형이 지나치게 복잡해 배우기에
어려운 점이 적지 않았다. 볼라퓌크어 지지자들 사이에서도 여러 문제
점들을 시정해야 한다는 비판이 제기되었는데 이러한 비판을 둘러싸고
슐라이어파와 반 슐라이어파 간에 분열이 일어났다.

　볼라퓌크어의 세력이 약화되는 가운데 광범한 지지를 얻게 된 것은
1887년 폴란드 안과 의사 자멘호프Ludwig Lazarus Zamenhof(1859-1917)가 창안
한 에스페란토어Esperanto였다. 자멘호프 박사에 의해 에스페란토어가 공
표된 후 유럽에서는 1905년에 제1차 세계 에스페란토 대회가 열렸고
1908년에 국제에스페란토협회가 결성되어 활발한 활동을 이어갔다. 한
국에 에스페란토어가 본격적으로 소개된 것은 1920년이었다. 1920년에
YMCA에서 김억金億(1896-?)이 에스페란토어 공개 강습회를 개최하였고
곧이어 조선에스페란토협회가 설립되었다.[19] 그리고 1923년부터 동아
일보사에 이광수, 홍명희, 박헌영, 김억, 김동환 등 에스페란토 지지자
들의 다수가 재직하게 되며『동아일보』의 적극적 지원을 받게 되었다
(김경미 2006:139).『동아일보』는 1924년 2월부터 12월까지 에스페란토 고
정란을 두어 실제 에스페란토어로 작성된 글들을 게재하기도 했고, 독
자들이 에스페란토어의 발음과 문법을 독학으로 공부할 수 있도록
1931년 7월부터 11월까지 에스페란토어 강좌란을 두기도 했다.

　김억은 외국어 학습의 어려움을 지적하고 그 대안으로 에스페란토어
의 채용을 주장하였다.

---

19) 이 강습회의 개최와 조선에스페란토협회의 창립에 대해서는 김경미(2006)을 참고
　　할 수 있다.

생각하여 봅시다. 얼마나 만흔 時間과 勞力를 우리는 外國語를 배우기 위하야 浪費하엿습니까. 그러고 우리는 얼마나 外國語에 精通되엇습니까. 말할 것도 업시 그러케 오랜 時間과 만흔 努力을 徒費한 結果, 우리는 외국 사람과 맛나서 外國語로 얼마만한 定道까지 議事交換을 할 수가 잇는가 하고 생각할 때에는 대단히 恨되며, 웃읍습니다. (…) 2, 3國語를 우리가 배울 수가 잇스며, 또는 배운다 하면 精通할 수가 잇슬 줄로 압니까. 前에도 말하엿습니다, 마는 時間과 精力은 一生을 다하야도 밋지 못할 것이며, 한갓 語學을 배우다가 自減하고 말게 될 뿐입니다. (…) 朝鮮 안에 英語라도 조리잇는 글을 쓰며, 理解시킬 만한 會話를 할 만한 이가 몃 사람이나 되엽즉합니까. 그러고 英語에 精通하기까지에는 얼마만한 時間과 精力을 들이엇겟습니까. 이것은 생각할 問題이며, 또한 朝鮮 사람에게는 甚하면 死活에 가까운 重大事라고 할 듯합니다. (김억, "國際 共通語에 對하야", 『개벽』 22, 1922.)

오늘날처럼 외국어 학습의 여건이 좋았던 시기가 아니었기 때문에 유창한 외국어 구사력은 유학 경험을 가진 극소수의 지식인들에게나 가능한 것이었다. 조선어와는 언어의 계통이 전혀 다른 영어, 프랑스어, 독일어 등을 학습하는 것은 과거 한문을 배우는 것과 별반 다르지 않게 너무나 많은 노력과 시간을 들여야 하는 일이었다. 그러한 상황에서 일부 지식인들이 여타 외국어에 비해 간단하고 배우기 쉬운 에스페란토어에 주목한 것이었다.

그럼에도 언어를 새롭게 만든다는 것, 그리고 그렇게 만들어진 인공어를 전 세계가 공통적으로 사용한다는 것은 매우 낯선 발상이었다. 따라서 김억이나 백남규白南奎(1884-1970)[20] 등의 에스페란토어 지지자들은 여러 지면을 빌어 인공어로서 에스페란토어가 갖는 우수성을 다음과 같이 적극 선전하였다.

20) 백남규는 일본 유학생 출신으로 1919년부터 1933년까지 서울 중동학교, 중앙고보 등의 교사로 재직하였다(김경미 2006:149).

言語學的 理想을 實現시킬 수 잇는 言語學的 最上性, 말하면 發音이라든가, 合理的이라든가, 文法이라든가, 그 밧게 모든 것이 具備되지 아니하야서는 또한 아니 될 것입니다. 이러한 것을 다하야 가장 完全한 語學이 毋論 自然語에는 업슬 것입니다. (…) 에스語의 輪廓을 말하면 言語學上의 理想이라 할 만한 發音이 一字一音입니다. 딸아서 쓴 대로 發音하고, 發音하는 대로 씁니다. 文法은 어대까지 規則的입니다. 그러기에 文法을 모르면 읽을 수도 쓸 수도 업습니다. 文法은 極히 簡明하야 一目窈然합니다. 그리고 각 品詞에는 一定한 語尾가 잇서 任意로 맨들 수가 잇습니다. 結語法이 잇서, 한 字를 가지고, 接頭語, 接尾語의 排置로 意味가 다른 文字를 얼마던지 맨들 수 잇습니다. 慣用語法은 毋論 업스며, 意思를 表白하는 單語의 排列까지라도 自由입니다. 意味는 明晰을 더한 것으로, 學習하기 大端히 쉽습니다. 文法上 條件, 다시 말하면 規則 몇 가지만 배워 두면 그만입니다. 그러기에 西洋人들은 1週 語學이라고 합니다. (김억, "國際 共通語에 對하야", 『개벽』22, 1922.)

위의 글에서 김억은 발음과 문법의 제 측면에서 에스페란토어는 언어학적 이상을 실현시킬 수 있는 요건을 두루 갖추고 있다고 하였다. 에스페란토어는 본질상 자연어와는 완전히 달라서 하나의 글자에 하나의 음이, 하나의 음에 하나의 글자가 대응되며 불규칙도 관습적 용법도 전혀 없다는 것이다.

백남규도 이와 비슷한 주장을 펼쳤다.

이 말의 講習에 잇어 筆者의 年來 經驗에 依하건대 겨우 普通學校 卒業生에게라도 每日 二三 時間식 直接 敎授로 約 三 週間 講習이면 充分이 自習할 實力을 줄 수 잇게 된다. 웨 그러냐 하면 이 말의 本質에 잇어서 自然語와는 아주 딴판으로서 一字에 一音, 一音에 一字이며 變音, 默音, 不規則 等이 絶無한 理想的 言語인 까닭이다. (백남규, "에스페란토 講座(3)", 『동아일보』, 1931.7.7.)

위와 같이 백남규는 에스페란토가 본질적으로 자연어와는 완전히 다르다는 점을 강조하였는데, 이는 온전히 규칙에 의해 작동되는 인공어의 합리성을 부각시키기 위한 것이었다.

한편, 김안서는 에스페란토어를 '언어학상의 콜럼버스', '20세기의 기적' 등으로 칭송하며 이 언어가 중립, 평이, 간명이라는 세 가지 이상적 언어로서의 조건을 구비하고 있다고 하였다.

> 國際 共通語의 理想이라 할 만한 中立, 平易, 簡明 세 가지 條件이 具備하야 어떠한 初學者라도 容易하게 解得할 수 잇슬 뿐 아니라 語學 學習에 큰 難關이라 할 所謂 慣用語法 가튼 것은 「에쓰페란토」에서는 問題조차 될 것이 못 되니 놀라운 일이 아닌가. 그야말로 語學上의 「콜넘버스」라 할 만하다. 「에쓰페란토」의 評價에 對하야는 言語學자 맑스 뮐네르의 「에쓰페란토는 二十世紀의 奇蹟이다」한 말을 借用해 노코 다른 말을 하랴고 하지 아니한다. (김안서, "자멘호프 先生의 第七十回 誕辰을 마즈며", 『동아일보』 1928.12.14.)

이처럼 자연어에서는 결코 불가능한 완전한 규칙성은 에스페란토어가 갖는 가장 큰 장점으로 여겨졌다. 실제로 에스페란토어는 '1자字 1음音'의 원칙을 철저히 준수하였고 강세도 언제나 뒤에서 두 번째 음절에 놓여 음운론적 규칙성에 예외가 없다. 에스페란토어의 모음은 어느 언어에나 존재하는 가장 기본적인 모음 'a, e, i, o, u'의 다섯 개뿐이며 각각의 모음자는 언제나 하나의 소리로 발음된다. 이는 모음자가 나란히 쓰일 때도 마찬가지여서 'iu'는 '유'가 아니라 '이우'로 발음해야 한다.[21] 자음은 23자이고, 하나의 글자는 하나의 발음에만 대응된다.

---

21) 백남규, "에스페란토 講座(6)", 『동아일보』, 1931.7.10.

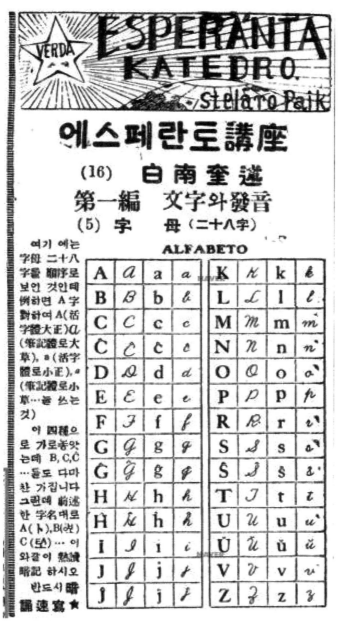

〈그림 11〉 에스페란토어의 28개 자모(『동아일보』, 1931.7.22.)

문법적으로도 에스페란토어는 철저히 규칙성에 입각해 있다. 명사에는 '-o', 형용사에는 '-a', 부사에는 '-e'가 결합되고 동사의 경우 과거형에는 '-is', 현재형에는 '-as', 미래형에는 '-os'가 결합된다. 'kore-'라는 어근이 명사로 쓰이면 'koreo'가 되어 '조선인'을 나타내고 형용사로 쓰이면 'korea'가 되어 '조선인의'가 된다.[22]

'-o'로 끝나는 단어는 모두 명사 단수형이며 복수형으로 만들 때는 그 뒤에 '-j'를 결합시킨다. '별'을 뜻하는 'stelo'의 복수형은 'steloj', '노래'를 뜻하는 'kanto'의 복수형은 'kanoj'가 된다.[23] '-o'는 이처럼 품사로는 명사, 수 범주로는 단수를 나타내지만, 그와 동시에 문장성분 차원에서 주어를 나타내는 표지이기도 하다. 명사가 문장 내에서 목적어로 쓰일 경우 '-n'을 첨가하면 된다. 'stelon'은 '별을'을, 'kanton'은 '노래를'을 나타내며, 복수형일 경우 'stelojn', 'kanojn'으로 쓴다.[24]

동사의 경우 시제 어미 '-as', '-is', '-os' 외에도 법 어미를 취하기도 한다. 가정법은 '-us', 명령법은 '-u', 부정법不定法은 '-i'로 나타낸다. '사랑'을 뜻하는 'am-'라는 어근을 통해 예를 보이면, 'amas'는 '사랑한다', 'amis'는 '사랑하였다', 'amos'sms '사랑하겠다'가 되며, 'amus'는 '사랑할런지 모른다' 혹은 '사랑할 걸', 'amu'는 '사랑하여라' 혹은 '사랑하여 주오', 'ami'는 '사랑하다' 혹은 '사랑하기'가 된다.[25] 이렇게 동사의 활용형이 6개뿐이므로 자연어에 비해 매우 간단하다.

형용사의 경우 명사를 수식할 때는 명사에 직접 선행하고 명사를 서술할 때는 일종의 계사를 매개로 명사에 후행한다. '산'을 뜻하는 'monto'가 '높다'의 의미인 형용사 'alta'와 결합할 때 'alta monto'라고 쓰면 '높은

---

22) 백남규, "에스페란토 講座(21)", 『동아일보』, 1931.7.28.
23) 백남규, "에스페란토 講座(23)", 『동아일보』, 1931.7.30.
24) 백남규, "에스페란토 講座(23)", 『동아일보』, 1931.7.30.
25) 백남규, "에스페란토 講座(26)", 『동아일보』, 1931.8.2.

산'이 되고, 영어의 'be' 동사에 대응되는 'est-'에 현재시제를 결합한 'estas'를 매개로 하여 'Monto estas alta'라고 쓰면 '산이 높다'가 된다.[26]

이상에서 약술한 문법 규칙들은 언제나 예외 없이 적용되기 때문에 단어의 형태만 보아도 문법적 기능을 쉽게 파악할 수 있다. 이러한 문법적 규칙성은 자연어에 존재하는 문법적 예외를 철저히 소거한 것으로, 에스페란토어 지지자들은 "自然語에서는 言語 整理의 完全은 到底히 不可能"하지만[27] 에스페란토어는 인공어이기 때문에 이러한 완전한 규칙화가 가능하다는 점을 적극 홍보하였다.

여러 모임과 지면을 통해 에스페란토어 강습과 논의가 활발히 전개된 1920~1930년대는 조선어연구회의 활동이 조선어학회로 계승되며 한글운동이 본격화된 시기이기도 했다. 국제 표준어로서의 에스페란토어 사용을 주장한 논설들은 당시 자연어로서의 조선어를 표준화하는 과정에서 부딪히게 되는 문제들을 의식하며 자연어에 비해 인공어가 갖는 이점을 적극 피력하였다.

> 우리 世宗大王께서 創作하신 『訓民正音』序文에 『有天地自然之聲則必有天地自然之文』이라고 쓰엿습니다. 정말 人類에는 自然의 語音이 잇슨 後에 文字가 생긴 것입니다. 따라 表意, 表音 等 여러 가지의 文字가 생긴 것이지오. 그 中에서는 表音文字가 가장 理想的이겟습니다. 英, 佛, 獨, 露語 等이 그것이며 우리 한글도 이 音字 中의 하나입니다. 그러나 이것들은 自己네의 風土 習慣 여러 가지의 自然 그대로의 소리를 적어놓은 文字이기 때문에 여러 가지의 不規則임을 免키 어려울 것입니다.
>
> 勿論 同語族끼리는 저 스스로의 固有語인 만큼 그다지 큰 困難은 늣기지 않는다 하드래도 그 語法의 不規則임에 따라 自體의 文化 發展과 生活 增進에 多大한 影響을 받게 됨으로 요새 各 民族의 知識階級의 人物들

---

26) 백남규, "에스페란토 講座(22)", 『동아일보』, 1931.7.29.
27) 백남규, "에스페란토 講座(20)", 『동아일보』, 1931.7.26.

은 이에 對한 整理 改善에 많은 努力을 하는 줄로 압니다. (백남규, "에
스페란토 講座(1)", 『동아일보』, 1931.7.3.)

위의 글에서 백남규는 문자는 자연에 존재하는 소리를 적는 것이므
로 표음문자가 이상적이고, 한글 역시 표음문자의 일종이지만 결국은
자연어를 적는 문자이기 때문에 풍토와 습관 등에 따라 자연적으로 발
생하게 되는 여러 불규칙을 그대로 적지 않을 수 없는 한계가 있다고
하였다. 그런데 어법상의 불규칙은 문화의 발달과 생활의 증진에 방해
가 되기 때문에 각 민족의 지식인들이 불규칙을 정리하고 개선하기 위
해 많은 노력을 기울이고 있다고 하였다. 당시 진행되고 있던 철자법의
정리, 그리고 더 나아가 표준어의 사정으로 이어지는 맥락이 이러한 기
술에 해당하는 것이다. 하지만 아무리 노력을 기울인다 해도 한 언어에
존재하는 불규칙적 요소들을 모두 제거할 수는 없기 때문에 자연어의
경우 철저히 규칙에 기반을 둔 합리적인 언어의 건설은 도달할 수 없는
이상에 불과하다고 하였다. 그와 달리 인공어는 처음부터 철저하게 규
칙에 기반하여 설계할 수 있다는 점에서 과학과 합리의 시대에 걸맞은
최고의 이상적 언어라는 것이 에스페란티스토들의 공통된 입장이었다.

2) 중립적 언어

창안자인 자멘호프의 견해에 따라 에스페란토어의 지지자들은 '1민
족 2언어주의'를 주장했다. 어느 민족이든 고유의 민족어와 더불어 세
계 공통의 국제어를 사용해야 한다는 것이다. 그 주장의 핵심을 간추려
보면 다음과 같다.[28] 아무리 우수한 민족이라 해도 그 민족의 능력만으

---

28) "言語의 國際化 運動", 『동아일보』, 1921.9.5; 김억, "國際 共通語에 對하야", 『개벽』

로는 문명 발달의 대업을 이룰 수 없기 때문에 어떤 민족이든 타민족과의 교류가 불가피한데 이때의 최대의 걸림돌이 바로 언어이다. 현재 각 민족들은 타민족과의 소통을 위해 외국어를 배우는 데에 열을 올리고 있지만 서로 다른 언어 체계와 사고 체계로 인해 그 학습이 결코 용이하지 않다. 어떤 자연어에든 내재하는 불규칙성은 이민족에 의한 해당 언어 습득을 더 어렵게 하는 요인이다. 민족 간의 언어적 분리는 이민족들의 갈등을 유발시키는 근본적인 원인으로 소통의 장애로 오해가 깊어져 인류애가 사라져 가는 상황이다. 이러한 상황을 타개하기 위해서는 각 민족이 내부적으로는 모어로서의 민족어를 사용하되 이민족과의 소통에서는 어느 민족의 모어도 아닌 중립어로서의 국제어, 즉 에스페란토어를 사용해야 한다는 것이다. 규칙에 입각해 만들어진 인공어이기 때문에 누구나 쉽게 배울 수 있다는 것도 에스페란토어가 갖는 국제 표준어로서의 큰 이점이었다.

자멘호프의 고향인 폴란드 북부 비아위스토크Białystok에는 당시 폴란드인뿐 아니라 독일인, 유태인, 러시아인의 네 민족이 살고 있었는데 이 민족 간의 불화로 인한 갈등이 적지 않았다. 이러한 상황을 목도하며 언어의 장벽을 허물어 서로 다른 민족들이 상호 이해와 협력 속에 평화롭게 공존하는 세상을 만들겠다는 것이 자멘호프가 보편어 만들기에 착수하게 된 근본적인 동기였다. 자멘호프는 이러한 창안 동기를 더 넓은 차원으로 발달시켜 국제어를 구상하였으며 이를 통해 인류애의 진작과 인류 평화에 기여하고자 했다. 이러한 동기로 만들어진 에스페란토어에 대해 조선의 지지자들은 두 가지의 사명을 강조하였다. 에스페

22, 1922; "國際語", 『동아일보』, 1924.12.23; 김안서, "자멘호프 先生의 第七十回 誕辰을 마즈며", 『동아일보』, 1928.12.14; 백남규, "에스페란토 創案者 사멘호프 博士 七十一週 誕日을 마지면서(三)", 『동아일보』 1930.12.18; 백남규, "에스페란토 講座(1)", 『동아일보』, 1931.7.3.

란토어를 통해 조선인을 세계인으로 거듭나게 한다는 것, 그리고 외래
어의 침투를 막아 조선어의 순수성을 지킨다는 것이다.

1민족 2언어주의는 한 민족의 온전한 고유성을 적극 보장하면서 동
시에 그 민족을 세계와 연결시킨다는 목표를 지향한다. 세계와 연결이
된다는 것은 일차적으로는 세계인과 지식을 균등히 해 문명 발달의 추
세에 합류한다는 의미였다. 아래의 글에서 백남규는 식민지 조선이 국
제어를 통해 세계의 일부가 될 수 있음을 주장하였다.

> 朝鮮人아 朝鮮人아 朝鮮人도 世界人이다. 웨 그러하냐 하면 地球 圖面
> 에서 朝鮮을 차저볼 수 잇는 까닭에 또는 人類 歷史에는 朝鮮人의 일이
> 적혀 잇는 까닭이다. 果然 그러타. 大勢力으로 몰려오는 世界的 思想의
> 潮流! 할 수 업시 이를 밧게 되는 것이며 나날이 갈스록 國際的 生活을
> 하게 되는 것이다. 보다도 나아가서 世界人과 가티 步調를 맞추어야 할
> 것이다. 쫌만 잇스면 世界人과 함께 心情을 풀어야 할 것이다. (백남규,
> "에스페란토 創案者 사멘호프 博士 七十一週 誕日을 마지면서(三)", 『동
> 아일보』 1930.12.18.)

백남규는 '조선인도 세계인이다.'라는 명제를 제시하고 그 타당성을
과거와 현재와 미래로 나누어 기술하였다. 인류의 역사 발전에 조선인
이 관여해 왔고 현재의 지구상에 조선이 분명히 존재하며 장차 세계적
사상의 조류를 더욱 전면적으로 받으며 국제적 생활을 하게 될 것이라
는 것이다. 이를 위해 세계인과 보조를 맞추어 문명 진보를 이루어야
하고 더 나아가 마음까지 나누는 관계가 되어야 한다고 하였다.

한편, 국제어를 통해 세계와 연결된다는 것은 세계 여러 민족이 제국
주의 열강에 의해 압제를 받던 20세기 전반기의 상황에서는 또 다른 함
의를 갖기도 했다. 피지배 민족이 식민 본국을 매개로 삼지 않고 곧바
로 세계인의 일부가 된다는 점에서 국제어는 정치적 혁명의 무기가 될

잠재력을 안고 있었다.[29] 실제로 1907년 국제아나키스트대회에서 에스
페란토어를 아나키스트의 공식 언어로 채택하기도 했고(임수경 2013:581),
프로 에스페란토 운동가들이 프롤레타리아의 국제적 연대를 위해 에스
페란토어의 사용을 장려하기도 했다(김경미 2006:154).

식민지 조선에서 에스페란토어는 식민 본국의 언어에 대항하여 민족
어의 고유성을 지킬 수 있는 대안으로 부각되었다. 민족어에는 민족의
정신이 담겨 있기 때문에 어떤 국가가 다른 국가를 식민지화했을 때 무
엇보다도 먼저 피정복자의 모어를 말살시키려 한다. 이러한 언어적 동
화의 과정은 교육이나 각종 제도를 통해 강제되기도 하지만 생업의 영
역에서 실질적인 필요에 따라 자발적으로 이루어지기도 한다. 식민지
조선에서도 일제에 의해 조선어 사용이 금지되기 전에도 출세를 위해
자발적으로 일본어를 익히고 사용하는 사람들이 적지 않았다. 그런데 1
민족 2언어주의를 주장하는 에스페란티스토들은 문명 진보를 위한 지
식의 습득이 정복 국가의 언어가 아닌 세계 공통어를 통해 이루어진다
면 선진 지식을 효율적으로 습득하면서도 언어적 식민 정책에 대항하
여 민족어를 수호할 수 있다고 보았다. 다음은 이러한 인식을 보여주는
김억의 글이다.

> 母國語가 民族의 民族的 精神을 保持하기 때문에 植民策으로는 반듯이
> 征服者가 被征服者에게 母國語의 使用, 또는 忘却을 要求합니다. 그리하
> 고 自己의(征服者) 言語를 强徵시킵니다. 그러나, 우리는 얼마나 그러한
> 植民政策이 成功하엿는가를 생각할 때에는 더욱 母國語의 偉大한 精神을
> 힘 잇게 느끼지 아니할 수가 업게 됩니다. 이 點에서 國際共通語는 自己
> 의 言語를 被征服者에게 强徵시켜, 써 그 固有한 精神을 빼앗는 것으로
> 唯一政策을 삼는 征服者에게 詛呪의 猛烈한 讚辭를 들인 것이라 하지 아

---

29) 김경미(2006)은 1920~1930년대 식민지 조선의 에스페란토어 운동을 민족주의 계
   열, 사회주의 계열, 무정부주의 계열로 구분하고 각각의 특성을 상세히 기술하였다.

니 할 수가 업습니다. (김억, "國際 共通語에 對하야", 『개벽』 22, 1922.)

위의 글에서 김억은 조선인도 민족끼리의 소통에서는 조선어를 사용하고 타민족과의 소통에서는 에스페란토어를 사용함으로써 일제의 언어적 침략에 대항할 수 있다고 하였다.30)

20세기 전반기에 발표된 에스페란토에 관한 글은 거의 대부분 그 지지자들에 의해 작성된 것이었기 때문에 긍정적 평가 일색이었다. 앞서 여러 차례 언급했듯이 규칙적이고 체계적이며 따라서 누구나 쉽게 배울 수 있는 언어, 특정 민족에게 속해 있지 않기 때문에 중립적이고 만인에게 공평한 언어라는 평가가 대부분이다. 하지만 그러한 평가에는 다분히 과장된 측면이 있었다.

이 國際 共通語야말로 現在 使用되는 어떤 나라의 言語이어서는 아니 될 것입니다. 어대까지던지 嚴正한 中立性的 言語라야 할 것입니다. 그리하고 國語 特有의 慣用 語法, 또는 學習하기 어려운 不平易한 言語, 明晰性이 업는 不分明性的 言語, 이러한 모든 條件이 잇서서는 中立性을 가진 國際 共通語의 精神은 나타내인 것이라 할 수가 업습니다. 그러고, 넘우 人造語的이어서도 아니 될 것입니다. 반듯이 여러 나라의 言語를 通하야 語源은 一致한 것이라 하겟습니다. 또는 넓히 모든 國語의 語源에서 빼어 오지 아니하면 아니 될 것입니다. 이러한 여러 가지 難關의 條件이 잇기 때문에 只今까지 오며 國際 共通語로 百有餘種이 잇섯스나, 다 實現되지 못하고 만 것인가 합니다. 무엇보다도 語學인 以上에는 極

30) 하지만 최현배가 『글자의 혁명』에서 "에스빼란또가 어떠한 의미로는 편리하고 이상적이라 하여 세계 공통어로 만들고자 하지마는 온 세계가 이를 채용하기는 꿈같이 어려운 일"이라고 평했던 것처럼 에스페란토어는 조선인을 세계인이 되게 해주기에는 그 세력이 역부족이었다. 그럼에도 에스페란토어를 통해 1920~1930년대 '이상적 언어'에 대한 인식을 살펴보는 것은 언어의 유토피아라는 주제로 근대 한국의 언어 문제를 살펴봄에 있어 의미 있는 일이라 생각된다. 에스페란토어는 그야말로 이상에서 출발하여 이상에 충실하게 만들어진 언어였기 때문이다.

히 細微하고 가장 周密한 心的 現象까지라도 表白할 수가 업서서는 무론
有若無에 지내지 못할 것입니다. (김억, "國除 共通語에 對하야", 『개벽』
22, 1922.)

김억은 국제어의 요건으로서 중립성에 대해 논의하며 기본적으로 현
재 사용되는 어떤 나라의 언어도 아니어야 하지만 동시에 너무 인조어
적이지도 않아야 한다고 하였다. 결국 이미 존재하는 어느 특정 언어를
그대로 채용해서는 안 되지만 그렇다고 기존의 언어들과 전혀 무관한
완전히 인공적인 언어를 창조해서도 안 된다는 것인데 양립하기 힘든
이 두 조건에 대한 대안은 모든 국어의 어원을 조사하여 여러 나라에
일치되는 어원을 가려내고 이를 토대로 새로운 언어를 만들어야 한다
는 것이었다.[31] 그렇게 만들어진 인공의 언어는 그 어떤 언어와도 동일
하지 않지만 동시에 그 모든 언어와 상통하는 부분을 갖게 된다고 본
것이다. 국제 공통어의 요건을 논한 위의 인용문의 앞뒤 맥락에서 김억
은 에스페란토어가 바로 그러한 요건을 온전히 갖춘 이상적인 국제어
라고 주장하였다.

하지만 김억이 에스페란토어를 "모든 國語의 特性을 가진 것으로, 모
든 國語의 모든 可能性을 超越한, 驚異의 語學"이라고[32] 평가한 것과 달

---

31) 1926년 『동광』 제2호에 실린 "근대적 이상사회, 「유토피아」談"이라는 제목의 글
에서도 유토피아의 조건에 대해 언급하며 "언어는 물론 세계 공통이 아니면 안된
다. 언어는 사람을 짐승에서 구별하는 일대 요소인데 같은 사람사이에 각각 말이
달라 의사를 통할 수 없다면 결코 이상사회라고 할 수 없다. 그러나 어떤 말이 가
장 적당하냐 하면 「에쓰페란토」, 신라틴어, 철학어 등 인조어가 많으나 세계 공통
어를 創定하는 이상에는 어대까지 과학적이요 수학 공식적으로 정확하여야 하겠
으나 전술한 바와 같이 근대 이상사회에서는 개성을 존중하는 관계상 인위 통일
보다도 각국어의 종합적 자연어가 되어야 할 것이다."라고 하여 세계 각국의 언어
를 종합하여 세계 공통의 언어를 만들어야 한다고 하였다.
32) 김억, "國除 共通語에 對하야", 『개벽』 22, 1922.

리 에스페란토어는 인구어 계통의 언어에서 공통으로 나타나는 형태를 어근으로 취하고 해당 어근에 일정한 문법 표지를 부착시킨 언어였다. 따라서 유럽인들에게는 이미 알고 있는 어근에 단순하고 규칙화된 문법을 적용시키기만 하면 되는 쉬운 언어였지만 비유럽인들에게는 상대적으로 배우기 어려운 언어였다. 어휘의 측면에서 볼 때 인구어 중에도 특히 초기 사용자들의 모어에 따라 폴란드어, 러시아어, 독일어, 프랑스어의 영향이 컸고 현재에도 로망스어에서 차용된 어근의 비중이 게르만어보다 높다. 김억은 국제 공통어라는 말에 조소를 날리는 사람들에게 그러한 언어가 결코 "존재하지 않는 유토피아"가 아님을 역설하였지만, 가장 성공적이었던 인공어인 에스페란토어조차 누구에게도 유리하거나 불리하지 않은 무색투명한 중립적 언어가 될 수는 없었다.

실제적 영향력은 미약했지만 국제 표준어로서의 에스페란토어에 대한 구상은 언어에 대한 근대의 이상을 집약적으로 보여주는 사례이다. '이상적 언어'를 키워드로 삼은 제2부에서는 언어 개량의 문제와 표준어의 유토피아에 대해 살펴보았다. 근대의 신문과 잡지에는 언어에 대해서뿐 아니라 생활 전반에 대해 '개량'이나 '개조'라는 표현이 빈번하게 쓰였다. 근대의 논설들은 언어뿐 아니라 사회, 정치, 인종, 인품, 성질, 생활, 풍속, 농촌, 가축, 의복, 음식, 주거 등 온갖 것들에 대해 개량의 필요성과 당위성을 외쳤다. 언어와 관련하여 '개량'이나 '개조'라는 단어가 사용된 맥락을 살펴봄으로써 근대인들이 당시 언어의 어떠한 점들을 비판적으로 인식하고 있었고 또 장차 추구해야 할 언어적 이상을 무엇으로 설정하고 있었는지를 확인할 수 있었다.

근대인들은 "모든 것을 표현할 수 있고 모든 문법 규칙이 일정한 합리적 규칙하에서 성취되는 언어"가 사용되는 세계로서의 "언어의 유토피아"를 꿈꿨다(가스야 게스케 저 · 고영진 외 역 2016:107)." 토마스 모어의 『유

토피아』에 그려진 세계가 이상적인 낙원이지만 어디에도 없는 곳인 것
처럼 근대인들이 꿈꾸던 언어의 유토피아 역시 실재하지 않는 가공의
것이었다. 모어가 『유토피아』를 통해 전하고자 한 생각은 허구의 세계
에 대한 막연한 동경이 아니라 절대왕정과 중상주의에 대한 신랄한 비
판 의식이었다. 언어의 유토피아가 갖는 본질 역시 당대의 언어 사용에
내재된 문제들을 파헤치고 이에 대한 근본적 해결책을 마련하는 것이
었다. 그들의 문제의식과 개혁 의지에 힘입어 한국어의 규범화와 표준
화가 진행되었고 그것이 결국 현대 언어생활의 직접적 토대가 되었다
는 점에서 근대인들이 꿈꾸던 언어적 이상향을 살펴보는 것은 중요한
의미를 갖는다. 이어지는 제3부에서는 언어적 이상향의 일종으로서 '과
학적 언어'에 대한 지향이 언어 담론들을 추동해 간 과정을 살펴볼 것
이다.

제3부
과학적 언어

제1장

은유로서의 과학

1. 과학의 시대

1) 문명, 과학, 계몽

'과학'과 '근대'는 동전의 양면이라 할 수 있다. 인간으로 하여금 신비의 영역에 속해 있던 현상들을 이해하고 예측하고 더 나아가 통제할 수 있게 해 준 것, 신 중심의 세계를 인간 중심의 세계로 만들어 준 것, 다시 말해 중세에서 근대로의 이행을 가능케 했던 동력이 바로 과학이었다. 자연과학의 발달과 더불어 학문 전반에서 실증적이고 합리적인 소위 '과학적' 연구 방법론이 추구되었고 근대의 한국어 연구에서도 이러한 경향이 나타나기 시작했다.

언어와 문자에 대한 담론에서 '과학'이라는 단어가 등장하기 이전, 학문 일반의 방법론으로서 과학에 대한 논의가 이루어지기 시작했다. 허재영(2015b)에 따르면 한국에서 본격적인 '과학 담론'이 등장하고 '학문=과학'이라는 등식이 널리 퍼진 것은 1906년경이었다. 이때부터 각종 잡지 및 학보에 학술어로서 '과학'이라는 용어가 빈번히 쓰이기 시작했고 학문 일반의 과학적 연구 방법론으로서 '관찰, 분류, 설명'의 방법에 대한 논의가 이루어지기 시작했다.

과학은 자연과학의 테두리를 벗어나 학문 전반의 연구 방법론으로서 자리 잡았을 뿐 아니라 일상의 영역에서도 '과학적'이라는 수사가 유행처럼 번져갔다. 문명과 야만을 가르는 잣대로서의 과학은 선취된 미래로서 조선의 앞날에 대한 이정표를 제시해 주었다. 『무정』의 주인공 형식이 낙후된 농촌의 무지한 농민들을 접한 뒤 여관에 돌아와 "과학! 과학!"을 부르짖으며 "죠션 사룸에게 무엇보다 몬저 과학(科學)을 주어야ᄒ겟서요. 지식을 주어야 ᄒ겟서요."하고 외치는 장면은 근대 지식인의 계몽의식에서 과학이 갖는 의미를 잘 드러내 준다. 실증이 없는 미신을 타파하고 명확한 사실에 근거해 인과관계를 규명하며 이를 통해 노동의 효율성을 높이고 경영을 합리화하여 부국강병을 이루는 것, 정신의 영역과 물질의 영역, 개인의 영역과 사회의 영역 전반을 과학적인 무언가로 변화시켜 가는 것이 바로 계몽이었던 것이다.

근대의 한국에서 '과학'은 자연과학이라는 본래의 의미로서가 아니라 자연과학의 어떤 부분을 닮은 정신 혹은 태도를 나타내는 은유로서 존재했다. 근대의 신문과 잡지에는 '과학적 정신', '과학적 가치', '과학적 관념', '과학적 진리', '과학적 지식', '과학적 이론', '과학적 연구', '과학적 논리', '과학적 근거', '과학적 사상', '과학적 방법', '과학적 생활', '과학적 신앙', '과학적 비평', '과학적 경작', '과학적 교전', '과학적 병기' 등 과학적인 무언가를 추구하는 글들이 수없이 발표되었고, 동냥조차 과학적으로 해야 더 많은 돈을 얻을 수 있다는 이른바 '과학적 거지질'이라는 표현까지 등장했다.[1] 지나친 합리성과 효율성의 추구에 대한 염증을 표현하는 '과학 파산'이라는 신어가 등장한 것은(김윤희 2010) 그만큼 과학만능주의가 사회 전반에 확산되어 있었음을 보여 준다.

번개는 하늘이 내리는 천벌이 아니라 대기 중의 음전하가 지상의 양전하와 만나며 일어나는 자연 현상임을 깨닫는 것, 그리고 더 나아가 그 원리를 이용해 피뢰침을 설치함으로써 번개로 인한 피해를 예방하는 것, 동아시아의 지식인들은 이러한 과학 문명의 이기에 매료되어 있었다. 근대 한국에서도 서구의 사회를 '천국'으로 조선의 사회를 '지옥'으로 묘사하며 지옥과 천국의 근본적 차이가 바로 '과학 문물', 그리고 '과학적 정신'의 유무에 달려 있다는 주장이[2] 발표될 만큼 과학에 대한 맹신적 태도가 퍼져 있었다. 당시의 '과학=문명'에 대한 강한 확신을 보여주는 글을 일부 인용하면 다음과 같다.

> 진리감이 업는 자에게는 과학이 업다. 과학이 업스므로 향상이 업고 진보가 업고 개량이 업다. 진리감은 과학자와 발명가의 생명이다. 재산이다. 문명인은 어떤 정도까지는 과학자와 발명가라야 한다. 그러므로 문명인은 강한 진리감이 잇서야 한다. 『어림』, 『미신』, 『거즛』ㅡ. 이런 것은 문명인의 치욕이다. 치욕일 뿐더러 이런 것은 사람을 死로 잇그는 만성적 惡症이다. 어대까지던지 『알고』 하자ㅡ 하는 곳에서 문명이 나오고 진보가 나오는 것이다. 불행히 우리에게는 진리감이 부족하다. 진리를 탐구하기 위하여 생명과 재산을 희생하는 이도 드물고 진리를 옹호하기 위하여 그러한 이도 드물다. 우리는 이러한 사람이 나는 대로 그를 존경하고 애호하여야 할 것이다. 그는 우리의 모범자이기 때문에 우리의 지도자이기 때문에 우리에게 문명과 행복을 주는 국보이기 때문이다. (편집부, "大成과 小成", 『동광』 2, 1926.)

---

1) "科學的 거지질 敎授: 모스코바市 乞人組合에서는 科學的 거지질을 敎授하는데 授業者는 未授業보담 거지질 成績이 大大的으로 好良 云云." (편집부, "別의 別乾坤", 『별건곤』 26, 1930.)
2) 김창세, "科學과 宗敎, 과학적으로 알고 종교적으로 행하라.", 『동광』 12, 1927.

20세기 전반기 한국의 각종 담론 속에 급속하게 확산된 '과학'은 사용 범위가 넓었던 만큼 의미하는 바가 모호하기도 했다. 근대인들에게 과학은 맹렬하게 추종해야 할 무엇이면서 동시에 정체를 알 수 없는 무엇이기도 했다. 아래의 인용문은 『무정』의 한 장면으로 조선 사람에게 과학을 주어야 한다는 사명감에 전율하며 생물학을 전공하겠다고 다짐하는 형식의 모습과 그 말을 듣고 마음이 뜨거워지던 사람들의 모습을 담고 있다.

> "나는 교육가가 될랍니다. 그리고 젼문으로는 싱물학(生物學)을 연구 흐랍니다. 그러나 듯는 사롬 즁에는 싱물학의 뜻을 아는 쟈가 업섯다. 이러케 말흐는 형식도 무론 싱물학이란 뜻은 참 알지 못흐엿다. 다만 즈연과학(自然科學)을 즁히 녀기는 스샹과 싱물학이 가장 즈긔의 셩미에 마즐 듯흐야 그러케 작뎡흔 것이라. 싱물학이 무엇인지도 몰으면서 새 문명을 건셜흐겟다고 즈담흐는 그네의 신셰도 불샹흐고 그네를 밋는 시딕도 불샹흐다." (이광수, 『무정』, 1918.)

이 장면에서 이광수는 계몽주의가 절정에 이르는 순간을 그려내며 자조적인 평을 덧붙였다. 말하는 이도 듣는 이도 정작 생물학이 무엇인지는 모르고 있다는 것이다. 『무정』 속 형식과 같이 이제 막 근대의 물결에 합류한 식민지 조선의 지식인들에게 과학은 그 실체를 분명히 알기 어려운 대상이었지만 그럼에도 그들은 '과학적'인 그 무언가를 이룩해야 한다는 강박에 사로잡혀 있었다. 이러한 상황 속에서 언어 연구의 과학적 방법론을 둘러싼 논쟁은 '과학적'이라는 수식어가 갖는 모호성으로 인해 한층 더 큰 혼란에 빠졌다.

2) 과학 실험실의 태도

새 시대의 학문이 과학적 방법론에 의해 연구되어야 한다는 인식은 일찍이 1900년대부터 확인된다. 1907년 『태극학보』 제13~15호에 게재된 장응진의 "敎授와 敎科에 對ᄒᆞ야"라는 글에서는 과학을 심적 과학과 물적 과학으로 나누고 이 두 가지가 적당히 조화를 이뤄야 함을 강조하였다. 그리고 이를 위한 학문의 분과로 수신과, 언어과, 수학과, 역사과, 지리과, 이과 등 교과의 개설을 주장하였다. 이 글에서 장응진은 과학적 연구란 자연 현상에 대한 관찰과 탐구, 원리 규명, 필요에 따른 통제 등의 절차로 이루어진다고 하여 과학적 방법론을 소개하였는데, 이러한 연구 방법론이 본격적으로 부각되기 시작한 것은 이후 1920년대에 들어서였다.

1920년대 동아시아에서는 관찰, 분류, 조직화 등 자연과학의 귀납법과 연역법이 학문 일반의 연구 방법론으로 인식되고 있었고 식민지 조선에서 역시 예외가 아니었다. 실제로 증명할 수 있는 것만을 믿는 '과학적 태도'를 통해 미개 상태를 벗어나 문명을 달성해야 한다는 주장이 여러 매체를 통해 발표되었다.

> 「어떠한 知가 참知ㅡㄴ가?」
> 「어떠한 知識을 신앙하여야 될가?」
> 라고 반문하지 아니할 수 업다.
> 여기에 대하야 存疑主義Agnovticesm의 元祖 학쓰레Huxley는 말하되
> 「다만 증거 충분한 지식이라야만 신앙할 수 잇다. 충분한 증거가 업는 지식은 다만 存疑할 수 잇으나 신앙할 수는 업다」
> (…)
> 「과학 실험실의 태도」ㅡ「증거 충분한 지식」ㅡ「실제로 증명할 수 잇는 지식만 밋는 태도」ㅡ이것이야말로 진정한 과학적 태도인 동시에 우리의

사상 혁명에 <u>不可缺할 요소이다.</u>

化學家는 「물이 산소 1, 수소 2의 혼합물임」을 밋고 物學理家는 「물체에 열을 가하면 커지는 것」 (물론 예외는 잇으나)을 밋는다. 그러나 그네들은 누구가 그러케 말하엿다고 그러케 밋는 것도 아니오 또 세상 사람이 모두 그러케 밋는다고 그러케 밋는 것도 아니다. 자기 자신이 물을 분해하야 산소 1, 수소 2를 엇어 보앗고 물체에 열을 가하야 커어지는 것을 실험하여 본 까닭이다. (양명, "우리의 思想革命과 科學的 態度", 『개벽』 43, 1924.)

위의 인용문은 『개벽』에 게재된 사회주의 운동가였던 양명의 글로, 그는 사상의 혁명이 과학적 태도를 통해서만 달성될 수 있다고 하고 이를 위해 과학 실험실의 태도를 길러야 함을 주장하였다. 과학 실험실의 태도란 실제로 증명할 수 있는 지식만을 믿는 태도로, 물이 산소와 수소의 1:2의 혼합물이라는 지식이 참된 지식인 이유는 특정한 권위자가 그렇게 말했기 때문도 아니고 많은 사람들이 그렇게 믿고 있기 때문도 아니며 오직 실험을 통해 직접 확인한 지식이기 때문이라고 하였다.

과거 2,000년 전 모든 방면으로 압섯든 동양문화가 현재 이와 가티 그네들의 後塵을 밟게 된 것은 물론 여러 가지 意由가 잇스나 그의 제일 중요한 원인이 과학적 방법, 과학적 태도의 부족에 잇다. 그네들이 모든 문제를 분류, 실험, 歸納, 譯演……등 과학적 방법으로 한 거름 두 거름式 연구한 때에 우리는 靜坐, 默想으로 道를 통하야 우주의 森羅萬象을 한꺼번에 모두 알려 하엿고 그네들이 存疑的 태도— 실험적 태도로 우주의 진리를 하나式 둘式 발견하는 동안에 우리는 「太極」, 「八卦」, 「天圓」, 「地方」……이라는 舊說을 고집하고 孔, 孟의 道를 절대 미신적으로 복종하여 왓다. 그— 결과는 어띠하엿는가? 이것은 우리가 오늘 목격하는 바와 가티 「동양문화의 慘敗」 「서양문화의 全勝」이 되고 말앗다. 그러면 「오늘 우리의 取할 방침이 그— 무엇인가」는 자연히 명백할 것이다. (양명, "우리의 思想革命과 科學的 態度", 『개벽』 43, 1924.)

양명은 동양문화가 서양문화에 뒤처지게 된 근본적인 원인이 과학적 태도의 부족에 있다고 보았다. 서양에서 관찰, 분류, 실험, 귀납, 연역 등의 과학적 방법에 따라 매사를 연구해 오는 동안 동양에서는 태극이나 팔괘 같은 비실증적 학설을 고집하고 공맹의 도에 미신처럼 복종해 왔기 때문에 동양문화는 참패하고 서양문화가 전승하는 현 상황이 초래되었다는 것이다. 이러한 논리 속에서 양명은 눈에 보이지 않는 미신을 버리고 실증 가능한 지식을 추구해야만 사상의 혁명을 이뤄 문명 발전을 이룰 수 있다고 하였다.

증거가 충분한 지식, 실제로 증명할 수 있는 지식만 믿는다는 것은 종교적 신앙처럼 이성의 비판을 허용하지 않는 절대적인 도그마dogma를 거부한다는 뜻이기도 했다. 과학적 정신이란 합리적 사고에 의거한 끊임없는 의심과 비판을 통해 진리를 추구하는 의지였고, 새 시대의 학문이란 마땅히 이러한 과학적 정신에 기초해 있어야 했다.

> 科學은 眞實한 觀察과 切實한 方法으로써 宇宙의 一切 現像을 組織的으로 解剖하야 人類의 모든 生活에 應用하야 一切 要求와 慾望을 滿足케 하는 것이며 또한 人類로 하여곰 觀念을 正確케 하며 思想을 向上 啓發케 하는 것이다. (임주, "人類의 思想 變遷과 在來 宗敎의 價値", 『개벽』 36, 1923.)

위의 글에 나타난 것처럼 학문의 과학적 방법론이란 자연 세계에 실제로 존재하는 대상을 관찰하여 충분한 근거를 수집해 분석하고 분석 결과를 종합하여 자연 상태의 대상에 내재된 체계적이고 일반적인 원리를 규명해 내는 것이었다. 이러한 과학적 방법론은 언어 연구에서도 매우 강조되던 바였다. 하지만 어떻게 해야 언어를 과학적으로 연구할 수 있는가의 문제는 결코 간단한 것이 아니었다.

2. 언어 담론 속 '과학' 논쟁

1) 언어 연구의 과학적 태도

20세기 전반기에 이루어진 언어와 관련된 논쟁에서 '과학'은 빠지지 않고 등장했지만 사용되는 맥락에 따라 그 의미가 다른 경우가 많았고 심지어 상반적인 경우도 적지 않았다. 앞서 살펴본 과학 실험실의 태도를 언어 연구에 대입해 본다면, 언어 연구의 과학적 방법론이란 실존하는 언어를 연구 대상으로 삼아 언어 현상을 관찰하여 충분한 근거를 수집한 뒤 이를 분석하고 분석의 결과를 종합하여 자연 상태의 언어에 내재된 체계적이고 일반적인 원리를 밝히는 과정을 의미한다.

근대의 언어 담론에서 이러한 연구 태도의 필요성 자체는 충분한 공감대를 확보하고 있었지만, 그럼에도 불구하고 실제의 문맥에서는 여러 가지 개념적 혼란이 있었다. 근대의 언어 담론에서 '자연', '법칙', '실존', '일반' 같은 과학적 방법론의 키워드들에 대한 해석이 논자에 따라 상이하게 이루어지며 논쟁을 촉발했기 때문이다. 몇 가지 예를 들면 다음과 같다. '자연 상태'의 언어란 사회 집단 내에서 공유되며 전승되어 '자연스럽게 발달된' 언어의 사회적 관습을 말하는가, 아니면 관습이라는 틀에 얽매이지 않고 '자연적으로' 머릿속에 존재하는 언어를 말하는가? 같은 관점에서, 언어의 법칙이란 사회적 법칙인가 추상적 법칙인가?

2) 자연과학을 닮은 언어학

근대의 언어 담론에서 '과학적'이라는 말이 갖는 모호성은 때때로 자연과학 그 자체를 언어 담론의 장으로 소환하였다. 과학적인 그 무엇이

아니라 자연과학 자체를 끌어와 자신의 주장이 자연과학을 직접적으로
닮았음을 강조하고 그로부터 다시 자신의 주장이 '과학적'임을 입증하
고자 한 것이다. 이 절에서는 이러한 논의를 전개한 몇몇 사례를 소개
하고자 한다.

정열모鄭烈模(1895~1968)는 조선어 연구의 정체성에 대해 기술하는 맥락
속에 자연과학을 끌어 왔다.

> 國語學은 國語의 現象 全體를 研究의 對象으로 하는 學問이다. (…) 이
> 와 같이 생각하여 가면 國語學의 對象이 되는 國語는 모든 時代의 國語
> 인 것을 알 것이다. (…) 따의 東西를 勿論하고 京鄕의 差別도 없이 어떠
> 한 地力의 말이든지 모다 그것이 研究의 資料가 되는 것이다. 딸아서 또
> 어떠한 階級 어떠한 社會에서 쓰는 말이든지 學術上의 研究 資料로는 同
> 等한 指威를 받는 것은 더 말할 것 없다. (…) <u>自然科學者가 어떠한 下等</u>
> <u>動物이든지 어떠한 微生物이든지 決ㅎ고 그것을 主意 밖에 두지 안이하</u>
> <u>는 것과 같이 國語學者도 또한 어떠한 말의 斷片일지라도 내 버리는 일</u>
> <u>이 없다.</u> (정열모, "朝鮮語 研究의 正體는 무엇?", 『한글』 1(2), 1927.)

시간적으로 볼 때 국어학의 연구 대상은 현재의 국어만도 아니고 과
거의 국어만도 아니며 모든 시기의 국어가 다 국어학의 연구 대상이 되
며, 공간적으로 볼 때에도 수도의 말만이 아니라 시골의 말도 모두 국
어학의 연구 대상이 될 뿐 아니라, 계급적으로도 어떤 계급의 말이나
국어학의 연구 대상으로서는 동등한 지위를 갖는다고 하였다. 이처럼
국어학이라는 학문이 국어의 현상 전체를 연구 대상으로 삼아야 한다
고 주장하며 생물학의 비유를 들었다. 자연과학자는 아무리 미생물과
같이 하등한 동물이라도 그것을 중요한 연구 대상으로 삼는데 그와 같
이 국어학자도 아무리 사소한 말의 단편이라도 소홀히 여겨서는 안 된
다고 강조한 것이다.

생물학의 비유는 홍기문의 글에서도 등장한다. 홍기문은 조선어학회
의 언어 운동이 지나치게 언어의 개조를 주장한다고 비판하며 언어를
인위적으로 변형시킬 수 없음이 마치 생물학자가 생물을 변형시킬 수
없는 것과 같다고 하였다. 생물학자가 아무리 코끼리의 코를 떼어서 소
에게 붙이고 싶어도 이는 불가한 일이며 소의 뿔을 떼어다 말에게 붙이
고 싶어도 불가한 일인 것처럼 언어 운동 역시 부질없는 구상이라는 것
이다(김병문 2015b:473).

『동광』 지면에서 벌어진 조선어연구회 소속 학자들과 안확의 논쟁에
서도 자연과학이 등장한다. 뒤에서 자세히 살펴보겠지만 안확은 실증이
가능한 언어란 관습적 쓰임에 다름 아니라는 인식 속에서 재래의 관습
을 유지하는 것이 언어에 대한 과학적 연구 태도라고 주장하였다. 이윤
재는 이를 비판하며 표면적인 실증 가능성이 아니라 언어의 내면에 존
재하는 법칙을 밝히는 것이 과학적인 연구 방법이라고 주장하였는데
이때 '관습'을 과학으로 보는 안확의 관점을 비판하기 위해 자연과학의
혁신적 성격을 강조하였다.

> 君은 말하기를 『現今에 우리 民衆이 우리 글을 不規則하게 쓰는 것이
> 이미 文法이 되었거늘 綴字法을 개량하며 文體를 통일하자는 것이 다
> 쓸 대 없는 것이라.』하니 不規則하게 쓰는 대에 무슨 文法이 있겠는가.
> <u>君의 말대로 예전에 한 번 있던 것이나 이미 습관으로 된 것을 도모지
> 變更하지 말고 고대로만 꼭 墨守하는 것이 科學이요 學理的이라면 이
> 는 큰 矛盾이다. 뉴톤의 引力論이 있었다 하여 아인스타인의 相對性論을
> 否認할 것인가. 天動說이 있었다 하여 地動說을 반대할 것인가. 天圓地方
> 說이 있었다 하여 지구의 圓體를 不信할 터인가. 峨冠博帶가 古來에 있
> 었던 법이라 하여 短帽窄袖를 쓰지 아니 할 것인가. 學理라던지 습관이
> 라던지 刻刻으로 변천하여 가는 것이 原則이다.</u> 더 좋은 대 나아가고
> 더 새롭은 것을 찾는 것이 今日의 科學이다. 그럼으로 學者들은 밤낮 머

리를 썩히어 가며 學理를 연구하는 것도 이 때문이다. 온갖 物質界로나
精神界로나 新奇한 것이 날로 많이 발명되어 燦爛한 문명을 꾸미게 되
는 것도 다 이 때문이다. 君은 科學이란 것을 어떻게 해석하는가. <u>아무</u>
<u>定律이 없이 自然的으로 일운 因襲 그것을 科學的이라 하는가. 保守的 思</u>
<u>想으로 現時 그릇된 습관을 그냥으로 지키어 가려 太古時代로 還元하는</u>
<u>것을 科學的이라 하는가. 이는 큰 誤解다. 정말 우리 글을 科學的으로 하</u>
<u>려면 별 수 없이 從來의 因襲을 벗어 버리고 法則에 맞고 義理에 닿게</u>
<u>쓰어야 한다. 語根, 語源에도 맞고 音理, 字體에도 좋게 쓰어야 한다.</u> 그
리하면 우리 글의 가치는 몇 백 배, 천 배나 들어날 것이 아니냐. 君의
主張하는 바 現今에 一般이 쓰는 이 不規則한 綴法과 不統一한 文體로서
는 이야말로 非科學이요 不合理的이다. 이에 대하여는 더 길게 말할 필
요가 없다. 君은 예전 호랑이 담배 먹던 時代에 興也 賦也나 외이고 天皇
씨 以木德으로 王이나 읽으며 鎖國主義, 事大主義나 高談하며 적의 양반
으로 본다면 無怪하겠지마는 오늘날 문명이 進步하고 科學이 彰明한 新
時代의 사람으로 보아서는 크게 틀린다. (한뫼, "安廓君의 妄論을 駁함",
『동광』 10, 1927.)

위의 인용문을 보면 뉴턴의 만유인력 이론을 가지고 아인슈타인의
상대성이론을 부인할 수 없고 천동설을 가지고 지동설을 반대할 수 없
다고 한 뒤, 학리나 습관은 변해 가는 것이며 더 좋은 데로 나아가고 더
새로운 것을 찾는 것이 '금일의 과학'이라고 못 박았다. 이러한 기술은
언어의 관습적 쓰임을 과감하게 개혁해야 한다는 주장을 뒷받침하기
위한 것이었다. 자연과학이 혁신을 통해 진보해 온 것처럼 언어학 역시
그러해야 한다는 논리이다.

사회 속에 실재하는 언어의 관습이 곧 공리이고 공리가 곧 과학이라
고 본 안확은 일개의 학자 또는 학자 집단이 사회의 언어 관습을 바꾸
려는 것을 공리에 어긋나는 비과학적인 태도라고 비판하였다. 이에 대
해 정열모는 과학의 혁신이라는 것은 자연과학의 사례를 볼 때 충분히

일개인에 의해 이루어질 수 있음을 강조하였다.

> 君은 첫 꼭대기에서 문법의 과학적 연구를 提唱하고 여기 와서는 「공
> 연히 이론상 개인 의견을 가지고 云云」하였으니 이론 없는 과학이 어
> 대 있던가. 과학에 理論이 필요하다면 개인의 의견이라고 성립되지 말
> 라는 법은 어대 있는가. 萬有引力說은 뉴튼 개인의 의견이므로 不可하
> 고 相對性原理는 아인스타인의 개인 주장이기 때문에 과학이 안이란 말
> 이지? (정열모, "安廓君에게 與함", 『동광』 13, 1927.)

정열모는 만유인력설이 뉴턴 개인이 만든 이론이고 상대성이론도 아
인슈타인 개인이 만든 이론인 것처럼 과학의 이론은 개인의 주장으로
서도 얼마든지 성립할 수 있으며 그러한 이론이 없이 사회 집단 속에
존재하는 관습만 좇는 것은 오히려 비과학적이라고 쐐기를 박았다.

유사한 맥락에서 이탁李鐸(1898-1967) 역시 "왼 세상이 부인하고 오즉
코펠릭스 한 사람이 주장하든 地動說이 지금에 이르어서는 진리가 되지
않었는가."라고[3] 하며 코페르니쿠스라는 한 인물이 천동설을 뒤엎고 지
동설을 입증해 과학의 역사를 뒤바꾼 것처럼 객관적인 진리는 지지하
는 사람의 다소에 따라 결정되는 것이 아니므로 철자법 문제 역시 다수
결이 아니라 이론적 논쟁을 통해 해결해야 한다고 주장하였다.

언어 담론에 등장한 뉴턴, 아인슈타인, 코페르니쿠스 같은 과학자의
이름은 당시 '과학적 방법론', '과학적 학문', '과학적 태도' 등에서 '과
학적'의 의미가 매우 모호한 것이었음을 짐작케 해 준다. 이후에 전개될
과학적 철자법 논쟁, 그리고 과학적 문법 논쟁은 이러한 배경 속에서
이해될 필요가 있다.

---

3) 이탁, "東光의 한글ㅅ用例를 보고", 『동광』 15, 1927.

제2장

과학으로서의 언어학

1. 철자법과 과학

1)『동광』의 '한글토론'

주시경은 1897년 4월 22일『독립신문』에 발표한 "국문론"에서 "즈연히 글즈 슈가 젹고 문리가 잇서 빈호기가 쉬으며 글즈가 몃시 못 되는 고로 획수를 젹게 믄드러 쓰기도 쉬우니 이러케 글즈들을 믄드러 쓰는 거슨 참 의스와 규모와 학문이 잇는 일이요."라고 하여 국문을 '학문이 있는' 문자로 평가하였다. 비록 '과학'이라는 용어를 사용하지는 않았지만 주시경이 말한 '학문'은 과학적 연구 방법론에 기초한 근대의 학문을 말하는 것으로 이해된다.[1] 이후 어문 관련 담론에서 '과학'이라는 용어

---

[1] 주시경의 글에서 '과학적'이라는 표현이 직접 확인되는 것은 아니지만 김윤경은 1932년 4월『동광』에 발표한 글에서 주시경이 한글을 세계에서 가장 '과학적 조직'을 가진 글자라고 하였다고 전했다. 그는 신해년(辛亥年, 1911년) 강의 중에 주시경 선생께 교수 시간에 직접 들은 말을 다음과 같이 기술했다. "우리 글은 세계에 자

는 1920년대에 들어 본격적으로 쓰이기 시작했다. 구체적인 내용은 달라지지 않았지만 1920년대부터는 국문의 우수성이 '과학적 문자'라는 측면에서 강조되기 시작했다.

> 우리의 말이 <u>科學的으로 조흐니</u> (정열모, "經濟上으로 본 우리글", 『조선일보』, 1926.11.13.)

> 우리 글은 저 日本의 가나만큼 쉽지는 못하여도 배호기로 미상불 쉬운 문자이오 <u>그 조직이 과학적인 점은</u> 오늘날 音韻文字 중에서 覇王이라고 일컷지 안흘 수 업다. (신명균, "文字中의 覇王 한글", 『별건곤』 12·13, 1928.)

> 訓民正音을 發布할 때에 그것에 對한 仔細한 解釋과 凡例를 더한 鄭麟趾 自身이 『正音之體, 無所祖述而成於自然』이라고 함과 가티 訓民正音이 다른 文字를 模倣한 것은 도무지 안임니다. 이것은 古今東西의 어느 文字와 比較하여 보던지 訓民正音과 同一한 것은 업는 것을 보아도 明白한 일이외다. 無論 우리의 잘 알고 잇는 대로 訓民正音을 苦心研究함에 當하여 各國의 文字라던지 在來의 文字를 參考하엿다는 것은 文獻에 依하던지 <u>訓民正音 自體의 科學的 組織으로 보던지</u> 明白한 일이외다. (김윤경, "한글의 起源", 『별건곤』 24, 1929.)

이처럼 한글을 과학적 조직을 갖춘 문자로 보는 것은 당시의 언어 담론에서 일반적인 인식이었지만 이를 가지고 국어를 적는 방법, 즉 철자

랑할 만한 가장 진보한 科學的 組織을 가진 글입니다. 이것은 나의 獨斷이 아니라 外國人이 우리보다도 먼저 그 가치를 잘 인정하는 바외다. 요前에 나는 께일 博士의 부름을 받아 갓던 일이 잇엇습니다. 博士는 늘 우리 歷史를 상고하던 인고로 世宗의 事蹟 중 訓民正音의 創制에 대하여 여러 가지로 물은 뒤에 『世宗은 東洋 뿐 아니라 세계에 큰 貢獻을 한 갸륵한 王입니다. 여러 가지 위대한 事蹟이 많으나 무엇보다도 文字의 발명은 世界的 자랑이외다』 함을 들엇습니다. 그러나 도리어 우리는 우리의 文字의 가치를 알지 못함은 크게 섭섭한 일이외다." (김윤경, "訓民正音의 性質과 價值, 朝鮮文字의 歷史的 考察(10)", 『동광』 32, 1932.)

법의 문제에 있어서는 무엇이 과학적인 철자법인가에 대한 이견이 분분했다. 『동광』 지면을 통해 전개된 '한글토론'을 통해 1920년대 과학적 철자법에 대한 논쟁의 과정을 살펴보겠다.

1926년 5월 20일 창간 당시 『동광』은 언어와 문자의 문제를 특별히 다루지는 않았지만 1926년 9월에 발행된 제5호에 "조선말과 글의 연구"라는 글을 실어 철자법 통일의 필요성을 제기하고 앞으로 철자법에 관한 글들을 적극 게재하겠다는 뜻을 밝혔다. 그 후 『동광』 지면에는 철자법 문제나 한글의 연원을 다룬 많은 글이 실렸는데 이른바 '과학적 철자법'에 대한 논쟁이 본격화된 것은 1926년 12월에 발행된 『동광』 제8호에 안확이 "朝鮮語研究의 實題"라는 글을 발표한 뒤부터였다.[2] 안확은 당시의 조선어 연구 현황을 비판하며 "感情을 버리고 科學的으로" 연구해야 함을 강조하였는데 비판의 상대를 명시하지는 않았지만 안확이 특히 '비과학적'이라고 비판한 내용이 'ㅈ, ㅊ, ㅌ, ㄷ, ㅍ, ㅎ' 등의 받침을 사용하자는 의견, 'ㅅㄱ, ㅅㄷ, ㅅㅂ, ㅆ'을 'ㅆ, ㄸ, ㅃ, ㅉ'으로 쓰자는 의견, '댜, 탸'를 '자, 차'로 쓰자는 의견 등인 것을 보면, 안확이 당시 조선어 연구회 소속 학자들의 의견에 대해 반대 입장을 피력한 것임을 알 수 있다. 『동광』의 지면을 통해 전개된 한글 관련 논쟁은 고영근(1998:38-51)에

2) 그에 앞서 안확은 『朝鮮文學史』(1922)에 부록으로 실린 "朝鮮語原論"에서 '周氏 一派의 曲說'이라는 제목하에 주시경 학파의 어문관을 비판한 바 있다. 안확은 주시경 학파가 논리상 판단으로 일반 언어를 개량하려 하는데 이는 이론과 사실을 혼동한 것으로 문법은 어디까지나 실재 존재하는 사실을 추상적으로 기재하는 것이지 문법이 곧 논리 그 자체는 아니라고 하였다. 인위적 개량에 반대하고 실재하는 사실을 중시한 것은 이후 『동광』에 발표한 과학적 언어에 대한 주장과 같은 입장이다. 하지만 해당 글에서 안확은 '과학'이라는 용어를 『동광』에서와는 다른 맥락으로 사용하였다. '周氏 一派의 曲說' 말미에서 "恒常 學者는 科學的 利益을 爲하야 實用上 損害를 不顧함이 큰 弊端이니라."라고 하였는데 이때 '과학적 이익'이란 불규칙을 일소하고 어원을 밝혀 적는 등 합리화를 지향하던 주시경 학파의 주장을 지칭한 것이다. 이렇게 볼 때 1922년 당시와 1926년 당시의 안확이 상정하고 있던 '문법'와 '과학'의 관계가 서로 달랐음을 알 수 있다.

서 자세히 검토된 바가 있지만 여기서는 논쟁의 전개 과정에서 나타난 '과학적 철자법'에 대한 인식의 차이에 초점을 두고 해당 논쟁을 재정리해 보고자 한다.

종성 문제, 경음 표기 문제, 구개음화 표기 문제 등에 대한 안확의 일관된 관점은 이미 굳어져 쓰이는 것을 인위적으로 바꾸는 것은 비과학적이라는 것이다. 이 글에서 안확은 '비과학적'이라는 말과 함께 '감정적'이라는 표현을 종종 사용했다. 관습화된 쓰임을 무시한 채 소수의 학자들이 인위적으로 언어를 바꾸려 하는 것은 자기 견해만을 고집하는 감정적인 행동이며 또 한편으로는 유교사상에 젖은 권위적인 행동이라는 것이 비판의 핵심인데, 그 후 '한글토론' 시리즈로 이어진 반론과 재반론의 과정 속에서 언어 연구의 과학적 태도가 무엇인지에 대한 열띤 논쟁이 벌어졌다. 먼저, 관련된 글의 목록을 정리해 보면 다음과 같다.

① 안확, "朝鮮語硏究의 實題", 『동광』 8, 1926.
② 한빛, "安廓氏의 「朝鮮語硏究의 實題」를 보고", 『동광』 9, 1927.
③ 재동경 ㅎㄱ生, "安廓氏의 無識을 笑함", 『동광』 9, 1927.
④ 한뫼, "安廓君의 妄論을 駁함", 『동광』 10, 1927.
⑤ 안자산, "根母音變化의 組織", 『동광』 10, 1927.
⑥ 안자산, "幷書不可論", 『동광』 11, 1927.
⑦ 정열모, "安廓君에게 與함", 『동광』 13, 1927.
⑧ 안자산, "呑棗냐 搆說이냐.", 『동광』 14, 1927.

1926~1927년 동안 안확(안자산)과 그에 반대하는 이윤재(한뫼), 정열모, 한빛, 김윤경(ㅎㄱ생)[3] 간의 논쟁이 이어졌는데 양 진영은 각자 자신의 견해가 과학적이며 상대의 견해는 비과학적이라고 주장하였다. 당시 조

---

3) 'ㅎㄱ生'에서 'ㅎㄱ'은 김윤경의 호인 '한결'의 첫 글자를 딴 것으로, 김윤경은 당시 동경 유학 중이었다(고영근 1998:50).

선어연구회의 실천적인 연구 지향성에 대한 안확의 비판이 과학적 언어관에 입각한 것임이 정승철 외(2015)와 최경봉(2008)에서 언급된 바 있지만 안확이 상정하고 있던 '과학'의 개념이 어떤 것이었는지에 대한 상세한 검토는 이루어지지 않았다. 본고에서는 언어와 문자의 문제를 둘러싼 상호 대립적인 견해들이 각자 '과학'을 표방했던 맥락을 좀 더 자세히 살펴보고자 한다.

먼저 안확은 '과학적'이라는 표현과 함께 '공리公理'라는 단어를, '비과학적'이라는 표현과 함께 '감정적', '인위적'이라는 단어를 종종 사용하였다. 안확이 '공리'라는 표현을 사용한 것은 ⑥에서였지만 이미 ①에서도 받침 문제에 대해 7종성만 사용하는 것이 "벌서 文法이 되엿는대 何必 民衆共用의 文法을 廢止식이고 새 文法을 낼 것이 무엇이뇨."라고 한 것, 구개음화 표기 문제에 대해 "또한 댜탸를 자차로 讀하자는 것이 文法이 되엿거널 엇지 새 文法을 세워 民衆의 語를 一新改良코자 하나뇨."라고 한 것 등을 통해 언어 사용자들 사이에 이미 널리 쓰이고 있는 관습적인 쓰임을 거스르는 것은 '비과학적'이라고 보았음을 알 수 있다. 그리고 ⑥에서는 이를 '공리', 즉 '일반에 통용되는 도리'라는 개념으로 정리하며 공리를 따르는 것이 과학적인 것이라고 주장하였다.

안확의 이러한 주장은 곧 거센 반발을 불러일으켰다. 안확에 대한 가장 두드러진 비판은 그가 관습적인 것을 과학적인 것과 동일시하고 있다는 점이었다. 바로 다음 호에 실린 한빛의 ②의 글을 보면 안확이 되는 대로 이전 그대로 쓰는 것을 문법적이며 과학적이라고 보고 있는데 이는 큰 착각이라고 지적하였다.

斯界의 전문가들이 분석하여 놓은 것은 非科學, 非文法이라 하고 <u>돌이어 되는 대로 이전 그대로 쓰는 것이 과학적이요 문법적이라것다</u>. 이 말을 들을 적에 『迷信은 깨트리어 부시고 과학적으로 살자. 그리하여

이전과 같이 경넓고 굿하고 메쓰그 이렇게 지내자』는 말과 꼭 같은 논
리란 것을 뉘가 느끼지 않겠는고 참! 긔가 안 막히면 질알을 할 노릇이
다. (한빛, "安廓氏의「朝鮮語研究의 實題」를 보고", 『동광』 9, 1927.)

조선어학회 인사들은 안확의 견해를 무가치한 것으로 폄하했지만 안
확이 관습적인 것을 과학적이라고 본 데에는 그 나름의 논리가 있었다.
안확과 조선어학회가 대립했던 지점을 자세히 살펴보면 그 배경에 '과
학적'인 것이 무엇인가에 대한 근본적인 인식차가 존재했음을 알 수 있다.
앞서 살펴보았듯이 당시 '과학적 태도'에 대한 글들을 살펴보면 '관
찰, 실증, 귀납' 등이 비중 있게 다루어졌는데, 안확은 이에 따라 관찰을
통해 실증할 수 있는 언어 사실들을 귀납적으로 연구하는 것을 과학적
언어 연구라고 보았다. 이러한 관점에서 그는 수백 년 전부터 통용되던
언어 사용 방식을 보지도 듣지도 못한 규칙을 내세워 바꾸려는 것을 언
어의 자연성을 거스르는 비실증적이며 비과학적인 태도라고 한 것이다.
④에서 이윤재는 안확을 향해 "아무 定律이 없이 自然的으로 일운 因襲
그것을 科學的이라 하는가."라고 반문하였는데 이는 과학의 개념을 서
로 다른 맥락에서 이해한 결과이다. 안확은 인습이라 불리는 그 자연성
을, 이윤재는 논리적으로 타당한 합리성을 과학의 핵심 요소로 보고 있
었던 것이다.
자연성과 인위성의 대립은 철자법의 문제뿐 아니라 용어에 대한 논
쟁에서도 드러난다. ⑥의 안확의 글을 보면 공리에 어긋난 '인위적' 개
정이 '비과학적'이라는 주장이 곳곳에 나타나 있다.

㉠ 지금 조선어를 연구하는 선생은 만흔 모양인데 그들의 정신인즉
모도 이상해 영향이 엇더할지 과학관계가 엇더한지 또는 根本精神과의
관계가 엇더한지 實行이 엇더한지 不顧하고 떠들지. (3) 諸氏가 諺文의

名稱을 改定하야 (한글)이라 하자 하는 一事를 노코 보자. 諸氏의 口實은 漢文을 眞書라 尊稱하고 本文을 諺文이라 貶稱한 것이라 하는 것이라. 그러나 이것이 誤解니라. (…) 一般社會에서 다 아는 名詞를 何必 改定할 것이 무엇인가. 設或 賤視한 일이 잇섯다 하되 그는 待遇問題오 名稱關係는 안이나 지금 우리는 虛榮心을 바리고 着實한 방법을 採하야 나갈 뿐이니라. (8) 우리는 普遍的을 爲主함이 可하니 好奇的이나 一偏的의 쑥스런 일은 休할 지라. (안자산, "幷書不可論", 『동광』 11, 1927.)

　ⓛ (9) 字의 名稱도 旣爲 다 아는 대로 (기역) (디긋)으로 하는 것이 可하고 空然히 改定하야 (기윽)이니 (시읏)이니 쑥스런 소리를 할 것이 안이라 字의 名稱과 記音을 各立하여도 何等 拘碍가 업나니 西洋서도 (H)를 에취 W를 따불유 Y를 입실논이라도 하나니라. (10) 지금 쉽게 整理하야 一致的 실행을 圖謀할 지라도 성공이 어려울 듯한대 쓸 대 업는 것을 모도 改定하야 社會 民衆의 精神을 苦케 하면 실행은 새로히 귀찬한 생각으로 고만 暴棄하기 쉬워. (안자산, "幷書不可論", 『동광』 11, 1927.)

　ⓒ 아모커나 諸君은 改新이란 色眼鏡을 쓰고 보는 고로 現行 文法을 전부 誤解라 하는 것이니 諸君의 見解는 그럼으로 智的보다 情的으로 쏠넛서. 그러키에 名詞를 (임) 動詞를 (움)으로서의 純朝鮮語로 新造하야 설명한 이도 잇고 또한 漢文으로 된 말은 다 逐却하자는 생각을 먹엇서. 그 誠意인즉 갸륵하다 하되 실행은 到底 不可해. (14) 情的 色眼鏡으로 보니까 자기의 幻想으로써 惟一의 眞理로 몰아처 一般 文典 또는 權悳奎씨의 語文經緯의 第10課로부터 第12課의 설명들을 査調하면 自己主見의 틀니는 것은 모도 習慣音이라 햇서. 피! 그것이 儒敎의 思想이야. (안자산, "幷書不可論", 『동광』 11, 1927.)

　ⓖ에서 안확은 '언문'이라는 말은 일반사회에서 다 아는 명사인데 굳이 이를 '한글'이라고 바꾸어 쓰자는 것은 도저히 과학적이지 못하다고 보았다. 개칭을 주장하는 사람들은 '언문'이라는 말에 우리 글자를 천시하는 사대주의적 관념이 깃들어 있다고 하지만 이러한 태도는 두 가지 측면에서 잘못된 것이라고 하였다. 첫째, 과거 문헌에서의 용례를 볼 때

이는 '平常文'이나 '晋字'라는 뜻으로 '훈민정음'과 동의어로 쓰였으므로 특별히 천대하는 의미가 있었다고 보기 어렵다는 점, 둘째, 설령 과거에 그런 의미가 있었다고 해도 그것은 '대우'의 문제이지 '명칭'의 문제가 아니며 오늘날의 우리가 태도를 올바르게 하면 될 일이라고 하였다.

ⓛ과 ⓒ의 인용문에서도 같은 맥락의 논의가 이어진다. ⓛ에서는 글자 낱낱의 이름에 대해 논의하였는데 종래의 방식대로는 '기역, 니은, 디귿, 리을, 미음, 비읍' 등으로 부르고 있어 일정한 원칙이 없으므로 이를 '기윽, 니은, 디읏, 리을, 미음, 비읍' 등과 같이 모음을 'ㅡ'로 통일하자는 제안이 이루어진 바 있다. 안확은 이에 대해서도 다 아는 대로 쓰는 것이 가장 편리한 것이며 영어의 알파벳도 각각의 명칭에 통일성이 없다고 부연하였다. ⓒ에서는 한자어를 모두 고유어로 바꾸려는 지나친 언어순화를 비판하였는데 특히 당시 주시경의 제자들이 '명사' 대신 '임'을, '동사' 대신 '움'을 쓰는 것은 지나치게 감정적인 것이며 자신만의 환상을 사회 일반에 강요하는 행위라고 하였다.[4]

한편, 안확의 "并書不可論"이 발표된 뒤 3달 뒤인 1927년 5월 정열모는 ⓓ에서 과학적인 것은 규칙적이고 체계적인 것이라는 이윤재의 주장을 한층 강화해 '이론'의 중요성을 역설하였다. 그리고 그와 더불어 과학적 혁신은 사회 일반에 의해서가 아니라 한 개인에 의해서도 충분히 일어날 수 있다고 하여 안확의 '공리'를 정면 반박하였다.

그러나 君은 적어도 과학의 뜻을 모르는 사람 같다. 『경험에서 分類로, 分類에서 組織으로』 우리가 보는 과학의 성질은 이러하다. 그런데 君은 말만은 과학이라 하면서도 混沌은 混沌대로 散漫은 散漫대로 두자는 주장이 그 一文에 넘치어 보인다. 이것만으로도 君의 錯亂한 정신작

---

4) 1920년대부터 시작된 한자어와 고유어 문법 용어에 대한 논쟁은 광복 이후에도 수십 년간 계속되었다.

용을 엿볼 수 있거니와 나는 君의 迷夢을 깨트리는 一助가 되는가 하여
한 가지 쉬운 예를 들어서 과학이 무엇인가를 가르치려 한다. 가령 뉴
톤의 引力說을 보자. 苹菓가 나무에서 떨어지고 던진 돌이 따에 떨어지
고 凝結한 蒸氣는 비가 되어 떨어진다. 이 개개의 현상에서 抽象한 概念
이 「引力」이란 大發見 아니던가. 그와 마찬가지로 우리 文法에서도 音響
上으로 「사라미, 사라마, 사라믈, 사라메, 사라믄」과 「바비, 바바, 바블,
바베, 바븐」하는 運用法則을 보고 「사람과 밥」이란 개념을 세우고 「이,
아, 을, 에, 은」등 形式的觀念을 抽象하게 되는 것이니 君은 이것이 문법
상의 職能이 안이라 하는가. <u>다른 과학도 그러하거니와 문법도 分類와
체계를 존중하는 것이니 단어의 성질을 밝히고 그 運用을 설명하는 것
이 문법이 안이고 무엇일가.</u> (정열모, "安廓君에게 與함", 『동광』 13,
1927.)

정열모는 과학의 성질이 '경험→분류→조직'에 있다고 한 뒤 그 예로
뉴턴의 만유인력 발견 과정을 들었다. 뉴턴이 사과가 나무에서 떨어지
거나 던진 돌이 땅에 떨어지는 개개의 현상들을 관찰한 뒤 이로부터 추
상화된 개념으로서 '인력'을 발견한 것처럼 문법에서도 음향상 '사라미,
사라마, 사라믈, 사라메, 사라믄'으로 쓰이는 것을 관찰한 뒤 이로부터
분류와 조직화의 과정을 거쳐 '사람'이라는 개념을 세우고 더불어 '이,
아, 을, 에, 은'이라는 형식적 관념을 이끌어내는 것이 바로 문법상의 발
견이라고 하였다.

여기에 더해 또 한 가지 살펴볼 점은 '조선어의 자연성'에 대한 인식
의 차이이다. 어느 시기의 조선어를 가장 자연적인 조선어로 보느냐의
문제는 '과학적 표기' 그리고 '과학적 문법'이 무엇인가에 대한 견해와
도 맥을 같이하였다. 과학적인 연구는 자연 상태 그대로에 대한 관찰과
실증이 전제되는 것으로 여겨졌기 때문이다.

안확은 과거로부터 이어져 온 관습적 쓰임에서 조선어의 자연성을

찾았고 그 쓰임을 그대로 유지하는 것이 과학적인 태도라고 보았다. 이는 과학적 사실이란 실증 가능한 것이어야 한다는 의식의 반영이었다. 안확은 서구의 문법 체계에 맞추어 관사나 명사의 성性 등 조선어에 없는 문법범주를 설정하는 것도 비실증적이라는 측면에서 비과학적이라고 보았다5). 또한 '되여', '막혀', '그려' 등 'ㅣ'로 끝나는 어간 뒤에 어미 '-어'가 올 때 '-여'로 표기하던 종래의 관습을 폐지하고 '-어'로 통일한다는 주장에 대해서도 "그는 朝鮮語에 實例업는 外國語니 朝鮮 사람으로서 누가 「되어」, 「스이어」라 말하는가."6)라고 하여 실증주의적 입장을 밝혔다. 이처럼 안확에게 있어서 자연적인 조선어는 당시에 보통의 사람들이 귀로 듣고 입으로 말하는 조선어를 의미했다.

반면 이윤재는 ④에서 안확에게 "保守的 思想으로 現時 그릇된 습관을 그냥으로 지키어 가려 太古時代로 還元하는 것을 科學的이라 하는가. 이는 큰 誤解다."라고 하여 과학적 태도란 옛날로 돌아가는 게 아니라 옛날부터 이어져 온 잘못을 바로잡는 것이라고 강조하였다. 이윤재는 이후에도 박승빈의 표음적 표기 주장을 비판하며 "古代綴字는 그러케 쓰는 수도 잇엇다. 시대의 진보를 따라 綴字法이 차차 발달하여 가므로 語幹과 語尾를 구별하여 쓰는 것이 점점 具體化하여 가거늘 더 발달하기는새로에 도루 退化하여 古代綴字로 돌아가잘 것은 없을 것이다."라고7) 하여 과학적 정신이 갖는 혁신성을 주장하였다. 이윤재의 글에 명시적으로 드러나 있진 않지만 '이론', '법칙' 등을 강조한 것을 볼 때 과학의 대상으로서의 조선어의 자연성은 추상적 원리에 있다고 보았던 것으로 생각된다.

한편, 안확을 비판하는 학자들 중에는 이윤재와 달리 과거의 조선어

---

5) 안확, "朝鮮語硏究의 實題", 『동광』 8, 1926.
6) 안자산, "根母音變化의 組織", 『동광』 10, 1927.
7) 리윤재, "한글綴字에 대한 新異論 檢討", 『동광』 32, 1932.

문에서 자연성을 찾고 그 순수한 자연성을 회복하는 것이 과학적 연구의 나아갈 길이라고 보는 이들도 있었다. 철자법과 관련해 '한빛'이라는 호를 사용한 필자는 ②에서 "본래 우리 글은 科學的으로 되었고 文法的으로 되었던 것이다. 그런 것을 한문의 中毒으로 말미어 우리는 이것을 천대하고 멸시하였기 때문에 그만 非科學的 非文法的의 허튼 글이 되고 말은 것이다. (댜 탸를 쟈 챠로 넑는 것은 그중에도 심한 例이다) 이제 이것을 돌우 바루 잡자는 것이 所謂 科學的이니 文法的이니 하는 것이 아니뇨?"라고 하여 훈민정음 창제 당시의 본래적 속성은 매우 과학적이고 문법적이었지만 한문만을 숭상해 온 나머지 비과학적 비문법적이 되었다고 하였다. 이러한 관점에서는 창제 당시의 훈민정음의 방식을 되살리는 것이야말로 과학적인 철자법을 확립하는 길이었다.

또한 김윤경은 보다 구체적으로 세종대 이래로 훈민정음은 국력으로 연구되었고 국력으로 시행되었기 때문에 과학적이었고 통일된 쓰임을 보였지만 연산군대에 들어 연구도 하지 않고 그 사용마저도 금지하였기 때문에 심산궁곡에서 잔명을 보존하며 "민간 愚夫에게 자유로 방임되어 비과학적으로 타락되고 또 不統一의 상태가 되게"[8] 되었다고 하였다.

1926년 12월 안확의 글로부터 시작된 『동광』 지면상의 한글토론은 1927년 6월까지 약 반 년간 지속되었다. 논자들은 제각기 "感情을 버리고 科學的으로" 연구할 것을 주장하였지만 '과학'의 본질적 속성에 대한 이해 자체가 서로 달랐기 때문에 합일된 결론으로 나아가지 못하고 상호 비방 속에 중단되고 말았다.

---

8) 김윤경, "한글의 兩大受難 燕山君의 폭압과 崔世珍의 反切", 『동광』 37, 1932.

2) 『한글』과 『정음』의 논쟁

1920년대 『동광』 지면에서 전개되던 철자법에 대한 논쟁은 1930년대 통일안의 발표를 전후하여 조선어학회와 조선어학연구회 두 학회 간의 첨예한 대립으로 재점화되었다. 두 학회 간의 논쟁은 주로 조선어학연구회 측이 통일안의 특정 조항에 대해 문제를 제기하고 조선어학회 측이 그에 대해 반론을 하는 양상을 보였는데 특히 'ㅎ' 받침의 문제와 된소리 표기 문제에 대한 견해 차이가 두드러졌다. 두 학회의 논쟁에 대해서는 고영근(1998:77-102)에서 그 쟁점이 검토된 바 있지만 여기서는 각 학회가 제각기의 연구를 '과학적'이라고 주장하던 근거, 그리고 각 학회의 '과학적'인 철자법에 대한 인식을 분석함으로써 합리주의와 실증주의의 지적 분위기 속에서 전개된 어문 담론의 흐름을 정리해 보고자 한다.

조선어학회는 조선어연구회의 후신으로 조선어연구회는 휘문학교 교장 임경재, 중앙학교 교장 최두선, 보성학교 교두 이규방, 휘문학교 교사 권덕규, 조선일보사 문화부장 장지영, 보성중학교 교사 장지영, 한성사범학교 출신 신명균 등 7인의 발기로 1921년 12월 3일 창립된 민간 학술 단체이다[9]. 1920년대 중반 이후 외국으로 유학을 갔던 이윤재, 최현배, 정열모, 이극로, 김윤경 등이 귀국하며 조선어연구회의 활동은 더욱 탄력을 받게 되었다(고영근 1998:38). 조선어연구회의 주도로 1926년 훈민정음 반포 8주갑 기념행사와 '가갸날' 기념식이 열렸고 1929년 108명의 발기인으로 참여한 조선어사전편찬회가 결성되었다. 이후 조선어연구회는 1931년 1월 10일 조선어학회로 명칭을 바꾸었고 이듬해인 1932년 5월부터 기관지 『한글』을 발행하기 시작했다.[10] 다음은 창간호에서

---

9) 조선어연구회 및 조선어학회의 창립에 관해서는 한글학회(1971)을 참고할 수 있다.

철자법에 대한 조선어학회의 입장을 밝힌 글로 당시까지의 관습적 표기를 규칙이 없는 혼란 속의 문제적 상태로 파악하고 이를 통일시켜야 함을 당위로 전제하고 있다.

　時間으로 數百 年, 사람으로 無數한 사람이, 아무 整然한 法則이 없이 써오든 우리 말의 綴字法을 統一함에는, 여러 가지 複雜하고 錯亂한 問題가 많다. 그리하야, 本會로서는 年來로 그 統一案 作成에 애쓰는 中에 잇지마는, 그 案이 實際로 成立하려면 아직도 얼마나한 時日을 要할 것이다. (편집부, "綴字法에 對한 本誌의 態度", 『한글』 1(1), 1932.)

　위의 인용문에서는 수백 년간 무수한 사람들이 아무 정연한 법칙 없이 써 오던 철자법을 통일하기 위해서는 여러 가지 복잡한 문제가 많을 것이라고 하며 학회지 창간의 목적과 직결된 당대의 언어 상황을 기술했다. 이후 『한글』 지면에는 철자법 통일을 위한 조선어학회 소속 학자들의 연구 결과가 발표되었고 1933년 10월 29일 통일안의 발표 이후 통일안에 대한 해설을 싣거나 재래식 표기법을 통일안식으로 고친 예들을 보이는 등 지면을 통해 새로운 철자법을 소개하였다.

　한편, 조선어학연구회는 계명구락부의 후신으로 계명구락부는 최남선, 오세창, 박승빈, 이능화, 문일평 등 33인의 발기로 1918년에 창립된 민간 학술 단체이며 1921년 5월 1일 기관지 『계명』을 창간하여 1933년 1월 27일까지 총 24호를 발행하였다. 계명구락부는 기관지를 통해 어문 표준화에 대한 의견들을 발표하였으며 '말모이' 원고를 인수하여 사전 편찬에 착수하였다. 그 후 박승빈은 1931년 12월 10일 조선어학연구회를 창립하였고 1934년 2월부터 1941년까지 격월로 기관지 『정음正音』을

10) 그 전에도 조선어연구회는 1927년 2월에 동인지 『한글』을 창간하여 연구 성과를 발표하였는데 재정난으로 1928년 10월 제9호까지만 발행되었다.

간행했는데 실린 글의 대부분이 통일안에 대한 비판의 내용이었다.

『정음』 창간호의 권두언은 조선의 어문운동이 아직 이렇다 할 성과를 내지 못하고 있으며 조선어의 정리와 통일은 아직 갈 길이 멀기만 하다는 진단으로 시작되었다. 그 전 해에 이미 조선어학회에서 한글마춤법통일안을 발표했지만 『정음』의 편집진은 통일안을 어문운동의 성과로 인정하지 않았다. 그리고 새로운 어문정리의 수립을 위하여 다음과 같은 두 가지 원칙을 제시하였다.

1. 言文의 法則은 科學的 客觀性을 十二分으로 가지고 잇는 것이라야 할 것.
2. 整理 統一의 方法을 取함에는 可及的으로 歷史的 制度에 依據하야 最大限度의 實用性이 잇는 時代意識에 適合한 것으로 할 것. (편집부, "卷頭言", 『정음』 1, 1934.)

첫 번째 원칙은 과학적이고 객관적인 법칙을 설정해야 한다는 것인데 앞서 살펴본 것과 같이 당시 '과학'이나 '객관'이라는 말은 여러 의미로 해석될 수 있었다. 『정음』의 지향성은 두 번째 원칙에서 보다 구체적으로 드러난다. 가급적 역사적 제도에 의거한다는 것은 되도록 관습적 표기를 유지한다는 말이고, 최대한도의 실용성을 확보한다는 것은 그 법칙을 당장 시행해도 큰 무리가 없어야 한다는 말이며, 시대의식에 적합해야 한다는 것은 현재 언중들의 언어의식에 합치되는 것이어야 한다는 말이다. 다시 말해 과거로부터 이어져 내려와 언중들이 자연스럽게 습득한 표기의 관습을 될 수 있는 한 그대로 반영한다는 원칙인 것이다.

조선어학연구회의 입장은 자연 상태 그대로의 언어를 관찰하고 실세계에 존재하는 실증 가능한 언어 현상들을 귀납적으로 정리하여 법칙을 수립하는 것이 과학적 철자법에 이르는 길이라는 관점을 취하고 있다는 점에서 관습적 표기가 공리이며 과학적이라는 안확의 관점과 일치한다. 조선어학연구회는 조선어학회의 이론과 원리 중심의 철자법을 비과학적이며 미신적인 것으로 비판하였다.

> 과학적 진리의 발견을 도모하라! 무릇 진리는 평범에 있다. (…) '놓, 쌓, 넋, 값' 등의 문자는 누가 봐도 발음이 불가능하다. 문자는 발음을 대상으로 하여 생긴 것인데 발음할 수 없는 문자는 무엇을 적기 위해 생긴 것인가? 문자 자체가 발음되지 못하고 그 연속음을 빌어서 비로소 표현됨은 어느 세상의 문자인가? 그 사람의 조음기관이 특이한 것인가? 아니라면 이는 일시 호기적 심리에서 발생된 미신적 관찰에 지나지 못할 것이다. 과학이 발달된 금일에 처하여 미신은 타파하여야 된다. (박승도, "한글派 諸氏에게 奇 하노라.", 『정음』 1, 1934.)

반면 조선어학회의 입장은 관습적 표기는 무질서한 것이고 아무리 널리 쓰이는 표기라 하더라도 법칙성이 없다면 혁신을 통해 고쳐나가는 것이 과학적인 태도라는 쪽이었다. 이러한 관점에서 보기에 법칙이 없이 혼란스러운 관습을 고수하는 조선어학연구회의 입장은 체계적인 이론이나 합리성이 결여된 채 아집에 빠져 있다는 점에서 감정적이고 비과학적인 것이었다.

이처럼 큰 틀에서는 1920년대나 1930년대나 논쟁이 유사하게 전개되었지만 1933년에 이미 통일안이 발표되었고 그 후 점진적으로 확산되어 가고 있던 상황인 만큼 논쟁이 격화된 측면이 있었다. 두 학회는 특히 된소리와 'ㅎ' 받침의 문제를 둘러싸고 격론을 벌였는데 여기서는 된소리 표기를 둘러싼 논쟁에 대해 살펴보겠다.

된소리 표기에 관습대로 된시옷을 사용할 것인가 아니면 각자병서를 도입할 것인가의 문제는 통일안 발표 이전부터도 논쟁거리가 되었지만

『한글』과 『정음』의 지면을 통해 된소리의 음성적 성격, 외국 문자를 통한 된소리의 전사, 된소리 표기의 역사, 된소리 글자의 인쇄 문제 등 제반 측면에서 그 과학적 합리성에 대한 격론이 벌어졌다. 아래에 제시한 여섯 편의 글을 통해 된소리 표기를 둘러싼 논쟁의 흐름을 짚어보고자 한다.

① 신명균, "朴勝彬氏의 所謂 硬音이란— 歷史上 聲音上 아무 根據가 없다.", 『한글』 1(8), 1933.
② 정규창, "硬音記寫에 對하야", 『정음』 1, 1934.
③ 편집부, "부질없은 수작", 『한글』 2(4), 1934.
④ 정규창, "硬音記寫에 對하야(完)", 『정음』 2, 1934.
⑤ 정규창, "「부질업슨 수작」 作者에게 答함", 『정음』 3, 1934.
⑥ 김윤경, "된소리", 『한글』 2(5), 1934.

①의 신명균의 글은 『정음』 창간 이전 박승빈의 된소리 표기에 대한 견해를 비판한 글이고, 『정음』 창간호에 실린 ②의 정규창의 글은 된소리 표기에 대한 박승빈의 견해를 지지하는 글이다. ③의 "부질없은 수작"은 조선어학회가 조선어학연구회의 비판에 대응하기 위해 『한글』에서 새롭게 개설한 코너로, 가장 먼저 반론에 나선 주제가 된소리 표기 문제였다. ④의 정규창의 글은 ②의 후속편으로 역사적 근거들을 들며 ①의 신명균의 주장을 비판하는 글이고, ⑤는 정규창이 ③의 "부질없은 수작"에 대해 펼친 반론이다. 그 후 조선어학회측은 김윤경이 발표한 ⑥의 글을 통해 기존의 입장을 공고히 하고자 했다. 이상의 글에서 전개된 된소리 표기에 대한 논쟁의 핵심 논점은 글자 사용상의 편리성, 음운론적 합리성, 역사적 타당성의 세 가지로 정리된다.

글자 사용상의 편리성에 관한 논의에서는 주로 인쇄 출판의 환경에 대한 언급이 이루어졌다. 『정음』의 정규창(②)의 글에서는 '쁜'이나 '뺑'

과 같이 쓰면 내려 그은 획이 6개나 되므로 매우 작은 활자로 인쇄할 때 뭉그러지기 쉽고 눈이 현란하다고 하였고, 또한 '끄'를 '고'로 보거나 '띠'를 '며'로 보는 등 헷갈리는 일도 많다고 하였다. 이에 대해『한글』(③)은 가로로 그은 획이 7개나 되는 '를', '틀'도 있고 획수가 많은 한자도 있는데 이들에 대해서도 활자가 뭉그러진다면 폐기해야 한다고 주장할 수 있는가를 반문했다. 또한 된시옷의 경우도 'ㅺ'가 'ㅅ'로 보일 수도 있고 'ㅆ'가 한자 '外'로 보일 수도 있으며 영어, 한문, 아라비아 숫자 등 외국 글자의 경우도 모양이 유사해 헷갈릴 수 있는 경우가 많다고 하였다. 정규창(⑤)은『한글』의 반론을 재반론하며 조선어학회의 주장이 감정에 치우쳐 있으며 쌍서식의 편리함을 논함에 있어 분명한 근거에 의한 논증을 하지 못한 채 관계없는 다른 언어의 사례들을 나열하여 독자의 정신을 혼란케 하였다고 비판하였다. 이러한 논의에서 과학이라는 단어 자체는 언급되지 않았지만 객관화할 수 있는 근거를 제시하여 주장을 뒷받침하는 과학적 연구 태도를 주장의 타당성을 판단하는 주된 잣대로 인식하고 있다는 점, 그리고 외국의 유사 사례들의 존재를 통해 논거의 객관성을 확보하고자 했다는 점이 눈에 띈다.

각자병서와 된시옷 표기 중 어느 편이 더 과학적인가에 대한 의견 대립은 음운론적 합리성을 논하는 맥락에서 보다 두드러졌다.『한글』에 실린 신명균의 글(①)에서는 예사소리와 된소리의 쌍, 즉 ㄱ과 ㄲ, ㄷ과 ㄸ, ㅂ과 ㅃ, ㅅ과 ㅆ, ㅈ과 ㅉ이 각기 한 자리에서 나는 같은 계열의 소리이지만 후자가 숨구멍을 좁게 해서 내는 소리이므로 소리를 글자로 나타내는 태도로 볼 때 조음 위치가 같은 예사소리를 거듭하여 된소리를 표기하는 것이 가장 과학적이라고 하였다.

한편, 조선어학연구회측은 조음 위치가 아닌 된소리 자질 자체를 부호화하는 데에 무게를 두었다.『정음』에 실린 정규창의 글(②)을 보면 우리말의 자음에 평음과 격음과 경음의 대립이 있고 'ㅅ'은 그중 경음들의 공통된 음운 자질을 표시하는 부호라는 점에서 된시옷이 합법칙성을 갖는다고 하였다. 또한 정규창은 ④에서 'ㄱ'과 'ㄲ'의 음성적 차이에 대한 신명균의 설명에는 동의하지만 그러한 차이가 왜 각자병서를 통해 표현되어야 가장 과학적이고 합리적이라는 것인지에 대한 설명은 전혀 이루어지지 않았다고 비판하였다.

그에 대해 김윤경(⑥)은 소리와 문자의 관계를 법칙화하기 위한 추가적 설명을 내놓았다. 된소리는 예사소리를 갑절 단단하게 내는 것이므로 조음 위치가 같은 예사소리의 글자를 갑절로 겹쳐 써 된소리를 표기하는 것이 마땅하다는 것이다. 'ㄲ'의 소리는 'ㄱ'보다 갑절 단단하게 닫았다가 내쉬는 소리라는 것이다.[11]

이처럼 두 학회는 된소리를 시각화할 때 된소리의 서로 다른 측면을 부호화하고자 했다. 조선어학회측은 예사소리와 된소리 대응 쌍의 조음 위치상의 동일성을 우선시했고 그와 더불어 예사소리와 된소리의 음성적 차이를 글자의 반복이라는 방법을 통해 표현하고자 했다. /k'/는 /k/와 같은 위치에서 발음되며 음성적으로 더욱 강한 소리이므로 'ㄱ'을 반복하여 'ㄲ'로 적는다는 것이다. 반면 조선어학연구회측은 여러 된소리 간의 자질적 공통성을 우선시했다. /k'/, /t'/, /p'/, /s'/, /ts'/의 다섯 소리는 된소리 자질을 공유하므로 이를 'ㅅ'으로 부호화해 'ㅺ', 'ㅼ', 'ㅽ', 'ㅆ', 'ㅾ'으로 적는다는 것이다.

합리성이라는 측면에서 볼 때 각 학회의 주장은 제각기 확고한 논리를 가지고 있었고 논쟁을 거듭해도 의견 차이는 좁혀지지 않았다. 각자

---

11) 『정음』 제1호에 'ㅇㅎ生'의 이름으로 발표된 "참을 차자라!!"라는 글에서는 음리적으로 볼 때 'ㄲ'은 'ㄱ'의 두 배가 아니라고 하여 조선어학회의 이러한 주장을 비판하였으며 평음에서 경음이 되는 현상을 'ㅅ'이라는 동일한 부호로 표시하는 것이 더 합리적이라고 주장하였다.

병서 지지자들은 /s/의 음가를 갖는 'ㅅ'에 또 다른 소리 값을 부여하는 것이 합리적이지 못하다고 비판하기도 했고 /k'/의 음이 /s/와 /k/의 합음이 아닌데 두 개의 글자를 겹쳐 적은 것이 옳지 않다고 비판하기도 했다. 한편 된시옷 지지자들은 /k'/는 /k/와 엄연히 다른 소리이고 더더욱 그 두 배의 소리가 아니므로 예사소리 글자를 반복해 적을 이유가 없다고 주장했다. 글자 사용상의 편리성이라든지 음운론적 합리성이라는 측면에서 상호 대립이 지속되는 가운데 또 한편으로는 역사적 근거를 통해 표기의 타당성을 확보하고자 하는 움직임도 있었다.

두 학회는 『훈민정음』에 쓰인 각자병서와 합용병서 표기에 대한 각기 다른 해석을 제시하였다. 조선어학회의 신명균(①)은 『훈민정음』에 쓰인 'ᄁᆔ(叫)', '땀(覃)', '뽀(步)', 'ᄍᆞ(慈)', '쌰(邪)', 'ᅘᅩᇰ(洪)'에 대해 이러한 각자병서 표기가 'ㄱ, ㄷ, ㅂ, ㅈ, ㅅ, ㅎ'과는 다른 어떤 독립한 소리인 것은 분명하다고 하였다. 지금의 음은 당시와 달라져 정확한 음가를 알 수 없다는 문제가 있지만 『용비어천가』에 쓰인 '아ᅀᆞᄫᆞᆯ까', '마ᄍᆞᄫᅵ예', '勉홀띠어다', '일쯕'이나 『월인천강지곡』에 쓰인 '供養ᄒᆞ욜꺼스로', '여듧번짜히ᅀᅡ'와 같은 표기를 보면 당시 각자병서가 된소리를 적는 글자였음을 알 수 있다고 하였다. 한편 합용병서의 경우 원래 각 글자가 제각기 소리를 지녀 어두자음군으로 발음되었지만 후대로 오며 소리가 변해 된소리화되면서 표기상의 혼란이 초래되었다고 보았다.

이러한 해석에 대해 정규창(④)은 어떠한 엄정한 인증과 논리의 계제를 밟은 다음에 결론을 내리는 것이 '현대 실증과학 시대의 학문하는 법'인데 신명균의 글은 각자병서가 된소리라고 결론부터 단정 짓고 용례에 대해 이야기하는 착오를 범했다고 하였다. 그러면서 신명균의 글에서 제시한 각자병서의 예는 'ㄹ' 뒤에서 된소리가 나는 것이 대부분이고 본래 된소리로 볼 수 있는 것은 거의 없다고 하였다. 또한 정규창(②)

은 『훈민정음』이나 『용비어천가』에 쓰인 각자병서 중 '히여(使), 다ᄔ니라(抵하나니라), 치혀(끌림)'의 'ㆅ, ㄴ, ㆅ'은 도무지 된소리로 볼 수 없으며, 훈민정음 창제 무렵에 나타난 각자병서 표기는 '뽕(步)>보, 뼌(便)>편'과 같이 오늘날 예사소리나 거센소리가 된 반면 된시옷 표기는 'ᄯ>쏘, 쓷>쓷'과 같이 오늘날 된소리가 되었다고 지적하였다.

두 학회의 대립은 근본적으로 그대로의 자연 상태의 언어를 귀납적으로 관찰하고 기술하는 것이 과학적인가, 합리적 법칙에 따라 인위적으로 언어를 교정하는 것이 과학적인가에 대한 시각의 차이에서 비롯되었다고 볼 수 있다. 당대의 지적 담론에서 과학이란 자연 세계를 있는 그대로 바라보며 그 안에 내재된 법칙을 발견하는 것이었고 이러한 관점은 기본적으로 관찰에 입각한 귀납적 추론에 기초해 있다는 점에서 실증성을 전제하는 것이었다. 조선어학연구회의 주장은 자연 상태 그대로의 언어가 이미 과학적이므로 언어 연구는 실증하는 언어 현상들을 관찰하고 그것을 귀납하여 법칙화하는 방향으로 나아가야 한다는 것이었다. 조선어학연구회의 입장에서 볼 때 자연 상태 그대로의 언어는 그 자체가 곧 과학이 도달해야 할 목표였다.

그와 달리 조선어학회는 언어를 자연물로 바라보지 않고 오히려 사회 일반의 현상들과 마찬가지로 인간의 의지에 따라 혁신할 수 있고 일정한 방향으로 개도해 갈 수 있는 것으로 보았다. 그들이 추구한 것은 언어에 체계와 법칙을 부여하기 위한 이론과 방법론 차원의 과학이었다. 그렇기 때문에 조선어학회의 입장에서 자연 상태 그대로의 언어는 아직 과학이 도달하지 않은 혼돈 상태에 불과한 것이었다.[12]

---

12) 권덕규는 조선말이 연구의 대상이 되기 이전을 '쉽고 우습던 때'라고 보고 그때로 돌려보내서는 안 된다고 하였다. "끝으로 한 말을 붙일 것은 말과 글은 배우는 것이요, 어학도 학인 이상은 조선말도 좀 학적으로 연구하며 쉽고 우습던 때로 돌려보내지 말자는 것이다." (권덕규, "녯말은 내버릴 것인가.". 『신생』 1, 1929. 서민

2. 문법과 과학

1) 외국어와 국어의 비교

과학적 철자법에 대한 열띤 논쟁이 벌어지던 와중에 또 한편에서는 근대 과학의 한 학문 분과로서 조선어학의 정체성을 모색하는 논의들이 이루어졌다. 이러한 논의에서 강조되었던 점은 조선어학의 연구가 일반성을 띠어야 한다는 점, 즉 조선어에 대한 연구가 일반언어학과의 긴밀한 관계 속에 이루어져야 한다는 점이었다. 근대 과학의 이론이 사물의 근본이 되는 원리를 규명하는 것인 만큼, 조선어학이 과학의 한 부분이 되기 위해서는 그 설명이 보편성을 가져야 한다는 것이다.

조선어학의 일반성을 추구하는 논의의 초창기에는 외국어와 조선어의 비교에 초점이 맞추어졌는데, 이러한 관점은 1910년대 안확의 글에서부터 확인된다. 안확은 『조선문법』(1917)이나 『수정조선문법』(1923)을 저술하는 등 국어 연구 성과를 발표한 국어학자이기도 했지만 그 연구 영역이 언어뿐 아니라 문학, 역사, 철학, 정치, 미술, 음악, 경제, 종교, 군사, 무용, 체육 등 다방면에 걸쳐 있는 국학자이기도 했다.[13] 일본에서 공부하며[14] 서구의 근대 학풍을 접한 안확은 실증적인 연구 방법론

정 외 역(2013:80-81)의 현대어역.)

13) 안확의 생애와 연구 활동에 대해서는 정승철 외(2015)를 참고할 수 있다.

14) 안확의 일본 유학에 대해서는 자세히 알려진 바가 없다. 이와 관련해서는 정승철 외(2015:312-314)에서 기존의 여러 언급들을 종합해 결론을 내린 바 있는데 이를 요약해 보면 다음과 같다. 안확은 일본의 '니혼대학日本大學'을 졸업한 것으로 알려져 있기도 하지만 이를 입증할 기록들이 발견되지 않아 일본에 있는 대학에서 공부했다는 것이 도쿄에 있는 '니혼대학'에 재학한 것으로 와전된 것으로 생각된다. 하지만 『학지광』 제4호에 실린 "유학생 망년회"라는 글에서 재일 유학생으로 안확의 이름이 등장한 것이나 안확이 자신의 저술 『조선문명사』에서 일본의 대학에서 정치학을 공부했음을 밝힌 것 등을 통해 볼 때 청강생 자격으로든 재학생 자격으로든 일본에 있는 대학에서 유학한 경험이 있는 것은 분명해 보인다.

의 중요성을 강조하였고 국학 전반에 걸쳐 외국과의 비교를 통해 진정한 조선 고유의 특성을 발견할 수 있다고 보았다.

정승철 외(2015:321)의 평가를 인용하면, 안확은 "근대 학문의 보편성을 바탕으로, 실증적이면서 실재적인 자신만의 국학을 정립하고자" 하였고 그의 과학적 조선어학 역시 이러한 맥락에 자리한 것이었다. 자국의 역사든 예술이든 언어든 외국의 그것과 비교해 볼 때 진정한 특성을 발견할 수 있다는 것에서 안확은 보편과 특수를 관계 짓는 방법론을 설정하고 있었다.

그러한 맥락에서 안확은 외국어와 조선어를 비교하며 조선어의 특성을 설명하고자 했다. 1927년 『동광』 제10호에 실린 "根母音變化의 組織"이라는 글에는 언어 연구에 대한 안확의 관점이 잘 드러나 있다. 이 글에서 안확은 종래에 쓰던 '되여', '서' 등을 일부 학자들이 '되어', '스이어'와 같이 바꾸어 어미를 '-어'로 통일하려 하는 것을 비판했는데, 비판의 주된 근거로 내세운 것이 외국어의 사례였다.

> 만일 이 文法을 破壊하고 「되어」 「그리어」라 하면 이는 語法이 안이니 「되어」 「그리어」 「가아서」란 말은 朝鮮 天下에 업는 것이다. (6) 以上의 멧 가지 法則은 變化 組織의 文法上 任務로서 一定한 範疇어닐 수에 이를 廢止하고 어로 통일한다 하면 그는 朝鮮語에 實例 업는 外國語니 朝鮮 사람으로서 누가 「되어」 「스이어」라 말하는가. (7) 根母音의 變化는 샌스크리트 語던지 英語로 보아도 다 語幹대로 되나니 希臘語에 Leipo, Leloipa로 變함과 獨逸語 Bunden, Bundano와 샌스크리트語 ecwo, ecwa와 또 第 3人稱 單數의 能相의 形은 bhereti인데 그 再歸相의 形은 bhereti로 되는 것이 다 同性의 例니라. (8) 쉬운 英語의 法母音의 組織을 보아도 Lie의 現在는 Lying으로 tie의 現在는 tying으로 되는 바 ie는 y로 換함은 一定한 法則이오 want의 過去는 ed가 入하고 Live의 過去는 D만 入하니 곳 Y音으로 변한 고로 y로 쓰고 ed로 변한 고로 c를 더 加入하는 것이라. 朝鮮語도 「여」로 되는 것은 「여」로 「스」가 서로 변함은 「서」로

쓰는 것인대 이것을 엇지 하야 法이 안이라 하나뇨. (안자산, "根母音變
化의 組織", 『동광』 10, 1927.)

안확은 어간 '되-'에 어미 '-어'가 결합될 때 [되여]로 발음되는 것과
같이 어간의 종류에 따라 어미가 여러 가지로 변화되는 현상을 '근모음
根母音 변화'라 부르고 세계 여러 언어에 해당 현상이 존재한다고 하였
다. 위의 인용문에서 안확은 희랍어, 독일어, 산스크리트어, 영어의 예
를 들었는데 해당 언어들은 모두 인도유럽어족에 속하는 언어들이다.

안확은 특히 영어 동사의 활용을 통해 조선어 동사 활용에 대한 자신
의 견해를 뒷받침하고자 했다. 한국어의 동사 '스-(立)'나 '트-(通)'에 연결
어미 '-어'가 결합될 경우 동사 어간이 형태를 바꾸어 '서', '터'가 되는
것은 영어에서 진행형을 나타내는 '-ing'가 동사 'lie'나 'tie'에 결합될 때
어간의 모음 'ie'가 'y'로 전환되어 'lying', 'tying'으로 쓰는 것과 동일한 현
상이라는 것이다. 또한 한국어의 동사 '먹-'에 연결어미 '-어'가 결합될
때는 '먹어'로 쓰이지만 '그리-'에 결합될 때는 어미의 형태가 바뀌어
'그리여'가 되는데 이 역시 영어에서 과거시제를 나타내는 '-ed'가 동사
'want'에는 원래 형태 그대로 결합되어 'wanted'로 쓰이지만 동사 'live'
에 결합될 때는 'e'가 탈락해 '-d'만 결합되는 것과 동일한 현상이라고
보았다.

위와 같은 근거를 들며 안확은 "外國語를 모르면 自國語의 性質을 연
구하기 不能함으로 朝鮮語의 설명은 그와 近似한 語로 비교하여야" 한다
고 주장하였다. 하지만 안확이 언어학의 일반 원리라고 강조한 내용들
은 일반언어학의 이론에 근거한 것이었다고 보기는 어렵다. 다른 언어
와의 비교를 통해 조선어의 일반성과 특수성을 파악해야 한다는 입장
은 역사비교언어학의 기본 관점과도 유사해 보이지만 안확의 글에 나

타난 비교의 방법은 언어의 계통과는 무관한 단순 비교였다.[15] 위의 글
에서도 안확은 조선어의 문법을 인도유럽어족의 문법과 비교하여 유사
성을 찾고자 했고 더 나아가 조선어가 고대에 산스크리트어의 영향을
받았을 것임을 언급하기도 했다.[16]

　『학지광』에 발표한 글에서도 안확은 18개 어휘 항목을 대상으로 조
선어, 일본어, 유구어, 아이누어, 몽고어, 만주어의 비교 결과를 제시했
는데 해당 기술 역시 역사비교언어학에 대한 체계적 이해를 기반으로
한 것이라고 보기는 어렵다. 또한 안확의 여러 저술에 나타난 언어 간
비교의 사례들을 보면 조선어의 음운, 어휘, 문법 등을 외국어의 해당
요소들과 단순 비교하는 데에 그치고 있었기 때문에 그가 추구하던 과
학적 조선어학의 '일반성'은 일반언어학이라기보다 비교언어학을 염두
에 둔 것이었다고 생각된다.[17]

---

15) 하지만 안확이 언어의 계통 문제에 무관심했던 것은 아니다. 안확은 일찍부터 세
　계 언어의 계통 분류를 들고 조선어가 우랄알타이어족에 속함을 언급하였다. 1915
　년 『학지광』 제3호에 발표한 "朝鮮語의 價値"에서 세계의 언어를 인종에 따라 7개
　로 구별하면 '아리안어족, 유랄타이쓰어족, 단철單綴어족, 남양南洋어족, 라비디안
　어족, 세미스어족, 하미쓰어족'으로 나뉜다고 하였고, 1917년 『조선문법』에서는
　세계 7대 어족으로 '생쓰크리트어족, 유랄알타익어족, 지나어족, 남양어족, 남인도
　어족, 아라비아어족, 애급어족'을 들었다. 이후 1923년 『수정조선문법』에서는 9개
　어족으로 나누어 '생쓰크리트어족, 우랄알타이어족, 단음어족, 남양어족, 중앙아불
　리가어족, 남부아불리가어족, 아메리카토인어족, 세미틱어족, 하미틱어족'을 들었
　다. 이처럼 계통 분류나 명칭이 글마다 달라졌는데 출전을 밝히지 않아 변경의 이
　유를 알기는 어렵다.
16) "샌스크리토 語의 影響은 그 近東인 伊蘭語 아르메니아語에만 잇는 것이 아니라
　멀니 朝鮮語에도 견줘 볼 일. 이는 余의 附會한 局見인지 알 수 업스나 三國時代로
　부터 李朝 世祖時代까지 佛教를 崇尙하고 그 佛經을 譯出한 관계로 보아도 汎然하
　게 看過할 수 업서. (안자산, "根母音變化의 組織", 『동광』 10, 1927.)"
17) 정승철 외(2015:329)에서도 이러한 점을 지적하며 안확의 연구는 역사비교언어학
　이라기보다 대조언어학으로 볼 수 있다고 하였다. 안확이 조선어를 외국어와 비교
　한 맥락을 살펴보면 대부분 차이점보다는 공통점을 강조하고 있었기 때문에 대조
　의 관점보다는 유사성에 주목하는 비교의 관점이 주를 이뤘다고 볼 수 있다.

2) 역사비교언어학의 수용

1920년대로 오면서[18] 조선어학의 과학화에 대한 논의는 단순히 외국어와 조선어를 비교하는 데에 그치지 않고 서구에서 정립된 일반언어학 이론을 도입해야 한다는 방향으로 전개되었다. 이때 특히 강조된 이론은 역사비교언어학이었다.

강매의 『조선어문법제요』(1921) 상편에서는 첫 번째 장의 제목을 '語族'이라 하고 "現今 言語學辭書에 列記된 各 語族을 들면 左와 같으니"라고 하며 언어학사전에서 나타난 세계 어족 분류 중 국어가 속해 있는 '烏拉亞爾泰語族Ural Altaic languages'에 대해 자세히 소개하였고 그 세부 분류를 다음과 같이 제시하였다.

烏拉亞爾泰語族
(1) 亞爾泰派
  – 朝鮮語族
  – 日本語族
  – 北極語族

---

18) 일찍이 김규식의 『대한문법』(1909)의 도입부에서도 국어가 투라니아 어족에 속한다는 언급이 있었지만 이는 국어가 한문과 계통이 다른 언어임을 강조하는 맥락에서 언급된 것일 뿐 역사비교언어학의 도입이라고 보기는 어렵다. 하지만 매우 이른 시기에 언어의 계통을 언급했다는 점은 주목할 만한데 이는 김규식이 미국 유학을 통해 서구 언어학의 흐름을 파악하고 있었기 때문에 가능한 일이었을 것이라 생각된다. 김규식은 언더우드에게 입양이 되어 서양식 근대 교육을 받았으며 독립신문사에 입사하여 일하다 서재필의 영향으로 미국 유학길에 오르게 된다. 1897년부터 1903년까지 미국 버지니아주 로녹대학교Roanoke College에서 수학하였으며 곧이어 프린스턴 대학교Princeton Academy에서 영문학 석사학위를 받고 1904년 귀국하였다. 최경봉(2016:287)에서는 김규식이 서양 선교사나 외교관들의 연구에 영향받은 바가 크다고 보며 당시 한국어의 계통에 대해 "한일동계설(W. G. Aston), 남방설(H. B. Hulbert), 북방설(J. Edkins)" 등 다양한 주장이 제기되어 있었다고 하였다.

- 에스키모語族
- 아이누語族
- 蒙古語族
- 滿洲語族
- 韃靼語族
(2) 烏拉派
- 沙母阿語族
- 芬蘭, 우그리안語族
- 芬蘭語族
- 匈牙利語族

강매는 조선어가 알타이어족에 속한다고 하며 일본 학자 가나자와 쇼자부로金澤庄三郎(1872-1967)의 글을 인용해 조선어와 몽고어와 만주어의 단어들을 비교해 제시하였는데 이를 정리해 보면 <표 15>와 같다.

〈표 15〉 『조선어문법제요』의 조선어, 몽고어, 만주어 단어 비교

	朝鮮語	蒙古語	滿洲語
父	아비	Apu.	
妻母	암(女)어미(母)	Ömö(妻)	Ömö(母)
子	아가		Ako.
日	날	Naran	
野	들	Tala	Tala
河	개을	Kol	Kalo
谷	골		Hulu.
山梁	말노		Muru.
衣	후리매	Hurum.	Kuromo.
高粱	슈슈	Sis	Shushu.
米	밥쌀	Pudaha(飯)	Pudö.(飯)
燒酒	아랑(燒酒宰)	Arihi	Arki.
指	가락	Horoku.	Huruk
田	두둑	Tuturka	Taraha
馬	말	Morin	Morin
弓	활	Horom.	Hiru.

大	크	Iko	Iko.
黑馬	고라마	Hara	Kora
靑馬	보라마	Poro	Fulan.
圓	둥글	Tukuriny	Tukurunc.
美	곱	Kowa	Huwa

강매는 <표 15>에 제시된 목록을 들고 이로써 조선어가 만주어나 몽고어와 동일한 계통에 속한 것임을 알 수 있다고 하였다. 또한 고대에 더 넓은 범위에서도 민족 간의 교류가 이루어져 조선어에는 알타이 어족 이외의 언어들과도 유사한 부분이 있다고 하였다. '牛酪'을 조선어에서는 'Tharak'이라고 부르는데 만주어에서는 'Tara', 몽고어에서는 'Tark', 러시아어에서는 'Tvaroy', 터키어에서는 'Torak'이라고 불러 유사한 단어들을 공통으로 사용하고 있으며, '蜂蜜'을 조선어에서는 'Mil'이라고 부르는데 이를 독일어 고어로 'Met', 러시아어 고어로 'Medb', 중국어로 'Mit', 영어로 'Mead'라고 하여 세계 각 어족 간에 언어적 유사성이 있다고 하였다.

일반언어학과 조선어학의 관계에 대한 인식은 동인지 『한글』에 실린 최현배와 정열모의 글에도 나타나 있다. 1927년에 동인지 『한글』 1(2)~1(4)에 걸쳐 게재된 "言語學上으로 본 朝鮮語"의 시작 부분에서 최현배는 조선말이 세계 언어 가운데에 어떤 지위를 가지고 있는가를 알기 위해서는 먼저 언어학상에서 세계 각 언어를 어떻게 분류하는지를 살펴보고 그 다음에 조선말이 그 분류에서 어떠한 지위를 차지하는지를 따져보아야 한다고 하였다. 이 글에서 최현배는 세계의 언어들을 분류하는 주된 방법에 두 가지가 있다고 하며 어족 관계로 본 계통적 분류와 어법 관계로 본 형태적 분류를 자세히 소개하였는데 먼저 동인지 『한글』 1(2)에서 소개한 계통적 분류를 살펴보면 다음과 같다.

(1) 印度歐羅巴語族(Indo-European Family)
  - 印度語族
  - 이란語族
  - 아루메니아語族
  - 겔트語族
  - 껠만語族
  - 헬렌語族
  - 이리아語族
  - 이탈리語族
  - 빨틱語族
(2) 우랄알다이語族(Ural-Altaic Family)
  - 핀노, 우구리아語族
  - 사모예ー드語族
  - 土耳其語族
  - 蒙古語族
  - 滿洲語族
(3) 單綴語族(Monosillabic Family)
(4) 마라이, 보러네시아語族(Malaya-Polynesian Family)
  - 마라이語族
  - 보러네시아語族
(5) 뜨라예디語族(Dravidian Family)
(6) 반투語族(Bantu Famliy)
(7) 하미틱語族(Hamitic Family)
(8) 세미틱語族(Semitic Family)
  - 北部語
  - 南部語
(9) 아메리가語族(American Family)
(10) 濠洲語族(Australian Family)

그런데 해당 글에서 최현배는 위와 같은 어족의 분류가 편의적인 것일 뿐 과학적인 것은 아니라고 평가하였다. 세계의 수많은 언어를 분류하다 보니 어떤 경우는 지리적 분포를 우선시하고 어떤 경우는 인종을 따르는 등 기준이 제각각이라는 것이다. 『한글』 1(3)에서 최현배는 "이에 오늘의 言語學者는 世界 言語를 그 形態上으로 觀察하여 그 語法的 構造를 標準을 삼아서 그를 分類하나니 이를 言語의 形態的 分類이라 한다."라고[19] 하여 계통적 분류의 한계를 형태적 분류를 통해 극복하는 것이 언어학계의 일반적 흐름이라고 하였다. 이 글에 나타난 형태적 분류에 따르면 세계의 언어는 다음과 같이 분류된다.

(1) 孤立語 또는 單音節語 (Isolating Language or Monosyllabic Language)
(2) 添加語 또는 膠着語 (Agglutinative Language)
(3) 屈折語 또는 曲尾語 (Inflectional Language)

최현배는 각각의 유형에 대해 상술한 뒤 일부 학자들이 이들 간의 우열을 논하기도 하지만 어떤 언어가 특정 유형에 속하더라도 다른 유형의 특성을 갖기도 하며 언어의 변천을 살펴볼 때 특정 유형의 언어가 시간이 지나며 다른 유형으로 변화되기도 하므로 고립어, 첨가어, 굴절어 간에 우열을 논할 수 없다고 하였다. 이렇게 언어학에서 설정하는 계통적 분류와 형태적 분류를 제시한 뒤 『한글』 1(3)에서는 조선어가 계통적으로는 우랄알타이어족에 속하고 형태적으로는 첨가어에 속한다는 점을 밝힌 뒤 형태적 분류는 자명한 것이지만 계통적 분류에 대해서는 검토할 문제가 많다고 덧붙였다.

이러한 배경적 서술 뒤에 최현배는 조선어의 계통 문제를 본격적으로 논의하기 시작하였다. 어떤 언어의 계통을 확정하기 위해서는 첫째, 음운상 법칙의 일치 여부, 둘째, 어법상 법칙의 일치 여부, 셋째, 천지인 신체 각부의 이름 또는 가축의 이름, 수사, 대명사 등 단어의 일치 여부

---

19) 최현배, "言語學上으로 본 朝鮮語", 『한글』 1(3), 1927.

를 따져봐야 한다고 지적하고 조선어의 각각의 특성을 우랄알타이어족
의 일반적 특성과 비교하여 상세한 논의를 전개하였는데 그 핵심적 내
용을 추려 <표 16>으로 정리해 보았다. 조선어의 특성이 우랄알타이어
족의 일반적 특성과 일치하는 경우는 '='로 표시하였다.

〈표 16〉 최현배의 조선어의 계통 분석[20]

유형	우랄알타이어족의 일반적 특성	조선어	다른 언어
음운	모음조화가 존재함	=	토이기어에도 존재함
	복자음은 후대에 발달됨	복자음 발달됨	일본어는 복자음이 거의 불가
	탁음은[21] 후대에 발달됨	탁음 빈약하지만 존재함	
	어두 탁음 제약	남부에서만 탁음이 어두에 쓰이고 북부에서는 쓰이지 않음	일본어는 어두 탁음 적음
	어두 둘 이상 자음 제약	=	
	어두 'ㄹ' 제약	=	
	종성 복자음 제약	복자음 종성 많음	
문법	문의 구조가 점착적 성질	=	
	주어-객어-술어의 어순	=	
	한정어가 피한정어에 선행	=	
	관사, 대명사, 명사에 성(gender)이 없음	=	

20) 최현배, "言語學上으로 본 朝鮮語", 『한글』 1(3), 1927.

단어	牛를 나타내는 단어	소, 쇠	퉁구스 '차', 몽고 '자, 제', 토이기 '시에, 시우, 시', 사모엘 '시, 서', 얘노우골 '사우, 수, 새, 사가', 일본 '우시'
	鷄를 나타내는 단어	닭, 달, 닥	퉁구스 '초코, 머오가', 몽고 '다갸', 토이기 '다갸, 다각, 다국', 얘노우골 '고국, 딕, 댝, 다왁', 일본 '도리'
	父를 나타내는 단어	아바, 아부지, 아비, 아버지	퉁구스 '아바', 몽고 '아바', 토이기 '아비', 얘노우골 '업, 어웁, 웁', 사모엘 '아바, 아파'
	母를 나타내는 단어	어미, 에미, 에미네	퉁구스 '에미리', 몽고 '에메', 토이기 '에매', 얘노우골 '에미새, 엠쩨', 일본 '오모'
	水를 나타내는 단어	물	퉁구스 '무', 몽고 '물, 무루', 토이기 '뭉', 얘노우골 '밀', 일본 '미수'

<표 16>의 내용 중 단어의 비교 부분에서 최현배는 조선어와 일본어의 비교 연구는 아스톤William George Aston(1841-1911)의『日韓兩語比較』와 가나자와 쇼자부로의『日韓兩國語同系論』,『日本文法新編』에 의해, 조선어와 북방의 우랄알타이어족들과의 비교 연구는 시라토리 쿠라키치白鳥庫吉(1865-1942)에 의해 이루어졌고 특히 시라토리의 경우 일본어의 계통은 아직 불분명하지만 조선어는 우랄알타이어족에 속함이 확실하다고 보았다고 소개하였다. 그리고 수사의 불일치 등 단어 층위의 비교에 더 검토할 사항들이 많이 남아 있다고 지적하면서도 조선어는 우랄알타이

---

21) 여기서 탁음은 울림소리에 해당하는데 최현배는 'ㄲ, ㄸ, ㅃ, ㅆ, ㅉ'의 된소리도 아울러 탁음이라고 보았다.

어족에 속한다고 결론지었다.[22]

앞서 살펴본 강매의 경우도 그렇고 최현배의 경우도 그렇고 일본을 통해 서구의 역사비교언어학을 수용한 것으로 보인다. 강매의 이력은 알려져 있지 않지만 최현배의 경우 1915~1919년 히로시마고등사범학교廣島高等師範學校 문과에서 수학하였으며 1922년 교토제국대학京都帝國大學 문학부에 입학하여 1925년에 졸업하는 등 일본 유학 경험이 있었다. 최현배는 일본 체류 기간 동안 일본 언어학계의 이론적 동향을 상세히 파악할 수 있었을 것이며 역사비교언어학에 대한 관심도 그 결실 중 하나로 생각된다.

3) 이론과 실천 사이, 설명과학과 규범과학

조선어 연구의 주축이 어문 규범에 대한 연구에서 이론적 연구로 전환된 것은 1930년대 후반이었지만, 그 전부터도 언어에 대한 실천적 연구와 이론적 연구를 구별하고 조선어 연구가 나아가야 할 방향성을 모색하는 논의가 이루어지기 시작했다. 앞서 살펴본 것처럼 1920년대에 들어 과학적 학문은 보편타당한 진리를 추구해야 한다는 의식 속에 일반언어학의 이론을 조선어 연구에 도입해야 한다는 논의가 진행되었는데, 이러한 관점에서 볼 때에는 그때까지 조선어 연구의 주류를 형성했던 실천적 연구와 장차 나아가야 할 방향인 이론적 연구 사이의 관계를 어떻게 정립할 것인가가 문제가 되었다. 이와 관련해 조선어 연구의 정체성을 고민했던 정열모의 글이 참고가 된다.

정열모는 1921년부터 1925년까지 와세다대학早稻田大學 고등사범학부

---

22) 19세기 말 20세기 초 한국어의 계통 연구에 대해서는 이준환(2017, 2018)을 참고할 수 있다.

국어한문과에 재학했으며 졸업 후 귀국하여 교직에 종사하다 1927년 조선어연구회의『한글』간행에 참여하였다. 그 후에도 조선어사전 편찬위원, 통일안 제정위원, 표준어 사정위원 등으로 활동하며 조선어학회의 어문정리 사업에 적극 동참하였다. 정열모는 1927년 동인지『한글』 1(2)와 1(3)에 "朝鮮語 硏究의 正體는 무엇?"이라는 글을 발표하여 당시까지의 조선어학의 학문적 성격을 비판적으로 고찰하고 향후의 나아갈 방향을 제시하였는데, 특히 역사적 연구와 비교적 연구의 과학적 방법을 조선어 연구에 도입해야 함을 강조하였다. 이 글에서 정열모는 역사비교언어학의 흐름 속에서 조선어를 이론적으로 연구하고 이론적 연구 성과를 응용하여 교육과 어문의 통일 및 정리가 이루어져야 한다고 하였다. 이론적 연구와 실천적 연구의 양면을 모두 인정하되 이론적 연구가 선행되어야 함을 주장한 것이다.

"朝鮮語 硏究의 正體는 무엇?"의 도입부에서 정열모는 이때까지의 조선어 연구자들을 세간에서 '새 말을 지어내는 사람', '없어진 말을 찾아 쓰는 사람', '쉬운 말을 어렵게 쓰려는 사람' 등으로 치부해 온 데에는 그렇게 말하는 사람들의 무식함도 원인이 되겠지만 무엇보다도 조선어 연구자들이 스스로 조선어 연구의 범위를 극히 협소하게 설정해 왔고 조선어학의 학문적 정체성을 분명히 하지 못한 책임이 있다고 하였다. 음운에 대한 연구는 언어 연구에서 매우 중요한 부분을 차지하지만 지금까지의 조선어학에서는 문자의 형식만 두고 논의를 할 뿐 문자의 이면에 숨어 있는 음운이나 미묘한 음성의 차이 등에 대해서는 깊은 주의를 기울이지 않았다는 것이다. 모름지기 언어에 대한 연구란 과거의 말과 현재의 말을 전부 대상으로 삼아 그 음운, 단어, 단어법, 문장법 등을 포괄적으로 연구하는 것이어야 한다고 주장하며 연구의 방법 역시 '과학적'이어야 함을 강조하였다.

새 時代의 모든 學術研究는 要ㅎ컨대 많은 研究 材料를 募集하여 그 材料의 歷史的 比較的 研究로 因하야 이것을 分解하고 이것을 綜合하여 歸納的으로 어느 法則을 發見하는 科學的 方法을 밟아 가지 안이하면 안 된다. (정열모, "朝鮮語 研究의 正體는 무엇?", 『한글』 1(3), 1927.)

위의 인용문에 나타난 것처럼 정열모는 새 시대의 모든 학술 연구는 일단 연구의 재료를 수집해 역사적 고찰과 비교 분석을 통해 이를 분해하고 다시 종합하여 귀납적으로 법칙을 발견하는 과학적 방법에 의거해야 한다고 보았다. 그리고 학문 일반의 원리에 따라 언어 연구에서도 "歷史的 比較的 兩 方面으로 觀察하는 때 言語의 研究는 비로소 充分한 效果를 나타내게" 된다고 하였다. 이러한 언급을 보면 정열모는 조선어학이 비단 일반언어학만이 아닌 근대의 학문 일반에 견주어 그 학문적 정체성을 수립해야 한다는 인식을 가지고 있었다고 볼 수 있다.

하지만 앞서 언급한 대로 정열모는 조선어학회에서 진행하던 실천적 연구의 필요성 역시 인정하고 있었다. 그의 인식 속에서는 과학적 방법론에 따라 이루어지는 이론적 연구와 이를 토대로 한 응용 연구는 별개의 층위에 속해 있는 것이었다.

國語學이[23] 그 研究上에 다른 모든 科學의 補助를 받는 것과 같이 國語學도 亦是 다른 모든 科學에 대하여 有力한 研究 資料를 提供하는 것은 勿論이어니와 國語 敎授의 實際的 方面에 對한 國語學의 貢獻은 實로 多大한 것이다. (…) 또다시 한 걸음 내켜서 國家 社會에서 큰 問題를 삼

---

23) 이 글에서 정열모는 '조선어' 대신 '국어'라는 용어를 사용하고 그 이유를 다음과 같이 밝혔다. "[註] 言語學上으로 보아 어느 特秀한 体系를 갖훈 文法에 依하여 統一된 言語의 一團을 國語이라 하나니 假令 英國과 米國과는 政治上 獨立한 兩個 國家이지마는 「英語」이라는 一個 國語를 使用하는 것이요 朝鮮語와 日本語는 그 文法上 體系가 다르므로 政治上 意味를 떠나서 兩個 國語가 되는 것이다." (정열모, "朝鮮語 研究의 正體는 무엇?", 『한글』 1(2), 1927.)

든 國語의 統一, 標準語의 制定, 方言의 矯正, 國字의 整理이라는 것들은
國語 國字에 關한 諸般 問題는 모다 國語學의 正當한 知識으로 말미암아
解決될 것이다. 實際的 方面에 對한 國語學의 使命도 또한 重大한 것이라
하겠다. (정열모, "朝鮮語 硏究의 正體는 무엇?", 『한글』 1(3), 1927.)

위의 인용문에서 실제적 방면에 대한 국어학의 사명도 또한 중대한
것이라고 밝힌 것처럼 정열모는 조선어에 대한 연구에서 이론적 측면
이 강화되어야 함을 주장하였을 뿐 실천적 측면이 배제되어야 한다고
보지는 않았다는 점에서 최현배와 입장을 같이하였다고 할 수 있다.

이론적 연구와 실천적 연구에 대한 정열모의 관점은 광복 이후에 발
행된 『신편고등국어문법』(1946)에 보다 자세히 나타나 있다. 해당 저술
의 '말본갈과 과학' 부분에서 정열모는 '말본갈은 과학이다.'라고 선언한
뒤 과학의 종류를 분류하고 말본갈이 속한 과학의 성격을 상술하였다.
정열모의 기술에 따르면 과학은 역사, 지리 같은 특수 현상의 연구로
달리 응용할 수 없는 '제물과학'과 물리, 심리 같은 일반 현상의 연구로
곧 달리 응용할 수 있는 '추상과학'으로 나눌 수 있는데 "말본갈의 말하
는 바는 어떠한 경우에도 응용할 수 있는 두루 쓸 성이 있기 때문에 말
본갈은 추상과학"이라고 하였다. 또 다른 기준으로 볼 때 과학은 온 우
주의 현상을 통일하는 절대 보편적 근본 법칙을 연구하는 '철학'과 우주
한쪽 현상 사이에만 맞는 상대 법칙을 연구하는 '분과과학'으로 나뉘는
데 말본갈은 '분과과학'에 속하며, 인간의 정신작용에 대한 연구인 '인
문과학'과 자연의 현상을 연구하는 '자연과학' 중 말본갈은 '인문과학'에
속한다고 하였다.

이와 더불어 정열모는 기술적 태도에 입각한 '설명과학'과 따라야 할
법칙을 세우는 '규범과학'을 구별하였는데 앞의 분류들과 달리 규범과
학과 설명과학은 연구의 태도 차이이지 규명하는 내용 자체는 다르지

않다고 하였다. 예를 들어 얼음이 녹으면 물이 된다고 하는 기술은 설명과학이지만 얼음을 저장할 때 열이 통하지 않는 것으로 싸야 한다고 하면 이는 규범과학이 된다는 것이다. 이에 더해 정열모는 "과학이 본질뿐이고, 운용이 없다면 과학은 쓸데없다. 인간 생활에 필요하기 때문에 과학의 존재가 의미가 있다. 그 점으로 보아 과학은 한갓 지식이어서는 안 된다."라고 하였는데 이러한 언급에서 이론적 연구가 반드시 실천적 연구로 이어져야 한다는 확신을 보여주었다. 다음은 말본갈이 갖는 규범과학과 설명과학으로서의 성격을 기술한 부분이다.

> 말본갈은 세상 사람한테 규범과학인 줄로만 알려지고 있다. 그러나 이것도 설명과학으로 성립할 수 있다. "먹어라." "버려라." 할 것을 "먹으라." "버리라." 하여서는 아니 된다고 하면 규범과학이 된다. "먹어라." "버려라." 하는 것이 보통 하는 입말이오, "먹으라." "버리라." 하는 것은, 글말로는 "바로시킴"이지마는 입말에서는 "건너시킴"이라는 설명을 한다면 설명과학이 된다. 방언 연구, 어린이말 연구들은 설명과학이 되기 쉽고 표준말 연구, 글말 연구들은 설명과학도 되지마는 흔히 규범과학이 되기 쉽다. 이 책에서는 힘써 설명과학의 태도를 가지면서 필요한 때에는 가다가 규범과학 태도로 나갈 작정이다. (정열모, 『신편고등국어문법』, 1946, 24쪽.)

앞서 얼음과 물에 대해 설명한 것처럼 특정 언어 현상도 현상 그 자체를 기술하면 설명과학이 되지만 특정 언어 현상을 따라야 할 규범으로 제시하는 것이라면 규범과학이 된다는 것이다. 그리고 표준말 연구나 글말 연구는 설명과학이기도 하지만 흔히 규범과학이 되기 쉽다고 하여 어문정리의 성과들도 '과학'의 일종이라고 밝혔다.

정열모가 동인지 『한글』에 이론적 연구의 필요성을 강조하면서도 실제적 방면에 대한 국어학의 사명 역시 중요하다고 밝혔던 1927년과 자신의 저서에서 표준말 연구와 글말 연구를 '규범과학'이라고 명시적으로 지칭한 1947년 사이에는 과학적 조선어학에 대한 한바탕의 논쟁이 있었다. 뒤이어 자세히 살펴보겠지만 경성제대 출신 학자들이 조선어학회의 어문운동이 갖는 '비과학성'을 강하게 비판하였는데 그러한 비판을 모두 접한 정열모가 『신편고등문법』에서 '규범과학'이라는 용어를 사용한 것은 실천적 연구 역시 과학으로서의 국어학의 영역 안에 포함되어야 한다는 강한 확신을 반영한 것이라 볼 수 있겠다.

4) 과학적 국어학의 모색

1933년에 통일안이 발표되고 1936년에 표준어 사정안이 발표되는 등 조선어학회의 어문 통일을 위한 중대 성과들이 축적되어 가던 1930년대는 1920년대 초와는 또 다른 맥락에서 조선어학 자체의 정체성을 둘러싼 고민이 '과학'을 어문 담론의 중심으로 호출해 낸 시기이기도 했다. 이른바 '과학적 조선어학'에 대한 새로운 모색은 오구라 신페이小倉進平(1882-1944)나 고바야시 히데오小林英夫(1903-1978), 고노 로쿠로河野六郎(1912-1998) 등 일본인 교수들에게 구조주의언어학과 역사비교언어학을 체계적으로 배운 경성제대 법문학부 조선어급문학과朝鮮語及文學科 출신 학자들에 의해 주도되었다(최경봉 2016:24). 이들은 일반언어학의 토대 위에서 조선어학의 과학화를 도모하고자 했다.『동아일보』에 실린 "朝鮮語學의 方法論 序說"은 이러한 관점을 잘 보여주는 이희승의 글이다.

> (…) 이 言語學의 發達은 個個의 言語를 硏究하는 特殊言語學과 그 個個의 言語를 比較 考察하는 一般言語學 乃至 比較言語學에 依據된다. 그러므로 個個의 言語의 硏究는 가장 完全에 가깝고 合理的인 一般言語學 建設의 基礎 工作이 되는 것이다. 朝鮮語學의 原理와 法則은 朝鮮 文化의

다른 分野가 世界 文化 樹立의 要因이 될 것과 마찬가지의 重要性을 一般 言語學에 提出할 것이다.

그러나 어느 特殊한 事實의 究明은 모든 事實 全體에 貫通되는 一般的 普遍的 原理 밑에서 遂行되지 안흐면 危殆한 方法으로 그릇된 結論에 到 達하기 쉽게 될 것이다. 卽 朝鮮語學의 硏究는 一般言語學의 原理와 法則 을 가지고 하지 안흐면 안 된다. 부질없이 朝鮮語 自體만 穿鑿한다면 結 局 井蛙小天의 妄斷에 빠지는 일이 만흘 것이다. (이희승, "夏期 紙上大學 (第五講) 朝鮮語學의 方法論 序說(一)", 『동아일보』, 1938.8.9.)

이희승은 일반적인 원리에 따라 이루어지지 않는 특수한 사실에 대 한 구명은 그릇된 결론에 도달하기 쉽다고 하며 조선어학의 연구 역시 일반언어학의 원리와 법칙에 따르지 않는다면 좁은 식견으로 인해 우 물 안 개구리의 신세를 벗어나지 못할 것이라고 하였다. 개개의 언어를 연구하는 특수언어학은 그 개개의 언어에 대한 연구들을 비교 고찰하 는 일반언어학 또는 비교언어학적 함의를 가져야지만 학문으로서의 가 치를 갖는다고 본 것이다.

이희승이 주장하던 과학적 조선어학은 이처럼 일반언어학적 함의를 가져야 할 뿐 아니라 학문 일반의 과학적 방법론, 즉 연구를 위한 재료 를 모집하고 그 모집한 재료를 정리하며 정리하여 얻은 결과를 비교하 는 과정을 거쳐야 하는 것이었다. 이러한 방법론을 언어 연구에 적용한 다면 먼저 세계 인류가 현재 사용하고 있는 각종 언어를 대상으로 언어 사실을 가급적 광범하고 풍부하게 모집하고 그 모집된 언어 재료들을 관찰하고 비교하고 분석하는 과정을 거쳐야 했다. 이희승은 언어 사실 의 비교는 개개인의 언어, 각각의 방언, 각각의 국어, 각 시대의 언어 등을 대상으로 이루어질 수 있으며, 비교 분석 결과를 종합하여 비교 대상 간의 공통성과 차별성을 밝히고 최종적으로는 모든 분석 결과를 종합하여 언어에 대한 전체적 지식에 도달하는 것을 언어 연구의 궁극

적 목표라고 하였다.[24]

한편 이희승은 당시 조선어학회를 중심으로 추진되던 실천적 언어 연구에도 적극적으로 동참하고 있었다. 이희승은 경성제대를 졸업하던 1930년에 조선어학회에 입회하였고 통일안 제정 위원, 표준어 사정 위원, 사전 편찬 위원, 간사장[25] 등으로 활동하였으며 1938년 『한글』에 "한글 마춤법 통일안 강의"를 연재하는 등 조선어학회의 어문운동을 주도하였다. 이렇게 볼 때 이희승 역시 앞서 정열모나 최현배와 마찬가지로 조선어에 대한 일반언어학적 연구와 어문운동 차원의 실천적 연구의 중요성을 모두 인정하고 있었다고 볼 수 있다. 경성제대 출신 학자들과 조선어학회의 관계를 대립적인 것으로 파악하는 연구들도 있지만(이준식 2002) 최경봉(2016:248-251)에서 지적했듯이 당시 실천적 연구와 이론적 연구는 상보적 관계를 이뤘다고 보는 것이 합당할 것이다.

경성제대 출신 중 방종현方鍾鉉(1905-1952)도 이론적 연구와 실천적 연구에 모두 관여했던 인물이다. 방종현은 1934년 경성제대 조선어급문학과를 졸업한 뒤 동 대학원에 진학하여 1938년까지 조선어학을 전공했으며 재학 기간 중 1936년 11월부터 1937년 7월까지 동경제국대학 대학원에서 언어학을 공부하기도 했다. 그런 한편, 이희승이 조선어학회 간사장을 맡고 있던 1935년에 조선어학회의 도서부 간사로 임명되어 임원으로 활동하였으며 같은 해 조선어학회의 표준어 사정 위원으로 참여하기도 했다.[26]

---

24) 이희승, "誌上文化講座(第一回) 言語學講座: 言語學이란 무엇인가.", 『삼천리』 13(9), 1941.

25) 『동아일보』에 실린 조선어학회 정기총회에 관한 기사들을 토대로 각 해의 정기총회에서 선출된 간사장 명단을 살펴보면, 1931년 이극로, 1932년 신명균, 1933년 최현배, 1934년 이희승, 1935년 이희승, 1936년 이만규가 간사장을 맡았다. 다른 사람들과 달리 이희승은 2년간 간사장을 맡았고 간사장직에서 물러난 뒤에도 1936년 도서부장으로 선출되었다.

이처럼 경성제대 출신 학자들의 학문적 성향이 과학적 국어학에 대한 새로운 모색을 가능케 한 것은 사실이지만 이들이 조선어에 대한 실천적 연구의 필요성을 부정했다거나 반대했다고 보기는 어렵다. 하지만 경성제대 출신 학자들이 재학 시절 서구 언어학에 정통했던 일본인 교수들에게 구조주의 언어학에 대한 체계적인 교육을 받은 결과 기성학자들과는 차별적인 언어관을 갖게 되었다는 사실은 여전히 중요한 의미를 갖는다. 1932년 『조선어문』 제5호에 실린 이숭녕의 "글과 말"은 4쪽짜리 짧은 글이지만 종래와는 매우 다른 언어관을 보여준다. 이 글에서 이숭녕은 "하이제氏, 『言語學의 體系』",27) "쏫슐氏, 『言語學原論』",28) "빵드리에스氏 著 『言語』"29) 등의 논저를 인용하며 언어 연구의 대상은 글이 아니라 말임을 논증하였는데 그 핵심적 주장은 다음과 같다.

> 一, 語文은 一致할 수 없다.
> 二, 말은 進化하고 글은 不動한다.
> 三, 글이 말을 당기나 말이 글을 떨치고 勝利한다. (이숭녕, "글과 말",
> 『조선어문』 5, 1932.)

우선 말과 글이 일치할 수 없다는 주장은 19세기 말부터 제기되어 온 언문일치의 문제에 대한 정면 반박이라 할 수 있다. 근대의 문법서들은 언문일치를 문법서 저술의 주된 동기로 언급해 왔고(안예리 2019:254-255)

---

26) "임원 증선", 『동아일보』, 1935.4.15. 1935년 조선어학회 정기총회에서 경리부 간사 이극로, 서무부 간사 김윤경, 회계부 간사 최현배, 출판부 간사 이윤재와 함께 방종현이 도서부 간사로 선출되었다.

27) 정확한 서명을 찾지 못했지만 미국의 인류언어학자 호아이허(Harry Hoijer, 1904-1976)의 저술을 말하는 것으로 보인다.

28) 스위스의 언어학자 소쉬르(Ferdinand de Saussure, 1857-1913)의 『Course in General Linguistics』(1916)를 말한다.

29) 프랑스의 심리언어학자 방드리스(Joseph Vendryes, 1875-1960)의 『Le Langage』(1921)를 말한다.

이숭녕 역시 이를 의식해 '지금 일반 사람은 글이 말의 발음대로 표현된 것이라는 언문일치의 오류에 빠지기 쉽다'라는 언급으로 이 이 문제에 대한 운을 띄웠다. 해당 글에서 언문일치가 불가능하다고 주장한 이유는 크게 두 가지로 정리된다. 음성은 무한한데 이를 적는 문자는 유한하기 때문에 어떠한 문자를 사용하더라도 말을 그대로 적는 일은 불가능하다는 것이 첫 번째 이유이다. 그리고 글은 기본적으로 보수성을 띠어 전대의 관습을 따르는 반면 말은 언제나 시시각각 변화하기 때문에 글은 쓰일 당시의 생생한 언어를 그대로 담아낼 수 없다는 것이 두 번째 이유이다. 이숭녕은 이에 대해 소쉬르와 방드리스의 견해를 인용하기도 했고 『두시언해』 등 옛날 문헌에 나타난 구형과 신형의 공존의 사례들을 근거로 제시하기도 했다. 그는 한 문헌 안에서 한 명의 필자가 구형과 신형을 섞어 쓰는 현상이 나타날 수밖에 없는 것은 옛말을 정서법으로 쓰려는 중에 자기가 가지고 있는 말과 속어가 틈타고 들어오기 때문이라고 하였다. 그리고 어떤 언어의 역사를 살펴보아도 말과 글의 갈등은 결국 말의 승리로 귀결되어 왔고 이는 현재에도 그리고 미래에도 계속될 수밖에 없는 '말의 승리'라고 하였다. 글은 절대 말과 일치될 수 없고 언어는 결국 말의 변화에 의해 역사적 발전을 거듭해 가므로 언어학자의 소임은 글이 아닌 말에 대한 연구에 있다는 것이 결론이었다.

> 그렇면 우리는 (實際的 方面이 아니거든) 學術的 方面에서 모름즉이 말을 主로 하야 研究할 것이다. 그리하야 글의 幻惑에 빠지면 안 된다. 쏘슈르氏의 『이약이한 말 그것만으로 言語學의 對象이 되는 것이라』는 名言을 잊지 말자. (이숭녕, "글과 말", 『조선어문』 5, 1932.)

이숭녕은 '실제적 방면'이 아닌 '학술적 방면'에서는 글의 현혹에 빠지지 말고 말을 주된 연구 대상으로 삼아야 한다고 하였다. 글이 발표된 시점을 고려할 때 여기서 '실제적 방면'은 철자법 통일을 위한 논쟁들을 염두에 둔 것으로 볼 수 있는데, 글과 관련된 논의는 실제적 방면에서 해야 할 일이지 학술적 연구의 관여할 바가 아니며 소쉬르의 언어학 이론에서 전제하는 것처럼 언어학의 대상은 오직 이야기된 말임을 명심해야 한다는 것이다. 이는 후일 이숭녕이 회고담 『山길을 걷노라면』(1971)에서 철자법을 가지고 'ㅌ' 받침이냐 'ㄷ' 받침이냐를 따지는 것이 학문일 수 없다고 믿었고 '한글학자'가 아니라 언어학에서 출발한 국어학을 하는 '국어학자'가 되어야 한다고 믿었다고 한 것과 일치하는 관점이다.

근대의 담론에서 과학은 이데올로기라 불러도 좋을 만큼 각종 학설과 사상을 근본적으로 제약하고 있었다. 자연과학에서 일어난 혁명적인 성취는 학문 전 분야로 확산되었고 언어에 관해서도 '과학적'이라는 수사가 담론의 흐름을 주도해 갔다. 그런데 당대의 언어 담론에서 '과학적'이라는 것이 무엇을 의미했는지를 한마디로 정의하기는 어렵다. 언어와 관련하여 '과학' 혹은 '과학적'이라는 말은 맥락에 따라 서로 다른 함의를 가진 경우가 많았고 때로는 정반대의 의미로 쓰이기도 했기 때문이다. 하지만 분명한 것은 '과학적 언어'에 대한 지향성이 20세기 전반기 한국의 언어 담론을 추동하는 주요 동력으로 작용하며 문자에 대한, 철자법에 대한, 그리고 문법에 대한 근대적 인식을 확립시켰다는 점이다.

맺음말

　지금까지 근대 한국의 언어 문제를 '우리의 언어', '이상적 언어', '과학적 언어'라는 세 가지 주제를 통해 살펴보았다. 이 책을 끝맺기에 앞서 제1부~제3부 전체 내용을 장별로 요약하고, 각 장의 주된 문제의식을 정리해 보고자 한다.

제1부 우리의 언어

　제1장 '국문의 여명'에서는 국어와 국문에 대한 초기적 구상과 제도화 과정을 살펴보았다. 「공문식」 반포와 국문연구소의 설립은 한국의 언어적 근대화 과정에 대한 기존 연구들에서 빠짐없이 언급된 중요 사건이었지만 사건 자체의 상징적 의미가 강조되어 온 데 비해 실질적으로 알려진 내용은 많지 않았다. 기존의 연구들에서 「공문식」 반포는 국문 사용을 공식화했다는 점에서 그 중요성이 부각되어 왔지만 선언 자체에 대한 의미 부여가 반복되었을 뿐 「공문식」의 탄생 배경이나 시행 과정에 대한 검토는 미진했던 것이다. 국문연구소 역시 자국어 의식의 태동과 발전이라는 당위론적 서사의 틀 안에서만 논의되어 왔을 뿐, 그 설립 배경에 대한 상세한 고찰은 매우 부족한 실정이었다. 본고에서는 국문연구소의 설립이 갖는 의미를 자국어 의식의 발전이라는 측면에서 바라보기 위해서는 무엇보다도 대한제국의 국가 상징화 작업들을 폭넓게 살펴 그 관련성을 따져보는 것이 중요하다고 판단하였다. 이러한 문제의식 속에 이 책에서는 갑오개혁의 이중적 성격이 공문식에는 어떻

게 반영되어 있었는지, 군국기무처의 핵심 인물이었던 유길준의 언어관이 공문식의 내용과 어떠한 관련이 있었는지, 「공문식」에 따라 작성된 국문 공문서의 문체적 특징이 어떠했는지, 광무정권의 국가 상징화 작업에서 국문이 어떠한 역할을 했는지 등과 같이 기존 연구들에서 다루어지지 않았던 측면들을 검토해 보았다. 그 결과 민권의 상징이었던 국문이 독립협회 내의 정치 세력 교체와 성쇠를 함께했음을 알 수 있었다. 이를 통해 갑오개혁의 「공문식」을 통해 표명된 국문 의식이 대한제국으로 이어져 국문연구소가 설립되었다는 기존의 도식화된 서술이 놓치고 있던 지점들을 드러낼 수 있었다.

제2장 "문명文明'과 '문文'"에서는 새로운 지적 패러다임의 산물로서의 근대의 어문 담론을 분석해 보았다. 중세적 의미에서든 근대적 의미에서든 '문'은 '문명'의 표상이었다. 중화의 세계에서 유교의 도덕과 동일시되었던 전통적 '문'은 문명의 중심지가 중국에서 서구로 이동함에 따라 개념적 변모를 겪었다. 이 장에서는 먼저 사서삼경의 '고문古文'으로부터 출발해 '언문일치言文一致'를 표방한 근대에 이르기까지 '문'의 개념 변화 과정을 개관하였다. 이를 통해 중국 역대 왕조의 교체가 '고문'의 주변부 '문'을 파생시켜 온 원인이 '말'에 있었음을 보였고, 이와 관련해 원·명 교체 이후 훈민정음을 둘러싼 논란, 그리고 명·청 교체 이후 노론계와 소론계, 남인계 학자들이 보여준 '문'에 대한 새로운 인식이 갖는 의미에 대해 살펴보았다. 이를 통해 말과 글의 거리에 대한 크고 작은 조율이 오랜 역사를 갖는 것임을 알 수 있었다. 하지만 이어지는 논의를 통해 근대에 들어 일어난 '문'의 개념 변화는 '문'의 차원을 넘어 '문명'의 차원에서 발생한 것이었다는 점에서 확연한 차이가 있었음을 강조하였다. 지식사적 전환의 과도기를 살았던 근대 지식인들의 담론에서 '문'은 '도道'와 '어語' 사이를 오가며 그 개념을 재구성해 갔

다. '문'에 결부되었던 유교의 도덕이나 우주의 섭리 등과 같은 전통적
가치가 근대에 들어 비과학적인 것으로 치부되기 시작했고 '문'이 그저
말을 충실히 담아내기만 하면 되는 텅 빈 기호가 되었음은 기존의 연구
들에서도 논의되어온 바이다. 이 책에서는 여기서 한 걸음 더 나아가
근대적 '문'의 개념은 우주적 '도'가 사라진 자리에 '민족의 혼'이 자리
하며 또 한 차례 변모를 겪었음을 역설하고 주지주의적 합리화와 어문
민족주의가 교차되는 맥락을 베버의 '탈주술화'와 '재주술화'의 개념으
로 설명하였다. 이어서 문명의 우열을 문자의 우열에 대입시켜 표의의
문자의 세계에서 표음문자의 세계로의 이행을 촉구했던 근대의 담론들을
살펴보았다.

　제3장 '국문의 실험'에서는 언어 문제에 관한 제도와 담론의 변화를
가장 가시적 층위에서 구현해 냈던 문체의 문제에 대해 논의하였다. 근
대 초기 한문을 대체할 새로운 문어에 대한 탐색은 기존 연구들에서도
많은 관심을 가져온 주제였다. 기존 연구들에서는 주로 최초의 국문 신
문인『독립신문』의 선구적 사례에 주목해 왔고 근대 작가들에 의한 국
문 소설의 문체가 근대어의 형성에 핵심적 역할을 했음을 강조해 왔다.
그와 더불어, 국문만으로는 근대적 지식의 수용과 전파에 한계가 있었
던 상황 속에서 국한문체가 지배적 문체로 기능했음이 논의되어 왔다.
그런데 근대의 문체적 실험에 대해 이야기할 때 빼놓을 수 없는 사례가
한 가지 더 있다. 바로 의학 분야의 국문 사용이다. 이 장에서는 조선
후기 실학자들의 학맥을 잇는 한편 개화사상가로서 근대 의학의 수용
에 앞장섰던 지석영의 선구적인 국문 의식과 국문체에 대해 분석하였
다. 그리고 관립 의학교와 제중원의 의학 교과서를 통해 기존 논의들에
서 본격적으로 다루지 않았던 문체적 실험의 초기 사례들에 대해 살펴
보았다. 또한『독립신문』의 국문 전용이 갖는 의미를 독립협회의 정치

세력과 국가관, 그리고 국문 의식의 관계 속에서 살펴보고, 민권의 상징으로서의 국문 전용을 정치적 맥락에서 해석해야 함을 주장하였다. 한편,『독립신문』의 국문 문장들을 손보던 주시경이 한자 없이 글을 쓰기 위한 방법으로서 표음문자에 표의성을 부여하는 형태주의 철자법을 구상한 과정을 살펴보며, 근대의 문체에 대한 구상과 문법에 대한 구상이 맞닿아 있던 지점들을 확인할 수 있었다. 형태주의 철자법은 국문의 표기를 통일시키는 방법이었을 뿐 아니라 순 국문체를 실현할 수 있는 방법이었다는 점에서 매우 이상적이었지만, 당시의 표기 현실과 격차가 너무 컸기 때문에 결국 이상에 그칠 수밖에 없었다. 이렇게 국문 전용의 이상이 한계에 부딪힌 지점에서 국문을 적기 위한 도구로서 한자에 대한 재평가가 이루어졌고, 이러한 맥락에서 한자의 훈독, 한자의 제한 및 폐지, 한자어의 순화 등의 문제가 파생되었음을 살펴보았다.

제2부 이상적 언어

제1장 '언어의 개량과 개조'에서는 근대인들이 꿈꾸던 이상적인 언어상을 문어와 구어의 측면으로 나누어 분석해 보았다. 한문을 대신할 이상적인 문어는 일상의 말을 충실히 담아내는 언문일치의 문장이었고 기존 연구들에서 언문일치는 대개 문체의 측면에서만 논의되어 왔다. 하지만 이 장에서는 발화된 구어를 귀납적으로 분석해 문어의 조직 원리를 찾아가는 과정에서 근대의 문법이 정립되었다는 점을 강조하고, 언문일치가 근대 언어 개량의 양대 산맥이라 할 문체와 문법의 공통된 지향점이었다는 점에 주목하였다. 특히 기존 논의에서 근대소설의 문체 혁신으로 언급되어 온 몇몇 어미의 쓰임을 근대의 문법서를 통해 살펴봄으로써 문체의 개량을 추진하던 작가들과 문법의 확립을 추구하던

문법가들 사이에 '지금 여기'의 언어를 추구하는 언어적인 공감대가 존재했음을 확인하였다. 또한 지금까지 근대의 언어 문제를 논의할 때 그 연구 대상은 거의 대부분 문어의 범위에 머물러 있었지만 여기서는 근대 구어의 개량 문제에 대해서도 논의하였다. 이를 통해 기존에 근대의 문체와 문법에 대한 논의들에서 간과했던 부분들을 새롭게 조명할 수 있었다.

제2장 '표준어의 유토피아'에서는 전국적 소통이 가능한 중립적인 언어로서의 표준어에 대한 근대의 구상을 언어적 유토피아의 관점에서 살펴보았다. 근대의 산물인 표준어는 '누구의 말'도 아니면서 동시에 '모두의 말'이어야 했다는 점에서 현실을 대체할 이상향인 동시에 현실의 어디에도 실재하지 않는 유토피아와 닮아 있었다. 그동안 근대의 표준어 문제에 대해서는 조선어학회의 표준어 사정 작업에 논의의 초점이 맞추어져 있었고 홍기문 등 일부 학자들의 비판이 주변의 목소리로 거론된 정도였다. 하지만 이 장에서는 조선어학회 내부에서도 표준어의 규칙성, 작위성, 역사성에 관한 서로 다른 구상이 존재했음을 확인하였다. 또한 문학어와 표준어의 관계에 대한 인식의 변화를 살펴보았다. 한편, 조선어학회의 표준어 사정 경과를 분석해 한글마춤법통일안과 표준어 사정에 적용된 원칙이 상이했음을 밝혔다. 통일안 제정 시에는 불규칙한 관습을 최대한 배격하고 합리적인 원리에 따른 규칙화를 지향했던 반면 표준어 사정 시에는 전국적 소통의 가능성을 극대화하기 위해 언어적 관습을 수용하는 양상을 보였다. 지방마다 서로 다르게 쓰는 표현이 있을 때 조선어학회는 전국적으로 더 널리 쓰이는 것을 표준어로 채택해 언어 현실과의 적극적 타협을 보였다. 당시 표준어의 유토피아적 속성이 보다 충실히 구현된 것은 자연어가 아닌 인공어로서의 국제 표준어였다. 이 장의 마지막 부분에서는 철저하게 규칙적이며 중립적인 언어로서 에스페란토어가 표방했던 언어적 이상향과 그 한계에 대해 논의하였다.

제3부 과학적 언어

제1장 '은유로서의 과학'에서는 언어 연구가 과학적으로 이루어져야 한다는 공감대가 굳건히 형성되어 있었음에도 정작 '과학적'인 것이 무엇인가에 대한 견해 차이로 설전이 벌어졌음을 살펴보았다. 근대의 언어 담론에 대한 기존의 연구들에서도 '과학'이라는 용어의 사용에 주목한 사례들이 있었지만 과학의 개념을 오늘날과 동일한 것으로 가정하고 근대의 담론을 현대의 시각에서 분석해 왔다는 한계가 있었다. 이 장에서는 근대의 언어 담론에서 과학의 개념이 결코 단일하지 않았음을 강조하였다. 또한 '과학적'이라는 표현이 다의적으로 쓰인 탓에 설득의 수사가 한계에 부딪힌 지점에서 생물학, 물리학, 지구과학 등 자연과학 자체가 언어 담론에 소환되었던 배경에 대해서도 논의하였다.

제2장 '과학으로서의 언어학'에서는 『동광』의 '한글토론'을 통해 본격화된 과학적 철자법에 대한 논쟁의 흐름을 정리하고, 대립되는 관점들이 제각기 '과학적'임을 역설했던 배경에 '실증성'과 '법칙성'에 대한 해석의 차이가 존재했음을 밝혔다. 과학적 철자법에 대한 논쟁은 이후 조선어학회의 『한글』과 조선어학연구회의 『정음』 지면으로 이어지며 보다 첨예화되는 양상을 보였는데, 이 장에서는 두 학회의 언어관의 차이를 과학적 방법론에 대한 견해의 차이를 통해 설명해 보았다. 한편, 철자법에 대한 과학성 논란이 한창이던 때에 경성제대에서 일반언어학을 체계적으로 학습한 신진 학자들은 철자법 연구와 차별적인 과학적 국어학을 모색하기 시작했다. 이 장의 마지막 부분에서는 이들의 논의에서 강조된 '일반성'이 '과학적'이라는 수식어의 의미를 한정해 가는 과정에서 '문법'의 외연과 내포가 변화되어 가는 양상을 살펴보았다.

참고문헌

1) 1차 자료

▪ 기사류

강전, "國文便利 及 漢文弊害의 說", 『태극학보』 6, 1907.
김안서, "자멘호프 先生의 第七十回誕辰을 마즈며", 『동아일보』, 1928.12.14.
김억, "國際 共通語에 對하야", 『개벽』 22, 1922.
김윤경, "한글의 起源", 『별건곤』 24, 1929.
_____, "訓民正音의 性質과 價値, 朝鮮文字의 歷史的 考察(10)", 『동광』 32, 1932.
_____, "된소리", 『한글』 2(5), 1934.
김창세, "科學과 宗教, 과학적으로 알고 종교적으로 행하라.", 『동광』 12, 1927.
김하염, "冒險勇進은 靑年의 天職", 『서우』 12, 1907.
김형규, "현행「한글 맞춤법」의 모순점", 『동아일보』, 1994.10.9.
박달성, "京城兄弟에게 嘆願합니다!! 大京城을 建設키 爲하야", 『개벽』 21, 1922.
박승도, "한글派 諸氏에게 奇 하노라.", 『정음』 1, 1934.
박영희, "標準語와 文學", 『한글』 5(7), 1937.
백남규, "에스페란토 創案者 사멘호프 博士 七十一週 誕日을 마지면서(三)", 『동아일보』
          1930.12.18.
_____, "에스페란토 講座(1)", 『동아일보』, 1931.7.3.
_____, "에스페란토 講座(3)", 『동아일보』, 1931.7.7.
_____, "에스페란토 講座(6)", 『동아일보』, 1931.7.10.
_____, "에스페란토 講座(20)", 『동아일보』, 1931.7.26.
_____, "에스페란토 講座(21)", 『동아일보』, 1931.7.28.
_____, "에스페란토 講座(22)", 『동아일보』, 1931.7.29.
_____, "에스페란토 講座(23)", 『동아일보』, 1931.7.30.
_____, "에스페란토 講座(26)", 『동아일보』, 1931.8.2.
백두산인, "社會現象槪觀, 나의 생각은 이러합니다.", 『개벽』 10, 1921.
서재필, "공긔", 『대조선독립협회회보』 1, 1896.
송주성, "標準語와 教育", 『한글』 5(7), 1937.

신명균, "文字中의 霸王 한글", 『별건곤』 12・13, 1928.

_____, "朴勝彬氏의 所謂 硬音이란― 歷史上 聲音上 아무 根據가 없다.", 『한글』 1(8), 1933.

신불출, "雄辯과 漫談", 『삼천리』 7(5), 1935.

_____, "漫談 言語 안인 言語", 『삼천리』 7(10), 1935.

_____, "인사를 고처 하라.", 『삼천리』 10(5), 1938.

신해영, "漢文字와 國文字의 損益如何", 『대조선독립협회회보』 15, 1897.

_____, "漢文字와 國文字의 損益如何(續)", 『대조선독립협회회보』 16, 1897.

ㅇㅎ生, "참을 차자라!!", 『정음』 1, 1934.

안자산, "朝鮮語의 價値", 『학지광』 3, 1915.

_____, "根母音變化의 組織", 『동광』 10, 1927.

_____, "幷書不可論", 『동광』 11, 1927.

_____, "呑棄냐 構說이냐.", 『동광』 14, 1927.

안확, "朝鮮語研究의 實題", 『동광』 8, 1926.

양명, "우리의 思想革命과 科學的 態度", 『개벽』 43, 1924.

양백화, "胡適氏를 中心으로 한 中國의 文學革命", 『개벽』 6, 1920.

에취 지 웰쓰, "근대적 이상사회, 「유토피아」談", 『동광』 2, 1926.

여규형, "論漢文國文", 『대동학회월보』 1, 1908.

유근석, "言語와 人間", 『한글』 1(2), 1932.

유길준, "小學校育에 對ᄒᆞᄂᆞᆫ 意見", 『황성신문』, 1908.6.10.

이극로, "조선말의 사투리", 『동광』 29, 1931.

_____, "한글 記念 四百九十週年 標準語 發表에 際하야", 『조선일보』, 1936.11.1.

이능화, "國文一定法意見書", 『대한자강회월보』 6, 1906.

이돈화, "新朝鮮의 建設과 兒童問題", 『개벽』 18, 1921.

이병기, "時調란 무엇인고.", 『동아일보』, 1926.12.12.

_____, "時調作座", 『삼천리』 9(1), 1937.

이숭녕, "글과 말", 『조선어문』 5, 1932.

_____, "魚名雜攷", 『진단학보』 2, 1935.

_____, "魚名雜攷(上)", 『한글』 4(10), 1936.

_____, "魚名雜攷(下)", 『한글』 4(11), 1936.

_____, "音韻 轉位 現象에 對하여", 『한글』 7(4), 1939.

_____, "朝鮮語異化作用에 對하여", 『진단학보』 11, 1939.

_____, "時間 語彙에 對하여(一)", 『한글』 8(4), 1940.

_____, "時間 語彙에 對하여(二)". 『한글』 8(5), 1940.

_____, "「・」音攷", 『진단학보』 12, 1940.

이윤재, "한글大家 金枓奉氏 訪問記, 在外名士訪問記", 『별건곤』 24, 1929.

이종일, "論國文", 『대한협회회보』 2, 1908.

이탁, "東光의 한글ㅅ用例를 보고", 『동광』 15, 1927.

이희승, "標準語 이야기", 『한글』 5(7), 1937.

_____, "夏期 紙上大學 (第五講) 朝鮮語學의 方法論 序說(一)", 『동아일보』, 1938.8.9.

_____, "誌上文化講座(第一回) 言語學講座: 言語學이란 무엇인가.", 『삼천리』 13(9), 1941.

임주, "人類의 思想 變遷과 在來 宗教의 價值", 『개벽』 36, 1923.

장응진, "敎授와 敎科에 對ㅎ야", 『태극학보』 13, 1907.

_____, "敎授와 敎科에 對ㅎ야(前號續)", 『태극학보』 14, 1907.

_____, "敎授와 敎科에 對ㅎ야(前號續)", 『태극학보』 15, 1907.

재동경 ㅎㄱ生, "安廓氏의 無識을 笑함", 『동광』 9, 1927.

정교, "漢文과 國文의 判別", 『대동학회월보』 4, 1908.

정규창, "硬音記寫에 對하야", 『정음』 1, 1934.

_____, "硬音記寫에 對하야(完)", 『정음』 2, 1934.

_____, "「부질업슨 수작」作者에게 答함", 『정음』 3, 1934.

정열모, "經濟上으로 본 우리글", 『조선일보』, 1926.11.13.

_____, "安廓君에게 與함", 『동광』 13, 1927.

_____, "朝鮮語 研究의 正體는 무엇?", 『한글』 1(2), 1927.

_____, "朝鮮語 研究의 正體는 무엇?", 『한글』 1(3), 1927.

주상호, "국문론", 『독립신문』, 1897.4.22.

_____, "국문론", 『독립신문』, 1897.4.24.

주시경, "국문론", 『독립신문』, 1897.9.25.

_____, "국문론", 『독립신문』, 1897.9.28.

_____, "국어와 국문의 필요", 『서우』 2, 1907.

_____, "必尙自國文言", 『황성신문』, 1907.4.1.~1907.4.6.

_____, "한나라 말", 『보중친목회회보』 1, 1910.

최현배, "朝鮮 民族 更生의 道(六十二)", 『동아일보』, 1921.12.21.

_____, "우리말과 글에 對하야(十二)", 『동아일보』, 1922.9.10.

_____, "우리말과 글에 對하야(十五)", 『동아일보』, 1922.9.13.

_____, "朝鮮民族 更生의 道(三十)", 『동아일보』, 1926.10.28.

_____, "言語學上으로 본 朝鮮語", 『한글』 1(3), 1927.

_____, "표준말과 시골말", 『한글』 5(7), 1937.

편집부, "綴字法에 對한 本誌의 態度", 『한글』 1(1), 1932.

_____, "科學術語와 우리말", 『한글』 1(4), 1932.

_____, "긴급동의", 『한글』 2(3), 1934.

_____, "부질없은 수작", 『한글』 2(4), 1934.

_____, "朝鮮語에 흔히 쓰이는 國語 語彙", 『한글』 6(10), 1938.

_____, "朝鮮語에 흔히 쓰이는 國語 語彙", 『한글』 6(11), 1938.

_____, "朝鮮語에 흔히 쓰이는 國語 語彙", 『한글』 7(2), 1939.

편집부, "卷頭言", 『정음』 1, 1934.

편집부, "大成과 小成", 『동광』 2, 1926.

_____, "우리글 表記例의 몇몇", 『동광』 9, 1927.

편집부, "別의 別乾坤", 『별건곤』 26, 1930.

한뫼, "安廓君의 妄論을 駁함", 『동광』 10, 1927.

한빛, "安廓氏의 「朝鮮語研究의 實題」를 보고", 『동광』 9, 1927.

한홍교, "國文과 漢文의 關係", 『대한유학생회학보』 1, 1907.

홍기문, "標準語 制定에 對하야(2): 各方語의 對立과 標準語의 制定", 『조선일보』, 1935.1.16.

_____, "標準語 制定에 對하야(3): 各 階級語와 標準語의 制定", 『조선일보』, 1935.1.17.

_____, "標準語 制定에 對하야(4): 어떠케 實際上 效用을 保障할까.", 『조선일보』, 1935.1.18.

"公文式", 『관보』, 1894.11.21.

"서고문", 『관보』, 1894.12.12.

"서고 윤음", 『관보』, 1894.12.13.

"묘동 리용우 익국가", 『독립신문』, 1896.7.7.

"남동 박기렴 익국가", 『독립신문』, 1896.8.1.

"國文漢文論", 『황성신문』, 1898.9.28.

"大韓國國制", 『고종실록』 39, 1899.8.17.

"논셜", 『제국신문』, 1900.1.17.

"國歌調音", 『황성신문』, 1904.5.13.

"新訂國文", 『고종실록』 46, 1905.7.8.

"국문신보 발간", 『대한매일신보』, 1907.5.23.

"논셜", 『대한매일신보』, 1907.5.23.

"國文研究에 對흔 管見", 『대한매일신보』, 1908.3.1.

"학교에 쓰는 노래롤 의론홈", 『대한매일신보』, 1908.7.11.

"소위 교육가", 『대한매일신보』, 1909.3.12.

"오늘날 교육의 정신", 『대한매일신보』, 1909.6.30.

"학부대신 수업횟군.", 『대한매일신보』, 1910.4.30.

"言語의 國際化 運動", 『동아일보』, 1921.9.5.

"中國의 思想革命과 文學革命 (十)", 『동아일보』, 1922.9.1.

"國際 共通語 硏究會 開催", 『동아일보』, 1923.6.7.

"標準語", 『동아일보』, 1924.11.2.

"國際語", 『동아일보』, 1924.12.23.

"漢字問題", 『동아일보』, 1924.12.22.

"朝鮮語發達의 基礎條件", 『동아일보』, 1926.11.9.

"漢字廢止論: 두번째 「가갸날」에 즈음하여", 『조선일보』, 1927.10.24.

"朝鮮語 統一 問題", 『동아일보』, 1927.12.15.

"使用되는 言語도 京城音을 標準", 『동아일보』, 1928.10.1.

"朝鮮語辭典編纂會의 創立", 『동아일보』, 1929.11.2.

"에스페란토어의 28개 자모", 『동아일보』, 1931.7.22.

"한글날記念 (一) 斯界의 權威를 網羅 한글座談會開催", 『동아일보』, 1931.10.29.

"한글날記念 (二) 斯界의 權威를 網羅 한글座談會開催", 『동아일보』, 1931.10.30.

"한글날記念 (三) 斯界의 權威를 網羅 한글座談會開催", 『동아일보』, 1931.10.31.

"男女學生에게 懇告", 『동아일보』, 1933.5.9.

"임원증선", 『동아일보』, 1935.4.15.

"「國語硏究院」을 세우자.", 『동아일보』, 1938.5.20.

▪ 저서류

강매(1921), 『조선어문법 제요(上)』, 김민수 외 편(1985), 『역대한국문법대계』 1-11, 박이정.

강전(1930), 『정선조선어문법』, 김민수 외 편(1985), 『역대한국문법대계』 1-12, 박이정.

김규식(1909), 『대한문법』, 김민수 외 편(1985), 『역대한국문법대계』 1-5, 박이정.

_____(1912), 『조선문법』, 김민수 외 편(1985), 『역대한국문법대계』 1-5, 박이정.

김두봉(1916), 『조선말본』, 김민수 외 편(1985), 『역대한국문법대계』 1-8, 박이정.

_____(1922), 『깁더 조선말본』, 김민수 외 편(1985), 『역대한국문법대계』 1-8, 박이정.

김윤경(1925), 『조선말본』, 김민수 외 편(1985), 『역대한국문법대계』 1-22, 박이정.

_____(1938), 『조선문자급어학사』, 동국문화사.

김희상(1909), 『초등국어어전』, 김민수 외 편(1985), 『역대한국문법대계』 1-6, 박이정.

_____(1911), 『조선어전』, 김민수 외 편(1985), 『역대한국문법대계』 1-7, 박이정.

_____(1927), 『울이글틀』, 김민수 외 편(1985), 『역대한국문법대계』 1-7, 박이정.

남궁억(1913), 『조선 문법』, 김민수 외 편(1985), 『역대한국문법대계』 1-9, 박이정.

박승빈(1935), 『조선어학』, 김민수 외 편(1985), 『역대한국문법대계』 1-20, 박이정.

_____(1937), 『간이조선어문법』, 김민수 외 편(1985), 『역대한국문법대계』 1-19, 박이정.

신명균(1933), 『조선어문법』, 김민수 외 편(1985), 『역대한국문법대계』 1-23, 박이정.
안자산(1922), "조선어원론", 『조선문학사』, 김민수 외 편(1985), 『역대한국문법대계』
    1-19, 박이정.
안확(1917), 『조선문법』, 정승철·최형용(2015), 『안확의 국어 연구』, 박이정.
____(1923), 『수정 조선문법』, 김민수 외 편(1985), 『역대한국문법대계』 1-9, 박이정.
유길준(1895), 『西遊見聞』, 東京: 交詢社, 이한섭 편(2000), 『西遊見聞』, 박이정.
_____(1909), 『대한문전』, 김민수 외 편(1985), 『역대한국문법대계』 1-2, 박이정.
이규방(1922), 『신찬 조선어법』, 김민수 외 편(1985), 『역대한국문법대계』 1-10, 박이정.
이규영(1920), 『현금 조선문전』, 김민수 외 편(1985), 『역대한국문법대계』 1-10, 박이정.
이상춘(1925), 『조선어문법』, 김민수 외 편(1985), 『역대한국문법대계』 1-14, 박이정.
이필수(1922), 『선문통해』, 김민수 외 편(1985), 『역대한국문법대계』 1-13, 박이정.
_____(1923), 『정음문전』, 김민수 외 편(1985), 『역대한국문법대계』 1-13, 박이정.
정열모(1946), 『신편고등국어문법』, 김민수 외 편(1985), 『역대한국문법대계』 1-25, 박
    이정.
주시경(1906), 『대한국어문법』, 김민수 외 편(1985), 『역대한국문법대계』 1-3, 박이정.
_____(1908), 『국어문전음학』, 김민수 외 편(1985), 『역대한국문법대계』 1-4, 박이정.
_____(1908), 『말』, 김민수 외 편(1985), 『역대한국문법대계』 1-3, 박이정.
_____(1909), 『고등국어문전』, 김민수 외 편(1985), 『역대한국문법대계』 1-3, 박이정.
_____(1910), 『국어문법』, 김민수 외 편(1985), 『역대한국문법대계』 1-4, 박이정.
_____(1914), 『말의 소리』, 김민수 외 편(1985), 『역대한국문법대계』 1-4, 박이정.
최광옥(1908), 『대한문전』, 김민수 외 편(1985), 『역대한국문법대계』 1-2, 박이정.
최현배(1937), 『우리말본』, 연세대학교 출판문화원 편(2012), 『외솔 최현배 전집』 8, 연
    세대학교 출판문화원.
_____(1947), 『글자의 혁명』, 연세대학교 출판문화원 편(2012), 『외솔 최현배 전집』
    16, 연세대학교 출판문화원.
_____(1954), 『한글의 투쟁』, 연세대학교 출판문화원 편(2012), 『외솔 최현배 전집』
    20, 연세대학교 출판문화원.
한결(1932), 『조선말본』, 김민수 외 편(1985), 『역대한국문법대계』 1-22, 박이정.
홍기문(1927), "조선문전요령", 『현대평론』 1(1)~1(5), 김민수 외 편(1985), 『역대한국
    문법대계』 1-15, 박이정.

▪ 사전류

Gale, J. S. (1897), 『韓英字典』, 황호덕·이상현 편(2012), 『한국어의 근대와 이중어사
    전』 5, 박문사.

Gale, J. S. (1911), 『韓英字典』, 황호덕・이상현 편(2012), 『한국어의 근대와 이중어사전』 6, 박문사.

Gale, J. S. (1924), 『三千字典』, 황호덕・이상현 편(2012), 『한국어의 근대와 이중어사전』 8, 박문사.

Gale, J. S. (1931), 『韓英大字典』, 황호덕・이상현 편(2012), 『한국어의 근대와 이중어사전』 10, 박문사.

Jones, G. H. (1914), 『英韓字典』, 황호덕・이상현 편(2012), 『한국어의 근대와 이중어사전』 4, 박문사.

Ridel, F. (1880), 『韓佛字典』, 황호덕・이상현 편(2012), 『한국어의 근대와 이중어사전』 1, 박문사.

Scott, J. (1891), 『English-Corean Dictionary』, 황호덕・이상현 편(2012), 『한국어의 근대와 이중어사전』 3, 박문사.

Underwood, H. G. (1890), 『韓英字典』, 황호덕・이상현 편(2012), 『한국어의 근대와 이중어사전』 2, 박문사.

Underwood, H. G. (1925), 『英鮮字典』, 황호덕・이상현 편(2012), 『한국어의 근대와 이중어사전』 8, 박문사.

2) 2차 자료

가스야 게스케 저・고영진 외 역(2016), 『언어・헤게모니・권력: 언어사상사적 접근』, 소명출판.

강신항(1990), 『國語學史』, 보성문화사.

＿＿＿(2002), "申叔舟의 音韻學", 『어문연구』 30(4), 349-375.

강지혜・권미연(2017), "근대 서양의학 지식의 번역자 연구: 제중원 의학 교재 공동 번역자들의 가시성을 중심으로", 『통번역학연구』 21(2), 1-25.

고영근(1998), 『한국어문운동과 근대화』, 탑출판사.

고영진・김병문・조태린 편(2012), 『식민지 시기 전후의 언어 문제』, 소명출판.

교수신문 편(2005), 『고종황제 역사 청문회』, 푸른역사.

국립고궁박물관 편(2011), 『대한제국: 잊혀진 100년 전의 황제국』, 민속원.

국립한글박물관 편(2018), 『나는 몸이로소이다: 개화기 한글 해부학 이야기』, 민속원.

권보드래(2012), 『한국 근대소설의 기원(증보판)』, 소명출판.

＿＿＿(2014), 『신소설, 언어와 정치』, 소명출판.

권영민(1999), 『서사양식과 담론의 근대성』, 서울대학교출판부.

기창덕(1994), "池錫永 先生의 生涯", 대한의사학회 편 『松村 池錫永』, 도서출판 아카데미아, 73-88.

김건우(2008), 『근대 공문서의 탄생』, 소와당.

김경미(2006), "1920년대 에스페란토 보급 운동과 민족운동 세력의 인식", 『역사연구』 16, 133-163.

김계곤(1991), "한힌샘 주 시경 선생의 이력서에 대하여", 『한힌샘 주시경 연구』 4, 5-60.

김근수(1980), 『한국잡지사』, 청록출판사.

김기석(2014), "≪홍무정운역훈≫과 ≪홍무정운≫의 관계 및 문헌적가치에 대한 고찰", 『중국조선어문』 4, 10-16.

김덕영(2012), 『막스 베버: 통합과학적 인식의 패러다임을 찾아서』, 길.

김도형(2003), "大韓帝國 초기 文明開化論의 발전", 『한국사연구』 121, 171-204.

김동노(2006), "대한제국기 황성신문에 나타난 근대적 개혁관", 『사회와역사』 69, 121-155.

김동섭(2016), 『영어와 프랑스어의 언어 전쟁: 영국에 영어는 없었다』, 책미래.

김동준(2007), "소론계 학자들의 자국어문 연구활동과 양상", 『민족문학사연구』 35, 8-39.

김미형(1998), "한국어 문체의 현대화 과정 연구: 신문 문장을 중심으로", 『어문학연구』 7, 123-147.

_____(2004), "한국어 언문일치의 정체는 무엇인가?", 『한글』 265, 171-199.

_____(2005), "문장종결형 '-다'와 '-라'의 기능 고찰", 『한말연구』 16, 1-24.

김미화(2016), "근대 이행기 동아시아의 紀年法: 제왕의 시간에서 민족/국민의 시간으로", 『사회와 역사』 110, 165-211.

김민수(1981), 『新國語學史(全訂版)』, 일조각.

김민수·하동호·고영근 편(2008), 『역대한국문법대계』, 박이정.

김병문(2000), "말과 글에 대한 담론의 근대적 전환에 관한 연구", 연세대학교 석사학위논문.

_____(2008), "발화기원 소거로서의 언문일치체의 의미에 관하여: 이광수의 1910년대 작품의 경우", 『사회언어학』 16(2), 81-103.

_____(2009), "'國語'를 찾아서: 주시경의 경우", 『사회언어학』 17(2), 25-55.

_____(2012), "주시경의 근대적 언어 인식에 관한 연구", 연세대학교 박사학위논문.

_____(2013), 『언어적 근대의 기획: 주시경과 그의 시대』, 소명출판.

_____(2014), "근대계몽기 한자 훈독식 표기에 대한 연구", 『동방학지』 165, 101-128.

_____(2015a), "들리지 않는 소리, 혹은 발설되지 않는 말과 "국어"의 구상: 근대계몽기 국문 담론 분석", 『개념과 소통』 15, 155-188.

_____(2015b), ""과학으로서의 언어학"이라는 난점: 1930년대 홍기문의 언어 연구 검토", 『대동문화연구』 90, 459-492.

김석득(2009), 『우리말 연구사: 언어관과 사조로 본 발전사』, 태학사.

김성연(2017), 『서사의 요철(凹凸): 기독교와 과학이라는 근대의 지식-담론』, 소명출판.

김신재(2007), "국가형태로 본 대한제국의 국가 성격", 『경주사학』 26, 65-87.

김연희(2017), "19세기 후반 한역 근대 과학서의 수용과 이용: 지석영의 『신학신설』을 중심으로", 『한국과학사학회지』 39(1), 65-90.

김영민(1997), 『한국 근대소설사』, 솔.

＿＿＿＿＿(2005), 『한국 근대소설의 형성과정』, 소명출판.

＿＿＿＿＿(2008), "『만세보』와 부속국문체 연구", 『대동문화연구』 64, 415-453.

＿＿＿＿＿(2009), "근대계몽기 문체 연구: 유길준을 중심으로", 『동방학지』 148, 391-428.

＿＿＿＿＿(2012), 『문학제도 및 민족어의 형성과 한국 근대문학(1890~1945): 제도, 언어, 양식의 지형도 연구』, 소명출판.

＿＿＿＿＿(2019), 『1910년대 일본 유학생 잡지 연구』, 소명출판.

＿＿＿＿＿(2001), "'과학적' 국어학 비판: 이희승을 중심으로", 『한글』 252, 225-263.

＿＿＿＿＿(1995), "갑오개혁의 정치사적 조명", 한국정치외교사학회 편, 『한국 근대정치사의 쟁점: 청일전쟁·갑오개혁·김옥균 암살』, 집문당.

김윤경 편(2016), 『주시경 선생 전기』, 열화당 영혼도서관.

김윤희(2010), "한국 근대 新語 연구: 일상·문화적 맥락을 중심으로", 『국어사연구』 11, 37-67.

김주필(2013), "'한글'(명칭) 사용의 역사적 배경과 특징", 『반교어문연구』 35, 35-64.

＿＿＿＿＿(2017), "'최만리 등 집현전 학사들이 올린 <상소문>과 세종이 <상소문> 집필자들을 불러 나눈 <대화>' 주석", 『어문학논총』 36, 101-120.

김하수(2008a), 『문제로서의 언어 1: 사회와 언어』, 커뮤니케이션북스.

김하수(2008b), 『문제로서의 언어 2: 민족과 언어』, 커뮤니케이션북스.

김현철(1997), "朴泳孝의 政治思想에 관한 硏究", 『군사』 34, 237-273.

＿＿＿＿＿(2015), "갑오개혁의 정치사적 의의와 현재적 시사점: 제2차 김홍집·박영효 내각의 성과와 한계 및 과제를 중심으로", 『아시아리뷰』 4(2), 91-132.

김형철(1997), 『개화기 국어연구』, 경남대학교출판부.

김효진(2014), "근대 소설의 형성 과정과 언문일치의 문제(1): 이광수 초기 단편 소설을 중심으로", 『동방학지』 165, 167-191.

김홍수(1988), "언어학적 문체론의 위상과 과제", 『국어국문학』 100, 63-74.

＿＿＿＿＿(1993), "국어 문체의 통사적 양상에 대한 연구", 『한국언어문학』 31, 83-101.

＿＿＿＿＿(2004), "이른바 개화기의 표기체 유형과 양상", 『국어문학』 39, 58-76.

나인호(2011), 『개념사란 무엇인가: 역사와 언어의 새로운 만남』, 역사비평사.

남기심(1977), "개화기의 국어 문제에 대하여", 『연세교육과학』 12, 71-86.

노마 히데키 저·김진아 외 역(2011), 『한글의 탄생』, 돌베개.

노연숙(2007), "개화계몽기 국어국문운동의 전개와 양상: 언문일치(言文一致)를 둘러싼 논쟁을 중심으로", 『한국문화』 40, 59-99.

대한의사학회 편(1994), 『松村 池錫永』, 도서출판 아카데미아.

도면회(1996), "대한제국기 권력기구의 성격과 운영 총론: 정치사적 측면에서 본 대한 제국의 역사적 성격", 『역사와 현실』 19, 14-39.

량야오중(2019), "조선시대 『홍무정운』의 지식전파 형식", 『지식인문학』 1(1), 65-84.

류준필(2003), "근대 계몽기 신문 및 소설의 구어 재현 방식과 그 성격", 『대동문화연구』 44, 207-241.

린사오양 · 서광덕(2012), "전통 '文' 개념으로 다시 읽는 중국현대문학사", 『중국현대문학』 62, 221-250.

막스 베버 저 · 전성우 역(2002), 『'탈주술화' 과정과 근대: 학문, 종교, 정치』, 나남출판.

문일웅(2011), "대한제국 성립기 재일본 망명자 집단의 활동(1895~1900)", 『역사와 현실』 81, 289-342.

문혜윤(2008), 『문학어의 근대: 조선어로 글을 쓴다는 것』, 소명출판.

_____(2016), "1920-30년대 식민지 조선의 에스페란토 문학", 『민족문화연구』 70, 183-205.

미쓰이 다카시 저 · 임경화 외 역(2013), 『식민지 조선의 언어 지배 구조: 조선어 규범화 문제를 중심으로』, 소명출판.

민경식(2007), "洪範 十四 條", 『중앙법학』 9(2), 43-84.

민현식(1994), "개화기 국어 문체 연구", 『국어국문학』 111, 37-61.

밀카 이비츠 저 · 김방한 역(1996), 『言語學史』, 형설출판사.

박갑수 편저(1994), 『국어문체론』, 대한교과서주식회사.

박관규(2015), 『대한자강회월보 편역집 3: 자강의 논리』, 소명출판.

박병채(1980), "『언문(言文)』에 관한 연구: 聲調를 中心으로", 『민족문학연구』 70, 1-60.

박수밀(2007), "조선후기 언어 문자관의 토대와 전개: 18세기 연암그룹 및 다산, 항해와 의 비교를 중심으로", 『한국한문학연구』 40, 465-499.

박원호(2002), 『明初朝鮮關係史研究』, 일조각.

박준형 · 박형우(2011), "제중원에서 『약물학 상권(무기질)』의 번역과 그 의미", 『의사학』 20(2), 327-353.

_____(2012), "홍석후의 『신편생리교과서』(1906) 번역과 그 의미", 『의사학』 21(3), 477-512.

박진수(2017), 『소설의 텍스트와 시점』, 역락.

박진영(2011), 『번역과 번안의 시대』, 소명출판.

박현수(2002), "과거시제와 3인칭대명사의 등장과 그 의미", 『민족문학사연구』 20, 117-145.

_____(2018), "일원묘사의 도입과 그 변용: 김동인을 중심으로", 『반교어문연구』 48, 193-222.

배수찬(2008), 『근대적 글쓰기의 형성 과정 연구: 논설문의 성립 환경과 문장모델을 중심으로』, 소명출판.

백채원(2014), "20세기 초기 자료에 나타난 '言文一致'의 사용 양상과 그 의미", 『국어국문학』 166, 77-108.

베르너 파울슈티히 저·황대현 역(2007), 『근대 초기 매체의 역사: 매체로 본 지배와 반란의 사회 문화사』, 지식의 풍경.

부산대 점필재연구소 고전번역학센터(2012), 『대한자강회월보 편역집 1: 교육 학술의 근대적 전환』, 소명출판.

사에구사 토시카츠(2000), "이중표기와 근대적 문체 형성: 이인직 신문 연재 「혈의 누」의 경우", 『현대문학의 연구』 15, 41-72.

사카이 나오키 저·이한정 역(2017), 『과거의 목소리: 18세기 일본의 담론에서 언어의 지위』, 그린비.

서민정(2013), "20세기 전반기 지식인의 에스페란토에 대한 관심과 언어 인식", 『한글』 300, 159-181.

_____(2016), "20C 전반기, 표준어에 대한 인식 검토: 표준어의 한계 극복을 위하여", 『코기토』 79, 156-183.

서민정·김인택 역(2013), 『근대 매체에 실린 언어 인식』, 역락.

서영희(1997), "광무정권의 형성과 개혁정책 추진", 『역사와 현실』 26, 12-55.

_____(2015), 『일제침략과 대한제국의 종말: 러일전쟁에서 한일병합까지』, 역사비평사.

송민호(2016), 『언어 문명의 변동: 근대 초기 한국의 소리, 문자, 제도』, 알에이치코리아.

송병기(1976), "光武改革 硏究: 그 性格을 中心으로", 『사학지』 10, 75-106.

시정곤·최경봉(2018), 『한글과 과학문명』, 들녘.

신용하(1973), "獨立協會의 社會思想", 『한국사연구』 9, 127-208.

_____(1975), "「독립신문」의 創刊과 그 啓蒙的 役割", 『한국사론』 2, 313-383.

_____(1976), 『독립협회연구』, 일조각.

_____(1985), "<池錫永全集> 解題", 한국학문헌연구소 편 『池錫永 全集』, 아세아문화사.

_____(1996), 『<독립신문>과 국문 동식회』, 한글학회.

_____(2004), "池錫永의 開化思想과 開化活動", 『한국학보』 115, 89-115.

신유식(1993), "池錫永의 國文硏究", 『언어논총』 8·9, 149-184.

신창순(2001), "國文硏究所 「國文硏究議定案」의 檢討", 『어문논집』 44, 5-49.

심소희(2011), "『洪武正韻·序』를 통한 正音觀 고찰", 『중국언어연구』 35, 45-65.

심재기(1999), 『국어 문체변천사』, 집문당.

안성호·진휘(2016), "『훈민정음』과 강남한음", 『대동문화연구』 95, 61-84.

안소진(2008), "소위 3인칭 대명사 "그, 그녀"의 기능에 대하여", 『한국어학』 38, 145-162.

안영희(2001), "삼인칭대명사 「He」「She」의 일본어 한국어 번역: 번역에 의한 새로운 소설담론", 『일본어문학』 17, 147-172.

_____(2011), 『한일 근대소설의 문체 성립: 다야마 가타이·이와노 호메이·김동인』, 소명출판.

안예리(2012), "시문체(時文體)의 국어학적 분석", 『한국학논집』 46, 233-264.

_____(2013a), "'1음절 한자어+하다' 용언의 통시적 변화: 말뭉치 언어학적 접근", 『한국어학』 58, 107-133.

_____(2013b), "20세기 전반기 국어의 문장 구성에 대한 연구", 연세대학교 박사학위 논문.

_____(2018a), "근대전환기 국문 신문에 나타난 감정 표현의 담화 기능", 『사회와 역사』 118, 81-111.

_____(2018b), "20세기 전반기 가정학 교과서의 번역과 어휘", 『한국사전학』 31, 85-116.

_____(2019), 『근대 한국어의 변이와 변화』, 소명출판.

_____(2020), "근대 한국어학의 지적 계보를 찾아서: 지석영의 국문·국어 연구를 중심으로", 『동아시아 지식장과 한국학 탄생』, 소명출판.

야스다 도시아키 저·이진호 외 역(2009), 『言語의 構築: 小倉進平과 植民地 朝鮮』, 제이앤씨.

야나부 아키라 저·서혜영 역(2003), 『번역어 성립사정』, 일빛.

양근용(2010), "근대국어학 형성기의 언어의식 연구", 인천대학교 박사학위 논문.

양문규(2005), "1900년대 신문·잡지 미디어와 근대소설의 탄생", 연세대 근대한국학연구소 기초학문연구팀 편, 『한국 근대 서사양식의 발생 및 전개와 매체의 역할』, 소명출판, 13-36.

연규동 외(2014), 『동서양 문자의 성립과 규범화』, 한국문화사.

연세대 근대한국학연구소 기초학문연구팀(2005), 『한국 근대 서사양식의 발생 및 전개와 매체의 역할』, 소명출판.

연세대 언어정보연구원 HK사업단 역(2012), 『풀어쓰는 국문론집성』, 박이정.

연세대학교 언어정보연구원 편(1991), 『근대기 동아시아의 언어교섭』, 한국문화사.

염정삼(2009), "'文' 개념을 통해 본 중국적 수사의 특성", 『수사학』 11, 179-203.

오영섭(2001), "朝鮮光文會 硏究", 『한국사학사학보』 3, 79-140.

오오이 히데아끼·서상규(2015), "일본의 '문법(文法)'과 문법 용어의 형성", 『한글』 307, 235-265.

왕현종(2003), 『한국 근대국가의 형성과 갑오개혁』, 역사비평사.

_____(2005), "광무개혁 논쟁", 『역사비평』 2005-11, 28-32.

유길준 저·허경진 역(1995), 『서유견문』, 한양출판.

윤영민·서상규(2016), "근현대기 일본문법서에 나타난 '문법'의 쓰임과 개념의 추이", 『언어사실과 관점』 38, 29-60.

이광린(1993), 『開化期의 人物』, 연세대학교 출판부.

이기문(1970), 『開化期의 國文研究』, 일조각.

_____(1973), "韓國語와 日本語의 語彙比較에 대한 再檢討", 『어문연구』 9(2), 1-19.

_____(1988), "한국어 文體의 발달", 「한국어문의 제문제」, 일지사. 229-254.

이마무라 히토시 저·이수정 역(1999), 『근대성의 구조』, 민음사.

이명화(1999), "愛國歌 형성에 관한 연구", 『역사와실학』 10·11, 637-667.

이민희(2007), 『16~19세기 서적중개상과 소설·서적 유통 관계 연구』, 역락.

이병근(1998), "統監府 時期의 語彙整理와 그 展開: 池錫永의 『言文』을 중심으로", 『한국문화』 21, 1-24.

이상혁(2002), "국어학사의 관점에서 바라본 柳僖의 언어관", 『한국학논집』 36, 93-113.

_____(2007), "국어학사를 다시 생각함: 정의, 방법, 범위의 문제를 중심으로", 『한성어문학』 26, 63-87.

_____(2008), "훈민정음과 한글의 언어문화사적 접근: 문자, 문자 기능의 이데올로기적 속성을 중심으로", 『한국어학』 41, 61-81.

_____(2013), "『보통학교 조선어급한문독본』(1915)권1과 <언문철자법>(1912): 조선어 학습 방침과 규범 통제를 중심으로", 『우리어문연구』 46, 141-166.

_____(2014), "근대 학문 형성기 근대 국어의 성격에 대하여: 문체의 변주와 어문규범의 길항을 중심으로", 『아시아문화연구』 35, 167-194.

이상현·임상석·이준환(2017), 『「유몽천자」 연구: 국한문체 기획의 역사와 그 현장』, 역락.

이연숙 저·고영진 외 역(2006), 『국어라는 사상: 근대 일본의 언어 인식』, 소명출판.

이윤상(2003), "대한제국기 국가와 국왕의 위상제고사업", 『진단학보』 95, 81-112.

이윤석·정명기(2003), "세책 고소설 연구의 현황과 과제", 이윤석 외 편저, 『貰冊 古小說 研究』, 혜안, 41-88.

이응호(1975), 『개화기의 한글 운동사』, 성청사.

이정훈(2015), "국문과 국어학의 여명", 『동서인문학』 49, 37-57.

이준식(2002), "일제 강점기의 대학제도와 학문 체계", 『사회와 역사』 61, 294-323.

_____(2008), "최현배와 김두봉: 언어의 분단을 막은 두 한글학자", 『역사비평』 82, 41-67.

_____(2013), "해방 후 국어학계의 분열과 대립: 언어민족주의와 '과학적' 언어학을 중

심으로", 『한국 근현대사 연구』, 88-118.

이준환(2012a), "『자전석요(字典釋要)』의 체재상의 특징과 언어적 특징", 『반교어문연구』 32, 113-144.

_____(2012b), "池錫永 ≪言文≫의 표기, 음운, 어휘의 양상", 『국어학』 65, 281-317.

_____(2017), "조선에서의 한국어학 연구의 형성과 전개에 영향을 끼친 유럽과 일본의 학술적 네트워크 탐색", 『코기토』 82, 302-336.

_____(2018), "19세기 후반~20세기 전반의 한국어 계통 연구의 영향 관계에 대하여", 『코기토』 86, 7-38.

이지영(2008), "문법사적 관점에서 본 일제 시기 언어의 몇 문제", 『한국어학』 40, 57-92.

이충구(1994), "池錫永의 漢字整理", 대한의사학회 편, 『松村 池錫永』, 도서출판 아카데미아, 109-138.

이태진(2000), 『고종시대의 재조명』, 태학사.

이한섭・최경옥・정영숙・강성아 편저(2000), 『西遊見聞 語彙索引』, 박이정.

이현희(2012), "權悳奎의 생애와 그의 국어학적 업적에 대한 한 연구", 『규장각』 41, 87-156.

이혜민 외(2016), 『문자와 권력』, 한국문화사.

임상석(2008), 『20세기 국한문체의 형성과정』, 지식산업사.

_____(2018), 『식민지 한자권과 한국의 문자 교체: 국한문 독본과 총독부 조선어급한문독본 비교 연구』, 소명출판.

임상석・정두영(2014), 『대한자강회월보 편역집 2: 실용학문의 태동』, 소명출판.

임수경(2013), "김억의 에스페란토 인식 연구", 『어문학』 122, 575-597.

임영철(2014), "일본의 문자 규범화와 표기법의 변천", 연구동 외, 『동서양 문자의 성립과 규범화』, 한국문화사, 95-132.

장영숙(2009), "대한제국기 고종의 정치사상 연구", 『한국근현대사연구』 51, 169-195.

장요한(2012), "고소설 『구운몽』이본의 종결형식 연구", 『국어사연구』 15, 37-85.

정광(2002), "성삼문(成三問)의 학문과 조선전기의 역학(譯學)", 『어문연구』 30(3), 259-291.

_____(2005), "한이문(漢吏文)에 대하여", 『한국어학』 29, 107-136.

정다함(2009), "麗末鮮初의 동아시아 질서와 朝鮮에서의 漢語, 漢吏文, 訓民正音", 『한국사학보』 36, 269-305.

_____(2013), ""中國(듕귁)"과 "國之語音(나랏말쏨)"의 사이: 鮮初 漢文・漢吏文・漢語와 訓民正音의 관계성을 중심으로", 『비교문학』 60, 255-280.

정민(2007), 『18세기 조선 지식인의 발견』, 휴머니스트.

정순기 외(2001), 『조선어학회와 그 활동』, 한국문화사.

정승철(2018), 『방언의 발견』, 창비.

정승철·최형용(2015), 『안확의 국어 연구』, 박이정.

정윤재(2016), "『훈민정음 해례본』 발간 전후의 정치 과정 분석", 정윤재 외, 『세종의 지식경영 연구』, 한국학중앙연구원 출판부, 67-101.

정주리·시정곤(2011), 『조선언문실록: 실록으로 보는 조선시대 사람들의 한글 사용기』, 고즈윈.

정진석(1990), 『한국언론사』, 나남출판.

_____(1994), "서재필과 ≪독립신문≫에 관한 논쟁점들", 『언론과 사회』 5, 5-28.

_____(2003), "개화기 언론 출판문화의 생성", 『동양학』 34, 239-251.

정호훈(2004), 『朝鮮後期 政治思想 研究: 17세기 北人系 南人을 중심으로』, 혜안.

조성산(2009), "18세기 후반~19세기 전반 조선 지식인의 語文 인식 경향", 『한국문화』 47, 177-202.

조태린(1998), "일제시대의 언어정책과 언어운동에 관한 연구: 언어관과 이데올로기를 중심으로", 연세대학교 석사학위논문.

주진오(1986), "독립협회의 대외인식의 구조와 전개", 『학림』 8, 69-106.

_____(1994), "갑오개혁의 새로운 이해", 『역사비평』 28, 18-56.

_____(2010), "사회사상사적 독립협회 연구의 확립과 문제점: 신용하『독립협회 연구』를 중심으로", 『한국사연구』 149, 321-352.

채백(2006), "『독립신문』의 참여 인물 연구", 『한국언론정보학보』 135-161.

____(2015), 『한국 언론사』, 컬처룩.

천정환(2003), 『근대의 책 읽기: 독자의 탄생과 한국 근대문학』, 푸른역사.

최경봉(2005), 『우리말의 탄생: 최초의 국어사전 만들기 50년의 역사』, 책과함께.

_____(2006), "표준어 정책과 교육의 현재적 의미", 『한국어학』 31, 335-363.

_____(2008), "일제 강점기 조선어 연구의 지향", 『한국어학』 40, 127-148.

_____(2012), "근대적 언어관의 전개와 국어정립이라는 과제의 인식 양상: 한국의 특수성을 중심으로", 『동방학지』 158, 231-269.

_____(2016), 『근대 국어학의 논리와 계보』, 일조각.

_____(2019), "전근대 시기 한글 보급의 동인과 시대적 의미", 『동방학지』 189, 207-232.

최경봉·시정곤·박영준(2008), 『한글에 대해 알아야 할 모든 것』, 책과함께.

최기영(2003), "白水 鄭烈模의 생애와 어문민족주의", 『한국근현대사연구』 25, 462-494.

최낙복(2009), 『개화기 국어문법의 연구』, 역락.

한글학회(1971), 『한글학회 50년사』, 한글학회.

한기형 외(2006), 『근대어·근대매체·근대문학: 근대 매체와 근대 언어질서의 상관성』,

성균관대학교 대동문화연구회.

한동완(2006), 『국문연구의정안』, 신구문화사.

한성우(2010), 『근대 이행기 동아시아의 언어 지식: 지석영 편찬 『兒學編』의 언어 자료』, 인하대학교출판부.

한영균(2008), "現代 國漢 混用 文體의 定着과 語彙의 變化", 『국어학』 51, 229-256.

_____(2009), "文體 現代性 判別의 語彙的 準據와 그 變化", 『구결연구』 23, 305-342.

_____(2011), "『西遊見聞』 文體 研究의 現況과 課題", 『국어학』 62, 225-70.

_____(2013), "近代啓蒙期 國漢混用文의 類型・文體 特性・使用 樣相", 『구결연구』 30, 219-256.

_____(2014), "『西遊見聞』 用言類 研究", 『구결연구』 33, 393-431.

_____(2018), "신문 사설에서의 현대적 국한혼용문의 출현 및 확산", 『국어국문학』 184, 241-271.

_____(2019), "동아일보 1920년 사설의 문체 특성", 『구결연구』 42, 295-337.

허재영(2003), "근대계몽기의 어문문제와 어문운동의 흐름", 『국어교육연구』 11, 서울대학교 국어교육연구소, 457-490쪽.

_____(2009), 『일제강점기 교과서 정책과 조선어과 교과서』, 경진.

_____(2010), 『통감시대 어문 교육과 교과서 침탈의 역사』, 경진.

_____(2011), 『일제강점기 어문 정책과 어문 생활』, 경진.

_____(2015a), "'과학 술어와 우리말'(김두봉, 1932)의 전문 용어 다듬기", 『동악어문학』 64, 201-226.

_____(2015b), "근대 계몽기 과학 담론 형성과 일제강점기 '과학적 국어학'", 『코기토』 78, 117-147.

홍윤표(2013a), 『한글 이야기 1: 한글의 역사』, 태학사.

_____(2013b), 『한글 이야기 2: 한글과 문화』, 태학사.

홍종선(1996), "개화기 시대 문장의 문체 연구", 『국어국문학』 117, 33-58.

_____(2000), "현대국어 문체의 발달: 한문・한자의 어휘적 실현과 표기 문제와 관련하여". 홍종선 외, 『현대국어의 형성과 변천 3』, 박이정, 9-30.

_____(2016), "근대 전환기 개화 지식인의 '국문/언문'에 대한 인식과 구어체 글의 형성", 『우리어문연구』 54, 589-620.

황용주(2014), "문세영의 <수정증보 조선어사전>의 계량적 분석 연구", 『한국사전학회 학술대회 발표논문집』, 111-139.

황상익(2013), 『근대 의료의 풍경』, 푸른역사.

황태연(2017), 『백성의 나라 대한제국』, 청계.

황호덕(2002), 『한국 근대 형성기의 문장 배치와 국문 담론: 타자・교통・번역・에크리튀르, 근대 네이션과 그 표상들』, 성균관대학교 박사학위논문.

_____(2011), 『벌레와 제국: 식민지말 문학의 언어, 생명정치, 테크놀로지』, 새물결.

Inoue, M. (2006). *Vicarious Language: Gender and Linguistic Modernity in Japan*. Berkeley and Los Angeles: University of California Press.

Muller, C. A. (2017), "Classics/Buddhist Translation in the 21st Century: Obstacles and Solutions", In *the proceedings of International Conference on the English Translation of Korean Classics*, The Academy of Korean Studies (2017. 12. 8.).

3) 전자자료

국립중앙도서관 대한민국 신문 아카이브 www.nl.go.kr/newspaper
네이버뉴스라이브러리 newslibrary.naver.com
디지털한글박물관 archives.hangeul.go.kr
조선왕조실록DB sillok.history.go.kr/main/main.do
한국사데이터베이스 db.history.go.kr
한국언론진흥재단 고신문 아카이브 www.bigkinds.or.kr/news/libraryNews.do

찾아보기

지은이 **안예리**(安禮悧, An, Yelee)

　현재 한국학중앙연구원 한국학대학원 인문학부 부교수로 재직하고 있다. 연세대학교 국어국문학과를 졸업하고 동대학원에서 박사학위를 받았다. 하버드옌칭연구소 방문연구원, 연세대학교 박사후연구원, 세종대학교 초빙교수를 역임하였다. 주요 저술로는 『근대 한국어의 변이와 변화』(2019), 『신식부인치가법의 번역과 어휘』(공저, 2020) 등이 있다.

근대 한국의 언어 문제

초판1쇄 인쇄 2020년 10월 27일
초판1쇄 발행 2020년 11월 6일

지 은 이 안예리
펴 낸 이 이대현
펴 낸 곳 도서출판 역락
책임편집 임애정
편　　집 이태곤 권분옥 문선희
디 자 인 안혜진 최선주
마 케 팅 박태훈 안현진

주　소 서울시 서초구 동광로46길 6-6 문창빌딩 2층(우 06589)
전　화 02-3409-2060(편집), 2058(영업)
팩　스 02-3409-2059
전자메일 youkrack@hanmail.net
홈페이지 www.youkrackbooks.com
등록번호 1999년 4월 19일 제303-2002-000014호

정가는 뒤표지에 있습니다.

ISBN 979-11-6244-588-4 93710